The Research on the Development Transformation Paths of the City Commercial Banks in China
—on the 12th Five-Year Period Analytical Perspective

城商行
发展转型路径研究
—基于“十二五”时期的分析视角

滕冲　曾建中　著

中国金融出版社

责任编辑：亓　霞
责任校对：张志文
责任印制：陈晓川

图书在版编目（CIP）数据

城商行发展转型路径研究（Chengshanghang Fazhan Zhuanxing Lujing Yanjiu）：基于“十二五”时期的分析视角/滕冲，曾建中著．—北京：中国金融出版社，2012.8
ISBN 978－7－5049－6409－0

Ⅰ．①城…　Ⅱ．①滕…②曾…　Ⅲ．①城市商业银行—银行发展—研究—中国　Ⅳ．①F832.33

中国版本图书馆CIP数据核字（2012）第113961号

出版发行　中国金融出版社
社址　北京市丰台区益泽路2号
市场开发部　（010）63266347，63805472，63439533（传真）
网上书店　http://www.chinafph.com
（010）63286832，63365686（传真）
读者服务部　（010）66070833，62568380
邮编　100071
经销　新华书店
印刷　利兴印刷有限公司
尺寸　169毫米×239毫米
印张　22.5
字数　387千
版次　2012年8月第1版
印次　2012年8月第1次印刷
定价　68.00元
ISBN 978－7－5049－6409－0/F.5969

序

城商行作为地方性银行，是我国金融体系重要的组成部分。“十一五”时期，城商行在自身改革发展当中壮大，逐渐成长为继国有大型商业银行和全国股份制商业银行之后的第三梯队，在服务中小企业、支持地方经济建设当中发挥了不可替代的作用。

广西北部湾银行作为一家地方性银行，在改革重组濒临关门停业的南宁市商业银行的基础上，焕发出了蓬勃的生机，公司治理结构不断完善，经营管理不断规范，资产规模快速增长，微贷业务、国际业务、供应链融资、票据业务、资金业务、投行业务等各项业务从无到有，业务品种不断丰富。在短短的不到三年的时间里，广西北部湾银行取得了显著的成绩。截至2012年4月30日，广西北部湾银行资产1 169.47亿元，是重组改制前的14.61倍；存款451.93亿元，是重组改制前的5.41倍；贷款264.16亿元，是重组改制前的5.56倍。广西北部湾银行先后荣获“亚洲十大最具成长性银行”、“亚洲最具发展潜力商业银行”、“中国最具成长性商业银行”、“中国十大最佳特色服务商业银行”、“中国最具特色的中小银行”、“最佳服务中小企业银行”、“全国银行业金融机构小微企业金融服务先进单位”、“金融机构支持广西发展突出贡献奖”、“广西五一劳动奖状”等荣誉称号。2011年8月，世界银行业权威杂志英国《银行家》公布了2010年世界1 000强银行排行榜，广西北部湾银行名列第697位（上榜中国银行共101家，广西北部湾银行排名第56位）。据《银行家》统计，资产增长率前25名银行中，广西北部湾银行排名第4位（其中中国银行17家，广西北部湾银行排名第3位）。广西北部湾银行在服务北部湾开放开发和广西经济发展过程中，走出了一条有自身特色的发展道路，初步打造成为了一家区域性、国际化、股份制、优质特色的现代化商业银行，为城商行的发展提供了可借鉴的经验。

进入“十二五”新的发展时期，城商行的发展将往何去，如何提高城商行的竞争力，成为城商行经营管理者、监管层和所有关心其发展的社会各界思考的问题。本书作者作为学术型商业银行经营管理者，既有成功改革重组并领导一家城商行迅速发展壮大的经历，又有丰富的商业银行理论研究能力，其从全球的视角、历史的视角和“十二五”时期的视角，对城商行的发展转型进行了深入、全面的研究。作者在研究过程中，一方面坚持理论分析与案例佐证相结合，既有基于比较优势理论、竞争优势理论和差异化理论对城商行为何需要转型以及如何进行转型等问题的规范分析，又辅以大量数据和案例证明观点，增强了说服力；另一方面，坚持归纳方法与演绎方法相结合，既有对国内外中小银行一般发展规律的总结研究，也有对转型相关理论的推理与运用，对“十二五”时期城商行如何在发展战略定位、业务发展模式、盈利模式、管理模式、风险管控模式等方面实现发展转型进行了全面阐述，具有较强的理论指导意义和实践运用价值。

感谢作者对城商行发展转型的深入思考，是为序。

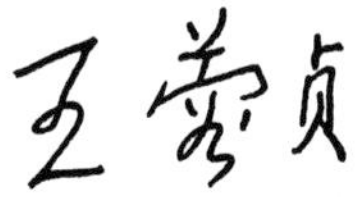

广西壮族自治区政府第六届、第七届常务副主席

2012 年 6 月 15 日

前　言

“身在何处？将向何方？如何到达？”这具有哲学意味的思维模式，不仅对个人的成长具有指导意义，对企业的发展战略也同样具有指导意义。这是我出任广西北部湾银行董事长以来经常思考的问题。

广西北部湾银行作为一家在改革重组南宁市商业银行基础上成立的区域性、国际化、股份制、优质特色银行，是伴随着北部湾经济区开放开发的大潮应运而生的，并恰好遇上了中国—东盟自由贸易区建成发展的大好机遇，可以说是生得逢时。然而，广西北部湾银行重组改制、发展壮大的过程也如同其他城商行一样，经历了危机重重、困难成长的过程。

我虽然曾在自治区经贸委副主任、区政府副秘书长、区政府办公厅金融办主任等岗位工作，对经济金融的运行有较深的认识和体会，但对城商行的认识和深入了解，还是缘于2007年以广西北部湾银行筹备组组长的身份领导南宁市商业银行的改革重组工作，从那时起，才逐步成为一名名副其实的城市商业银行人。从2007年12月正式进驻南宁市商业银行至2008年10月广西北部湾银行挂牌成立的300多天时间，我亲历了濒临关门停业的南宁市商业银行从处置不良资产、增资扩股、综合治理和申请更名，到成功组建一家服务于广西经济、服务于广西北部湾经济区开放开发的区域性、国际化、股份制、优质特色商业银行——广西北部湾银行的全过程。在这一过程中，我经历了一家城商行生与死的考验，面临着城商行生存与发展的抉择，深深体会了城商行生存与发展之不易，也体会到了城商行浴火重生、化蛹为蝶的快乐。这促使我开始深入思考城商行生存与发展的问题。

改革重组后的广西北部湾银行迸发出了蓬勃的生机，公司治理结构不断完善，资产规模快速增长，业务品种不断丰富，微贷业务、国际业务、供应链融资、票据业务、资金业务、投行业务等各项业务从无到有，业务品牌初步形成。面对广西北部湾银行的快速发展，我在感受着带领一家银行成长所带来的快乐的同时，也不得不进入更深层次的思考。城商行的竞争优势在哪里？城商行未来的发展方向在何方？城商行的发展是否需要转型？如何成功实现转型？这些问题的思考，使我萌生了就城商行的发展转型写一本书的想法。恰好曾建中博士在北大博士后期间的选题也与城商行的发展转型有关，在与曾建中博士的探讨当中，我们的观点出奇的相似，最终促使我们成立了《城商行发展转型路径研究——基于“十二五”时期的分析视角》课题组，并获得了广西哲学社会科学规划领导小组办公室的资助。这就是本书的来源。

在本书的研究过程中，我们紧密围绕“如何提高城商行的竞争优势”这一主线展开。为增强说服力，我们还广泛借鉴了国外中小银行的发展转型经验和国内城商行发展转型的成功案例。我们深感到，城商行的发展，必须走差异化、特色化的发展道路，才能建立自身的竞争优势。正如中国银监会王兆星副主席到广西北部湾银行视察时指出的那样：城商行要坚持差异化、特色化的发展方针，不断强化风险管理，严守风险底线，走科学可持续发展之路。

在这里，我们要感谢各级领导的关怀，自治区领导、人民银行、银监部门的悉心指导和监管，他们为我们的艰苦研究提供了源源不断的思想火花和灵感源泉。苏思远、林岚、罗建、欧阳青东、赵侠、庞跃华等人参与了本书的研究工作，在此一并给予致谢！

本书既是我们在广西北部湾银行工作的思考与总结，也是借鉴国内外经验，对城商行群体“十二五”时期发展转型的展望，期望能带给从事城商行工作的同仁以及研究城商行的学者一些新的启示。

广西北部湾银行董事长

2012 年初夏

摘　要

经过“十一五”期间的快速发展，城商行已从根本上扭转了原城市信用社治理结构不完善、资产质量堪忧、风险高企的不利局面，具备了进一步加快发展的良好基础，步入向现代化商业银行转型的关键时期。但是，城商行依然存在发展战略定位趋同、业务和盈利模式单一、管理粗放和风险管控能力薄弱等突出问题。受“次贷危机”、“欧债危机”等的影响，“十二五”时期的国际宏观经济环境依然充满不确定性，迫使我国经济不断加快转变发展方式，货币政策可能日趋稳健，金融监管制度更趋审慎，而且我国可能在“十二五”时期全面推进利率市场化改革。面对银行业市场日趋激烈的竞争，进一步加快发展转型已成为城商行亟待解决的重要课题。

鉴于此，本书选择以“十二五”这一特殊时期为分析视角，以比较优势理论和竞争优势理论等为基础，研究城商行的发展转型路径问题。首先，本书回顾了城商行发展转型理论基础及国内外研究现状。其次，分析了美国、德国、日本和中国香港等发达国家（地区）中小银行发展转型路径，发现了中小银行在国民经济的不同阶段将由同质化向差异化进而向高度差异化和专业化转型的一般规律。“十二五”时期，我国经济发展进入一个新阶段，人均 GDP 将在 5 000 ~ 10 000 美元之间徘徊。在此期间，我国城商行发展也进入了向差异化发展转型的关键时期。有鉴于此，本书进一步分析了城商行发展转型的内部动因和外部动因。从内部看，“十一五”时期城商行通过初步转型取得了良好的发展成效，已具备进一步发展转型的基础，但初次转型尚存一些突出问题，需要进一步深化发展转型；从外部看，外部宏观经济环境、金融监管政策及银行业市场竞争的变化，将迫使城商行进一步加快发展转型。最后，本书提出了“十二五”时期我国城商行发展转型路径，指出通过差异化来实现发展战略转型、以专业化来实现业务发展模式转型、以多元化实现盈利模式转型、以流程银行再造来支持管理模式转型，并通过全面风险管理能力建设来提升风险管控水平。与此同时，本书还针对城商行如何利用“法人银行、总部银行”灵活、高效的特点和在获取“软信息”方面的优势，通过发展关系型贷款的方式培育中、小、微核心客户，以获取竞争优势等问题进行了探讨。

【关键词】城商行　发展转型　战略　业务模式　盈利模式　流程银行　全面风险管理

目　录

第1章　导论

1.1　研究背景与应用价值

1.1.1　研究背景

发展转型是商业银行长期需要面临的重要课题。美国、德国、日本等发达国家的商业银行伴随着经济发展经历过多次转型，已形成了与经济发展相适应的现代银行经营机制和发展模式。在我国，大型国有商业银行在完成上市改造后，也加强了对业务发展模式和管理模式转型的探索，基本建立了具有现代化、国际化的经营机制和公司治理结构，初步确立了自身的核心竞争力，在国际银行业中的排名显著提升。招商银行、民生银行等部分全国股份制商业银行在完成一次转型的基础上，纷纷提出了二次发展转型以适应经济发展形势的变化。随着经济增长方式和发展环境的改变，发展转型已逐渐成为了银行的共识，大多数商业银行都提出了发展转型的战略目标。

城商行是我国金融体系中的重要组成部分。1995年第一家城商行正式组建，经过十多年的探索和努力，原有“治理结构不完善、资产质量堪忧、高风险”的城市信用社已初步转型为“具有现代化治理机制、最具创新能力、成长速度最快”的商业银行群体，在服务地方经济和促进中小企业发展方面发挥了巨大作用①，成为我国商业银行体系中继大型国有商业银行和全国股份制商业银行之后的“第三梯队”，具备了进一步向现代化商业银行发展转型的良好基础。但城商行初次转型主要是依赖分支机构和信贷规模快速扩张等外延式粗放增长方式来实现的，在发展战略定位、业务发展模式、盈利模式、管理水平、风险控制

---

① 据统计，截至2011年9月末，全国银行业金融机构小企业贷款余额达到10万亿元，占企业贷款余额的29.3%。而全国城商行对中小企业贷款余额超过2.5万亿元，约占其全部企业贷款余额的80%，其中小型微型企业贷款余额超过1.6万亿元，占全部企业贷款的51.71%，较上年同期增长43.69%，比全部贷款平均增速高20.99个百分点，中小企业贷款已连续三年实现“两个不低于”目标。

能力等方面存在较大的局限性和趋同性，这成为城商行进一步深化发展转型的内部动因。

从外部动因来看，无论是经营环境、监管环境，还是竞争环境，未来都将面临着巨大的变化。“十二五”期间，国际和国内经济形势的不确定性增加，形势将更加复杂，经济增长方式面临新的转变。《巴塞尔协议Ⅲ》和《中国银行业实施新监管标准指导意见》等监管新规的陆续推出和实施，对银行业的资本充足率、流动性、杠杆率、拨备覆盖率和拨备比等提出了更高的要求。与此同时，随着金融“脱媒化”、混业经营、金融市场开放和利率市场化的推进，将使银行业面临着更加激烈的竞争环境。这些外部因素将迫使城商行加快发展转型。

1.1.2 应用价值

当前，尽管大部分城商行经过初次转型已摆脱了生存危机，并进入快速发展的黄金时期，但仍然面临并亟待解决发展转型问题。首先，美国、德国、日本等发达国家的经验表明，伴随着经济发展进行转型是商业银行需要面临的长期问题。其次，2008 年美国“次贷危机”引发的国际金融危机及“欧债危机”使得国际宏观经济、金融环境变得更加不确定，这种不确定性促使各国采取更趋谨慎的金融监管政策。我国也不例外，特别是“十二五”时期经济结构将发生较大变化，与此同时对商业银行的监管政策也随着《巴塞尔协议Ⅲ》的变化将更趋严格。再次，随着我国逐步兑现加入世贸组织时在金融服务贸易方面的相关承诺和我国金融改革的进一步深化，银行之间（包括中外资银行间和国内银行间）的竞争将更趋激烈。城商行既需要面对股份制改造后焕发出强大竞争力的大型国有商业银行，也需要应对向全国二线城市渗透的股份制商业银行和雨后春笋般出现的农村合作银行、村镇银行、小额贷款公司等。最后，城商行在初次转型后依然存在发展战略趋同、业务发展模式趋同、盈利模式单一、管理水平粗放、风险控制能力薄弱等突出问题。特别是我国极有可能在“十二五”期间推动利率市场化改革，这将给城商行现有盈利模式带来严峻的挑战。显然，城商行只有通过再次转型才能从根本上解决这些问题并取得进一步发展的竞争优势。

城商行未来的出路在何方？处在夹缝中的城商行是否需要进行发展转型？如何进行发展转型？这些问题不仅关系到整个城商行群体未来的健康发展，也关系到我国银行业和金融业的稳定性进而影响到整个国民经济体系的安全，越来越受到专家、学者、城商行以及监管部门高管们的重视。尽管转型已成为所有银行的共识，但与其他大型商业银行相比，城商行具有不同的基础条件，处于不同的发展阶段，必然会选择不同的发展转型路径，因此城商行的发展转型与大型商业银行的转型具有不同的内涵，特别是在“十二五”时期，这一区别更为明显。

概括来说，城商行与大型商业银行（含国有大型商业银行和全国性股份制商业银行）同质化发展、同质化竞争的问题是当前城商行存在的最大问题，是导致城商行竞争力不强的根本原因。因此，城商行再次发展转型的核心是要解决与大型银行的同质化发展、同质化竞争问题，寻找并培育主导优势业务，通过建立差异化、专业化、特色化的经营模式和业务发展模式，走差异化、特色化发展之路，形成比较优势，并通过管理模式转型将比较优势转化为动态竞争优势，从而提升市场核心竞争力。因此，本书以比较优势、竞争优势和差异化等理论为基础，在总结国内外中小银行发展转型经验和一般规律的基础上，研究城商行发展转型的相关问题，探讨城商行发展转型的实施路径，以期进一步丰富商业银行的发展理论，为我国城商行转型进而健康发展提供指导，并为金融监管机构及政策制定者的决策提供参考依据。

1.2　研究对象与相关概念

1.2.1　研究对象

城商行是我国金融体制改革过程中对城市信用社进行转型的一类特殊商业银行群体，与国际上的地方性银行、中小银行既有联系又有区别。

1. 城商行属于股份制商业银行范畴

城商行前身是城市合作银行，虽然冠以“合作”两字，实际上也属于股份制商业银行性质，适用于《商业银行法》。我国原有约5 000家城市信用社，有相当多的城市信用社已失去合作性质，实际上已办成小型商业银行。为规避风险，形成规模，1995年国务院决定，在城市信用社清产核资的基础上，通过吸收地方财政、企业入股组建城市合作银行。1998年，城市合作银行全部改名为城商行。因此，城商行在性质上属于股份制商业银行。截至2011年末，全国城商行法人机构147家，占全国银行业法人机构数量的3.9%，已成为我国银行体系的重要组成部分。

2. 属于中小银行范畴，但资产分布范围广

国外没有城商行这一类金融机构，我们根据业务经营范围和资产规模将其划为中小银行的范畴。国外对中小银行的界定也是一个相对的概念，不同的国家在不同的时期有不同的界定标准。国际上通常以银行规模的大小来对银行进行分类，但并无统一的界定标准。如美联储在1999年以前，把资产总额小于或等于3亿美元的银行归为中小银行，自1999年之后把资产规模小于或等于10亿美元的银行归为中小银行。Bassett 和 Brad（2001）则按资产规模大小①，将从第101～1 000名的银行列为中等银行，第1 001名以后的银行归入小银行。截至2011年底，我国城商行的资产规模差异较大，按照英国《银行家》杂志的统计，世界排名在100～2 000名之间不等。因此，我国城商行仍属于中小银行的范畴，其规模大小和业务经营范围类似于美国的社区银行和州立银行、德国的储蓄银行以及日本的地方性银行，本书更多地借鉴国外这些银行的经验和规律进行研究。

3. 城商行属于地方性银行范畴，跨地域经营有所突破

中小银行的一个共同点是服务地域性突出，服务对象和范围较小，如美国的中小银行主要包括州银行（State－bank）、社区银行（Community Bank or Local Lank）、乡村银行等。德国则将4家综合性银行②以外的其他银行归入中小银行，包括其他商业银行、地方储蓄银行和合作互助银行。日本的中小银行主要是指总部设在中小城市，经营范围主要在总部所在地周围一个县或2～3个县以内的地方性银行。

城商行在改制之初的定位是“依照商业银行经营原则为地方经济发展服务，为中小企业发展服务”。尽管在2006年《城市商业银行异地分支机构管理办法》出台后，部分城商行经营地域范围和客户群体不断扩大③，但并未从根本上改变其服务地方经济发展和中小企业的定位。随着齐鲁银行票据诈骗案、汉口银行假担保事件、温州银行骗贷案等案件的爆发，监管部门对城商行跨区域经营审批日趋谨慎。因此，城商行仍然属于地方性银行的范畴。

---

① 按他们的标准，2000年美国大银行的最小资产规模是64.9亿美元，中型银行的资产规模在3.31亿～64.9亿美元，小银行资产规模小于3.31亿美元。因此，资产规模在64.9亿美元之下的都归入中小银行。

② 包括德意志银行（Deutsche Bank）、德国商业银行（Commerzbank）、德累斯顿银行（Dresdner Bank）和西德意志州银行（Westdeutche Landesbank）。

③ 截至2010年，全国已有62家城商行跨区域设立了103家异地分支行（含筹建）。

1.2.2 相关概念

所谓转型，其本质是一种制度变迁的过程，是从一种相对稳定的制度状态向另一种制度状态转变、调整，以不断适应自身条件及经济发展环境变化需要的过程。因此，我们将城商行的发展转型定义为其根据自身发展需要，主动或被动适应自身条件和外部经济金融环境的变化，对发展战略、经营范围、业务结构和经营管理等进行重大调整和全面转变的过程。

城商行作为经营资金、管理风险、为企业提供金融服务的特殊性企业，其发展模式是一个相当广泛的概念，包括发展战略定位、业务发展模式、盈利模式、管理模式、风险管控模式等多方面内容。因此，城商行发展转型也应包含发展战略定位、业务发展模式、盈利模式、管理模式、风险管控模式等多方面的转型。

1.3 研究思路和主要内容

1.3.1 研究思路

本书的研究思路是：先简单回顾并评述国内外相关文献和理论基础，以找到本书研究的切入点。基于此，我们比较了美国、德国、日本等发达国家的中小银行发展转型历程，从中总结、发现了一些可供我国城商行发展转型借鉴的一般性规律。在此基础上，我们引入比较优势理论、竞争优势理论和差异化理论作为城商行发展转型的指导理论。接着，我们剖析我国城商行初次发展转型的成效、存在的问题，以及城商行在“十二五”时期可能面临的国内外宏观经济环境、金融监管制度、金融市场条件的变化，从内外部因素方面分析了“城商行为何还需要发展转型”的问题。最后，我们从城商行的发展战略定位、业务发展模式、盈利模式、流程再造和风险管控等几个方面研究“城商行如何进行发展转型”的问题，为城商行未来的发展转型提出一些可供参考的操作性对策建议。

因此，本书基本遵循了“提出问题—分析问题—解决问题”的研究思路，其逻辑结构框架如图 1－1 所示。

1.3.2 主要内容安排

本书的主要内容安排如图 1－1 所示。

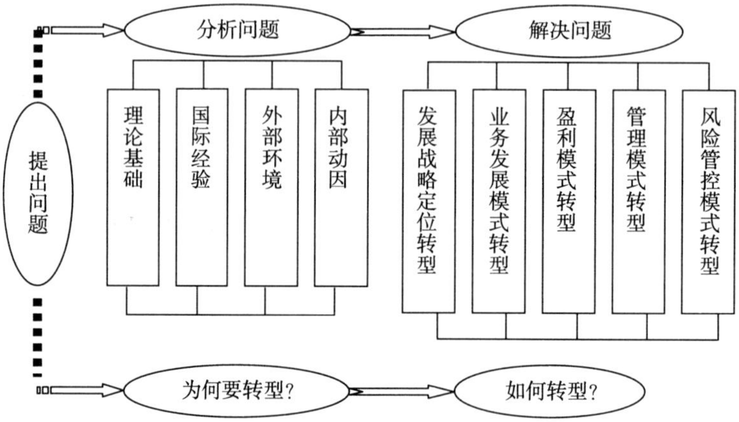

图 1－1　本书的逻辑结构框架

第 1 章导论。首先提出了本书的研究背景和研究价值，界定了本书的研究对象，提出了研究思路、逻辑框架和主要内容安排，指出研究方法和创新之处。

第 2 章文献综述、理论基础和分析框架。这一章是本书的提出问题部分，首先对国内外研究文献进行总结综述，然后引出了本书的理论基础——比较优势理论和竞争优势理论，并对国内外研究文献和基础理论的适用性进行了简要评述。在此基础上，提出了本书的三个基本假设条件和分析框架。

第 3 章发达国家（地区）中小银行转型一般规律分析。本章以美国、日本、德国、中国香港等发达国家（地区）的中小银行转型为例，先介绍这些国家（地区）银行体系演变的特点，接着从不同发展阶段所处的监管政策、经济环境、竞争环境进行分析，总结归纳中小银行在不同经济发展阶段所呈现的发展转型特点，并选取若干有代表性的中小型银行历程进行研究实证分析，最终归纳出国内外中小银行发展转型的一般规律及启示。

第 4 章城商行发展转型的外部动因。本章主要从国际、国内两个层面，深入剖析“十二五”时期城商行可能面对的宏观经济形势、金融监管政策和市场竞争环境等方面的重要变化，以及这些变化将对城商行未来一段时期可能产生的影响，从外因的角度论述了城商行发展转型的方向和趋势。

第 5 章城商行发展转型的内部动因。本章在回顾城商行初次发展转型历程的基础上，总结了城商行初次发展转型所取得的成效，重点剖析其在发展战略定位、业务发展模式、盈利模式、管理模式和风险管控模式等方面存在的突出问题。从内因的角度分析了城商行进一步发展转型的必要性。

第3章至第5章是本书的分析问题部分。在分析问题的基础上，第6章至第10章转入解决问题的部分，重点研究如何解决城商行发展转型方向和具体实施路径的问题。

第6章城商行发展战略定位转型路径。本章重点研究城商行如何进行发展战略定位转型的问题。首先借鉴波特的“五力模式”分析了城商行的市场竞争力，在此基础上，我们重点分析了城商行的优势业务领域，提出了城商行的竞争策略选择，并基于差异化理论提出了城商行差异化转型路径和发展战略定位转型的2×2模型框架，并结合典型案例，着重论述了城商行如何基于竞争力及差异化理论制定科学的发展转型战略。

第7章城商行业务发展模式转型路径。本章重点探讨城商行如何基于市场细分原理进行业务发展模式的转型。首先结合市场细分理论和商业银行的业务转型趋势，提出城商行业务发展模式转型的总体方向；接着重点论述了零售银行业务、批发银行业务和电子银行业的转型路径。

第8章城商行盈利模式转型路径。本章重点分析在利率市场化趋势下城商行的盈利模式如何转型。首先通过与其他商业银行盈利模式的比较，分析了城商行在盈利模式方面存在的主要差距。其次，借鉴分析了利率市场化可能对城商行盈利模式带来的重要影响。最后，从结算代理业务和新兴银行业务两方面提出了城商行实现多元化盈利模式的转型路径。

第9章城商行管理模式转型路径。本章重点分析城商行如何借鉴流程银行原理，通过组织架构调整和流程再造，充分发挥“总部银行、法人银行”灵活、高效的比较优势，提高管理效能。首先对流程银行的定义、特征以及应用进行了阐述。其次，分析了城商行为什么要向流程银行转型。最后，从组织架构调整、基于模块化技术的个性化流程再造、基于数据仓库技术的流程整合和协调等方面论述了城商行通过流程银行再造，实现从粗放式的管理模式向灵活高效和精细化的管理模式转型。

第10章城商行风险管控模式转型路径。本章重点探讨城商行如何借鉴全面风险管理理论加快风险管控模式的转型。首先对全面风险管理理论进行了概述；其次分析了城商行为什么要向全面风险管理转型；最后提出了城商行如何构建全面风险管理的总体框架和体系，并从信用风险、市场风险、操作风险、流动性风险等方面提出了城商行向全面风险管理转型的策略和实施路径。

第11章总结与展望。本章对本书的主要结论进行了小结，指出存在的不足之处并提出了未来的研究方向。

1.4 研究方法与创新

1.4.1 研究方法

本书运用的主要研究方法如下：

（1）规范分析方法。基于比较优势理论、竞争优势理论和差异化理论，对城商行为何需要进行转型以及如何转型等问题进行规范分析。

（2）归纳与演绎相结合。本书既有对国内外中小银行一般发展规律的总结研究，也有对转型相关理论的推理与运用，体现了归纳与演绎相结合的原则。

（3）整体研究法和案例研究法相结合。本书把城商行作为一个整体进行研究，为了增强研究的针对性和实用价值，采用了案例研究的方法，体现了整体研究与分类研究相结合的原则。在具体研究过程中，本书在强调理论研究的重要性的同时，还辅以大量数据支撑我们的观点，以增强说服力。

1.4.2 创新与不足

本书的创新之处主要体现在以下几个方面：

一是对中小银行发展模式转型一般规律的研究。中小银行的发展转型与各国的银行体系、监管政策、竞争环境和经济发展阶段等因素密切相关。国外对中小银行发展模式转型方面的研究文献很少，本书以美国、日本、德国、中国香港等发达国家（地区）为例，先介绍这些国家（地区）的银行体系，接着从不同发展阶段所处的监管政策、经济环境、竞争环境进行分析，总结归纳中小银行在不同阶段所呈现的发展趋势和特点，从而得出国外中小银行发展转型的规律及启示。

二是中小银行发展转型的理论研究。中小银行的发展转型是一项系统的工程，需要相应的理论支持。本书广泛运用比较优势理论、竞争优势理论、战略管理理论、流程银行理论、全面风险管理理论等理论，提出城商行的发展转型的目的是寻求和建立竞争优势，并从竞争优势的内部来源和外部来源两个渠道，提出了城商行的转型路径框架。本书围绕“寻求和确定竞争优势”的核心问题进行论述，使城商行发展转型路径更加清晰可靠、更具有理论依据。

三是结合城商行的实际情况和“十二五”时期发展趋势进行研究。城商行是我国商业银行的一个特殊群体，具有自身的特点。本书针对城商行群体的特点，并结合“十二五”时期经济环境、监管环境和竞争环境可能出现的变化，以及可能对城商行发展转型造成的影响进行分析预测，提出城商行未来的转型方向，以使本书提出的转型策略更具有针对性和前瞻性。

四是对转型策略和实施路径的研究。在结合国内外中小银行发展转型一般规律和大量转型理论的基础上，本书分别对城商行的发展战略定位、业务发展模式、盈利模式、管理模式、风险管控模式等方面提出了具体的转型策略和实施路径，使本书对城商行的发展转型这一主题的研究更具有可操作性和实用价值。

尽管城商行的发展转型是一个很有研究价值的课题，但由于转型涉及面非常大，我们的知识和能力范围不可能对其进行全面的研究，所以，我们仅选取了几个对当前城商行发展转型显得更为紧迫和重要的问题进行了研究，其他问题则留待后期继续深入研究。

第2章　文献综述、理论基础和分析框架

从社会经济发展、金融体系演变和银行业竞争的特点来看，城商行发展转型的目标就是通过转型来寻求发展的竞争优势。本章对国内外已有的研究成果进行回顾，引出城商行发展转型的理论基础——比较优势理论和竞争优势理论，并对理论基础的适用性和已有研究进行简要评价，提出本书研究的一些基本假设及分析框架。

2.1　国内外相关研究回顾

由于城商行是我国特有的金融企业，国外学界很少研究城商行发展转型问题，但对中小银行相关问题做了深入的研究。国内学界则针对我国城商行的发展战略定位、业务发展模式及流程改造等方面进行了较多研究。

2.1.1　国外中小银行研究

国外对中小银行的研究主要集中在经营效率、信息优势和关系型贷款、跨区域经营转型及上市等几个方面。

1. 中小银行的经营效率问题

Ferrier 和 Lovell（1990）、Hughes 和 Mester（1993，1998）、Rime 和 Stiroh（2003）等对美国的经验研究发现，商业银行业存在扁平的“U”形成本曲线，这意味着中小银行比大银行有更好的规模经济，且中小银行存在多产品的范围经济，而大银行则因管理层级增加了代理成本反而表现出多产品的范围不经济。如果控制其他条件不变，银行规模扩大1倍，平均效率将下降5%～8%，银行规模对美国银行的效率有显著影响。Edwards、Berger 、Boyd、Bassett 和 Akhigbe 等对美国中小银行经营效率的实证研究均表明，中小银行在经营绩效和总资产收益率方面都高于大银行，比大银行具有更高的经营效率。

由此可见，中小银行要想在激烈的竞争中生存下来，必须通过简化流程、

减少决策链条等方式，充分发挥高效率的比较优势，并将其转化为竞争优势。

2. 中小银行的信息优势与关系型贷款

中小银行是中小企业重要的传统借贷人，一些研究认为这种重要性反映了中小银行的关系型贷款比较优势，中小银行在依赖于“软”信息的关系型贷款方面比大银行更棒，大银行特别是贷款给较成熟企业的银行多依赖于“硬”信息（如审计后的财务报表）。关系型信贷对美国小企业和新企业特别重要，美国有差不多90%的小企业使用银行服务，大部分有支票账户，有差不多一半的企业从银行或其他金融机构得到信贷便利，但倾向于集中从一家有长期关系的银行贷款（Petersen和Rajan，1994）。这种关系对小企业借贷非常重要。长期关系使得银行能够收集可以放贷小企业的私人信息，有证据表明，银行稳步推进与小企业关系后的信贷成本下降。Strahan和Weston（1998）发现美国大银行仅占中小企业信贷市场份额的35%，大银行贷款总额增加对中小企业产值增加的作用远没有中小银行的作用显著。Begrer（1998）发现美国中小企业从合并后的大银行得到的贷款不断减少，而中小银行之间的合并则会增加对中小企业贷款的供给，这从另一侧面说明中小银行在中小企业融资上可能有某种独特的优势。其中一个重要的理论解释是中小银行在软信息收集、发展关系型业务方面比大型银行更具有优势。如Bnaen Jee等认为中小银行在为中小企业提供服务方面拥有信息上的优势，并提出了长期互动假说。该假说认为中小银行一般是地方性金融机构，专门为地方中小企业服务，通过建立长期的合作关系，中小银行对地方中小企业经营情况的了解程度逐渐增加有助于解决银行和企业之间的信息不对称问题。Berger等（1998）认为中小银行（或者说小金融机构）更适合中小企业信贷。在为中小企业提供信贷服务方面，中小银行具有比较优势的原因在于，中小企业的资金需求规模较小，从而单位贷款的信息成本和交易成本相对较高，更重要的原因是，中小银行在信息收集方面具有优势，而大银行由于组织不经济而缺乏优势。

Berger和Udell（2002）将银行对企业的贷款技术分为财务报表型贷款、资产保障型贷款、信用评分（Credit Scoring）和关系型贷款（Relationship Lending）四种类型。前三种贷款的决定主要是基于贷款发起时就比较容易得到的、可数量化和可查证的“硬”信息，是交易型贷款；而在关系型贷款中，银行通过长期与企业及其所有者、与企业的供货商及客户、与企业所在的社区等在各个维度上的接触来积累关于企业的信息，这类信息相当一部分是难以被量化、被查证和传递的“软”信息。国外很多不同学者对关系型贷款理论进行了研究，尽管方法和角度不同，但几乎都得出了中小银行相比大银行更适合发展关系型贷款的结论。

因此，中小银行必须通过与中型、小型、微型企业客户建立长期的朋友关系，充分了解企业管理者的人品、产品、押品等方面信息（而不是注重财务报表等方面的信息），通过发放关系型贷款彰显灵活的比较优势，才能在竞争中处于领先地位。

3. 中小银行经营地域范围转型

Jayaratne 和 Strahan（1998）检验了美国州内设分支行及跨州设分支行对银行业市场结构的影响，他们发现美国《Riegle - Neal 法案》取消银行地域管制之后，银行市场的资源再配置效应明显，高效银行获得了更大的成长空间，并挤占了小银行份额，大银行和高效银行更具竞争优势。Kroszner（2008）为欧洲内部商业银行合并进行辩护的理由是，合并获得了与美国解除跨州分支行限制后的类似的好处，包括更高的银行效率、更高的经济和就业水平及更积极的企业行为。Deng 和 Elyasiani（2008）对 1994—2005 年期间 505 家控股银行的研究表明，地域多元化与银行价值提升和风险降低有关，地域多元化指数每增加 1 个标准差能提升 7.55% 的银行价值和降低 4.16% 的总风险。

从以上研究表明：中小银行发展到一定阶段实行跨区域发展将有助于提高经营效率，降低经营风险。因此，中小银行发展到一定阶段要放松管制，鼓励跨域经营来提高经营效率和降低经营风险。

4. 中小银行上市的研究

国外研究表明，通过登陆资本市场改变产权结构对银行效率的提高具有正面的影响。Errunza 和 Losq（1985）、Merton（1987）、Diamond 和 Verrecchina（1991）、Stulz（1999）的研究认为，上市不仅能降低融资成本，也能提高企业的知名度。上市能够提高企业的信息披露度，有助于提高投资者对企业的熟悉和认知程度，进而提高投资者对股票的购买意愿，增加股票的流动性，从而降低企业的融资成本，提高企业绩效。Bancel 和 Mittoo（2001）认为，银行寻求上市，不仅是为了降低融资成本和提高流动性，而且也是为了提高公司知名度、扩大股东范围和改善公司治理。亚洲开发银行（2001）通过研究亚洲金融危机的教训表明，良好的治理结构和内部控制则会给银行良好的回报，与银行效率正相关。

实践证明，中小银行通过上市，建立市场化的经营管理机制，确立经营目标和实现目标的途径，加速决策的执行，实施有效的监督，能赢得投资者和社会公众的信任，使之获取更好的发展空间。

2.1.2 国内相关研究现状

从1995年第一家城商行成立算起，至今城商行的发展历程只有短短的17年。早期国内学者对主要从简单策略和对策分析层面对城商行的发展进行研究，如马志斌（1999）论述城商行应走联合发展之路，张正元（2000）对城商行生存与发展的策略研究等。随着城商行群体的发展壮大，国内学者对城商行的发展研究越来越丰富。

1. 对城商行战略定位的研究

国内大部分学者认为，城商行应坚持服务地方经济、服务中小企业的战略定位。如董彦岭等（2009）依据金融共生理论，提出现阶段我国城商行不适合走规模扩张的发展道路，而应坚持本土化、城市化、社区化的区域定位方向，依托地方政府的支持，服务于地方经济，做贴近市民的基层银行，在差异化的市场定位中寻求自身的发展空间。迟恒宁（2006）、张腾（2008）、杨蓓（2009）等认为，中小银行的市场定位与大银行雷同，增加了市场交易成本，影响了中小银行核心竞争力的提升，难以培养高忠诚度的客户，如果城商行继续采取与大中型银行在相似的业务范围内经营的策略，只会强化城商行的比较劣势，因此中小银行需要采取求异型市场定位战略，应根据自身条件和所处的营销环境，采取相应的策略进行准确的定位，在评价分析市场的基础上，把自己的力量集中在几个细分市场上，实行密集型经营，这样可以使中小银行在较小的细分市场上占有较大的市场份额，从而形成竞争优势。而张吉光（2010）提出在金融需求日益多元化、层次化，多层次银行业体系逐步形成的大背景下，差异化、特色化发展是城商行未来发展的必然趋势，不同城商行之间的定位将呈现出明显的区别，城商行应结合自身特色和所处环境，制定清晰和准确的战略定位。在对城商行群体的战略定位情况进行总结分析的基础上，张吉光概括出五种较为成功的战略定位模式：做大做强，综合定位模式；依托传统优势，做深做透模式；寻找“蓝海”，差异化定位模式；瞄准大股东资源，产融结合模式；依托集团优势，特色发展模式。

2. 对城商行业务发展模式的研究

国内大部分学者主张城商行走差异化、特色化发展模式。巴曙松（2005）指出，目前商业银行的竞争已经开始从原来的规模竞争向创新竞争转化，而且差异化越来越明显。今后预计各商业银行将通过对自己的仔细分析制定不同的战略定位选择，包括区域竞争战略、产品竞争战略和客户竞争战略。龚方乐（2005）认为，资本约束的增强要求股份制商业银行从不断扩充资本的外延增长模式转向在有限的资本条件下以资本回报为核心的集约增长方式，实现收益与风险的最佳匹配。而集约增长方式核心是银行根据市场环境和客户的需求，对银行经营的产品、服务进行功能调整和升级，减少同质性，为客户提供差异化的服务，从而建立自身的比较竞争优势。陈伟光、黄涛（2009）分析了瑞银集团战略定位、财富管理等方面的差异化战略，以及花旗银行的直复营销模式，认为我国商业银行可以根据自身优势找出有别于竞争对手的重点发展产品；建立重点客户分级管理制度，满足客户个性化需求等途径实现差异化发展。杜兵（2010）在差异化战略理论的基础上，分析了城商行实现差异化发展面临的问题，提出了实现差异化发展的路径及措施。具体而言，城商行应从区域、客户、产品、市场、管控五方面实现差异化发展。张吉光（2010）指出制约城商行差异化发展的因素包括监管政策、银行业体系、城商行股权结构、战略定位、绩效考核制度等，城商行要实现差异化发展，关键在于消除上述因素的制约。

3. 对城商行跨区域发展的研究

随着越来越多的城商行实施跨区域经营，这一问题也成为各界普遍关注的焦点。国内学者对此争议较大，主要集中在两个方面。

一类观点是城商行应发挥自身的核心竞争力，为所在城市服务，不应跨区域经营，其主要理由是城商行跨区域风险管控能力不足，跨区域经营面临着较大风险。范香梅、邱兆祥、张晓云（2011）采用面板数据，对我国 13 家银行 1997—2008 年跨区域发展的经济效应进行了实证和比较分析，发现跨区域发展不利于中小银行提高效率和降低风险。中小银行在经营过程中不应盲目异地设立分支机构，城商行进行地域扩张不仅难以获得理论上所谓的好处，还可能增加银行的风险。姚建军（2010）剖析了城商行跨区域经营面临的隐患，由于城商行在公司治理、管理体系、风险定价能力等方面存在不足，城商行过于频繁的跨区域经营面临着挑战。为了适应跨区域发展的需要，城商行应逐步改造管理架构，对异地分支机构建立科学有效的内控约束机制。

另一类观点则认为城商行应该走跨区域发展的道路，通过跨区域设分支行、兼并重组、建立金融控股公司进行跨区域经营，其理由是跨区域经营有利于完善服务网络、提高服务能力、降低贷款集中度。尹明勇（2003）、曹凤岐（2006）等认为，城商行的地域限制及两级机构管理，限制了城商行灵活机制的发挥，城商行被限制在一个城市内，而其主要服务对象中小企业的分布范围较广，部分中小企业随着自身业务的发展，业务跨区域向外拓展，城商行由于网点设置仅限于城内，汇路不同，结算不便，极易失去这些客户。谢绍荣（2006）根据城商行资产规模的大小，将我国城商行划分为四个梯队，指出处于不同梯队的城商行应当找准自己的市场定位，监管部门不可“一刀切”。特别是北京银行、上海银行等超大型城商行，其经营状况良好，管理能力较强，法人治理结构较为完善，应走全国化甚至国际化的道路。韩文亮（2006）指出城商行实现跨区域经营的形式并不仅仅局限于在异地设立分支机构，相互参股、控股、交叉持股、兼并收购等都是实现形式之一。孙启伟、刘天威（2009）选用资产收益率作为公司绩效的衡量指标，就跨区域经营对银行绩效的影响进行实证检验。研究表明，跨区域发展市场绩效与银行资本规模存在正相关关系，商业银行按照一、二、三线城市类型进行区域发展分散化，比不加选择地进行异地布局或按照地理大区的概念进行跨区域组合，对银行净资产回报率的正面影响要更大一些。

4. 对城商行应用流程银行的研究

国内许多学者对流程银行的应用进行了研究，他们认为中小银行应该借助流程银行原理，进行组织结构的扁平化改造和流程再造，提高差异化服务能力。孙少岩、杨胜奎（2009）从交易成本经济学角度进行了分析，提出从部门银行到流程银行的改革主要应着力于突破观念落后的阻力以及克服短期成本的影响，从长远利益出发进行流程再造是我国银行业提升自身竞争力的理性选择。李翔（2009）将价值链模型引入到银行流程再造研究，对我国银行从部门银行向流程银行转型过程中所发生的一系列变化依照价值链模型理论进行比较，中小银行可根据自身组织结构与业务流程的适应程度以及再造成本的承受能力，来选择有针对性地建立事业部或是对组织结构进行整体的扁平化再造。沈辉（2010）认为，中小商业银行存在灵活性、地域性、经营业务差异化三个特性，在建设流程银行时与大型商业银行是有区别的。中小商业银行需要以服务个人、中小企业为流程建设的核心，立足地方经济，根据地方经济以及自身的组织结构等实际情况进行流程银行变革。冯科（2011）利用我国13家商业银行2005—2009年财务报告的有关数据，对银行治理现状进行了定量分析，发现业务流程是影响银行治理绩效最为关键的因素，通过大力推进流程银行建设，运用流程管理的方式，可有效地应对和解决银行治理存在的种种问题。建议银行根据自身的竞争优势设计业务流程，为客户提供差异化的服务，从而改善公司治理水平。

5. 对城商行风险管控模式的研究

国内学者对城商行风险管控模式进行了大量的研究，主要观点是加强全面风险管理建设，提高风险管控水平。武晓芬、屠强（2009）认为，中小商业银行没有先进的计算机风控管理系统，缺乏科学的风险评估机制，贷款项目的风险评估很大程度上取决于基层客户经理的实地调查和企业提供的财务报告，这种做法最大的问题是风险来自于客户经理自身，其自身的业务素质在很大程度上决定了贷款的风险程度。因此建议城商行实行全方位的风险管理，提高风险计量水平，前移风险管理关口，注重贷款行业风险、企业整体风险的控制。王燕华（2010）通过对《巴塞尔协议Ⅱ》监管框架和国内外银行风险管理情况的研究，建议城商行辅之以各种现代信用风险管理技术，逐步实现从定性管理到定量管理的转变。刘大明（2010）对宁波银行、南京银行、北京银行的全面风险管理体系进行了比较研究，对比了信用风险管理指标、信用风险缓释措施等因素，指出三家银行的信用风险管理应按照《巴塞尔协议Ⅱ》的要求，对信用风险逐步实施精细化管理。刘超（2011）认为，随着《巴塞尔协议Ⅱ》实施进程的不断推进，各种估值定价和风险计量模型开始在城商行中大量应用，城商行需尽快建立模型风险管理的组织架构体系，加强专业人才培养，重视风险管理的分析研究，实现量化分析和定性分析相结合。朱柯达（2011）在总结我国商业银行风险管理现状的基础上，结合《巴塞尔协议Ⅲ》的要求，建议商业银行提高风险管理技术与手段，引入以RAROC为核心的考核体系，完善风险管理运行机制。

6. 对城商行上市的研究

随着城商行上市的发展，对城商行在相关理论研究和实践探索的文章也比较多，国内学者大多认为，在我国目前的金融业竞争格局下，城商行选择上市的发展策略是保持这一金融群体持续稳定和健康发展的必然选择。巴曙松（2007）在《城商行上市助推金融改革》中认为，对符合上市条件的城商行而言，上市不仅仅具有传统改革之路所能发挥的作用——解决资本问题、业务扩张、提高技术和管理能力，还在某种程度上深化了这些作用。在混业经营的全球趋势下，城商行上市加大了通过资本市场完成收购进而形成金融控股集团的可能性。对于已经上市的城商行而言，其他企业通过资本市场上的换股、资金收购等方式进入银行业务领域从而形成金融控股公司的路径将更为便捷，也更加市场化。这给我国金融资源的整合以及金融格局的改变带来了一条新的路径。欧明刚（2007）从估价效应、冲击效应、扩张效应等方面阐述了城商行上市对中国银行业竞争格局的改变，对城商行自身扩张和经营能力建设，包括对深圳证券交易所中小企业板块所带来的积极意义。

2.1.3 已有研究文献的简要评述

国外文献对中小银行与中小企业融资、中小银行规模与效率等方面研究较多。他们认为，中小银行在“获取中小企业的软信息发展关系型贷款”和“灵活、高效的经营管理机制等”方面比大银行具有更为明显的优势，这是中小银行的比较（竞争）优势所在。这些研究对我国城商行发展转型具有重要的参考价值。但在诸如“在不同的经济发展阶段，中小银行发展有哪些特点”、“不同规模的中小银行如何选择不同的发展模式”、“在经济转型时期，中小银行如何采取不同的对策主动适应经济发展方式转型”以及“不同类型的中小银行如何结合自身优势进行差异化经营”等方面的研究并不多。

国内学者对城商行的战略定位、业务发展模式和流程银行等方面也进行了较多研究，如对城商行的未来发展方向上，国内学者的观点可归结为：（1）城商行应加强战略定位和市场定位研究，坚持立足于服务地方经济、定位于为中小企业服务；（2）城商行的经营应坚持特色化、差异化、专业化的发展方向；（3）引进流程银行，再造以客户需求为中心业务流程，提高城商行的运营效率和经营效益；（4）城商行要实行全方位的风险管理，提高风险计量水平等。这些文献对研究城商行的发展转型颇有启发，但这些结论多散见于各类期刊文献，多基于某一时期、某一角度或某一层面现象的研究，但鲜见对城商行发展转型的系统研究文献。特别是，“十二五”时期城商行面临的经营环境、监管环境和竞争环境将面临怎样的变化？对城商行未来的发展方向和模式转型产生哪些重要影响？对这些问题的研究尚处于空白状态，这为本书基于这一视角对城商行的发展转型进行系统研究提供了新的契机。

本书将对国外中小银行在不同经济发展阶段和不同的竞争环境下的发展特点进行归纳总结，得出中小银行发展转型的一般规律，并结合中小银行能更好地发挥规模经济优势、在获取中小企业的“软”信息、发展“关系型”贷款等方面的比较（竞争）优势比大银行更明显等特点，重点论述我国城商行在“十二五”时期的发展转型路径问题。

2.2 本书的理论基础

本书在系统梳理国内外有关发展与转型相关理论基础上，选取了比较优势理论和竞争优势理论作为研究的理论基石。

2.2.1 比较优势理论

比较优势理论是国际贸易的主流经典理论之一，其历史渊源可以追溯到亚当·斯密的《国富论》，甚至更早的重商主义时代。比较优势原理揭示了在自由贸易条件下的国际分工和专业化生产的理论根源，其思想内核是不同国家、地区乃至企业应该依据“两利相权取其重，两害相权取其轻”的原则，生产并出售具有比较优势的产品和服务，购买具有比较劣势的产品。在亚当·斯密（1776）看来，各国生产技术上的差异会造成劳动生产率和生产成本的绝对差异，因此，出售具有绝对优势的产品或服务、购买处于绝对劣势的产品和服务比自己什么都生产更有利。李嘉图（1817）在斯密的基础上进一步指出，生产技术上的相对差异会造成生产成本和价格的相对差异，产品和服务就会表现出相对优势和相对劣势，分工和贸易就成为可能。赫克歇尔和俄林（1933）则从进一步从生产要素资源禀赋差异而不是从生产技术差异来解释贸易与分工的来源。

区别于斯密、李嘉图、赫克歇尔和俄林的H—O模型注重国家、地区和企业间的先天生产条件差别（可称为外生性比较优势理论），近期研究则引入规模经济、产品差异、专业化、技术化、制度演化等不同视角不断完善和拓展传统的比较优势理论。Krugman（1980）和Tybout（1993）引入规模经济和产品多元化，将内部规模报酬递增视为比较优势的内部源泉。Grossman和Helpman（1991）从研发的视角发展出一个产品创新和国际贸易的多国动态一般均衡模型，进一步推进了比较优势的动态分析；Yang和Borland（1991）则从专业化和分工的角度进一步拓展了内生性比较优势分析。在他们看来，内生性比较优势会随着分工水平的提高而提高，即使没有先天的或者外生的比较优势，参与专业分工提高专业化水平也能获得内生性比较优势。Fisher和Kakkar（2002）认为，比较优势是开放经济长期演进过程的结果，伴随比较优势的专业化（更大的国家可能不完全专业化）是世界经济演化的唯一稳态。

根据比较优势理论，本书认为，一个银行无论处于什么发展阶段，也不论是强还是弱，都能确定自己的比较优势，即使处于劣势的也能找到劣势中的优势。只要它充分利用自身的比较优势，采取差异化、特色化发展的战略定位，绕开比较劣势，把比较优势转化为竞争优势，就能走一条差异化、特色化、精细化的发展路径，最终创造更多的财富。

2.2.2　竞争优势理论

“竞争优势”概念最先由英国经济学家张伯伦提出，他认为要素市场的非竞争性和模仿的无成本性使得在完全竞争市场中应当不存在超额利润，任何企业都不能保持持续的竞争优势，任何盈利机会都是短期的。经过钱德勒、安索夫、安德鲁斯和波特等人的发展，竞争优势理论已成为现代管理理论的核心理论。根据竞争优势理论对竞争优势来源的探讨，可以归纳为外生论和内生论两大流别。

1. 企业竞争优势外生论

新古典经济学认为个别企业获得超额利润主要是由不同的市场结构外生决定的。产业进入壁垒、退出壁垒、产品差异化等产生的相对垄断决定了企业的获利水平。Bain（1951）的产业组织理论承袭了这一理论，认为市场结构决定市场行为进而影响企业的市场效率（S—C—P 范式），其目的是通过考察某一具体产业市场的结构、行为与绩效之间的关系，进而作出是否需要实施反托拉斯产业政策，他们认为企业间绩效的差异是由市场结构和市场行为外生决定的。

波特（Porter，1985）的竞争战略理论认为，竞争战略就是在某一产业里寻求一个有利的竞争地位，即针对决定产业竞争的各种影响力而建立一个有利可图的和持之以恒的地位。竞争战略选择的中心问题之一是产业选择问题，即从长期盈利能力和决定长期盈利能力的因素来认识各产业所具有的吸引力。各个产业并非都提供同等的持续盈利机会，一个企业所属产业的内在盈利能力是决定该企业获利能力的一个要素。问题之二是竞争地位问题，即如何在一个选定的产业内取得优势竞争地位。在大多数产业里，不管其盈利能力如何，总有一些企业比其他企业更有利可图。这两个因素共同决定企业战略的选择。一方面，在一个非常有吸引力的产业里，如果不能拥有有利的竞争地位，依然不可能有好的发展；另一方面，一个具有优越竞争地位的企业如果栖身于一个前景暗淡的产业，也很难赚取满意的利润。在任何产业里，产业竞争的态势是“潜在进入者的威胁、购买者（客户）的议价能力、替代品（或服务）的威胁、供货商的议价能力及现有竞争者之间的竞争态势”五种力量相互作用的结果。波特强调“产业结构分析是建立竞争战略的基础”，可供企业选择的竞争策略包括总成本领先战略、差异化战略和专业化战略三种竞争策略。因此，波特的竞争战略理论中，企业所追求的竞争优势也是外在于企业的，是由外部市场中的竞争关系、市场机会所决定的。

2. 企业竞争优势内生论

企业竞争优势外生论将企业所处的市场结构、市场机会视为企业竞争优势的源泉，但却无法回答“为何企业在面临相同的诸如市场结构、市场机会等条件下，其竞争优势却千差万别”这样一个问题。因为波特竞争战略理论的逻辑结果只能是同一产业内所有企业的盈利状况应该基本一致，但事实上并非如此。特别是20世纪80年代的实证研究引起了人们对上述理论的质疑。如Rumelt的研究表明：“产业内长期利润率的分散程度比产业间的分散程度要大得多，前者比后者要大3～5倍”。显然，最重要的超额利润的源泉是企业具有的特殊性质，而非产业内的相互关系。因此，企业表现为超额利润率的竞争优势并非完全来自外部市场力量，而应当是市场力量以外的、存在于企业自身的某种因素在起作用。也就是说，如果控制了企业以外的相同因素，所剩下的就只能是企业自身了。

竞争优势内生论深入到企业内部寻找竞争优势的特殊源泉，并产生了众多的理论观点，包括基于资源的企业观（Resource－based View of Firm）、企业动态能力观（Dynamic Capability）、企业能力观（Capability）、核心能力观（Core Competence）、企业知识论等。这些理论认为，企业内部条件对于企业获得市场竞争优势有着决定性的作用，企业内部资源、能力的积累是解释企业获得超额收益和保持企业竞争优势的关键。

根据竞争优势理论，本书认为，一个银行的竞争优势，既可以来源于企业外部，如企业的战略定位和市场定位、市场竞争关系、市场机会等，也可以来源于企业内部，如企业独特的经营模式、发展模式、盈利模式、组织架构和业务流程、风险控制能力等。因此，银行应内外部结合，从战略定位、业务发展模式、盈利模式、管理模式、风险管控模式等方面来寻找并提升竞争优势。

2.2.3 理论的适用性分析

从李嘉图提出比较优势理论到现在已过去了200多年，但该原理仍不失为指导贸易实践的基本原理，而且在其他经济领域也具有广泛的适用性。波特的竞争优势理论一经提出也在全球范围内得到广泛传播，并对世界各国的理论研究者和政策制定者产生了深远影响。尽管竞争优势理论的追随者往往将竞争优势理论与比较优势理论视为两个相互对立的范畴，或者认为竞争优势理论是对比较优势理论的替代，甚至波特本人也大体上持这种观点（林毅夫、李永军，

2003)，但笔者个人认为，这种观点割裂了两种理论之间的继承性和联系。首先，比较优势理论虽然是从国家或地区间的整体分工视角来分析问题，实质上可用于指导国家和地区之间应该生产什么、交易什么，这一原理对企业应该生产什么、交易什么这种微观的分工也是适用的。具体来说，城商行是生产“金融服务”产品的特殊企业，也存在生产并交易哪些“金融服务”产品的问题。其次，城商行发展转型的目的在于寻求和建立竞争优势及核心竞争力，其竞争优势无疑既可以来源于外部，如企业的战略定位、市场定位、业务定位等方面，也可以来源于内部，如管理流程的改变、组织结构的变革、风险管控能力的提升等方面。从外部来看，通过科学的战略定位、市场定位、业务定位，可以形成比较优势。比较优势虽然是静态竞争优势，但却是竞争优势的基础，对竞争优势的确立具有基础性和决定性的作用。再次，从内部来看，通过管理流程的改变、组织架构变革和管理能力的提升等方面，可以将静态的比较优势转化成为动态的竞争优势，并形成核心竞争力，促进商业银行保持持续竞争优势。因此，我们认为，无论是比较优势理论还是竞争优势理论，对指导城商行的发展转型始终具有方法论意义上的科学性和适用性。最后城商行既具有一般商业银行的共性，但也与其他商业银行、金融机构之间存在专业分工的不同和服务领域的差异，这两大理论有利于指导城商行如何在整个金融体系框架下充分发挥自身的比较优势，参与金融领域的专业分工并寻求终极的竞争优势和核心竞争力。

需要特别指出的是，依据波特的竞争优势理论，企业可以将自己的竞争优势建立在两个不同的层次上。低层次的竞争优势是“低成本竞争优势”，而高层次的竞争优势则是“差异型竞争优势”。低成本竞争优势的来源通常有如下几个方面：特殊的资源优势（较低的劳动力和原材料成本）、其他竞争者使用较低的成本也能够取得生产技术和生产方法、发展规模经济等。而差异型竞争优势则建立在通过对设备、技术、管理和营销等方面持续的投资和创新而创造更能符合客户需求的差异型产品上。产品差异型竞争优势之所以被称为高层次的竞争优势主要是因为：（1）与低成本竞争优势相比，成功的差异型竞争优势通常能够为企业带来更高的收益，因而代表更高的生产率水平；（2）与低成本竞争优势相比，差异型竞争优势更难被竞争对手模仿，从而更有可能在长期竞争中保持优势。

从城商行的具体情况来看，由于它既不具备特殊的资源优势，如在劳动力成本和原材料（存款的吸收）上并不比其他银行更有优势，在机构、网络渠道、服务和人才等方面也比不上大型国有商业银行和全国股份制商业银行，在经营地域范围和业务品种上也处于劣势。所以，城商行应该舍弃低层次的"低成本竞争策略"，"差异型竞争策略"是城商行发展转型唯一正确、可行的选择。

2.3 基本假设条件及分析框架

2.3.1 本书的基本假设

城商行发展转型实际上就是城商行为了适应内外部环境的变化，对自身的战略方向、发展方式、经营模式、管理模式进行调整、转变，以寻求更好发展的过程。而影响城商行发展的内外部环境，从宏观层面来说，包括社会经济（金融需求）和金融体系（金融监管政策、金融市场）的演变；从中观层面来说，包括整个银行产业的竞争和发展；从微观层面来说，包括城商行发展所具备的条件和发展需求。因此，我们从这三个层面，提出一些基本假设，并在后面的章节进行论证，使本书的研究更具有逻辑性和说服力。

1. 银行体系演变与中小银行转型的基本假设

从金融体系的演变层面来看，笔者认为，一国的社会经济发展和金融体系演变是影响中小银行发展转型的关键因素。随着社会经济水平的发展，社会对金融的需求经历了从简单到复杂的过程。金融需求的变化推动了金融创新，使得金融体系（包括金融机构市场准入管制政策、价格管制如利率市场化等）逐步从管制走向放松管制，并且随着社会进入市场化经济发展阶段，推动了金融市场化和自由化的发展，也推动了中小银行的发展转型。因此，本书第一个假定：中小银行发展转型与社会经济的发展程度和金融体系的演变密切相关。在社会经济水平发展的不同阶段，需要不同的金融体系和中小银行经营模式与之相匹配。这一假定在第3章会有所论述。

2. 银行产业与银行企业竞争的基本假设

从银行产业的层面来看。中小银行作为银行产业体系的一部分，其发展转型与整个银行产业的竞争发展密切相关。而银行作为服务行业的一种，与其他企业一样具有相类似的特点。因此，本书第二个假定：其他企业的竞争规则和竞争策略，同样适用于银行企业。波特在其经典著作《竞争战略》①，提出了企业竞争力分析的“五力模型”。该模型认为企业的竞争力取决于行业现有的竞争状况、供应商的议价能力、客户的议价能力、替代产品或服务的威胁和新进入者的威胁五种基本因素（见图6－1），企业的盈利能力取决于正确的行业选择以及在行业中的相对竞争位置。经过多年的实践证明，该理论具有一定的普适性，因此，本书认为，中小银行适用于波特的竞争力模型及竞争策略。这在第6章有详细论述。

3. 城商行发展转型目的的基本假设

从城商行这一特殊群体来看，作为从城市信用社重组改制过来的地方性金融机构，通过初次转型，完成了重组、处置不良资产、更名等工作，完善了公司治理结构，基本解决了生存的问题。但城商行在当前的同业竞争当中，竞争力依然处于弱势地位。因此，本书第三个假定：城商行发展转型是在初次转型基础上的再次转型，转型的根本目的是确立中小银行的竞争优势，提升市场竞争力，这也是当前城商行迫切需要解决的问题。这在本书第4章有详细论述。

上述三个基本假设，是探讨城商行发展转型路径的基础，决定着城商行发展转型的方向和具体路径的选择。

2.3.2　本书的分析框架

基于上述三个假设，本书认为城商行发展转型实际上就是如何通过战略定位、业务发展模式、盈利模式、管理模式和风险管控模式的调整和转变，突出城商行本身比较优势，并通过将静态比较优势转化为动态竞争优势，以此提高市场竞争力和核心竞争力的过程。

城商行的竞争优势的来源，一是来源于城商行在对自身优势业务领域和优势资源进行准确把握的基础上，选择适合的竞争策略，制定科学的发展战略；二是来源于城商行建立具有比较优势的业务发展模式；三是来源于城商行能够建立与现代商业银行相适应的盈利模式；四是来源于城商行通过运用流程银行理念进行组织架构调整和流程再造，建立灵活、高效的管理模式，提高管理效能；五是来源于城商行建立全面风险管理的组织架构和体系，提升风险控制能力。这五个方面，构成了城商行发展转型的具体实施路径。

---

① 波特著，陈小悦译：《竞争战略》，北京，华夏出版社，2005。

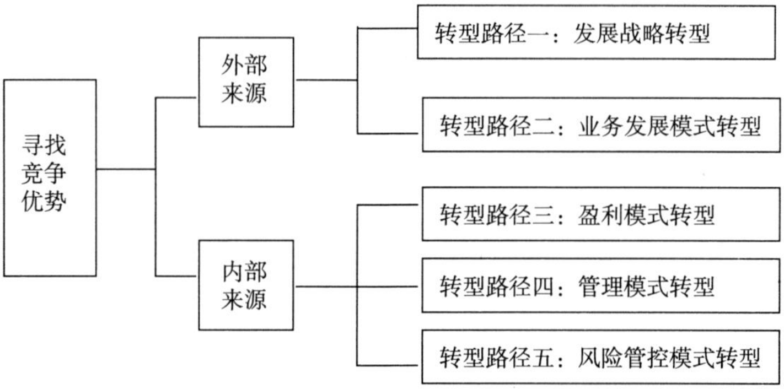

图 2-1　本书的分析框架

2.4　小结

本章通过对国内外的研究文献的梳理发现，中小银行的竞争优势在于收集中小企业"软信息"、发展"关系型"业务的比较优势和灵活高效的经营机制。在此基础上，我们引入了比较优势理论和竞争优势理论，提出了城商行发展转型的过程就是寻找和确立竞争优势的过程，并从宏观、中观、微观三个层面提出了基本假设，最后从发展战略定位、业务发展模式、盈利模式、管理模式、风险管控模式五方面提出了城商行发展转型的分析框架。

第 3 章　发达国家（地区）中小银行转型一般规律分析

随着经济发展水平的不断提高，美国、日本、德国和中国香港等发达国家（地区）的商业银行经历了多次发展转型，以适应经济社会发展的需要。本章首先从不同的社会经济发展阶段探寻这些国家（地区）银行体系演变的特点，然后重点分析不同经济发展阶段中小银行所呈现的发展转型趋势和主要特点。在此基础上，总结归纳出中小银行在不同经济发展阶段转型的一般规律。最后，结合国情，得出对我国城商行发展转型的启示。

3.1　美国中小银行发展转型

3.1.1　美国银行体系演变特点

美国银行制度是发达国家中最为重要的商业银行体系，也是最复杂、机构最多的体系。美国银行体制的特征是实行双重银行管理体制（Dual Banking），即美国联邦政府和各州有关当局同时都有权接受银行注册登记并对银行进行监督管理的制度。在这种双重管理体制下，美国有州银行（State Bank）和国民银行（National Bank）。州银行执照由州政府颁发，国民银行执照由货币监理署颁发。

由于历史的影响和政策的演变，美国银行业高度分散。美国银行的组织形式呈现多样性特征，按组织形式来划分，美国的银行机构可以分为：（1）单一制银行：通过一个营业场所提供所有服务的银行；（2）总分行制银行：全套的银行服务通过多个经营场所提供，包括总行和一家至多家分行。（3）银行持股公司：是为拥有至少一家银行的股票与控制权的目的而注册成立的公司。在 19 世纪初美国商业银行发展的初级阶段，全美商业银行的数目不超过 100 家。但是到了 1920 年，商业银行已经达到了 3 万余家的规模。此后银行数目不断下降。1990 年为 1 万余家，至 2010 年为 7 000 多家。

在美国近代商业银行体系发展过程当中，美国颁布了许多有关银行的法令。其中，对银行经营产生重要影响的主要有《McFadden 法案》、《格拉斯—斯蒂格尔法》（*Glass - Steagall Act*）、“Q 条例”、《跨州银行法》、《金融服务现代化法案》等。

（1）《McFadden 法案》。1927 年，美国通过了《McFadden 法案》，该法案禁止银行跨州设立分支机构，不允许跨域经营。这导致了美国产生了为数众多的中小银行，这些中小银行除在自己的州内经营业务外，在其他州没有任何一家分支机构或办事处。禁止跨州设立分支机构使得商业银行被定义为“单元银行”，许多只能在限定的区域内经营且提供有限的产品及服务的小规模银行构成了美国独特的单一银行体系。

（2）《格拉斯—斯蒂格尔法》。在 1930 年金融危机的背景下，为保证商业银行避免证券业的风险，1933 年通过《格拉斯—斯蒂格尔法》。该法案禁止银行包销和经营公司证券，只能购买由美联储批准的债券，将投资银行业务和商业银行业务严格地划分开，使美国金融业形成了商业银行、投资银行、保险业分业经营的制度。

（3）“Q 条例”。所谓“Q 条例”，即第 Q 项条例。美联储按照字母顺序排出了一系列条例，如第一项为 A 项条例，对存款利率进行管制的规则正好是 Q 项。1929 年之后美国经历了一场经济大萧条，金融市场随之也开始了一个管制时期，并同时颁布了“Q 条例”，该条例禁止商业银行对活期存款支付利息，并对储蓄存款和定期存款规定最高利率限制，同时各州的《高利贷法令》则规定银行放款的最高利率限制。“Q 条例”变成对存款利率进行管制的代名词。20 世纪 80 年代以后，随着金融创新，货币市场基金在内的多种金融工具在保留银行存款特点的同时，已经成功地绕开了最高存款利率的限制。1980 年，美国国会通过《存款机构放松管制与货币管制法》，开始逐步实施利率市场化。

（4）《跨州银行法》。《跨州银行法》也称《里格尔—尼尔州际银行和分支效率法案》。1994 年国会通过该法案，其主要内容是允许一家银行持股公司收购任何一个州的银行，只要其满足美联储规定的资本充足率和社区再投资法的要求。从 1997 年 6 月 1 日起，银行持股公司可以自由实行跨州经营、设立分支机构；一州银行可以与另一州的银行合并；不同州的银行可以共同谋求合作。美国银行业经营地域限制最终解除。

（5）《金融服务现代化法案》。1999 年，由克林顿政府提交由 1991 年布什政府推出的监管改革绿皮书（Green Book），并经国会通过，形成了《金融服务现代化法案》，也称《格雷姆—里奇—比利雷法案》（*Gramm - Leach - Bliley Act*），废除了1933年制定的《格拉斯—斯蒂格尔法》有关条款，从法律上消除了银行、证券、保险机构在业务范围上的边界，结束了美国长达66年之久的金融分业经营的历史，商业银行能够从事全能银行的业务，其结果是商业银行开始同时大规模从事投资银行的活动。

美国银行体系演变特点：一是经营地域从严格管制到逐步放松，最终实现经营地域自由化。1927年的《McFadden法案》禁止银行跨州设立分支机构，不允许跨域经营，这导致了美国产生了众多中小银行。这种限制持续了近70年。1994年的《跨州银行法》允许一家银行持股公司在满足美联储规定的资本充足率和《社区再投资法》的前提下，收购任何一个州的银行。从1997年6月1日起，美国逐步允许银行实行跨州经营、设立分支机构或兼并重组。截至2001年底，美国所有州全部实施了跨州设立分支机构的政策。随着跨州经营的放开，美国银行掀起了兼并浪潮，银行数量不断减少，从1990年的1万多家降至2010年的7 000多家。二是利率从管制走向利率自由化。1929年颁布的“Q条例”禁止商业银行对活期存款支付利息，并对储蓄存款和定期存款规定最高利率限制，同时各州的《高利贷法令》则规定银行放款的最高利率限制。20世纪80年代以后，随着金融创新的发展，包括货币市场基金在内的多种金融工具在保留银行存款特点的同时，已经成功地绕开了最高存款利率的限制，促使美国逐步放松利率管制。1973年美联储取消了10万美元以上存款利率的限制，1978年允许商业银行发行1万美元以上6个月期的储蓄存单，利率参照同期国库券利率，1979年允许4年期和30个月期的存续存单利率与中期国库券利率挂钩，1980年国会通过《存款机构放松管制与货币管制法》，承诺到1986年逐步取消存款利率上限的规定。1986年4月取消存折账户的利率上限，实现了利率市场化。三是经营业务范围从分业经营走向混业经营。美国早期就实行混业经营的银行体制，但1933年通过的《格拉斯—斯蒂格尔法》禁止银行包销和经营公司证券，只能购买由美联储批准的债券，将投资银行业务和商业银行业务严格地划分开，使美国金融业形成了银行、证券、保险分业经营的制度。随着金融创新的发展，金融混业经营的呼声日益高涨。1999年美国通过的《金融服务现代化法案》从法律上消除了银行、证券、保险机构在业务范围上的边界，结束了美国长达66年之久的金融分业经营的历史，进入混业经营时代。其结果是大型商业银行开始大规模从事投资银行的活动，如花旗集团（Citigroup）和摩根大通（JP Morgan）。

3.1.2 美国中小银行发展转型历程

随着经济社会发展和美国银行体系在不同时期的演变，美国中小银行经历多次发展转型。根据其发展转型的特点，大致可以分为三个阶段。

1. 同质化竞争阶段（1960 年以前）

20 世纪 70 年代以前，美国的中小银行一直受益于跨区域经营管制制度（Kroszner 和 Strahan，1999），特别是大萧条时期近 4 000 家金融机构倒闭，联邦和州政府就担任起保护人的角色，开始控制商业银行的各种活动，颁布了《McFadden 法案》、《格拉斯—斯蒂格尔法》、“Q 条例”等金融条例，最终形成了美国银行“单元银行”和分业经营的制度。商业银行的经营业务范围和区域范围受到限制，这在一定程度上避免了过度竞争并保护了中小银行，促进了中小银行的蓬勃发展。据统计，这一时期中小银行数量最多超过了15 000 家。总的看来，美国在这一时期的经济发展水平还较低，人均 GDP 在 3 000 美元以下①，大部分中小银行以基本的存贷业务为主，处于与大银行高度同质化竞争的阶段。

2. 金融创新、差异化转型阶段（1960—1990 年）

20 世纪 60 年代后期，美国通货膨胀加剧，管制下的存款利率大幅低于通胀率。在“Q 条例”的限制下，银行存款由于利率低而失去了吸引力；其他金融机构异军突起，由于它们吸收资金和投资不受“Q 条例”的限制，投资收益率较高，吸引了大量的投资者。因此，美国的银行业出现了严重的“资金脱媒”现象，资金大规模地向自由利率的金融商品市场流入。其他金融机构与商业银行争夺存款的竞争日趋激烈，银行面临不断亏损的境地。这迫使美国商业银行不得不通过业务和制度创新来规避利率管制。1960 年出现银团贷款、出口信用保险、平行贷款、可转换债券以及自动转账产品、可赎回债券、混合账户、应收未收账款的出售、福费廷、大额可转让存单（CDs）、NOW 账户等金融产品创新。随着创新业务的不断发展，美国被迫逐步放松了对银行在产品和定价上的管制。自 1970 年开始，美国逐步开始放松利率管制，至 1980 年完成了利率市场化。为避免利率、汇率大幅波动，1970 年产生了利率互换、期权期货等衍生金融工具；为规避地域或业务限制等管制则以银行持股公司、金融服务公司、共同基金、收购等方式，逐渐打破了美国银行业分业经营模式。随着美国对银行

① 按 2000 年不变价美元折算，约为 10 000 美元。

管制的放松，特别是利率市场化的发展，银行之间的竞争越来越激烈，中小银行由于信用程度逊于大型商业银行，不得不以高于金融机构平均存款利率和低于金融机构平均贷款利率来吸引客户。在强大的竞争压力下，中小银行发展战略被迫转型，走向差异化发展道路。一方面，美国中小商业银行加强同业合作，通过银行控股公司或银行联席制度等形式与大银行建立稳定的合作关系，利用大银行的设施和技术进行票据清算与资金头寸调节。另一方面，中小银行与大银行进行错位竞争，在大银行不愿意介入的居民小额零星贷款、住宅抵押贷款、中小企业短期融资等方面寻找出路，大力发展零售银行业务，并逐步提高非利息收入。这一阶段，美国人均 GDP 从 1960 年的 2 881 美元①增长到 1990 年的 23 000美元②，中小银行逐步实施差异化竞争战略。

3. 跨区域经营、高度差异化阶段（1990 年以后）

《McFadden 法案》限制银行设立分支机构，这种限制持续了大约 70 年。1994 年 9 月，美国颁布了《跨州银行法》，它标志着美国金融自由化的进程有了重大进展，成为美国银行改革的新的里程碑。《跨州银行法》的主要内容是允许一家银行持股公司收购任何一个州的银行，只要其满足美联储规定的资本充足率和《社区再投资法》的要求。从 1997 年 6 月 1 日起，银行持股公司可以自由实行跨州经营、设立分支机构；一州银行可以与另一州的银行合并；不同州的银行可以共同谋求合作。自开放跨州经营之后，跨州分支机构的数量以每年 4%的速度增长，而银行总部的数量则逐年减少 3.5%。到 2001 年底，美国的所有州全部实施了跨州设立分支机构的政策。同时，1999 年美国颁布了《金融服务现代化法案》。该法案废止了《格拉斯—斯蒂格尔法》，修订了《银行控股公司法案》，并准许设立全新的金融控股组织，它可以从事保险业并经营有价证券，可以经营商业及投资银行的业务、投资和开发房地产以及其他相关的活动。《金融服务现代化法案》扩大了银行服务范围，拓宽了业务领域，结束了美国分业经营的时代，一些大银行开始走向混业经营“金融百货”时代，而一些中小银行则走向了专业化经营时代。这一阶段，美国人均 GDP 从 1990 年的 23 000 美元③增长到 1999 年的 33 000 美元左右④，美国商业银行业进入了高度激烈竞争年代，中小银行的发展战略出现了分化。一些中小银行借政策的有利时机，实

① 按 2000 年不变价美元折算，约为 10 000 美元。

② 按 2000 年不变价美元折算，约为 28 000 美元。

③ 按 2000 年不变价美元折算，约为 28 000 美元。

④ 按 2000 年不变价美元折算，约为 34 000 美元。

施跨区域经营战略，通过新设机构或兼并其他小银行，或通过联合重组，逐步发展成区域性银行，甚至成为全国性新兴“超级银行”，走混业经营的发展道路。而大部分中小银行则纷纷向专业化、特色化转型，一些中小银行专注于发展投资银行业务，如梅隆银行；而一些银行则专注于零售银行的发展，比如美国银行；一些银行则开展混合经营，如花旗银行。还有部分中小银行坚守社区银行的定位，以关系型业务为重点，在经营特色上，强调在特定社区范围内提供针对客户的个性化金融服务。

3.1.3 美国中小银行发展转型：梅隆银行案例①

梅隆银行是美国一家大型地域性银行。1996 年梅隆银行的总资产余额在全美排第 22 位，利润排第 17 位，是一家经营状况相当优良的银行。从 20 世纪 70 年代至今的三十多年中，梅隆银行对发展战略定位、业务发展模式、盈利模式、跨区域发展模式等进行了不断的探索，完成了发展模式转型，并最终成为一家业务特色鲜明、核心业务领域领先、盈利模式多元化的银行。2007 年 7 月，梅隆银行与纽约银行合并，成为一家全球性银行。

1. 梅隆银行的发展战略定位转型

1987 年以前，梅隆银行发展战略定位为“世界性的货币中心银行”。围绕这一战略目标，梅隆银行积极拓展国际业务，大力向发展中国家和国内石油企业融资等。这一战略实施的结果使梅隆银行背上了巨额的不良债权，1987 年发生亏损。其后，梅隆银行调整了发展战略，将“世界性货币中心银行”的发展目标改变为“地域银行中的强者”，并在业务发展策略上进行了调整，重组批发业务部门，扩大零售业务的比重，逐步实施特色化、差异化的发展策略。

梅隆银行发展战略定位转型的启示：由盲目贪大的世界性货币中心银行逐步转向为特色化、差异化的区域性优质银行。

2. 梅隆银行业务发展模式转型

在业务发展模式上，梅隆银行首先实施产业（顾客）特定化的策略。1987 年以前，梅隆银行在批发业务中没有明确产业及地域选择，只是把年销售额超过 2 5 亿美元的企业定义为批发业务客户。1988 年以后，梅隆银行实

① 根据张广君和张中良（2009）《美国银行业非利息收入状况对我国商业银行中间业务发展的启示》［载《河北金融》，2009（11）］和姜瑶英（2000）《美国银行业批发业务发展战略》［载《城市金融论坛》，2000（12）］整理。

施产业（顾客）特定化的策略，选择在相应产业及特定地域的批发业务客户，并集中致力于扩大与这些客户的业务往来。梅隆银行选择的产业是钢铁和非铁金属工业、金属制品业、矿产业、化学工业、能源工业、公共企业、广播、通信、出版等；而业务地域则采取集中在美国东海岸及货币中心银行活动地域。在产业（顾客）特定化的前提下，梅隆银行再实施客户主办银行策略，即通过为客户提供多种综合金融产品及服务，致力于和客户建立长期的业务往来关系，努力与客户之间建立起主办银行关系。主办银行的内涵是“追求同少数顾客建立起广泛的金融交易关系”。建立这种关系的必要条件是银行自身须具备很强的金融产品开发和提供服务的能力。梅隆银行充分发挥在现金管理服务、信托业务、股票过户代理等业务领域的优势，为客户提供多种金融产品及综合金融服务，使银行与客户在建立长期交易关系中，避免过度地依赖贷款的作用。这一策略使梅隆银行曾出现超出2/3的顾客利用综合金融服务的局面。

梅隆银行业务发展模式转型的启示：由与多数客户广泛地进行金融交易转向与同少数顾客建立起广泛的金融交易关系，也就是致力于与少数客户，将业务做深、做透。

3. 梅隆银行的跨区域发展模式转型

梅隆银行调整战略定位后，其跨区域经营模式也发生了变化。一方面，将批发业务中心转移至国内，在国外则通过建立海外代理行的形式构建更有效的营业网络。1987年以前，梅隆银行曾致力于成为货币中心银行。当时，梅隆银行在美国国内拥有12家批发业务店铺，在海外拥有17家批发业务店铺。1988以后，梅隆银行对业务网络进行了较大的调整，适当收缩海外业务店铺，到20世纪90年代中期，梅隆银行的批发业务店铺在国内只拥有7家，海外只拥有4家。另一方面，通过并购目标经营领域具有领先地位的公司，迅速在目标领域获得客户和市场份额，确立领先地位；通过出售和处置非目标经营领域的资产，使银行能够将更多资源集中到目标经营领域，获得专业化的优势。

梅隆银行跨区域发展模式转型的启示：随着发展战略定位由“世界性的货币中心银行”调整为区域性银行，其机构网络也逐步收缩，资源优势集中向核心业务倾斜，以获取专业化的竞争优势。

4. 梅隆银行的盈利模式转型

梅隆银行的盈利模式转型，一是调整信贷业务的位置，发展综合性金融服务。在1988年业务调整之前，同其他银行一样，梅隆银行在经营中奉行“贷出越多，效益越好”的经营理念。而1988年以后，梅隆银行调整了放贷理念，采取信贷围绕支持提高与客户之间的综合金融交易的收益性为目标的理念，根据客户的具体需求慎重选择信贷手段。具体策略是：设置总的信贷保有限额，以控制风险及维持自有资本比例的健全；在信贷业务中更多地利用银团贷款的形式，以求与同业共同承担信贷风险；在具体的信贷业务中，尽可能成为客户的各种金融需求的供给伙伴；为此积极参与客户的项目融资、资本市场融资，充分运用各种金融技术为客户提供服务。二是以投资银行业务作为发展重点，即通过一系列资产出售以及并购活动，建立了以资产管理、清算及证券托管为主业的经营模式，非利差收入占总收入的比例接近80%，其资产利润率、资本利润率连年高出美国银行业的平均水平。

梅隆银行盈利模式转型的启示：由信贷投放作为主要利润来源的盈利模式向在资本约束下的多元化的盈利模式转型，提高非利息收入，以获取较高的资产利润率和资本回报率。

梅隆银行的发展战略、业务发展模式、跨区域发展模式和盈利模式均表明，中小银行必须经过不断的、多个阶段的发展转型才能在经济形势的不断发展变化中寻求生存和发展的比较优势及竞争优势，差异化是商业银行获取市场竞争力的有效策略。

3.1.4 美国中小银行发展转型规律

以上分析表明：(1) 随着经济发展水平的不断提高，美国中小银行经历了多次发展转型。(2) 美国早期的中小银行主要从事存贷款业务，与大型银行并无太大区别。(3) 随着金融创新和跨区域经营的发展，银行间竞争越来越激烈，部分中小银行开始与大银行开展错位竞争，注重差异化的特色经营，形成了比较优势，赢得了生存和发展空间。(4) 随着1994年美国《跨州银行法》的实施，中小银行出现了分化，一部分中小银行通过兼并重组或跨州经营，向区域性银行发展，而一部分中小银行则坚持走社区银行的定位，在为社区客户提供个性化服务过程中形成了自身经营特色。1999年《金融服务现代化法案》实施，美国从分业经营向混业经营发展，随着竞争的激烈，美国中小银行的发展模式逐渐向专业化、特色化转型。

尽管美国中小银行的发展转型并无明确的时间界限，且其发展转型具有多个维度，但我们依然能从中得出中小银行发展转型趋势和一般性规律，这种演变趋势大致如图3-1所示。

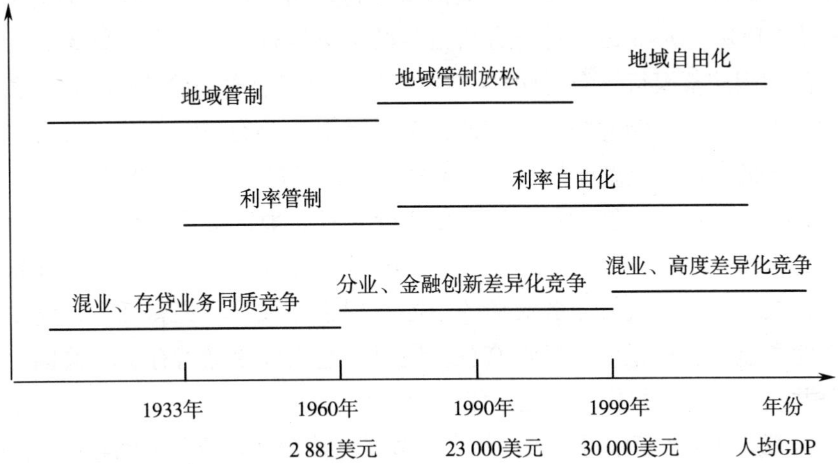

图3-1 美国中小银行发展转型演变趋势

3.2 德国中小银行发展转型

3.2.1 德国银行体系演变特点

德国是实行混业经营最为典型的国家，其金融体系的特征是全能银行（Universal Bank，又称为综合银行）在国民经济中占据主导地位，全能银行不受金融业务分工的限制，不仅能够全面经营商业银行、投资银行、保险等各种金融业务，为企业提供中长期贷款、有价证券的发行交易、资产管理、财产保险等全面的金融服务，而且还可以经营不具备金融性质的实业投资。

全能银行又可以分成商业银行、储蓄银行和合作银行三大类。（1）商业银行。商业银行是典型的全能银行，是集银行、证券、保险等多种金融中介业务于一体综合化经营的金融综合集团。商业银行包括大银行、地区性银行和其他商业银行、外国银行分行以及私人银行等。大银行的特点是设施完备、业务量大，并有遍布全球的分支机构，如德意志银行、德国商业银行和德累斯顿银行；地区性银行和其他商业银行各自的规模、形式和业务不尽相同，有一些较大的地区性银行也在全国范围内开展业务，比如巴伐利亚统一抵押银行和西德意志州银行、巴登—符腾堡州发展银行等。（2）储蓄银行。储蓄银行由三级体系构成：乡镇储蓄所、地区储蓄银行及汇划中心，还有德意志汇划中心银行。第一个层次是地方性储蓄银行，又称初级储蓄银行；州银行和区域储蓄协会构成第二个层次；DGZ－Deka银行是所有州银行的中央银行，它与在各储蓄银行中都有参与的德国储蓄银行协会（DSGV）一同构成第三层次的储蓄银行。储蓄银行是公共法人的银行。储蓄银行最初的任务是针对中小客户的存贷款业务，但随着居民收入的提高和金融业的发展，储蓄银行也发展成了全能银行。（3）合作银行。合作银行也由三级构成：地方信用合作社、地区信贷合作银行和全国性的德国合作银行。合作银行模式可以追溯到19世纪中期的农村信用合作银行及工商合作银行。合作银行业务活动的中心是促进其成员的经营活动，它主要为中小企业及建筑公司提供中长期贷款。同时，它也吸收储蓄存款。德国合作银行是公共法人性质的机构，也是全能银行。

德国有3 000多家银行，其中绝大多数是全能银行，业务范围较广。从分类看，商业银行323家，储蓄银行607家，合作银行2 253家。德国大型银行仅有4家①，其他均为中小银行。德国银行机构竞争相对剧烈。

德国商业银行体系演变历程的特点是：一是实行全能银行制度。德国一开始就实行全能银行制度。全能银行不受金融业务分工的限制，不仅能够全面经营商业银行、投资银行、保险等各种金融业务，为企业提供中长期贷款、有价证券的发行交易、资产管理、财产保险等全面的金融服务，而且还可以经营不具备金融性质的实业投资。二是走合作发展之路。与美国自由竞争、各自为政的中小银行发展模式不同，德国中小银行走的是合作发展之路。众多中小银行共同出资组建了代表中小银行利益的合作集团——商业银行集团、储蓄银行集团和合作银行集团。三大银行集团法人对外主要开办中小银行不介入的业务领域，与中小银行形成优势互补的合作对象。同时，组建的三大银行集团法人还为自己的银行提供技术和网络支持，统一建立业务平台，统一开发业务系统，统一研发金融产品，使各中小银行在付出较小的成本下拥有了发达的网络支持，业务可以四通八达。而中小银行则各自在相对独立的区域开展业务，避免了交叉竞争。20世纪90年代，三大银行集团还各自建立了存款保险方案，即相继设立了商业银行存款担保基金、储蓄银行保障基金和信用合作保障方案，使德国形成了完善的银行存款保障机制。三是较短时间内实现了利率市场化。1962年，

① 德国的4大商业银行为德意志银行、德国商业银行、德累斯顿银行和西德意志州银行。另一说法为德国的大型商业银行仅为3家，不包括西德意志州银行。

德国修改《信用制度法》，随后调整利率限制对象，迈出了利率市场化的第一步；1966 年，取消对超过 100 万马克、期限在 3 个半月以上的大额存款利率的限制；1967 年全面放松利率管制，至此，德国以短短 5 年时间完成了市场化改革。随着利率管制的放开，金融创新更加活跃，同时银行业机构盈利减少，倒闭、合并和兼并现象有所增加。近年来，德国银行及其分支机构的数量逐步下降，20 世纪 90 年代以来，德国银行数量约减少了一半。目前，虽然从 2003 年底之后下降幅度减小，但银行数量下降的趋势仍在继续。

3.2.2 德国中小银行发展转型历程

从德国金融业的演进过程来看，德国的中小银行可以分为三个阶段。

1. 恢复时期、同质化竞争阶段

1948—1951 年的德国商业银行和企业受到战争破坏和战后制裁，处于普遍的分散、衰弱状态，在金融演进过程中仅作为政府经济政策的接受者，并在经济增长中逐渐恢复力量。根据占领军的反垄断原则，原有的三大商业银行——德意志银行、德累斯顿银行和德国商业银行被分解为 30 余家小银行，与私人商业银行以及抵押银行、复兴银行等专业政策性银行并存。同时由于金融环境恶劣，商业银行对于未来的预期很差，难以也不愿为企业提供大规模的资金支持，极少从事长期放款业务，在经营方针上侧重安全性和流动性，所以无力推进金融演进进程，在其中扮演了政府经济政策的单一接受者的角色。这一阶段，德国中小银行数量高达 13 000 家，其中 80% 是总资产不超过 2 500 万马克的小银行。这一阶段，德国人均 GDP 在 1 000 美元以下①，中小银行活力不足，同质化竞争特征明显。

2. 利率市场化、差异化竞争阶段

1952—1967 年，《联邦银行法》、《信贷机构事务法》的颁布与执行确认了银行体系作为独立运行的经济主体的法律地位。《卡特尔法》又为银行业的集中与合并提供了宽松的法律环境。1952 年生效的《银行地域配置法》，允许已被分散为 30 余家小银行的原三大商业银行合并为 9 家银行，到 1957 年又进一步合并为三大商业银行，并恢复了原有名称。此举提高了银行业的集中程度，增大了单个银行规模，使其原有传统优势得以发挥，为同期迅速发展的德国企业提供大额的金融支持。同时，1962—1967 年，德国以短短 5 年时间完成了市场化

① 按 2000 年不变价美元折算，约为 3 000 美元。

改革。随着利率管制的放开，金融创新更加活跃，同时银行业机构盈利减少，倒闭、合并和兼并现象有所增加。这一阶段，德国人均 GDP 在 2 600 美元①。德国银行业的竞争逐渐趋于激烈，而中小银行则转向为中小企业和本地居民服务，与大银行实施错位竞争发展模式，逐步走向了差异化道路。

3. 高度差异化竞争阶段

1970 年以后，德国的银行业竞争越来越激烈，并导致了 1974 年赫斯塔特银行事件。赫斯塔特银行事件后，德国商业银行体系、储蓄银行体系与合作银行体系三大银行体系建立了存款保险制度。这一阶段，德国人均 GDP 从 1970 年的 3 000美元②，增长到2007 年的 40 000 美元左右③。随着经济的发展，德国中小银行不断创新，也开始逐步向特色化、专业化发展。

3.2.3 德国中小银行发展转型：德国商业银行案例④

德国商业银行成立于 1870 年，经过一百多年的发展，到 20 世纪 90 年代，仍是一家地区性的中型商业银行。在 20 世纪 90 年代后半期，随着全能银行的浪潮席卷全球，德国商业银行也开始不断拓展业务边界，进入了中小企业融资、地产金融、公司金融、证券交易、私人银行、资产管理等业务领域，开始探索多元化业务发展模式转型。但是在新业务上的广泛尝试和快速扩张，使德国商业银行的成本也大幅上升。2001 年零售银行和资产管理部门出现亏损；2002 年资产管理、证券业务亏损；2003 年因一次性计提证券投资损失 23 亿欧元，税前出现 19.7 亿欧元的巨亏，资本金因此大幅减少，公司紧急增发融资 7.42 亿欧元。

2001—2003 年的亏损迫使公司进行业务重组以更加聚焦于核心优势，2001 年有 17 家子公司从合并报表中剔除，2002 年抵押贷款子银行也被剥离，资产规模从最高时的 5 000 亿欧元缩减到 3 816 亿欧元，客户贷款规模缩减 6.8% 到 1 384亿欧元。为了在恶劣的竞争环境中生存，公司只能走特色化创新之路。

特色化创新的第一步就是中小企业（年销售额在 250 万欧元至 2.5 亿欧元）融资，为此，公司明确提出要成为德国最好的中小企业银行。2004 年公司将中

① 按 2000 年不变价美元折算，约为 11 000 美元。

② 按 2000 年不变价美元折算，约为 12 000 美元。

③ 按 2000 年不变价美元折算，约为 25 000 美元。

④ 根据杜丽虹《破解中小银行生存难题，借鉴德国八大经验》整理，载《证券市场周刊》，2009-09-07。

小企业融资业务划分为独立部门，并被放在对公业务首位，此后不断进行业务创新，将原本面向大企业的产品服务改造以适应中小企业，并针对中小企业特点推出了许多低风险的中间业务。经过数年努力，到2006年德国商业银行终于成为德国最佳中小企业银行，而中小企业也成为公司整体业绩的核心支柱——2007年对公业务部门的经营利润大增53.9%，其中3/4都来自于中小企业。

德国商业银行在探索和创新过程中，有成功的经验，也有失败的教训，其中，中小企业业务、行业专业化融资业务和零售业务转型等成功经验，尤其值得中小商业银行在业务发展转型过程中加以借鉴。

1. 向中小企业融资业务转型

作为一家中型商业银行，德国商业银行原本的优势就在于对公业务。2001年，德国商业银行把业务重心转向中小企业融资，明确提出要成为德国最好的中小企业银行。2003年，公司进一步明确中小企业客户在银行业务中的核心位置，在董事局层面成立专门的管理团队负责中小企业业务。2004年，对公业务部门的180个分支网点全部服务于中小企业（年收入在250万欧元至2.5亿欧元之间的企业），中小企业客户总数达到51 000家，与之相对，年收入在2.5亿欧元以上的大客户仅有650家，它们由5个总部直属中心提供服务。

（1）改造大企业产品，以适应中小企业需求。为了拓展中小企业客户，德国商业银行做的第一项改革就是在各地设立中小企业客户关系经理，以协助公司将原来面向大型企业客户的产品改造成适应中小企业需求的产品。例如，为使中小企业客户同样能够获得资本市场直接融资般的便利，公司降低了票据融资业务的门槛——原来的票据融资仅适用于大客户和2 000万欧元以上的交易，新的票据融资将适用于金额在50万~500万欧元的交易。此外，公司还针对中小企业设计开发了多银行资金管理系统，该系统除了基础的现金结算、资金管理服务外，还逐步增加了产业信息、新闻和股市行情发布等信息，并与一些外部机构合作提供其他增值服务，到2002年，中小企业的网上银行系统客户已达到16 000家。

（2）充当贷款中间商。通过证券化、银团贷款安排和信用风险分销，德国商业银行已经开始角色转换，从纯粹的资金提供商转化为贷款中间商，一方面帮助广大中小企业客户获得更多资金来源，另一方面帮助其他银行和投资人接近中小企业，识别风险和发现机会。一是多渠道拓展贷款资金来源。公司充分借助政府力量和外部合作，2003年专门发起了一项针对中小企业的“积极贷款活动”，成立了一个10亿欧元的中小企业贷款基金，此后不久又通过与其他银行的合作获得了最高安排5亿欧元中小企业贷款的资格，并在Baden-Württemberg州与当地一家银行合作安排最高2.5亿欧元的全球贷款，主要用于该州中小企业融资，然后与巴伐利亚州银行合作安排最高1亿欧元的该州中小企业贷款——上述贷款安排合计将提供20亿欧元给公司新增加的中小企业客户，使公司对中小企业的贷款在逆市中仍保持稳定，而免受信贷紧缩的影响。二是通过证券化出售中小企业融资票据，减轻资产负担。2006年德国商业银行将第一批400份中小企业融资票据证券化出售（这批证券化客户的销售规模在1 000万~5 000万欧元之间），后来又将总额2亿欧元的中小企业可转债证券化出售。三是拓展银团贷款渠道。2008年银行业贸易融资协会（Bankers' Association for Finance and Trade，BAFT）通过了一项新协议，它简化了银行间分担贸易融资风险的程序，使银团合作下的贸易融资成为可能。在此协议下，2008年公司开出了一张总额10亿欧元的信用证，然后充分发挥结构化融资能力，“分销”了其中的大部分风险。未来，公司计划通过信用证风险分销来支持更大规模的贸易融资，并使市场份额拓展到20%以上。

（3）开展多种中小企业中间业务。近年来，德国商业银行中小企业融资业务的收入结构已经发生了重大变化，佣金收入比重不断上升，主要来自于为中小企业提供资本市场解决方案（如可流动的承兑票据等）。此外，公司还与GE商业金融公司合资成立了保理融资公司，2007年该公司争取到了71家新客户，年销售额达到18亿欧元，2008年又购买了41亿欧元的应收账款，并启动了福费廷的再保理业务。

①风险管理。除传统对公业务外，德国商业银行还通过旗下基金管理公司（Commerzinvest）为企业，尤其是中小企业提供利率、汇率风险管理产品以及面向中小企业的年金产品。截至2000年底，公司已经为1 000家中小企业客户提供年金管理服务，总规模12亿欧元。2001年进一步成立了一家子公司Pensor Pensionsfonds AG，专门为中小企业提供成本更低的简化年金服务，目前通过保险年金产品已经吸引了50万家中小企业客户。2005年公司进一步降低了利率和汇率互换产品的门槛，以满足中小企业的风险管理需求，其中，利率衍生品的起点规模降低到10万欧元，汇率衍生品的起点规模降到20万欧元。目前，风险管理服务和风险管理产品（汇率、利率衍生品销售）已经成为公司一项重要的收益来源，尤其是在2007年、2008年的金融危机中，企业的风险管理意识增强，对风险管理产品服务的需求大幅上升，成为公司逆市中稳定业绩的重要手段。

②投行业务。对中小企业的深度接触也为德国商业银行争取到了许多直接贷款以外的投行业务机会。2005年，德国商业银行作为主承销商的Conergy AG的IPO就被评为欧洲最佳中小企业融资，2008年公司又承销了再生能源企业Manz Automation、Roth & Rau、Solar Millennium的增发融资，以及生命科学公司Fresenius和商业地产公司IFM Immobilien AG的后续融资业务，并成为当年德国唯一一次IPO——太阳能公司SMA Solar Technology AG的主承销银行。

除发行承销外，德国商业银行还创新推出了针对中小企业的公司金融服务。1997年，公司开始推出面向中小企业的新型公司金融服务，包括并购重组、资产证券化、结构化并购融资和结构化免税产品等。1999年，新成立的公司金融部门就获得了不错的成绩，成为8起收购案中结构化融资的发起人或合作发起人，并参与了另外14起收购案，在德国主持了第一批私有化退市交易。2000年并购重组小组扩充到50人，集中于德国中小企业间的并购重组，并在德国家族企业的退出与继承领域充当重要角色。

2003年，针对中小企业负债率高的问题，德国商业银行专门成立了一家子公司提供夹层融资服务，即将资产抵押融资与股权关联融资相结合的复合融资品种，融资期限一般在5~7年，较银行贷款期限更长，以适应成长性中小企业的资金需求。此外，公司还成立了4个金融工程小组，专门为中小企业定制设计融资结构，这一年公司借助结构化的融资安排完成了10项并购。

2004年凭借中小企业市场的领先地位，公司在全球银团贷款发起人的排名中从19位上升到12位。2005年，公司为50家中小企业安排了3.5亿欧元的次级资本，并将可转债等融资工具引入夹层融资计划，这一年杠杆收购小组完成了10项杠杆融资安排，在德国LBO领域排名第一，其客户包括KKR、Nordwind等一些大型私人股权投资机构，同年并购重组部门也完成了8起交易。2006年，业务规模进一步扩大，为70多家中小企业提供了4亿欧元的夹层融资（自有资金贷款1.2亿欧元），成为德国夹层融资领域的领导者，而杠杆收购小组则协助完成了28起杠杆收购，在其中9起中充当主要发起人，并购重组小组参与了9项交易。2008年，尽管全球资本市场活跃度降低，但危机中的并购整合机会却在增加，公司在12起杠杆收购中充当主银行，并参与了另外9起交易，杠杆融资贷款的累计头寸达到30亿欧元。

③融资租赁业务。传统上，一提到中小企业融资就想到中小企业贷款，但实际上，解决中小企业融资难的另一个路径是融资租赁。20世纪末，德国商业银行收购了一家设备租赁公司。2004年，公司将设备租赁业务拓展至融资租赁

领域，以帮助中小企业实现表外融资，租赁物的范围也更加广阔，包括机器设备、运输工具、IT 系统，甚至知识产权等无形资产。2005 年公司开始在波兰等海外市场复制融资租赁业务。2006 年，波兰的设备租赁业务增长了 50% 。此后，公司又引入了针对小企业的网上租赁。2008 年，在经济危机中，选择租赁而非购买的企业更多，设备租赁业务的规模逆市增长了 17% 。

多年的努力终于有了回报，自 2004 年以来，德国商业银行已累计新增 20 000家中小企业客户，自 2006 年以来连续三年被媒体评为“最佳中小企业银行”，并被家族企业组织评为“最佳家族企业服务银行”。目前，德国年收入额在 250 万欧元至 2. 5 亿欧元的中小企业有 40% 都在德国商业银行设有账户。

2008 年，尽管遭遇全球金融危机冲击，但多年积累的声誉也让它从德国政府救助组织 SoFFin 处争取到了 25 亿欧元针对中小企业的贷款支持，从公共基金 KFW 处争取到 5 亿欧元的中小企业贷款支持，使其中小企业贷款业务仍能做到逆市增长，年内中小企业贷款总额达到 460 亿欧元，在德国贸易融资市场上占有 25% 的份额。

德国商业银行向中小企业融资业务转型的启示：（1）中小银行必须找准自身在金融产业链上的定位，寻找定位自身的优势业务领域。有些业务虽然可能会在一时给公司带来利润，但却集中了较大的风险头寸，并不适合资本实力本不雄厚的中小银行。从德国商业银行的多元化探索来看，中小企业业务才是中小银行最有可能发挥地区优势的业务领域。（2）对中小企业的服务，不单纯是解决资金融资的问题。我们总是把“中小企业”和“融资”联系在一起，其实中小企业缺乏的不仅是资金，还有风险管理的手段、对接其他投资人的渠道、减轻自身资产负担的工具等，这些都是中小企业金融服务的创新空间。应以“融资 + 中间服务”的方式来帮助中小企业成长，而不是单纯的资金提供商，这种模式的转变不仅可以降低银行的风险暴露，也可以增加中小企业金融服务的盈利点，更可以帮助中小企业寻找到真正适合它的资本之路，使中小企业成为中小银行的忠实客户。从某种意义上讲，在服务模式上的突破比信用评估方式上的进步更能解决中小企业融资难的根本问题。（3）单纯的中小企业贷款仍然面临风险大的难题，可以通过提供风险管理、投资银行、公司金融、融资租赁等多种中间业务来改变中小企业融资业务的高风险模式，同时想方设法，充分借助外部力量、通过银行间的合作来分散风险。不要吝于与其他银行分享自己的客户，这不仅是可以降低风险头寸，也可以使公司自身的能力在一个更大的平台上发挥作用。

2. 向行业专业化融资业务转型

除了在规模上倾向于中小企业之外，德国商业银行还进行了行业专业化方面的尝试。

2000年公司开始关注再生能源领域，并专门成立一个业务单元致力于向地方政府推销污水处理产业的投资银行服务，即帮助地方政府设计各种金融方案以推进当地污水处理产业的发展。2002年，公司又明确提出要把生态经济与传统银行业务相结合，这一年公司在风力发电领域的金融服务市场上占有30%的市场份额。此外，公司还成立了一家专注于新能源领域的基金管理公司，该公司管理着8.53亿欧元的新能源投资。2005年，德国商业银行与巴伐利亚Shell Solar公司合资成立德国最大的太阳能发电站，并为其安排了4 000万欧元的私募投资。2008年，随着新能源概念在全球的流行，公司业务也拓展至海外，在美国成立了可再生能源的专家组，为德国新能源企业在美国的发展提供咨询和融资服务，并积极参与这些企业的资本市场融资。目前，德国商业银行已成为德国再生能源行业的第一大金融服务商，是Manz Automation、Roth & Rau、Solar Millennium等企业增发融资的主承销商，并成为当年德国唯一一次IPO——太阳能公司SMA Solar Technology AG的主承销银行。

除了环保能源领域外，德国商业银行还是交通运输领域的融资专家。它的服务内容包括船舶建造各阶段的银团贷款、海运和内陆运输的流动资金贷款、离岸油气行业的运输融资、造船企业的项目融资、海事基金的发行以及由海事融资衍生出来的利率和汇率衍生品销售、国际支付、并购重组等业务。1999年，公司以15.5亿美元的飞机融资安排成为当年德国第三大飞机银团贷款发起人。2004年，公司以10亿欧元投资了3条集装箱船和4条气罐船，从而确立了在船舶基金方面的领导地位，并于2005年成立了第一只船运吨位基金和4只LNG船舶基金。2007年，公司作为发起人为价值100亿欧元的船舶安排私募融资和银团贷款。2008年，公司又发起了6只集装箱基金和100亿欧元的海事融资，成为德国前五大海事融资公司和全球前十大海事融资公司。

特殊行业的专业化使德国商业银行作为一家中型银行拥有一批稳定的客户。此外，凭借行业专业化，德国商业银行可以为目标企业提供更多增值服务，包括行业内的横向并购整合机会等。当然，行业专业化也有它的问题，它使银行的业务收入随行业本身的周期波动而波动。比如，2008年新能源行业成为全球投资界的新宠，很多金融机构都在羡慕德国商业银行的眼光和“预先埋伏”，但与此同时，海运指数的跳水和航空业的全面亏损则让公司交通运输业务部门收益大幅缩水。但无论如何，从长期看，行业专业化是中小银行突破大银行垄断的一条捷径。

德国商业银行向行业专业化融资业务转型的启示：即使是综合型定位的全能银行，也要走专业化的发展道路，尤其是在中小企业业务领域。因此，中小银行必须在市场细分的基础上，进行专业化的经营，才能提高效率，才有利于金融产品创新和风险管控，有利于满足客户的需求，才能在市场竞争中建立自己的竞争优势。

3. 向零售理财业务转型

（1）削减传统服务，聚焦理财业务。客观地讲，零售业务并不是德国商业银行的优势项目。2003 年以前公司的营业网点也一直少于其他大型商业银行，为此，公司选择削减传统服务，而将业务重心放在理财产品的销售上。

1997 年，德国商业银行启动了股票基金、地产基金和保险产品的推销。2000 年，公司决定进一步缩减一般零售业务，将零售分支机构从 924 家减少到 725 家，并用网络平台来替代传统网点提供的一般零售服务，而将人工服务的重心转向理财服务。

2005 年，德国商业银行推出零售网点的“未来模式”，即在小的网点中增加自助交易系统，以替代人工提供一般零售服务，而人工服务则集中于咨询和理财产品的销售。2007 年公司将 139 个网点改造为“未来模式”，在削减一般柜台人员的同时在这些网点里增加了 500 名理财顾问。2008 年，“未来网点”的数量达到 300 家，相当于总网点数的 40%。“未来 +”模式（Future Plus Model）开始试点，与“未来”模式相比，“未来 +”模式将适用于中型和大型网点，并进一步降低网点成本。在更小的市场里，德国商业银行推出了社区网点，这些网点以理财咨询服务为主，针对当地情况进行市场营销和产品设计，2008 年公司在汉堡地区设立了 10 个小型地区网点进行实验，目前这些网点已经吸引了2 100名客户。

在将传统网点改造为更低运营成本并集中于理财服务的网点后，公司开始通过降低一般业务手续费的方式来吸引更多客户尝试公司的理财服务。2007 年，德国商业银行推出了免费的活期账户和低价的标准化零售银行服务，以低价策略吸引了大批新客户，更重要的是，被吸引来的新客户中 75% 将低价账户设置为主账户，35% 的客户在开户同时就购买了公司推荐的理财产品。2008 年，公司在免费账户基础上又推出了为客户免费办理账户转移的服务，结果新客户中 81% 选择以德国商业银行为主账户而不再在其他银行设立账户。

廉价的标准化服务和专业的理财服务策略取得了初步的成功。

（2）合作推出理财产品。网点的改造为零售理财服务搭建了一个良好的平台，但还需产品内容的支持。在拓展理财服务市场之初，德国商业银行只销售自己旗下的产品，包括自己资产管理公司推出的基金产品和自己的地产基金产品，但随着理财服务竞争的日益激烈，客户已经不满足于少数产品，而希望更多样化选择和更可靠的理财师推荐。

2001年，为了丰富销售品种，公司成为德国首家向客户提供第三方基金产品的银行，2003年更明确提出将以相同的标准来推荐自己的和第三方理财产品。截至2003年末，公司零售网点推荐的基金中已有半数以上不再是自己的产品了，第三方基金贡献了当年净资金流入的37%，此后，公司又引入了基金中的基金产品，并与其他机构合作推出各种新的理财产品，包括结构性理财产品、利率衍生理财产品、对冲基金、年金产品等。

2004年零售银行部门取得了德国关于第三方基金推荐资格的认证，并将战略合作伙伴扩大到12家，而保险年金产品的销售则增加了80%。

这一系列的举措使德国商业银行的私人客户增加到610万人，客户存款增加到1 010万欧元，与 Dresdner Bank 合并后更成为德国最大的零售银行。

德国商业银行向零售业务转型的启示：大银行在零售业务上通常更具优势，它们凭借网点的规模优势可以更有效的分摊产品设计、开发、营销的成本，也通常能够争取到更多的第三方金融产品。中小银行向零售业务转型，不能照搬大银行的经验，应该根据自身特点来实施差异化的转型策略：（1）向零售业务转型，要与发展电子银行业务相结合，并注重降低成本。德国商业银行毅然舍弃了自己最不具优势的一般零售服务，用电子化系统和网络银行来取代一般零售服务，而将人力资源解放出来，集中于理财咨询服务和产品销售业务。（2）中小银行的理财业务要联合的道路。在理财产品服务方面，德国商业银行虽然也独立开发理财产品，但它更加强调产品的广度、适用性及公允度，通过与第三方合作设计产品或代理其他银行的理财产品，从而为客户提供一个更好的理财服务平台。（3）中小银行向理财业务转型的竞争优势在于产品的差异化和营销策略创新。由于在一般零售业务上的电子化和标准化操作，德国商业大大降低了基础账户的维持成本，并通过降低手续费方式将这部分好处让渡给客户，以便吸引他们来购买自己更具地方特色的零售理财服务，这就是德国商业银行成功的关键。

3.2.4 德国中小银行发展转型规律

从德国中小银行的发展转型历程看，由于德国形成了分别代表商业银行、储蓄银行、合作银行的利益集团，为中小银行提供清算服务和存款保险服务，因此，其银行系统保持了一定的稳定性。1967 年以前，银行竞争不充分，中小银行同质化严重。1967 年以后，随着金融机构的合并以及利率市场化的发展，银行竞争程度加剧，德国中小银行在坚持自身定位的同时，不得不通过提供个性化、专业化的产品和服务与大型银行开展错位竞争，逐步走向差异化发展道路。1970 年以后，中小银行在中小企业综合化服务、专业化融资和特色化理财服务方面积极探索专业化发展道路，显现了中小银行独特的竞争力。德国中小商业银行的发展转型演变趋势大致如图 3－2 所示。

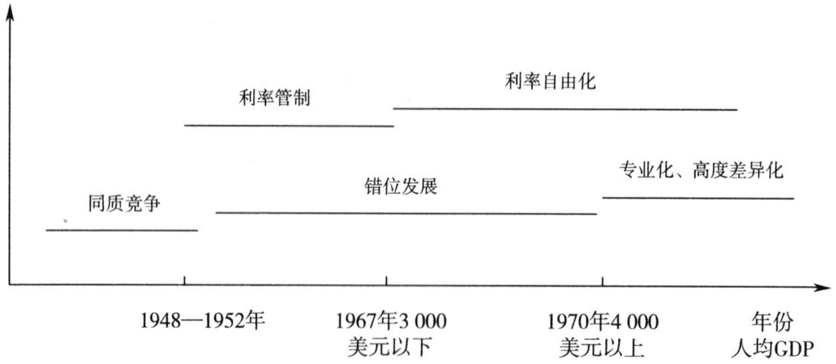

图 3－2　德国中小银行发展转型演变趋势

3.3　日本中小银行发展转型

3.3.1　日本银行体系演变特点

日本的银行体系由中央银行、商业银行、专业性银行、政府金融机构组成。商业银行也称民间金融，是日本金融体系主体。日本商业银行分为都市银行和地方银行。都市银行即普通商业银行，资产规模大，其总行一般设在大城市，可以跨地区经营，在全国及国外开展业务，目前，日本的都市银行有 11 家左右。地方银行总部一般设在中、小城市，经营范围主要在总行所在地周围的一个县或 2 ~3 个县以内，主要以本地区中小企业为服务对象，是地域性银行。

日本银行体系的演变特点：一是地方性银行经营地域实行管制。1933 年，当时的大藏大臣马场提出“一县一行”的主张，战时的金融统治使这一主张得到贯彻，到第二次世界大战结束的 1945 年，地方银行真正实现了“一县一行”。

第二次世界大战后，作为经济民主化政策的一环，日本放弃了“一县一行”的主张，于是出现了有的县几家地方银行并存的现象，进而形成现在的格局。日本地方银行的店铺数量发展比较稳定。地方银行的总行数量，第二次世界大战战败初期（1946年）为53家，1960年增加到64家，其后减少1家，1984年又恢复到64家，至今一直保持不变。支店数量自20世纪80年代后半期起呈稳定增长趋势，至1996年增长停止并略有减少。二是从分业经营向综合经营转变。第二次世界大战后，日本经过一系列立法，加强了对银行的限制性管制。一方面，进行业务领域的限制，整个金融体系按行业划分为银行业、证券业、信托业和保险业，各业种分离；另一方面，在各行业内限制竞争，包括存款利率限制、地域竞争限制。一直到20世纪70年代中期，日本的金融体系没有很大变革。1996年11月，日本宣布为期5年的金融大改革，并于1998年4月通过了《金融体系改革一揽子法案》，这标志着日本以纯粹型金融控股公司为主的金融综合经营制度开始全面推行。三是逐渐实现了利率市场化。1977年放开国债的发行利率；随后逐步放开大额可转让定期存单发行利率、货币市场的利率；1985年以后在美国强烈督促下加快利率市场化，直至1994年取消银行存贷款的利率，历时17年实现完全的利率市场化。四是在发展过程中形成了以关系型融资为主要特征的主银行制度。所谓主银行制度，是指在日本企业与特定的银行之间形成了长期、稳定、综合的交易关系，与企业形成这种关系的银行被称为主银行。主银行制度的特点①：（1）是长期地、持续地向企业提供最多贷款的银行。这是主银行最重要的、最基本的条件。具体地讲，在相当长的一段时期内，在企业接受的贷款中，主银行所占的份额不仅最大（一般为20%～40%），而且始终保持不变。所以，企业和银行的交易关系非常稳定，企业一般很少更换主银行。（2）是企业最大的股东之一。在日本企业相互持股的法人所有制中，主银行一般是企业最大的股东，其持股比例大都接近日本银行法最高限额（5%）。这样，主银行对该企业就具有双重身份，它既是企业最大的债主，往往又是企业最大的股东。（3）与企业形成综合的交易关系。除向企业提供贷款的金融交易外，主银行还进行账户存款、外汇融通、股票发行、公司债发行的受理和担保等，也和企业保持最密切的交易关系。所以，主银行和企业的关系不仅仅是金融交易的关系，而且是一种综合交易的关系。（4）与企业保持密切的人际关系。由于主银行是企业最大的股东，所以可以向企业派遣董事，与企业保持密

① 刘昌黎：《论日本的主银行制度及其变化与改革》，载《日本学刊》，2000（4）。

切的人际关系。（5）是企业危急时的救星。在企业保持正常经营时，主银行一般不干涉企业的经营活动。但一旦企业财务状况恶化、陷入经营危急时，只要主银行判断企业的困难是暂时的，是有发展潜力和发展前景的，就会出面和其他债权人协商企业的债务关系，并通过延缓债务偿还期限、提供新的融资、派遣得力人员、更换经营班子、调整经营方针和经营方向、处理资产偿还债务以及企业合并等途径，帮助企业渡过难关，避免破产。这样，主银行就成为企业危急时的救星，双方有一种相互依赖的关系。

3.3.2 日本中小银行发展转型历程

纵观日本地方银行的成立与发展历程，大致可以分为三个阶段。

1. 严格管制、同质化阶段（20 世纪 70 年代以前）

在这一时期，严格管制使地方银行获得良好的发展环境。地方银行发展稳定，与都市银行之间一贯保持着利益平衡关系，日本都市银行主要服务于大型企业，而日本地方性银行凭借与地方经济的紧密联系，主要通过吸收社会闲散资金，为地方企事业单位提供贷款，其业务活动大大支持了本地区产业和生活服务行业的生存和发展，促进日本的地方经济逐步走向国际化，因而取得了“故乡银行”的美誉。这一阶段，日本人均 GDP 在 2 000 美元以下①。地方性银行与都市银行一样，主要以传统存贷款业务为主，业务高度同质化。

2. 金融自由化、差异化阶段

20 世纪 70 年代末期，日本的金融形势发生了巨大的变化，加之世界范围内的金融自由化浪潮推动，日本从 20 世纪 80 年代开始加快了以取消银行经营范围限制和实行金融业务自由化、利率自由化、国内外资金交流自由化为核心内容的金融自由化步伐。这种金融制度的变革使地方银行面临更多的挑战，主要的挑战来自都市银行和证券公司的挑战。这一阶段，日本银行业的经营环境发生了较大变化：一是 20 世纪 70 年代中后期开始，日本的股票市场、债券市场和海外市场融资迅速发展。日本大型企业的外部资金越来越多元化，“脱媒”使得大企业对银行信贷的依赖度下降。二是逐步实行利率市场化。1977 年放开国债的发行利率；随后逐步放开大额可转让定期存单发行利率、货币市场利率；直至 1994 年取消银行存贷款利率，实现完全利率市场化。该阶段的利息差从 20 世纪 70 年代的 3% 以上下降到 2% 以下。三是日本经济从高速增长进入中速增长阶

① 按 2000 年不变价美元折算，约为 16 000 美元。

段，GDP 的年增长率在 4% 左右。随着经济增速的下降，实体经济对资金的需求下降，贷款增速开始下降。这一阶段，银行贷款结构发生变化：日本大型制造业对资金的需求逐渐转向资本市场；大型银行失去了需求贷款的优良大客户，为了保证业务量和利润，将发放贷款的重点转向非制造业，尤其是房地产业、非银行金融行业、中小企业贷款和个人消费。这一阶段，日本人均 GDP 从 1970 年的 2 000 美元①增长到 1994 年的 38 000 美元左右②。随着大型银行向中小业务和零售业务转型，地方性银行的传统业务领域的竞争越来越激烈。地方性银行为了生存与发展，一方面削减成本，提高业务效率，以提高银行收益率；另一方面适应客户多层次、多方面的需求，利用对本地区情况熟悉了解的优势，积极开发有地方特色的金融产品，并努力完善综合金融服务体系，为客户提供综合化金融服务。

3. 金融创新、高度差异化阶段

利率市场化为日本经济带来了资产泡沫和经济泡沫。1990 年开始以地价和股价为中心的资产价格暴跌使泡沫经济破灭，对实体经济和金融市场造成重大的冲击，大批中小企业破产倒闭，使得与地方经济联系密切的地方银行的经营状况受到严重影响，大量贷款成为了难以收回的不良债权，其自有资产和抵押品的价值也大幅缩水。此后长达十余年的经济萧条，使地方银行的经营状况发生大面积的滑坡，不良贷款和经营亏损增加，自由资本下降。日本政府开始逐步通过重组兼并等方式对地方银行进行改革。2002 年 4 月，日本开始取消存款全额保护政策，自此以后日本出现了资金从地方银行流向城市银行的新情况，许多地方银行积极从传统银行业务向非银行业务转型，开发新的服务项目，吸收居民资金，拓展新兴金融业务。目前，许多地方银行把重点放在投资信托业务的开发上，因为信托资金与存款不同，在银行破产时，不以银行剩余资产作为清偿的基础，居民容易接受。地方银行分别采取了以下几种具体的运作方式③：一是若干家地方性银行联合起来，设立面向区域内居民的投资基金。二是与地方政府、全国性基金合作，开发面向高新技术企业的投资基金。东京等地的地方银行和县政府及各地的风险投资基金合作，设立以研究开发新技术的大学、研究机关为服务对象的风险投资基金，以调整区域内的产业结构，发展地

① 按 2000 年不变价美元折算，约为 16 000 美元。

② 按 2000 年不变价美元折算，约为 35 000 美元。

③ 马玉安：《日本银行重组声急 增强自有资本抵御倒闭风险》，载《中华工商时报》，2002-10-18。

方经济。三是根据不同收入水平居民不同的投资需求，设立不同的投资信托基金。面向当地富裕阶层开展投资信托业务。除了重点开发投资信托业务外，地方银行也在积极开发其他业务，在法律允许的范围内，不仅开发新的金融产品，如销售证券、代办保险等；也开发遗产继承、土地活用的咨询等非金融业务。这一阶段，日本的人均 GDP 从 1994 年的人均 38 000 美元①增长到 2009 年的40 000 美元左右②。日本地方性银行加大新兴业务的拓展，向高度差异化方向发展。

3.3.3 日本中小银行发展转型规律

从日本中小银行的发展历程来看，由于地方性银行不能跨区域经营，因此，日本地方银行主要立足于服务地方中小企业和本地居民，并运用“关系银行”策略来发展业务。从存贷款来看，地方性银行主要吸收储蓄性存款和向地方中小企业发放短期贷款。个人存款大约占其所有存款的 70%，贷款对象主要是中小企业，其绝大部分贷款客户（80% 以上）是当地中小型公司和客户。随着日本经济环境和竞争环境的变化，日本地方银行调整经营策略，积极从传统业务向特色业务、综合业务转型，为地域中小企业提供差异化、特色化服务，自 2002 年 4 月日本取消存款全额保护政策以后，地方性银行加大创新力度，积极向非银行新兴业务转型。

3.4 中国香港中小银行发展转型

3.4.1 香港银行体系演变特点

1. 香港银行业的特点

香港银行体系的特点是实行三级制，即由持牌银行、有限制牌照银行和接受存款公司三类银行机构组成。这些银行机构全部统称为认可机构，均获授权接受公众存款。

（1）持牌银行（Licensed Bank）。只有持牌银行才可经营法定的“银行业务”，即经营往来和储蓄户口业务，并接受公众任何数额与期限的存款，以及支付或接受客户签发或存入的支票。除款额在 50 万元或以上而期限少于 3 个月的

① 按 2000 年不变价美元折算，约为 35 000 美元。

② 按 2000 年不变价美元折算，约为 38 000 美元。

存款，可让银行自行厘定最高利率外，其余最初存款期限在15个月内的存款，一律受银行公会利息协议限制。另外，持牌银行的注册资本额和实收资本额各最少为1.5亿港元。

（2）有限制牌照银行（Restricted Licensed Bank）。有限制牌照银行主要从事商人银行和资本市场活动等业务，也可接受50万港元或以上任何期限的存款，存款的利率则不受任何限制。其注册资本额和实收资本额各最少为1亿港元。

（3）接受存款公司（Deposit - taking Company）。接受存款公司大部分由银行拥有或与银行有联系，主要从事私人消费信贷和证券等多种专门业务。这些公司只可接受数额为10万港元或以上，最初存款期最少为3个月的存款，存款利息并无最高限制。

截至2010年7月16日，全港共有146家持牌银行、23家有限制牌照银行和27家接受存款公司。这些认可机构共经营约1 388家分行，组成庞大网络。此外，还有70家海外银行在香港设立代表处、办事处。

2. 香港银行业的特征

（1）国际化程度高。香港是国际性银行最集中的城市之一。全球最大的100家银行，近70家在香港开展业务。伦敦金融城于2010年3月发表的全球金融中心指数（Global Financial Centres Index）中，香港排名第三，紧随伦敦及纽约之后。香港银行业的重要性不单可从其庞大规模反映出来，更表现在其在区内所处的地位举足轻重。香港完善的银行体系，令其服务可远远超出香港本土，发挥着重要作用。很多香港银行也于亚洲其他地区如中国内地营运。在香港银行业资产负债总额中，对外负债比重达57%，对外资产比重达到60%。可见香港银行业的资源是世界性的。

（2）网点密度大。香港现有持牌银行共有分支机构1 476家，加上有限制持牌银行、接受存款公司和外资银行代表处，香港现有642万人口，平均每3 500人就有一家机构提供银行服务。这种密度为世界少有。

（3）提供多元化服务。持牌银行不仅向本港市民和工商机构提供方便快捷的零售及工商银行服务，还普遍从事外汇、黄金、股票、金融衍生产品等交易，并开办私人银行、信托、退休金及基金管理、保险等业务，为客户提供优质的投资和理财服务。与此同时，也积极拓展投资银行业务，通过安排股票、债券包销和上市及组织银团贷款等，为香港及邻近国家或地区的客户筹集资金，发展业务。

（4）高科技运用推广快。在大额支付层面，即时结算系统于1996年12月9日开始运作，大大降低了大额支付结算中的各种风险。在零售服务层面，金融服务的渠道多样化，从自动柜员机、电话银行到电脑家居银行和互联网系统、电子货币等应有尽有；电子银行系统不仅可以提供一般的账户查询、转账、付款等服务，而且还可通过电话银行向客户提供申请与迅速批核贷款服务；通过电话或电脑进行股票、外汇、基金等投资交易；通过视像系统或触控式屏幕提供产品推介、快速计算、财务分析等财务顾问服务和组合风险分析等较高层次的服务，大大提高了经营效率，并降低了经营成本。

3.4.2 香港中小银行发展转型历程

在香港，既存在花旗银行、美国银行、汇丰银行、中银国际、渣打银行等大型银行，也存在大量资产规模介于50亿~250亿美元之间的中小银行，如东亚银行、永隆银行等。

中小银行找准自身的市场定位和发展战略，在某一特定区域和特定产品上实现规模经济，同时在竞争激烈的市场中实现稳健持续发展。这些中小银行的经营特色较为显著，包括市场特色、地域特色、产品特色和供给链特色等。尽管其资本充足率远远高于《巴塞尔协议》8%的要求，甚至超过20%，说明其资本实力雄厚、整体抗风险能力很强，但是这些银行不盲目扩张，而是把资源集中到自己最具有核心竞争力、投入产出率最高的产品或业务领域（王建平，2005）①。

1998年亚洲金融危机后，香港银行体系的经营环境出现重大变化，包括财富分配的差异加大、楼宇按揭、贸易融资和银团贷款等有利于银行的传统业务基础逐步收窄，以及出口贸易下降、离岸业务衰退等，对银行业产生重要影响。随着经济转型，香港银行业也经历了从传统模式向新型发展模式转型的过程②。这一阶段香港人均GDP从1998年的25 352美元增长到2011年的34 200美元左右。

1. 发展模式由规模的扩张向盈利能力的增长转型

1997年以前香港银行业在规模上经历了快速的扩张，存贷款和总资产始终稳步增长，1997年底与1977年底相比，存款总额增长50倍，贷款总额增长73

① 王建平：《内地与香港银行业发展战略比较研究》，载《生产力研究》，2005（2）。

② 根据张朝阳《转型中的相关银行业》整理，载《国际金融研究》，2004（3）。

倍。但是1997—2002年，香港银行业除了存款仍增长22.4%之外，本地贷款5年共收缩了17.8%，海外贷款和总资产更是持续收缩，认可机构数目（未计分支机构）5年共减少137家。而香港银行业的净息差从1997年的1.06%上升到2002年的1.52%，除税后的资产回报率从1997年的0.6%上升到2002年的0.81%，香港银行业发展从以规模扩张为主转向盈利能力的提高。

2. 渠道模式由人员、网点密集型向电子化和网上银行转型

长期以来，“香港的银行多过米铺”是人们对香港金融业的生动写照，说明了香港银行业网点密度非常大。1998年以来，香港银行体系增加了大量新的业务品种，而且占用人力较多的个人零售业务占总体业务比例也在大幅上升，但是由于银行电子化和网上银行、电话银行的广泛使用，香港银行业的人员和网点都有明显的下降。香港银行业通过提高不同类别分行的组合功能，提高分行网络与自动化服务手段的配合，将高效益的服务保留在分行，引导客户通过自动化手段处理传统上高成本、低效益的交易。

3. 管理模式由分散运用向集中运营提高效率转型

在对客户服务自动化的同时，香港银行业也积极地进行流程优化，将中后台操作分散运营向集中运营转变。通过提高支持部门的营运效率、发挥CALL CENTER的效能以及IT的合理利用来减少成本。中后勤集中由低技术、劳动力密集的业务扩展到财务及人力资源管理，不断提高后勤中心的规模经济效益，进一步降低边际经营成本，从而提升银行的管理效能。

4. 营销模式从被动营销向主动销售管理转型

客户关系的管理成为银行管理的核心。银行通过客户关系管理（CRM）了解、获取、满足客户需求，提高对市场的规划和分析，增加销售能力，提高市场开拓效率。营销能力的提升使银行在目标客户基础上增加了成功销售的机会。产品设计和定价市场也日益成熟，注重从现有的客户身上挖掘价值，掌握和培养目标客户的需求，通过财富管理，把存款人转换为投资人。

5. 盈利模式向非息业务结构的转型

1997年以后，香港银行业致力于减少利息收入的比重，分散业务盈利来源，大力加强如财富管理及理财业务等非利息业务的投入。至2002年香港银行业非利息收入占总收入的比例平均已超过30%。对于利息收入业务，银行近年也致力于调整贷款结构，避免业务过度集中于某一贷款类别或某一类客户，注重分散风险。目前，香港银行的非利息收入已达40%左右。

3.4.3 香港中小银行发展转型规律

从香港中小银行的发展模式看，随着 1998 年以后香港经济环境的变化和经济发展方式的转型，中小银行的发展模式也进行了相应的转型。一方面，在巩固与客户关系的同时，更加注重通过产品创新，挖掘客户的新需求，从传统的规模扩张向集约化、内涵式增长模式转型；另一方面，大力推广信息技术的运用，推行中后台集中运营，降低运营成本，同时调整业务结构，从传统的盈利模式向多元化盈利模式转型。

3.5 国内外中小银行发展转型规律及启示

3.5.1 金融体系演变的相似性

从美国、德国、日本等发达国家的金融体系演变特点来看，虽然各国的金融体制各不相同，但随着社会经济水平的发展，各国的金融管制政策均经历了从早期的严格管制到放松管制，再到逐步实施金融自由化的过程，整个过程，伴随着大量金融创新的出现，以及利率市场化的发展。这说明一国的金融体制与本国的经济发展水平密切相关，也体现了中小银行发展转型的背景具有相似性。

对比我国的金融体系特点，我们可以看到我国的金融体系演变与美国、德国、日本等国家中小银行发展转型的第二阶段相似。一是目前我国社会经济正处于市场化、工业化、城镇化快速发展，金融需求快速增长的经济发展阶段。伴随着市场经济发展和金融需求的多样化，我国金融市场进入加快创新发展的阶段。二是我国正处于从金融管制向金融市场化转轨的发展阶段，市场准入（包括跨区域经营）从严格管制向放松管制阶段发展。虽然 2010 年城商行跨区域发展政策进行了调整，但从长远来看，随着经济发展阶段到达一定水平，商业银行的市场准入和跨区域经营放松管制是必然趋势。三是我国利率市场化正进入最后阶段。国家已明确“十二五”时期推进利率市场化。因此，总体而言，我国城商行发展转型的背景与美国、德国、日本等国家中小银行发展转型第二阶段的背景相似。

3.5.2 中小银行发展转型一般规律

通过对美国、德国、日本和中国香港中小银行的发展历程和发展模式转型的梳理，我们得出以下规律和启示：

虽然一个国家（地区）中小银行的发展模式受到本国银行体系、经济发展状况、监管环境、竞争环境等多方面因素的影响，但总体而言，主要与经济发展水平密切相关。随着经济水平的发展，会带来银行业的监管政策和竞争程度的变化，中小银行的发展模式也必然随之进行转型，以适应经济发展带来的变化。从美国、德国、日本等国的发展历程来看，各国在经济环境、政治制度、竞争环境因素等方面存在诸多差异，其中小银行发展转型模式也各具特点，如美国的自由竞争模式、德国的合作发展模式以及日本的主银行模式。尽管各国的中小银行的发展模式、历程各不相同，但还是可以发现，中小银行发展转型都是伴随着经济发展水平的提高而不断进行的，且普遍经历了由“同质化—初步差异化—高度差异化”转型路径。从中小银行发展转型与国民经济发展水平的关系来看，人均GDP在3 000美元以下的阶段，银行业基本上是高度同质化竞争阶段，以存贷业务为主；人均GDP达到3 000 ~ 10 000美元的阶段后，居民对金融产品需求伴随其财富水平的提高而不断提高，金融产品持续创新，金融“脱媒”现象开始加剧，银行业竞争不断加剧，中小银行开始逐渐走向差异化以维持生存；当人均GDP达到10 000美元以上时，银行走向高度差异化竞争（专业化、特色化）竞争阶段。这一大致规律如图3－3所示。

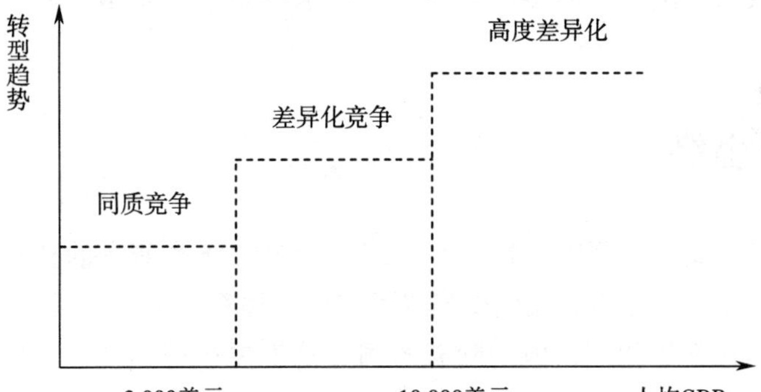

图3－3　不同经济发展阶段中小银行转型趋势

同时，从中国香港的发展转型来看，随着经济环境的变化和经济发展方式的转型，中小银行的业务发展模式、管理模式、盈利模式等也必须进行转型，以适应自身条件和外部环境的变化。

3.5.3 对我国城商行发展转型的启示

从城商行发展转型的背景来看，未来随着我国社会经济的发展，金融需求将呈现多样化，金融创新将进入新的阶段。随着金融市场改革的深化，金融机构的市场准入和经营地域放松管制以及利率市场化将成为必然趋势。从城商行发展转型的趋势来看，目前，我国城商行正处于从同质化竞争向初步差异化发展转型的阶段，其发展转型规律也必然遵循“同质化—初步差异化—高度差异化”这一普遍规律。城商行应该结合自身情况，加快发展转型步伐。

同时，各国银行体系和经济发展有自身的独特性，我国银行体系和社会经济水平与发达国家相比既有一定的相似性，也有许多不同之处。与国外中小银行相比，我国城商行的定位类似于美国的州立银行和日本的地方性银行；所处的经济发展环境与日本20世纪70~80年代的环境类似；而竞争环境、监管政策则与美国银行20世纪70~80年代的环境更加类似。从金融体系看，经过改革开放30多年的发展，我国已基本建立比较完善的大、中、小银行共生的银行体系，但我国既没有像德国一样建立代表城商行利益并提供网络和产品开发等服务的集团，也没有建立存款保险制度，这一特点使得城商行在竞争中处于相对弱势。因此，我国城商行未来的发展模式，应结合我国的经济发展环境、竞争环境、监管政策等国情，借鉴国外经验，寻求一条适合我国城商行发展模式的转型道路。

3.6 小结

本章通过对美国、德国、日本和中国香港金融体系演变的特点和中小银行发展转型的趋势进行分析，我们得出以下结论：随着经济的发展，各国（地区）的金融体系尽管不尽相同，但均随着本国经济发展进行演变，经历了从严格管制到逐渐放松管制的过程，中小银行也随着经济环境的变化和金融体系的演变进行了转型，并基本遵循了“同质化—初步差异化—高度差异化”的转型规律。我国城商行的发展转型也必然遵循这一普遍规律。目前，我国城商行正处于从同质化竞争向初步差异化发展转型的阶段，应该结合我国金融体系的特点和城商行自身条件情况，加快发展转型步伐。

第 4 章　城商行发展转型的外部动因

我国已在“十一五”期末突破了人均 GDP 4 000 美元的关口，“十二五”时期我国人均 GDP 将进入中等收入国家行列。按照中小银行发展转型的国际规律，我国城商行已进入了发展转型的重要阶段，外部环境的急剧变化将促使城商行在这一时期加速发展转型。这些外部环境包括：从宏观经济层面看，“十二五”时期受国际金融危机的影响，国际宏观经济环境依然充满不确定性，我国也必然进行宏观经济的结构性大调整；从政策层面看，“十二五”时期我国的货币政策将逐渐趋于稳健，监管当局对银行的监管政策将趋于更加严格和谨慎；从中观产业层面看，城商行在“十二五”时期将面临更激烈的市场竞争压力。城商行只有加快发展转型步伐，才能主动适应外部发展环境的急剧变化。因此，本章重点剖析城商行在“十二五”时期进行发展转型的外部环境变化，深入分析这些变化对城商行可能产生的影响。

4.1　“十二五”时期宏观经济环境分析

4.1.1　国际宏观经济形势

2008 年以来发生的金融危机和欧债危机给欧美发达国家经济体造成了重创。尽管危机的原因很多，但最根本的是全球经济长期严重失衡。一方面，美国超前和过度消费造成美国巨额“双赤字”，并为其他国家提供巨大市场；另一方面，中国等亚洲新兴经济体的低消费和高储蓄造成其经济增长对美国等出口的依赖，存在着高额贸易顺差和巨额外汇储备，并源源不断地向美国提供大量资金，最终导致了严重的全球性经济失衡。

金融危机和欧债危机的发生对欧美等国的消费模式、产业结构和发展模式产生了重要的影响。一是发达国家的消费模式将从提前消费和过度消费向理性消费转变，家庭储蓄占可支配收入比率将从危机前的零持续稳定上升至目前的 6% ~7%，居民消费将进行长期的调整。二是为解决产业空心化和失业率问题，欧美等国加强发展实体经济，调整产业结构，欧美贸易保护主义抬头，发达国家出口将上升而进口将下降。三是各国为救市和刺激经济增长投入了大量流动性，并且都采取了低利率政策，甚至像日本和英国都把利率降到了零左右。低利率是一把双刃剑，一方面能刺激投资，刺激发展；但另一方面也可能引发通货膨胀和资产价格的泡沫，并带来全球性的通货膨胀压力。

金融危机后，世界经济的恢复非一朝一夕之功。因为要改变全球经济失衡的局面，既需要发达国家改变消费模式和增长模式，也需要中国等亚洲新兴经济体调整经济发展方式，积极扩大内需特别是居民消费，增加进口，减少经济增长对出口的依赖。但真正改变现行全球经济失衡局面是一个复杂的过程。因此，“十二五”期间，受金融危机和欧债危机的影响，发达国家经济体将进入低速甚至负增长周期，并将对我国出口拉动需求造成较大影响。同时，世界经济将长期面临着国际经济失衡的事实和再平衡压力之间的矛盾，并有可能进入周期性低谷并导致发生滞胀风险。

4.1.2 国内宏观经济形势

过去30多年，我国经济保持了两位数的高速增长，其增长的动力主要依靠出口和固定资产投资来拉动。从“十二五”时期的经济增长驱动力来看，受经济危机和贸易保护主义的影响，我国的出口需求已大幅下滑。在内部投资需求方面，随着“十一五”时期投资建设的高速公路、高速铁路等基础设施不断完工并投入使用，“十二五”时期基础设施和固定资产投资需求也会逐渐下降。特别是随着政府投融资平台的规范、清理以及房地产价格调控政策的实施，地方政府依赖的土地财政和政府投融资平台的融资渠道受阻，基础设施建设和房地产业及相关联产业的投资也必然下降。

在外需下降、投资拉动难以为继的背景下，我国宏观经济增长必然转到依靠内需拉动特别是居民消费拉动上来。尽管我国已认识到并提出了向扩大内需拉动经济增长的发展模式转型，但内需拉动涉及国民经济收入分配制度、社会保障体系的建立等制度改革，具有较强的时滞性。长期以来，我国过度以投资来拉动经济增长的模式，对内需消费形成了明显的挤出效应，消费对经济增长的贡献度在不断下降，居民收入占GDP的比重也在逐年下降。近年来，我国财政收入保持30%左右的增长，而居民收入的增长远低于这一水平。居民收入的增长跟不上财政收入的增长，导致了我国劳动者报酬占GDP的比重呈逐年下降趋势。据统计，我国劳动者报酬占GDP的比重已从2000年的51.4%下降到

2008年的39.70%，且有进一步下降的趋势。2010年，最终消费率已经下降到历史最低的47.7%，不仅低于世界平均水平，更远低于发达国家水平。因此，目前拉动消费的收入分配体制改革尚未形成，消费热点缺乏，形成内需消费拉动经济增长还需要较长时间。

我国在“十二五”时期面临艰巨的产业结构调整任务。我国过去低成本的竞争优势使中国产品在世界市场上所向披靡，随着资源环境压力的加大，新《劳动合同法》的实施，这些低成本的竞争优势已逐渐离我们远去了。“十二五”时期，我国将进入到一个高成本的时代，表现为土地高成本、房价高成本、原材料高成本、能源高成本、环境高成本、人才高成本、劳动力高成本、资金高成本、知识产权高成本、税收高成本、交易高成本等。这一系列高成本对企业和产业的发展形成巨大的挑战，制约了我国的产业竞争力。而新的竞争优势来自于技术的进步、人力资本的增加、结构的转型升级、制度的变革等。要培育新的竞争优势需要时间和过程，因此，新兴产业形成产业集群，并成为推动我国经济增长的动力还需要较长时间。

因此，在外需受阻、投资下降，同时消费内需拉动机制、体制尚未建立的情况下，“十二五”期间，我国经济增长将从过去的高速增长进入中低速增长周期。对于目前正处于快速成长期的城商行而言，其过去依赖经济高速增长带来的规模快速增长模式将受到一定的影响，必须注重由外延式增长模式向内涵式增长模式转型。

4.1.3　区域经济一体化

1. 国际区域经济合作

2010年1月1日，中国—东盟自由贸易区全面建成，这是我国与东盟各国区域经济一体化进程中的里程碑。这个拥有19亿人口、近6万亿美元地区生产总值和4.5万亿美元贸易总额、由发展中国家组成的世界上最大的自贸区，是继北美贸易区、欧盟自由贸易区之后的第三大自由贸易区，是我国参与国际经济一体化的重要区域，也是我国推动人民币跨境结算的重要区域。

“十二五”期间，随着中国—东盟区域经济一体化的深化和发展，中国与东盟在双边贸易、投资领域、金融合作领域将加快发展，这为城商行实施跨境经营、走向国际化提供了新的发展机遇，特别是与东盟有地缘优势的城商行，如广西北部湾银行，更是面临着难得的历史机遇。

2. 国内区域经济合作

除了广泛融入区域经济合作谋求发展，当前国内各省级经济区之间的区域经济合作迅速发展，国家相继出台了《进一步推进长江三角洲地区改革开放和经济社会发展的指导意见》、《珠江三角洲地区改革发展规划纲要（2008—2020年）》、《促进中部地区崛起规划》、《国务院关于推进上海加快发展现代服务业和先进制造业，建设国际金融中心和国际航运中心的意见》、《广西北部湾地区发展指导意见》、《海峡西岸经济区发展指导意见》、《江苏沿海地区发展规划》、《关中—天水经济区发展规划》、《辽宁沿海经济带发展规划》、《横琴总体发展规划》、《图们江区域合作规划纲要》、《黄河三角洲高效生态经济区发展规划》、《鄱阳湖生态经济区规划》、《国务院关于推进海南国际旅游岛建设若干意见》、《皖江城市带承接产业转移示范区规划》等文件，提出了建立长江三角洲经济区、珠江三角洲经济区、环渤海湾经济区和北部湾经济区等15个国家战略层面的规划区，并颁布了上海浦东新区国家综合配套改革试验区、天津滨海新区综合配套改革试验区、成都—重庆全国统筹城乡综合配套改革试验区、武汉—长株潭城市圈全国资源节约型和环境友好型社会建设综合配套改革试验区、深圳市综合配套改革试验区、沈阳经济区国家新型工业化综合配套改革试验区、重庆两江新区规划等文件，提出了建立上海浦东新区、天津滨海新区等7个综合配套改革试验区。这标志我国国内区域经济一体化进入了加速发展阶段。

随着综合配套改革试验区、国家战略经济规划区的发展，我国以大城市为中心、发展水平相近地区的经济联系和合作加强，以资源整合为重点，以工业化、城市化为方向的经济区和城市群逐渐形成。“十二五”时期，国内区域经济合作的深化、区域经济的融合和发展为城商行实施跨区域发展战略，发展成为区域性银行提供了新的发展空间，同时也要求城商行立足区域经济，科学进行发展战略转型。

4.2 “十二五”时期货币政策与监管制度分析

4.2.1 宏观货币政策

我国的货币政策可能从宽松政策走向适度从紧政策。物价增长过快一直是新兴经济体长期以来面临的问题。虽然受金融危机影响，我国2009年全年CPI价格指数为负增长。但金融危机后，一方面，世界各国为了刺激经济恢复，实施量化宽松货币政策和积极财政政策，导致了全球流动性泛滥，热钱和外汇流入增加了国内货币供应量；同时，国际资源价格走高，特别是国际油价处于高位，进一步加剧了输入型通货膨胀。另一方面，我国长期以来投入了大量的流动性，以广义货币量 M_2 为例子，近十年来，我国的 M_2 增长了3.54倍，远高于GDP增长①，特别是2009年我国实施的4万亿元经济刺激政策，也在一定程度上使得我国出现了较多的“流动性”。2010年开始，CPI价格指数由负转正，全年比上年同期增长率保持在3%左右，而2011年上半年，CPI价格持续走高，同比增幅保持在6%以上。CPI连续走高，通货膨胀预期增强，宏观经济调控压力加大，导致“控物价”成为当年经济的工作重点。从长期来看，流动性的较快增长，必须依靠资产膨胀或资本市场来吸收，如“十一五”时期我国出现的房地产泡沫和股市泡沫曾吸收了大量的流动性。而“十二五”期间，由于房地产调控和股市不振，流动性将会推高消费领域的物价，加上近年来出现的高房价、高工资和高运输成本等因素，预计“十二五”期间，我国的物价上涨仍然面临加大的调控压力，我国适当从紧的货币政策如高准备金率、信贷规模控制。高利率等将维持2～3年，甚至更长时间。货币政策由从宽松走向稳健的转型对城商行的影响主要体现在以下几方面：

1. 高存款准备金率减少城商行的可用资金

随着国内CPI的连续走高，2010年至2011年11月，人民银行已连续12次上调准备金率，调整后大型金融机构的存款准备金率已达到21.5%，中小金融机构的存款准备金率也上调至18%。存款准备金的上调对中小金融机构的可用资金形成较大压力。

2. 信贷规模的控制制约了城商行以信贷推动规模增长

金融危机后，城商行抓住了我国实施宽松货币政策的历史机遇，通过大量投放信贷推动了资产和负债规模的增长，如2009年城商行的整体资产、负债分别增长37.46%和37.67%，2010年城商行的整体资产、负债分别增长38.24%和37.32%，比2006—2008年的增速大约高出了十多个百分点。随着货币政策从宽松回归到稳健，城商行依靠大量投放贷款带来资产、负债高速增长的粗放式、外延式发展模式必然受阻。

3. 利率上调压缩了利润空间、增加了利率风险

在调整准备金的同时，2010年以来人民银行还连续5次上调人民币存贷款

① 1978年 M_2 为860亿元，2001年 M_2 为152 888亿元，2010年底，M_2 为694 451亿元。2010年相比1978年，GDP增长92倍，而 M_2 增长806.5倍。

基准利率。存款基准利率从 2.25% 上调至 3.50%，贷款基准利率从 5.31% 上调至 6.56%。利率上调加大了银行的融资成本。受银行存贷比和贷款规模的控制，利率上调还会造成贷款企业贷款难、还款难。因此，利率上调不仅压缩了利润空间，还增加了城商行的利率风险，频繁的利率调整增加了城商行信贷风险管理的难度。

因此，根据国内外经济形势判断，未来我国货币政策将延续稳健甚至适度从紧的货币政策。城商行的经营理念必然要从以规模为导向向以效益为导向转型，发展模式必然要从外延式的发展模式向内延式的发展模式转型。

4.2.2 银行业监管制度

1. 监管新规对城商行的影响

受金融危机的影响，全球金融监管更趋审慎。巴塞尔银行监管委员会已于 2010 年 9 月通过了《巴塞尔协议Ⅲ》。中国银监会也已于 2011 年 5 月发布了《中国银行业实施新监管标准指导意见》，在资本充足率、杠杆率、流动性风险、贷款损失准备等方面加强了银行业的宏观审慎监管与微观审慎监管。

（1）监管新规的主要变化体现在：

①资本充足率。新标准主要从三个方面加以明确。一是新监管标准将资本定义严格化，由现行的两级分类（一级资本和二级资本）调整为三级分类（核心一级资本、其他一级资本和二级资本），其中核心一级资本指普通股，其他一级资本是次级的对非累积的收益具有完全自主权、没有固定期限或赎回激励安排等。二是新监管标准提高了资本充足率监管要求，将现行的最低资本充足率要求（一级资本和总资本占风险资产的比例分别不低于 4% 和 8%）调整为三个层次的资本充足率要求：核心一级资本充足率、一级资本充足率和资本充足率分别不低于 5%、6% 和 8%，引入逆周期资本监管框架，包括：2.5% 的留存超额资本和 0 ~ 2.5% 的逆周期超额资本，增加了系统重要性银行的附加资本要求，暂定为 1%。新监管标准实施后，正常条件下系统重要性银行和非系统重要性银行的资本充足率分别不低于 11.5% 和 10.5%。三是对风险加权资产计算方法进行优化，扩大了资本覆盖的风险范围。采用差异化的信用风险权重方法，明确操作风险的资本要求；提高交易性业务、资产证券化业务、场外衍生品交易等复杂金融工具的风险权重。

②杠杆率。为防止银行业金融机构杠杆率的过度积累，新监管标准要求一级资本占调整后表内外资产余额的比例不低于 4%，以弥补资本充足率的不足，

控制银行业金融机构以及银行体系的杠杆率积累。

③流动性风险。建立多维度的流动性风险监管标准和监测指标体系。建立流动性覆盖率、净稳定融资比例、流动性比例、存贷比以及核心负债依存度、流动性缺口率、客户存款集中度以及同业负债集中度等多个流动性风险监管和监测指标，其中流动性覆盖率、净稳定融资比例均不得低于100%。同时，推动银行业金融机构建立多情景、多方法、多币种和多时间跨度的流动性风险内部监控指标体系。

④贷款损失准备。一是建立贷款拨备率和拨备覆盖率监管标准。贷款拨备率不低于2.5%，拨备覆盖率不低于150%，原则上按两者孰高的方法确定银行业金融机构贷款损失准备监管要求。二是建立动态调整贷款损失准备制度。监管部门将根据经济发展不同阶段、银行业金融机构贷款质量差异和盈利状况的不同，对贷款损失准备的监管要求进行动态化和差异化调整，进一步缓解银行体系的亲周期性。

⑤差别存款准备金率。中国人民银行还开始引入差别准备金率工具对银行业进行信贷约束。2011年，大型商业银行的存款准备金率为21.5%，而中小金融机构的存款准备金率为18%。

（2）监管新规对城商行的影响主要体现在：

①资本充足率的影响。新监管标准调整了政府融资平台贷款风险资产权重，首次将市场风险资本计入风险资产以及将未使用的信用卡授信额度纳入到加权风险资产口径，所以其实施将对城商行的资本充足率带来不利影响。虽然城商行的资本充足率从2005年的2.70%增加到2010年底的12.8%，但城商行要保持10.5%的资本充足率并不容易。随着城商行业务发展的扩张，对于大部分尚未上市的城商行来说，未来仍然面临着资本补充的压力。

②流动性风险的影响。我国银行体系拥有隐性的政府信用，银行负债结构较为分散，客户质量相对较好，且银行的抵质押率政策均较为严格，杠杆率较发达经济体低，表外业务有限，加之金融危机后，银监会又对银行的表外业务实施了较为严厉的控制措施，我国银行业的流动性风险小于发达经济体。从流动性的一个重要指标——贷存比来看，截至2010年末，城商行的存贷比为48.84%，远低于监管指标75%的要求。但新监管标准要求城商行除了要求存贷比指标之外，还要建立多维度的流动性风险监管标准和监测指标体系，包括建立流动性覆盖率、净稳定融资比例、流动性比例、存贷比以及核心负债依存度、流动性缺口率、客户存款集中度以及同业负债集中度等多个流动

性风险监管和监测指标，其中流动性覆盖率、净稳定融资比例均不得低于100%。因此，城商行必须将流动性管理纳入风险管理范畴，向全面风险管理模式转型。

③拨备覆盖率和拨备比的影响。新监管标准要求达到150%拨备覆盖率。拨备覆盖率的计算是以风险加权资产为基础的，对高风险资产较为敏感，因此拥有较多高风险权重资产的银行将面临更大资本压力。拨备覆盖率的计量以风险加权资产为基础。由于各类资产业务的风险权重不同，其消耗资本比例也有差异。其中，批发性企业贷款对资本的需求最高，其风险权重基本上为100%；消费信贷对资本需求比较低，其风险权重只有50%；政府债券对资本没有需求，其风险权重为零。同时，银监部门明确小型微型企业贷款风险权重比照零售贷款适用75%的优惠风险权重，这对于主要服务中小企业的城商行来说是一个利好。此外，监管新规要求达到2.5%的拨贷比。拨贷比的计算公式为：拨备/贷款余额×100%。拨贷比有助于弥补拨备覆盖率在此方面的缺陷。该指标忽略了资产质量的差异，主要作用在于对经济上行、下行周期的平滑，是逆周期宏观审慎监管的一种补充措施。总体来说，拨贷比约束属于刚性约束，该指标对资本补充能力本身较弱、资产规模较小以及放贷措施较为激进的银行压力相对较大，也就是说，与大中型银行相比，拨贷比对股份制银行以及处于快速扩张阶段的城商行冲击相对较大。

2. 地方政府融资平台规范对城商行的影响

城商行“十一五”时期的快速发展与信贷规模的高速增长和大部分信贷投向地方融资平台密切相关。审计署公布的数据表明，截至2010年底，除54个县级政府没有政府性债务外，全国省、市、县三级地方政府性债务余额共计107 174.91亿元人民币。其中，政府负有偿还责任的债务占62.62%；政府负有担保责任的或有债务占21.8%；政府可能承担一定救助责任的其他债务占15.58%。其中，融资平台公司的政府性债务余额为49 710.68亿元，占全国地方政府性债务余额的46.38%。地方政府负有偿还责任的债务率52.25%，加上负有担保责任的或有债务后为70.45%。银行贷款是地方融资平台最主要的融资方式，随着地方性融资平台的规范和清理，城商行依靠地方政府融资平台迅速做大的发展模式受阻。城商行必须转变为地方政府提供贷款融资的传统服务模式，加快向新兴融资业务转型。

3. 跨区域扩张政策调整对城商行的影响

跨区域发展在提升城商行总体实力，推动城商行做大做强的同时，也给城商行带来一系列新的问题。近年来发生的齐鲁银行票据诈骗案、富滇银行资金违规操作案件等促使监管机构调整城商行跨区域扩张审批政策。2011年“两会”期间，国务院副总理王岐山对城商行过快的跨区域经营进行了含蓄的批评，监管层也对城商行的高速扩张给予了高度关注。在2011年4月1日召开的城商行联席会议上，银监会主席助理阎庆民明确表示，今后将审慎推进城商行跨区域经营，把城商行内控机制作为重点检查项目，对于内控不健全的城商行的新设网点申请“暂停审批”。原银监会主席刘明康在4月16日举行的博鳌亚洲论坛2011年年会上表示，银监会将对银行执照的发放和银行设立分行的申请进行更严格的审批，对于城商行等中小银行，银监会每两年对已发放的执照重新进行评估检查。

另外，2011年7月，银监会下发的《中国银监会关于调整村镇银行组建核准有关事项的通知》调整了组建村镇银行的核准方式，由现行“银监会负责指标管理、银监局确定主发起行和地点并具体实施准入”的方式，调整为“由银监会确定主发起行及设立数量和地点，由银监局具体实施准入”的方式。同时，明确村镇银行主发起行除监管评级达二级以上（含）、满足持续审慎监管要求外，还应有明确的农村金融市场发展战略规划、专业的农村金融市场调查、翔实的拟设村镇银行成本收益分析和风险评估、足够的合格人才储备、充分的并表管理能力及信息科技建设和管理能力、已经探索出可行有效的农村金融商业模式以及有到中西部地区发展的内在意愿和具体计划等。

种种迹象表明，城商行跨区域经营的准入政策和村镇银行发起设立的审批将变得更加严格。“十一五”期间城商行大量开设分支行和借道村镇银行进行跨区域经营的模式将受阻，未来监管部门有可能对城商行跨区域发展进行分类管理，并从严审批。因此，“十二五”期间城商行需要结合跨区域政策调整制定更加科学合理的发展战略定位模式，从高资本消耗模式向低资本消耗发展模式转型，从机构外延式扩展模式向市场份额提升的内涵式发展模式转型。

4.2.3　利率市场化改革

经过十几年的改革，我国已先后实现了同业拆借市场、银行间债券市场、贴现、转贴现和再贴现市场等货币市场的利率市场化和外币存贷款利率市场化，并逐步放宽了人民币存款利率浮动下限和贷款利率的浮动上限。

表 4 – 1　　　　我国利率市场化改革进程表

时间	利率市场化改革主要内容
1996 – 06	放开银行间同业拆借利率
1997 – 06	放开银行间债券回购利率
1998	改革贴现利率和再贴现利率生成机制；政策性金融债实行利率招标发行；扩大了金融机构对小企业的贷款利率最高上浮幅度
1999	对小企业贷款利率的最高上浮 30% 的规定扩大到所有中型企业；实现国债在银行间债券市场利率招标发行；对保险公司 3 000 万元以上、5 年期以上的大额定期存款，实行保险公司与商业银行双方协商利率的办法
2000 – 09	放开外币贷款利率，由金融机构自行确定各种外币贷款利率及其结息方式；对 300 万美元以上的大额外币存款利率由金融机构与客户协商确定
2002 – 03	统一中外资金融机构外币利率管理政策
2003 – 07	放开英镑、瑞士法郎和加拿大元的外币小额存款利率管理，由商业银行自主确定
2003 – 11	对美元、日元、港元和欧元的小额存款利率实行上限管理
2004 – 01	商业银行、城信社贷款利率浮动区间上限扩大到贷款基准利率的 1.7 倍，农信社贷款利率的浮动区间上限扩大到贷款基准利率的 2 倍
2004 – 10	不再设定金融机构人民币贷款利率上限及存款利率下限
2005 – 09	下放除定期整存整取和活期存款外的 6 种存款的利息定价权
2006 – 08	将商业性个人住房贷款利率浮动下限扩大至基准利率的 0. 85 倍
2008 – 10	将商业性个人住房贷款利率下限扩大到基准利率的 0. 7 倍

表 4 – 1 是我国利率市场化改革的大致进程。从该表可以看出，我国仅剩下贷款下限和存款上限尚未实行市场化改革。但国务院等有关部门已明确提出了在“十二五”时期稳步推进利率市场化的要求。预计未来一段时间，我国将先放开贷款下限，再逐步放开存款上限并直至完全实现利率市场化。

利率市场化对城商行目前主要依靠利差收入的盈利模式将产生重大的影响。目前，我国基准利差在 3% 左右，虽然逐步放开了利率管制，实施了贷款利率的下浮，但实际利差仍然达到 2. 5% 左右。因此，虽然 2008 年以来受金融危机和宏观经济调控等影响，实体经济利润下滑，但高利差仍然使银行获得了高额利润，特别是 2010 年，国内各商业银行的利润增幅平均在 80% 以上。从国外利率市场化的经验来看，利率市场化将推高银行的存款成本，利差缩小，经营风险、流动性风险、利率风险和道德风险加大，对中小银行形成致命打击，甚至会导致大量中小银行破产。因此，“十二五”期间，随着利率市场化的推进，城商行迫切需要改变目前依赖利差作为主要收入来源的盈利模式，向多元化盈利模式转型。

4.3 “十二五”时期城商行竞争环境分析

4.3.1 混业经营发展趋势

商业银行混业经营可以获取范围经济，增强商业银行的运行效率和市场竞争力。由于各国的历史文化背景、金融监管的法律和市场环境等方面的不同，混业经营模式主要有以德国为代表的全能银行模式、以美国为代表的金融控股公司模式和以英国为代表的异业子公司模式，其中发展的较为成熟完善、被世界上多数国家所普遍采用的主要是金融控股公司模式和全能银行模式。

受制于监管制度，我国金融机构的混业经营尚处于起步阶段，如光大、中信和平安等金融控股集团。2006 年以来我国混业经营呈加速发展的态势，部分大型城商行也开始尝试参与混业经营，拓展业务空间。一是设立消费金融公司。2009 年 7 月 22 日，银监会公布《消费金融公司试点管理办法》，并经国务院批准，在北京、天津、上海、成都启动消费金融公司试点审批工作。零售业务一直是城商行的薄弱领域，消费金融公司无疑是城商行优化经营机构、提升零售业占比、向零售银行转型的途径之一，因而获得了城商行的高度重视，各家城商行纷纷争取设立消费金融公司。在第一批获准设立消费金融公司的 3 家银行当中，北京银行、成都银行榜上有名。二是入股保险公司。2009 年 11 月 26 日，银监会正式发布了《商业银行投资保险公司股权试点管理办法》。随着客户需求日趋多样化，市场竞争更加激烈，投资保险业是商业银行寻求混业经营、实现双方客户经营的优势互补、发挥协同效应的重要手段，因此，规模较大的城商行纷纷探索与保险公司的股权合作。2010 年北京银行成功收购北京首创集团所持首创安泰人寿 50% 的股权，并将其更名为中荷人寿保险公司，成为第一家入股保险公司的中小银行，开创了城商行进军保险业的先河，为未来城商行混业经营转型提供了参考价值。

4.3.2 替代市场的快速发展

和非金融产业一样，竞争也是金融业健康发展的前提条件。经过 30 多年的发展，我国已基本形成了以银行为主的间接融资市场体系和以证券市场为主的直接融资市场体系，此外，还有保险、担保、财务公司、融资租赁公司、典当行等多种金融市场主体。城商行在未来的发展过程中，不仅要面临来自非银行金融业的竞争，也要面对银行内部的激烈竞争。

金融脱媒化，即以资本市场为主导的直接融资市场代替以银行为主导的间接融资市场，是金融市场深化发展的必然趋势。“十一五”时期，我国的直接融资市场发展迅速，市场占比不断提升。一是股票融资市场迅速发展。截至2010年底，沪深两市上市公司总市值已达到26.54万亿元，年末上市公司2 063家，通过股票市场融资约1.2万亿元。二是债券市场直接融资迅速发展。银行间市场发行的债券和证券市场发行的公司债，均属于广义上的企业债券。近几年我国债券市场规模不断壮大，债券融资占社会融资的比例不断上升。数据显示，1997年银行间债券市场刚建立时，我国债券总量只有4 700多亿元，占GDP的7%，世界排名第25位；到2010年，我国债券余额达20.4万亿元，占GDP的52%。根据中央银行公布的社会融资总量细项数据，2010年和2011年第一季度，非金融企业股票和债券融资以及委托贷款的总融资规模分别为3.29万亿元和0.94万亿元，分别占人民币贷款的41.5%和42.0%，与2002年不足6%的比例相比，当前金融市场结构已经发生根本变化。三是信托公司发行的集合理财产品、银行理财产品、委托贷款、私募股权基金等其他形式的直接融资迅速增长。以银行理财产品为例，近年来理财产品一直保持迅猛增势，据统计，截至2011年11月28日，2011年新发行的银行理财产品共计18 538款，而2010年全年仅为10 779款，增长接近72%。①

“十二五”时期，我国“金融脱媒化”将呈加快发展趋势。我国已在“十二五”规划中明确提出要显著提高直接融资比例，监管部门提出将进一步推动多层次资本市场体系的建设和完善，大力发展主板市场、中小板市场、创业板市场和场外市场，深入推进债券发行监管改革，积极支持银行到交易所债券市场开展交易，显著增加债券融资规模。同时，根据证监会相关重点工作安排，预计今后5年每年首发上市公司数量不会低于近两年来的水平，专家预测，不排除到2015年末，上海主板、深圳中小板、创业板合计上市公司数量增加七成的可能性。另据了解，在大力发展债券市场背景下，未来五年中小企业债券发行将逐步破题，高信用等级债券也有望到交易所市场挂牌，债券分级基金等创

---

① 冀欣、张莉、钟辉、张慧宇、李峻岭：《2011年理财产品攻势凶猛》，载《理财周报》，2011－12－05。

新产品将得到逐步发展。

因此，受直接融资替代市场快速发展的影响，“十二五”期间银行信贷市场间接融资比例将进一步降低，并对城商行传统业务造成直接的冲击。一是金融脱媒给城商行资产业务的总量和结构造成负面影响。从资产业务的总量看，金融脱媒将导致城商行的贷款增长速度降低，银行贷款占非金融部门融资总量的比重将逐渐下降；优质大企业客户贷款将被资本市场迅速分流，随着股票市场以及企业债券市场的发展，优质大型企业得以通过证券市场和债券市场融资，银行贷款开始逐渐被直接融资所替代，大中型企业对银行贷款的依赖度逐渐减弱。中小板、创业板将进一步分流部分优质中小企业贷款。中小板、创业板对企业上市的条件较主板市场宽松，适合治理规范、经营前景良好的中小企业，特别是中小型科技企业。这些优质中小型企业是目前城商行争夺的重点客户，随着融资渠道的拓宽，城商行优质中小企业贷款将面临分流。二是直接融资带来存款分流和稳定性下降，存款业务面临“去中介化”挑战。随着直接融资的发展，居民、企业的投资理财需求将快速增长。未来，更多的存款将受到理财产品、新股申购、债券发行和资本市场行情等因素的影响，进一步加大了存款成本，降低了存款稳定性，加剧了存款业务波动。三是金融脱媒对城商行的风险管理能力提出了更高要求。直接融资带来客户结构和业务结构的改变，为了适应直接融资的发展，各家城商行将探索不受牌照限制的投资业务，研发自己的直接融资产品，如债券发行、债券承销、资产管理、融资顾问等，利率、汇率、股票、商品等价格敏感型业务的比重将显著提高，城商行风险管理的对象将发生变化，市场风险日益突出，且信用风险与市场风险交织在一起，风险管理难度将进一步加大。

4.3.3 银行业的市场竞争

按照中国银监会《银行业监管统计管理暂行办法》规定，我国银行业包括国有商业银行、股份制商业银行、城商行、政策性银行、外资银行、城市信用合作社、农村信用合作社、邮政储蓄机构等存款性金融机构，此外还包括企业集团内部的金融公司、信托投资公司、金融租赁公司、金融资产管理公司。随着我国银行业市场政策性进入壁垒的不断降低，银行业市场主体不断增加，竞争逐渐趋于激烈。2005 年底，我国共有 3 家政策性银行、4 家国有商业银行、12 家股份制商业银行、147 家城商行、238 家外资银行营业机构、681 家城市信用社、32 854 家农村信用社、8 家农村合作银行和 7 家农村商业银行。而到 2011

年底我国已有3家政策性银行、5家大型国有商业银行、12家股份制银行、1家邮政储蓄银行、147家城商行、43家农村商业银行、8家省级农村信用联社、338家外资银行营业机构[①]和726家村镇银行（含筹建和开业）。

“十二五”期间，随着金融改革的深化，尤其是温州金融改革试点后，金融改革将加快推进，金融机构的准入将进一步放开，金融机构主体的数量将不断增加，尤其是村镇银行和小额贷款公司等金融机构数量将迅速增加，银行业的同业竞争将进一步加剧，城商行在夹缝中生存的状态将更加紧迫。

4.4 小结

“十二五”时期，我国城商行面临的国际、国内宏观经济形势将更加复杂，银行业监管政策将更加严格，银行替代市场和银行业竞争将更加激烈。并且经过十几年的发展，城商行已积累了一些发展转型的经验，具备了进一步发展转型的基本条件，进入了发展转型的关键时期。因此，城商行应该结合自身发展条件，变被动转型为主动转型，适应外部环境的变化，抓住发展机遇，从粗放型外延式的发展模式向集约型内涵式的发展模式转型，从高资本消耗向低资本消耗增长方式转型，这样才能适应市场生存法则，提升市场竞争力，实现做强、做大、做优的发展目标。

① 外资银行机构数为2009年末数，包括外资银行法人机构总行、外资银行法人机构分行及附属机构、外国银行分行。

第 5 章　城商行发展转型的内部动因

宏观经济环境、监管环境和产业竞争环境的变化只是促使城商行加速发展转型的外部因素，而城商行自身条件的变化和发展需求，才是城商行主动寻求进一步发展转型的内部动力。一方面，经过初次发展转型后，城商行向现代商业银行迈进了一大步，为进一步发展转型奠定了坚实的基础；另一方面，初次发展转型后，城商行依然存在一些突出问题，这些深层次问题是造成城商行当前以及未来市场竞争处于劣势的根本原因。城商行在认识到环境变化之后，只有在初次发展转型的基础上，主动寻求进一步的发展转型，才能从根本上解决这些初次发展转型留下的深层次问题，扭转竞争的劣势地位。因此，这一章我们先简要地回顾城商行初次发展转型的历程，再考察其发展现状，总结城商行初次发展转型的成效，找出我国城商行依然存在的突出问题，从内因的角度深入分析城商行转型的必要性。本章的分析表明，尽管城商行经过初次发展转型解决了生存问题，并取得了较为显著的成效，但依然存在发展战略趋同、业务与盈利模式单一、管理模式粗放和风险管控能力薄弱等突出问题，在同业竞争中仍然处于弱势地位。只有进一步发展转型才能从根本上解决这些问题，建立自身的竞争优势。

5.1　城商行初步发展转型历程回顾

5.1.1　由城信社向城市合作银行过渡

为解决个体私营经济开户难、结算难和贷款难等问题，我国改革开放之初就开始在国营金融体系之外探索合作制金融组织。城信社就是在这种背景下的产物，初衷是由个体工商和城市集体企业入股组建，入股人民主管理，主要为入股人提供金融服务，是具有法人地位的合作金融组织。自 1979 年第一家城信社诞生后，人民银行、国有银行、地方政府及有关部门纷纷组建城信社，到 1985 年，全国已有城信社 1 605 家。尽管 1986 年人民银行接手城信社管理改变了原来由组建单位管理混乱的局面，并于1988年提出50万元以上的自有资本金要求以增强城信社的风险抵御能力，且对问题城信社进行规范整顿，但这并未能遏制城信社数量急剧膨胀的态势。到1994年，全国已有5 200家城信社。

由于城信社在设立之初是按行政区划复制，缺乏积极吸纳能力支撑，背离了合作制的基本原则，城信社逐步衍变成组建单位安排子女、家属就业、办福利、绕过贷款规模套取资金的工具，其代理人问题、道德风险问题及体制内风险蔓延到体制外等问题突出，为了从根本上化解城信社的风险，在1989—1991年三年清理整顿的基础上，1995年9月《国务院关于组建城市合作银行的通知》决定自1995年起在撤并城市信用社的基础上，在大中城市分期分批组建由城市企业、居民和地方财政投资入股的地方股份制性质的城市合作银行，并选择北京、天津、上海、深圳和石家庄5个城市作为试点。1995年6月，在整顿、规范深圳市原有16家城信社的基础上，我国首家城市合作银行——深圳城市合作商业银行正式成立。1996年6月，经国务院同意，中国人民银行城市合作银行组建工作领导小组决定，城市合作银行组建工作在35个大中城市和60个地级城市中全面展开。1997年12月，根据95个城市合作银行的组建进程，国务院又批准在东莞等58个地级城市继续开展城市合作银行的组建工作。

1994—1997年城信社的整顿转型重心是将3 000家地市级城信社规范改造成股份制城市合作银行，将2 000余家县级城信社纳入农村金融体系。到1997年末，全国成立的71家城市合作银行共吸纳1 638家城信社。由于并未能从根本上解决遗留下来的经营体制和风险问题，城市信用合作银行注定是一个的过渡性的机构称谓。1998年3月，经国务院同意，中国人民银行与国家工商行政管理总局联合发出通知，将已有的城市合作银行统一更名为城商行。1998—2002年，国家放弃了城信社的合作制改造，开始对其进行全面处置。在这一期间，全国共处置了2 841家城信社，组建城商行140家①。

5.1.2 城商行的初期发展转型

由城信社或城市合作银行转为城商行后的十多年中，城商行积极进行发展转型探索，在不良资产处置、股权结构优化和公司治理结构转型、跨区域发展

① 其中合并重组减少233家（将285家城信社合并重组为52家单一法人社），商业银行收购（收回）213家；更名改制为农村信用社1 612家，停业整顿543家。

转型和上市经营转型等方面作出了有益的探索。

1. 不良资产处置

虽然城信社在名称上已转变为城市合作银行进而转变为城商行，但经营机制在短期内并未能成功进行转型，因此，城商行这个“新瓶”装的却是“旧酒”。城商行承接了城信社（或城市合作银行）在不规范经营时期形成的大量不良资产。城商行2000年末总体不良资产率约30%，不良资产率最低的在3%左右，而最高的却在50%以上。2003年6月末，112家城商行不良资产余额1 078多亿元，不良资产比率为16.53%①。唐双宁在2007年时指出，如按照四级贷款分类标准，在市场上经营的100多家城商行1995—2002年的账面不良贷款率是30%；如果按五级贷款标准分类，不良贷款率可能超过50%，资本充足率则可能是负数。

化解风险是城商行组建后能否成功转型的关键问题之一。为此，监管部门提出了“依靠地方，多策并举，化解风险，乘势治本”的思路，积极推进城商行风险处置工作。2004年6月，银监会副主席唐双宁在全国城商行第五次会议上首次提出，城商行要加快实施改造和重组；要着重通过资产置换手段，解决历史遗留问题，并通过引进战略投资者对银行进行改造。2004年8月，在首届全国城商行董事长培训班上，唐双宁又提出城商行改造的时间表，并对全国城商行进行六个档次的分类，争取用一年左右消灭经营状况差、各项监测指标不符合要求的第六类行，争取三年内完成高风险城商行的风险处置工作。2006年是我国金融全面开放过渡期的最后一年，城商行的风险处置工作也进入了攻坚阶段。2006年9月，银监会副主席唐双宁强调，城商行应抓住机遇，跟进措施，尽快消化和处置不良资产，力争早日达到监管要求。银监会将针对城商行发展不平衡的状况，加大了对城商行分类监管的力度。为了更加有效地推进城商行风险处置工作，监管部门解放思想，与时俱进，在坚持发挥地方政府的主导作用，坚持资产置换依法、真实、有效的原则基础上，采取了更加灵活务实的政策导向，明确了风险处置政策的“三个允许”，较好地协调了地方政府“以资源换牌照”的动机与监管部门“以资源换发展”的目标之间的关系，使得城商行的风险化解及不良资产处置工作取得了显著成效。近几年来，在银监会的积极推动和地方政府的大力支持下，通过以优质资产置换城商行不良资产、贷款置换、剥离不良资产以及政府注资等多种方式，城商行的历史风险得到有效化解，

① 资料来源：《经济观察报》，2003-09-01。

风险状况得到明显改善。

2002 年全国共有 60 多家城商行通过多种方式进行了不良资产置换与剥离，累计处置不良资产达 800 多亿元；35 家城商行获得了地方财政直接或间接注资，累计注资近 170 亿元。2004 年弥补财务亏损 19.86 亿元，剥离不良资产 50.07 亿元，置换不良资产 163.71 亿元，投入资产总额为 233.64 亿元。2004 年一年投入处置历史形成风险的财力占 10 年间总处置量的 65.21%。2006 年，城商行置换不良资产 106 亿元，地方财政注资 42 亿元。

通过风险处置，在没有国家投入的情况下，城商行平均不良贷款率从 2001 年末四级分类的 30% 下降到 2006 年末五级分类的 4.8%；资本充足率从 2001 年末的负数上升到 2006 年末的 8.5%。到 2010 年底，城商行不良贷款率已降至 0.09%，虽然略高于股份制银行和外资银行的不良贷款率，但已远低于大型商业银行和农村商业银行的不良贷款率。① 城商行群体长期存在的潜在退市风险基本解除。2011 年 8 月 26 日，随着我国最后一家城商行完成风险处置，银监会正式批复同意广东华兴银行（原汕头市商业银行）开业，标志着我国处理不良资产和解决资本金充足率的目标基本实现。

2. 股权结构优化与公司治理结构转型

城商行初期发展转型的另一个突出问题是股权结构极其不合理。虽然城商行属于股份制性质，但在组建之初，相关规定要求地方财政对其持股 30% 左右，单个法人股东的持股比例不得超过 10%，单个自然人持股比例不能超过总股本的 2%。因此，地方政府在城商行公司治理中处于"一股独大"的绝对控股地位。此后，在城商行不良资产处置过程中，地方政府通过注资、置换不良资产等方式进一步加大了城商行的持股比例。根据国务院发展研究中心金融研究所 2004 年的调查研究，我国东部、中部、西部地区三个有代表性的省份境内的 20 个城商行中，各地方政府在城商行的平均直接持股为 24.2%，其中东部、中部、西部地方政府平均持股比例分别为 22.3%、28.9%、21.9%。如果加上其他国有企业的持股比例，那么非私有的平均持股比例高达 76.3%。地方政府"一股独大"，使得城商行成了"二财政"，地方政府干预城商行信贷投放使得城商行商业化后续发展中不仅缺乏公司治理机制，而且也难以实施商业化运作。

① 根据银监会公布的数据，同期我国全部商业银行的不良贷款率为 1.1%，其中大型商业银行的不良贷款率为 1.3%，农村商业银行的不良贷款率为 1.9%，股份制银行的不良贷款率为 0.7%，外资银行的不良贷款率为 0.5%。

针对国有股“一股独大”引发的诸多问题，监管当局希望城商行借增资扩股的契机，引进民资、外资，实施股权多元化，优化股权结构，让城商行转型为名副其实的商业银行，按照市场规律进行市场化运作。2002 年人民银行在《进一步发挥现有中小商业银行的作用》的报告中明确指出“今后要充分发挥现有中小商业银行支持中小企业的作用，改变中小商业银行以地方政府为主导的股权结构，通过充分引进民间资本和适度引进外资来增强中小商业银行资本实力”。2003 年 8 月，银监会主席刘明康在全国城商行工作会议上指出，“各城商行要规范完善法人治理结构和机制，建立健康的董事会及下设风险管理委员会、审计委员会和人事薪酬委员会的一套完整、科学的管理机制。银监会将继续支持城商行通过吸引国内外高素质战略投资人和上市等多种方式，全面提升竞争力。”2004 年 6 月，银监会副主席唐双宁在全国城商行第五次会议上提出，“城商行要加快实施改造和重组；要着重通过资产置换手段，解决历史遗留问题，并通过引进战略投资者对银行进行改造。”

在政策倡导下，民间资本和外资开始入股城商行。到 2003 年，杭州、温州和宁波等 8 家浙江城商行通过增资扩股吸纳民间资本 30 亿元，“民营股”均超过“政府股”。在民间资本最为发达的温州，城商行仅以法人股计算的“民营化”比例就达到了 64.35%，温州市财政系统仅占 8.6%。2005 年温州商业银行进行的第二轮股本改造中，向温州烟草专卖局等 12 家企业募集 29 500 万股，增资后国有股进一步被稀释到 4% 左右，民资股份占 27% 左右。

在民营资本入股城商行的同时，外资也开始介入城商行。1999 年，上海银行接受世界银行的附属机构国际金融公司（IFC）参股投资 1 亿股，占该行增资扩股后资本金的 5%。2001 年 11 月，IFC 又以每股 1.21 元的价格，出资 2.19 亿元人民币购买南京市商业银行 1.81 亿股股份，占南京市商业银行扩股后总股份的 15%，成为其第三大股东。2001 年 12 月，上海银行同时接受汇丰银行和香港的上海商业银行的参股①，同时 IFC 增资至 1.82 亿股，占其总股份增至 7%，从而使上海银行的总股本扩至 26 亿股，外资股比例达到了 18%。

此后，城商行逐步加快了引进战略投资者的步伐。2002 年 9 月，西安市商业银行与 IFC 和加拿大丰业银行签订股权投资谅解备忘录。在经历了将近两年的谈判之后，2004 年 6 月，银监会正式核准这两家外资机构的股东资格，两家

① 其中汇丰银行以 5.18 亿元人民币购买上海银行 2.08 亿股股权，占其总股份的 8%，上海商业银行购买 7 800 万股股权，占其总股份的 3%。

公司的首次入股比例分别为2.5%。2004年10月27日，两家机构的参股资金到账，西安市商业银行成为中西部首家外资参股的城商行。根据协议，IFC、加拿大丰业银行将在未来四年内以期权投资的方式认购西安商行总股份的24.9%。2004年9月，澳洲联邦银行与济南市商业银行（齐鲁银行）签署了战略合作协议，准备购入后者11%的股权。2004年11月19日，该项交易获得银监会的批准，澳洲联邦银行有权在2008年5月将所持股份增至20%。2005年3月25日，荷兰国际集团（ING）的全资子公司ING银行宣布签约北京银行，购买其19.9%的股权，成为北京银行第一大股东，总投资达到17.8亿美元。同时，IFC也打算购入北京银行5%的股份。2005年4月23日，杭州市商业银行正式引进外资股东。澳洲联邦银行斥资6.25亿元人民币获取杭州市商业银行19.9%的股权。2005年7月8日，首家二线城市的城商行引进境外战略投资者成功，南充市商业银行引进了德国投资与开发公司（DEG）和德国储蓄银行基金（SIDT）作为其战略投资者。两家投资者分别投资300万欧元和100万欧元，约占南充市商业银行增资扩股后总股本的10%和3%。

2006年6月，中国银监会主席刘明康在第二届中国城商行开放工作年会上表示，银监会鼓励和支持中小商业银行通过引进合格的境外战略投资者，学习和借鉴国际发达市场银行的服务理念、管理经验及产品开发与维护技术，提升核心竞争能力。

2007年，青岛市商业银行成功引入意大利联合圣保罗银行，后者持股前者19.99%。2008年，烟台市商业银行成功引入香港恒生银行和永隆银行，营口银行引入马来西亚联昌国际证券银行集团（CIMB）；2010年吉林银行银行引入韩亚银行。截至2010年，共有17家城商行引进了战略投资者（见表5-1）。

通过引入外资、民间资本、联合重组等一系列措施，城商行的股权结构发生了较大变化，形成了相对较为合理的股权结构。到2010年，城商行已基本建立了比较完善的公司法人治理结构，特别是通过引进战略投资者引入了先进的管理经验，为下一阶段的发展转型奠定良好的基础。

表5-1　　部分城商行外资参股基本情况表

城商银行	境外投资方	投资金额	持股比例（%）	投资时间
西安商行	国际金融公司（IFC）	2 688万元人民币	2.5	2003年6月
	加拿大丰业银行	2 688万元人民币	19.2	

续表

城商银行	境外投资方	投资金额	持股比例（%）	投资时间
南京银行	国际金融公司（IFC）	2 700 万美元	15.0	2005 年 9 月
	巴黎银行	每股 3.04 元人民币	19.2	
齐鲁银行	澳大利亚联邦银行	1 700 万元人民币	11.0	2004 年 11 月
		—	20.0（增持后）	2009 年 6 月
杭州银行	澳大利亚联邦银行	8 000 万美元	19.9	2005 年 4 月
北京银行	荷兰国际集团	17.8 亿元人民币	19.9	2005 年 3 月
	国际金融公司	4.47 亿元人民币	5.0	2005 年 4 月
宁波银行	新加坡华侨银行	5.7 亿元人民币	12.2	2006 年 1 月
上海银行	国际金融公司（IFC）	—	5.0	1999 年 9 月
	汇丰银行	6 257 万元人民币	8.0	2001 年 12 月
	上海商业银行（香港）	2 347 万元人民币	3.0	
	国际金融公司（IFC）	2 467 万元人民币	7.0	
天津银行	澳新银行	1 亿美元	19.9	2005 年 12 月
南充银行	德国投资与开发有限公司（DEG）	300 万欧元	10.0	2005 年 7 月
	德国储蓄银行国际发展基金	100 万欧元	3.3	
重庆银行	香港大新银行	合计 10.1 亿元人民币	7.99	2006 年 12 月
	凯雷资本		17.0	
成都银行	马来西亚丰隆银行	19.5 亿元人民币	19.9	2007 年 10 月
青岛银行	意大利联合圣保罗银行	约 1 亿欧元	19.9	2007 年 7 月
烟台银行	香港恒生银行	8 亿元人民币	20.0	2008 年 1 月
	永隆银行	2 亿元人民币	4.99	
营口银行	马来西亚联昌国际证券银行集团	3.448 亿元人民币	19.99	2009 年 4 月
德阳商行	国际金融公司（IFC）	2.11 亿元人民币	15.0	2009 年 10 月
吉林银行	韩亚银行	21.6 亿元人民币	18.0	2010 年 6 月

资料来源：欧明刚：《城商行问题研究——公司治理与发展战略》，86～87 页，北京，中国经济出版社，2010。

3. 跨区域经营发展转型

由于诞生时期的高风险背景，城商行从成立开始就受到较多的审慎性政策约束，如经营区域范围限定同城市区、业务范围限定在传统业务等。随着处置不良资产、完善治理结构的完成，城商行的资产规模和抗风险能力显著增强。同时，作为区域性的股份制银行，城商行在立足地方、服务地方的基础上，通过加快资产扩张、不断引进社会资本、努力提升服务水平等措施，使自身在所在地方的发展达到了一个极限，容易产生贷款过于集中、严重依赖地方经济增长、市场空间有限等问题。跨区域经营成为了城商行扩大业务、分散风险，实现规模效应的必然选择。

银监会在2004年6月25日正式首次提出“对城商行实施改造重组，加强联合，提高整体发展水平和市场竞争能力”，此后多次提出鼓励和支持城商行进行联合重组。2005年8月27～29日，唐双宁出席河南省城商行、城信社改革发展工作会议表示，银监会将积极支持各地城商行按照自愿和市场原则推进联合重组。随着监管部门逐步放宽城商行跨区域经营的政策，城商行掀起一股跨区城经营转型大潮，纷纷通过整体收购、并购重组、联盟合作、异地设立分支机构、设立村镇银行等多种形式开展跨区域经营。

（1）整体收购。哈尔滨银行、包商银行是通过整体收购城市信用社或农村信用社实现跨区域发展的典型代表。哈尔滨银行是全国第一家收购行政区域内的城市信用社、设立县域分支机构的城商行，并于2004年收购双鸭山城市信用社，在此基础上成立了全国城商行中第一家异地分行——哈尔滨银行双鸭山分行。2006年5月，包商银行收购赤峰市城市信用社成立了包商银行赤峰分行。

（2）并购重组。2005年11月28日，安徽省内的合肥、芜湖、马鞍山、安庆、淮北、蚌埠6家城商行和六安、淮南、铜陵、阜阳科技、鑫鹰、银河、金达7家城市信用社在自愿的基础上合并重组成立了徽商银行，拉开了城商行合并重组的序幕。2007年1月，除南京银行外，江苏省内无锡、苏州、南通、常州、淮安、徐州、扬州、镇江、盐城、连云港10家城商行新设合并成立江苏银行。此后，中国银监会又于2007年10月10日批准了长春市商业银行更名为吉林银行，并吸收合并吉林市商业银行和辽源城市信用社，初步实现对省内城商行和城信社的联合重组。2007年12月30日，在原昆明市商业银行的基础上，通过增资扩股、引进云南省投资控股集团等战略投资者，富滇银行成立。2008年底，吉林银行吸收四平、通化、白山、松原4家城市信用社，将其重组为四平分行、通化分行、白山分行、松原分行，并增资至60亿元。城商行的并购重组成为城商行跨区域经营的重要途径之一，也是城商行未来的发展方向。在成功案例的引导下，部分城商行纷纷通过并购重组方式谋求做大做强。如贵州省的遵义市商业银行、安顺市商业银行和六盘水市商业银行正在联合重组为一家省级城商行，新银行名字拟定为“贵州银行”。四川省正酝酿将其13家城商行中的11家整合成一家新的商业银行，名字可能定为“西部银行”。

（3）合作联盟方式。2008年山东省14家城商行通过合作联盟等方式实现了跨区域经营。14家城商行等额出资1 000万元、共计1.4亿元作为合作联盟的注册资本，发起设立一家金融性服务公司，即山东城商行合作联盟有限公司，负责统一承担各城商行的IT系统建设与维护、结算运营、人员培训、金融产品研发等中后台服务职能。

（4）跨区域开设分支机构。城商行跨区域设立分支机构的政策，先后经历了“严格限制—逐步放开—全面放开—审慎审批”的几个阶段。2004年以前，城商行的跨区域设立经营机构处于严格禁止状态。2004年9月中国银监会表示满足各项监管要求并达到《股份制商业银行风险评级体系（暂行）》规定的中等以上水平的城商行，将逐步允许其跨区域经营。2006年，银监会发布《中资商业银行行政许可事项实施办法》，明确了城商行设立异地分行的基本条件，标志着城商行跨区域发展的政策障碍消除。同年，银监会出台《城市商业银行异地分支机构管理办法》，正式明确了城商行设立异地分支机构的具体要求和操作流程。2006年城商行第一家异地分行——上海银行宁波分行开业，拉开了城商行大规模跨区域发展的序幕。

随后，银监会主席刘明康提出了“阳光普照”的概念，即在审慎监管的基础上，大力支持城商行的跨区域发展，城商行开始逐步开展跨区域经营。2007年初，银监会制定下发了《关于允许股份制商业银行在县域设立分支机构有关事项的通知》，通过允许城商行在县域设立分支机构，促进中小商业银行为县域经济、新农村建设及小企业发展提供金融服务。随着“阳光普照”政策的实施，城商行纷纷开展跨区域经营。2008年，共有34家城商行设立了56家异地分行，其中有19家城商行成功实现跨省经营。

2009年4月，银监会本着促进城商行更好地支持地方经济、中小企业和“三农”发展，增强银行服务辐射功能的目的，发布《关于中小商业银行分支机构市场准入政策的调整意见（试行）》，进一步放宽了城商行跨区域设立分支机构的有关限制，并调整了省内设立异地分支机构的审批流程。

从2005年上海银行获批成立全国城商行的第一家异地分行到2010年底，异地分行新增将近300个。其中2010年，城商行全年新增分行116家，12月新开分行就达23家。仅2010年新增数量就超30%①。截至2010年底，共有78家城商行实现了省内或省外跨区域发展，共设立异地分支机构和境外代表处286家，占全部147家城商行的53%。其中，跨省设立异地分行的城商行达到40家，占比27%。在跨区域发展转型的城商行中，既有上海银行、北京银行和杭州银行等大型城商行，也包括锦州银行这样的中型城商行，甚至长江商业银行等小型城商行，呈现出全面开花之势，长期以来的经营地域范围限制被打破，城商行的服务网络得到极大拓展（见表5－2）。

2011年初，受部分城商行风险案件爆发等因素影响，城商行的跨区域设立分支机构的政策进行了调整，城商行的跨区域政策进行了审慎审批阶段。

表5－2　截至2010年末城商行跨区域经营基本情况表

城商行名称	跨区分行数（家）	开始时间	城商行名称	跨区分行数（家）	开始时间
上海银行	6	2006－04	北京银行	10	2006－11
宁波银行	5	2007－05	南京银行	7	2007－02
盛京银行	5	2007－08	杭州银行	7	2007－06
大连银行	5	2007－07	江苏银行	3	2008－02
包商银行	6	2007－02	平安银行	7	2005－07
福建海峡银行	3	2007－12	齐鲁银行	3	2007－12
泰隆银行	4	2007－10	稠州银行	1	—
金华银行	1	—	台州银行	3	2008－12
阜新银行	1	—	重庆银行	2	2008－12
成都银行	1	—	德阳银行	1	—
南昌银行	5	2008－12	赣州银行	1	
威海市银行	3	2008－04	日照银行	3	2008－04
河北银行	1	—	汉口银行	2	—
营口银行	2	2009－06	莱商银行	3	2008－04
廊坊银行	2	2008－12	潍坊银行	1	—
九江银行	5	2009－01	上饶银行	1	—
南充银行	2	2007－10	哈尔滨银行	9	2004－02
温州银行	4	2007－12	天津银行	3	2009－09
徽商银行	1	2009－09	兰州银行	3	2008－07
厦门银行	2	2009－11	吉林银行	1	—
富滇银行	2	—	洛阳银行	1	—
华融湘江银行	6	—	北部湾银行	6	—
桂林银行	1	—	柳州银行	1	—

资料来源：根据《中国商业银行竞争力报告（2010）》及各城商行公开资料整理。其中北京银行跨区域分行数包括2家国外代表处。

① 田林、冯哲学：《监管层将抬高城商行上市门槛　资产规模要求大于800亿元》，载《新世纪》（周刊），2011－03－14。

（5）设立村镇银行。积极参与发起设立村镇银行成为城商行跨区域发展的另一种方式。为解决农村地区银行业金融机构网点少、覆盖率低、金融供给不足、竞争不充分等问题，中国银监会于2006年12月22日发布了《关于调整放宽农村地区银行业金融机构准入政策 更好支持社会主义新农村建设的若干意见》(简称《意见》)。从2007年到2009年6月，共有100家村镇银行得以设立。2009年7月中国银监会发布了《新型农村金融机构2009年—2011年总体工作安排》，进一步推动村镇银行发展。这一工作安排公布后，不管是国有大型银行、股份制商业银行、农村金融机构，还是城商行以及外资银行都看好了村镇银行的发展，纷纷发起设立村镇银行。城商行更是将发起设立村镇银行作为城商行跨区域发展的另一种方式，积极发起设立村镇银行。截至2011年9月末，全国共组建村镇银行537家，其中开业450家、在筹建87家，其中约50%为城商行发起设立（见表5-3）。根据《新型农村金融机构2009年—2011年总体工作安排》，银监会计划到2011年末全国设立1 027家村镇银行。

2011年7月，银监会下发的《中国银监会关于调整村镇银行组建核准有关事项的通知》调整组建村镇银行的核准方式，由现行“银监会负责指标管理、银监局确定主发起行和地点并具体实施准入”的方式，调整为“由银监会确定主发起行及设立数量和地点，由银监局具体实施准入”的方式，并支持批量发起设立村镇银行。同时，明确村镇银行主发起行除监管评级达二级以上（含）、满足持续审慎监管要求外，还应有明确的农村金融市场发展战略规划、专业的农村金融市场调查、翔实的拟设村镇银行成本收益分析和风险评估、足够的合格人才储备、充分的并表管理能力及信息科技建设和管理能力、已经探索出可行有效的农村金融商业模式以及有到中西部地区发展的内在意愿和具体计划等。虽然发起设立村镇银行的准入政策调整了，但银监会对村镇银行的支持力度并没有改变，只是由以前的全国范围内点与点挂钩调整为省份与省份挂钩，并限定在东部省份与西部省份挂钩，使单个主发起行发起设立村镇银行的地域适当集中，从而避免在全国范围内零星发起、分散设立。

表5-3　　截至2010年末城商行发起设立村镇银行情况表

主发起行	村镇银行数（家）	主发起行	村镇银行数（家）
鞍山银行	1	包商银行	11
宝鸡银行	1	北京银行	1
本溪银行	1	大连银行	3
华融湘江银行	2	大庆银行	1

续表

主发起行	村镇银行数（家）	主发起行	村镇银行数（家）
德阳银行	1	东莞银行	3
阜新银行	2	富滇银行	1
赣州银行	1	北部湾银行	3
桂林银行	2	哈尔滨银行	6
内蒙古银行	1	吉林银行	1
锦州银行	1	晋城市商行	1
九江银行	4	莱商银行	2
兰州银行	1	廊坊银行	1
乐山市商行	1	柳州银行	1
六盘水市商行	1	泸州商行	1
洛阳银行	1	绵阳市商行	1
牡丹江市商行	1	南充市商行	1
南京银行	2	攀枝花市商行	1
平顶山银行	1	平凉市商行	1
龙江银行	1	曲靖市商行	1
天津银行	1	铁岭市商行	1
潍坊银行	1	乌海市商行	2
西安银行	2	宜宾市商行	1
营口银行	1	玉溪市商行	1
张家口市商行	1	稠州商行	2
郑州银行	1	江苏银行	1
台州银行	2	邢台银行	1
南昌银行	1	上饶银行	1
新乡银行	1	驻马店市商行	1
徽商银行	1		

资料来源：根据《中国商业银行竞争力报告（2010）》及各家银行公开资料整理（未完全统计）。

4. 上市发展转型探索

随着跨区域的发展，2007 年以来，全国各地的城商行纷纷更名，蔚然成风。究其原因，一方面，由于“××市商业银行”带有明显的地域特色，随着部分城商行跨区发展，本质上已不是地区银行，更名是必然的，各城商行迫切希望通过更名后简单易记的名字淡化地方色彩，实现“走出去”的战略；另一方面，更名成功标志着各城商行在管理水平、资产质量、风险防控及经营效益等方面上了一个新台阶，这样将有利于随分支机构增设而在新的地方迅速培育自己的品牌形象，有利于更好地跨区经营，为各行进一步做大做强、跨区域经营乃至上市奠定了坚实的基础，为实现“立足当地，走向全国”目标创造了良好条件。2008年有16家城商行成功更名。如深圳平安银行更名为平安银行，济南市商业银行更名为齐鲁银行，等等。2009年上半年，由于银监会对中小银行设立分支机构政策的进一步放松，越来越多城商行加入更名的队伍。目前，大部分城商行均实现了更名。“××市商业银行”的字样逐渐淡出了人们的视野。

同时，随着城商行的发展壮大，城商行中排名靠前的如北京银行、上海银行、南京银行、宁波银行、杭州银行、盛京银行等，无论从资产规模、资产质量还是经营效益来说都具备了上市的基本条件。监管部门也积极支持有条件的商业银行审慎地择机上市。2003年8月，银监会主席刘明康在全国城商行工作会议上指出，银监会将继续支持城商行通过吸引国内外高素质战略投资者和上市等多种方式，全面提升竞争力。2006年初，银监会副主席唐双宁在一次论坛上表示，银监会将帮助优质城商行通过引进战略投资者和公开上市转变其经营机制。银监会将继续坚持“分类监管、扶优限劣”的原则，大力促进城商行健康成长。2007年4月银监会副主席蔡鄂生在第三届“中国金融改革高层论坛”上透露，监管部门支持有条件的商业银行审慎地择机上市。

经过多年的努力，借助2007年资本市场异常火暴的东风，城商行上市问题终于取得实质性突破。2007年7月9日，南京银行、宁波银行率先通过监管部门批准，成功叩开资本市场大门；2007年10月18日，北京银行也登陆上海证券交易所，并创下当时境内IPO申购冻结资金的最高纪录。截至2011年底，已有3家城商行实现了登陆资本市场。

城商行上市虽然不是唯一的选择，但却是最优的选择，也将是国内城商行未来发展的必然趋势。上市不仅有利于扩充资本，提高资本充足率，建立起资本补充的长效、动态机制，优化股权结构，形成有效的公司治理；而且城商行上市后，必将打破地域限制实施全国布局，淡化城商行“地方性”色彩，可以实现金融资源在城商行之间的重新配置和组合，甚至发展成为全国性的大银行。

然而，自2007年北京银行、南京银行和宁波银行三家城商行上市后，监管部门便将城商行上市申请从此悬搁，其主要原因就是城商行上市过程中的员工持股问题时间长、情况复杂，如北京银行上市中爆出多名“娃娃股东”事件等，让外界担心城商行容易存在假员工持股实现原始股利益输送、行腐败之实的问题。

2010年9月，《关于规范金融企业内部职工持股的通知》规定了“公开发行新股后内部职工持股比例不得超过总股本的10%，单一职工持股数量不得超过总股本的1%或50万股（按孰低原则确定），否则不予核准公开发行新股”。以新《公司法》实施为界，2006年后，上市股东超过200人的城商行申请上市，必须先清理超限股东，政策的出台意味着城商行上市的制度层面核心障碍基本厘清。2011年底，贵阳银行、重庆银行等城商行IPO方案获银监会批准，意味着城商行上市有望重新开闸。

5.2 城商行初步发展转型的成效

经过重组改制、处置不良资产、优化股权结构、完善公司治理机制结构、跨区域经营和上市发展转型等探索之后，城商行以一个漂亮华丽的转身，完成了从治理结构不完善、资产质量堪忧、高风险的城市信用社到具有现代化治理机制、最具创新力、成长速度最快的城商行群体的蜕变，成为我国国有银行和全国股份制银行之后的“第三梯队”。特别是“十一五”期间，随着我国经济的高速增长，城商行步入了高速发展轨道，规模、质量和盈利能力的增长速度远远高于同业水平，取得了令人瞩目的成绩。

5.2.1 规模快速增长

1. 资产、负债规模迅速扩大

表5－4数据显示，城商行在“十一五”期间的资产规模迅速增长，从2006年的25 937.9亿元增加到2010年的78 525.6亿元，增长2.03倍。城商行总资产占银行业总资产的比重由2006年的5.9 %增长到8.3%。图5－1表明，城商行在“十一五”期间的资产增速均高于银行业平均资产增速，2010年第四季度，城商行资产增速是银行业平均资产增速的2倍。

表5－4　　2006—2010年银行业金融机构资产规模情况表　　单位：亿元

年份 机构	2006	2007	2008	2009	2010	年均增速（%）
银行业	439 499.7	525 982.5	623 912.9	787 690.5	942 584.6	21.02
国有大型商业银行	225 390.4	280 070.9	318 358.0	400 890.2	458 814.6	19.45
股份制商业银行	71 419.0	72 494.0	88 130.6	117 849.8	148 616.9	20.11
城商行	25 937.9	33 404.8	41 319.7	56 800.1	78 525.6	31.91
其他	116 752.4	140 012.7	165 797.7	212 150.6	256 627.6	21.76

资料来源：根据中国银监会官方网站相关资料整理。

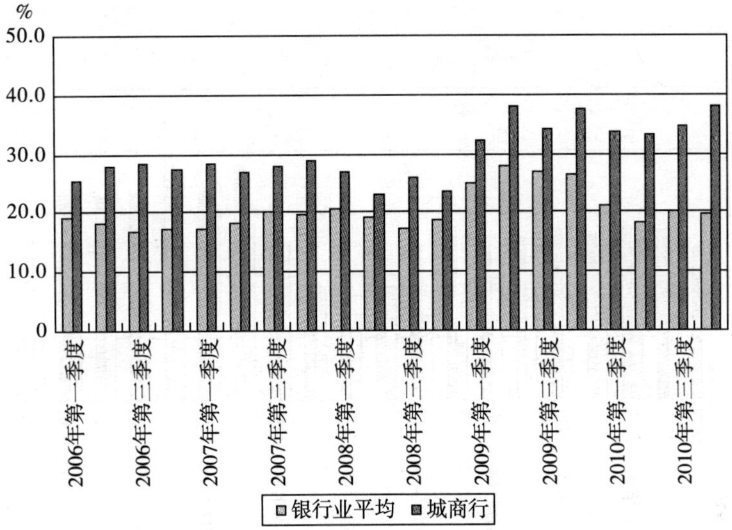

资料来源：根据中国银监会官方网站相关资料绘制。

图5－1　2006—2010年城商行与银行业资产季度增速情况

表5－5显示，城商行在“十一五”期间的负债规模从2006年的24 722.6亿元增长到2010年的73 073.3亿元，增长1.96倍，年均增长31.2%。城商行负债占银行业总负债的比重从2006年的5.9%增长到8.3%。图5－2显示，城商行在“十一五”期间的负债增速也高于银行业负债增速的平均水平。

表5－5　　2006—2010年银行业金融机构负债规模情况表　　单位：亿元

年份 机构	2006	2007	2008	2009	2010	年均增速（%）
银行业	417 105.9	495 675.4	586 015.6	743 348.6	884 379.8	20.67
国有大型商业银行	212 698.4	264 330.0	298 783.6	379 025.6	430 318.2	19.26
股份制商业银行	68 667.3	69 017.5	83 638.9	112 215.3	140 456.4	19.59
城商行	24 722.6	31 521.4	38 650.9	53 213.0	73 073.3	31.2
其他	116 752.4	130 716.5	164 897.2	198 894.8	239 901.9	19.73

资料来源：根据中国银监会官方网站相关资料整理。

2. 市场份额持续增加

图5－3显示，随着城商行资产规模和负债规模的快速增长，城商行的市场占全国银行金融机构的份额大幅提升，其中资产占全国银行金融机构的市场份额从5.90%增长到8.23%，负债占全国银行金融机构的市场份额从5.92%增长到8.26%。

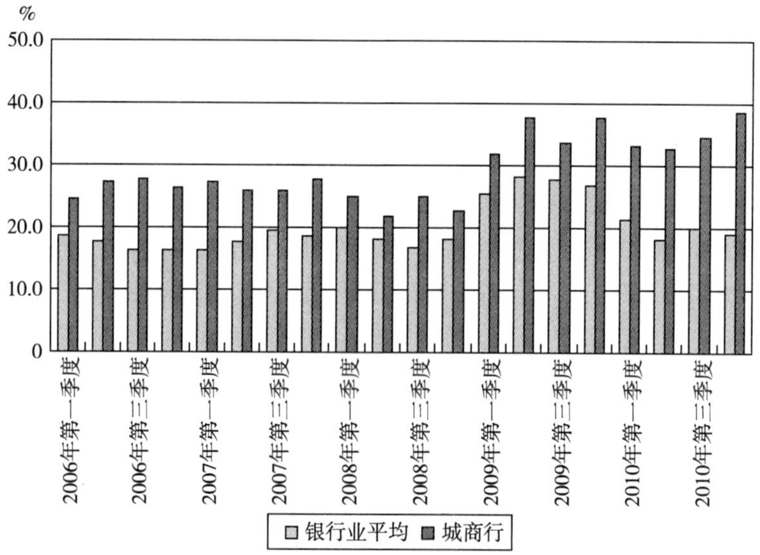

资料来源：根据中国银监会官方网站相关资料绘制。

图5-2　2006—2010年城商行与银行业负债季度增速

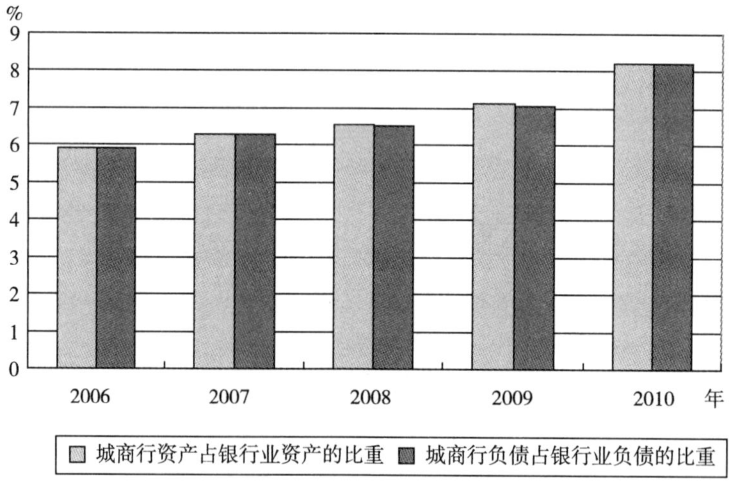

资料来源：根据中国银监会官方网站相关资料绘制。

图5-3　2006—2010年城商行资产、负债占银行业的比重

5.2.2　抗风险能力稳步提高

1. 不良资产率显著下降

图5－4显示，随着城商行对不良资产的剥离处置，城商行的不良资产总额迅速下降，从2005年的841.7亿元下降到2010年的325.6亿元。与此同时，随着城商行信贷资产投放加大，信贷规模迅速增长，不良资产率从2005年的7.73%下降到2010年的0.91%。表5－6显示，城商行不良资产率略高于股份制商业银行，但低于银行业平均水平，且远低于国有银行的不良贷款率。

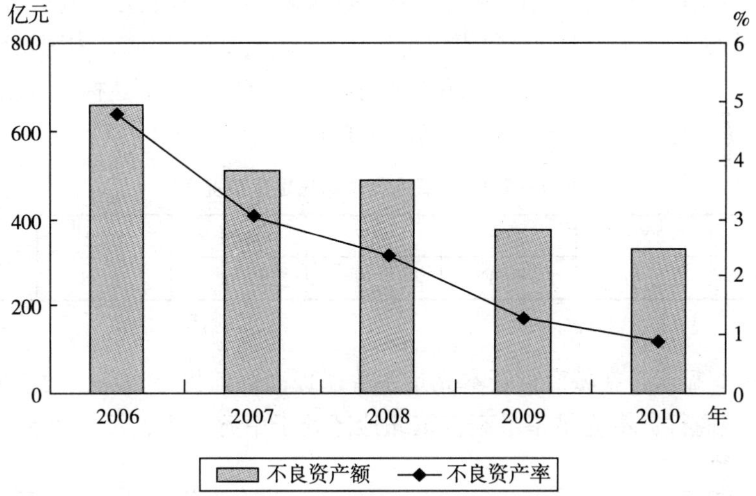

资料来源：根据中国银监会官方网站相关资料绘制。

图5－4　2006—2010年城商行不良资产额及不良资产率变化趋势

表5－6　2006—2010年银行业金融机构不良贷款情况表　单位：亿元,%

机构＼年份	2006	2007	2008	2009	2010
银行业不良贷款额	12 549.2	12 684.2	5 602.5	4 973.3	4 293.0
银行业不良贷款率	7.09	6.17	2.42	1.58	1.14
国有大型商业银行不良贷款额	10 534.9	11 149.5	4 208.2	3 627.3	3 081.0
国有大型商业银行不良贷款率	9.22	8.05	2.81	1.8	1.31
股份制商业银行不良贷款额	1 168.1	860.4	657.1	637.2	565.1
股份制商业银行不良贷款率	2.81	2.15	1.35	0.95	0.70
城商行不良贷款额	654.7	511.5	484.8	376.9	325.6
城商行不良贷款率	4.78	3.04	2.33	1.30	0.91

资料来源：根据中国银监会官方网站相关资料整理。

2. 资本充足率大幅提高

借鉴国际惯例，我国银监部门规定银行资本金充足率不得低于8%。但《2006年度中国商业银行竞争力评价报告》显示，截至2005年9月底，全国城商行平均资本充足率仅为2.70%，其中核心资本比率为1.80%。在当年全国117家城商行中，资本充足率达到8%标准的仅23家，超过半数的城商行难以达到4%的最低标准，其中42家资本充足率为负数，已处于技术上的破产状态。

2005年以来，城商行在各地政府的大力支持下，通过剥离不良资产、注入优良资产、引资重组等多种方式，化解了城商行大量不良资产，使不少城商行摆脱了资本充足率严重不足的困境，从“问题银行”一跃成为“好银行”。根据《2010年中国城市商业银行竞争力评价报告》，截至2009年底，中国城商行资本充足率为12.96%，大大高于8%的监管标准，所有银行全部达标。截至2010年底，全国城商行的平均资产充足率仍达到了12.8%（见表5－7）。

表5－7　2006—2010年城商行资本充足率情况表　单位：%

年份	2005	2006	2007	2008	2009	2010
资本充足率	2.70	8.50	9.79	13.00	12.98	12.80

资料来源：根据公开资料整理。

图5－5显示，在城商行资本充足率普遍提高的前提下，珠三角、西部和环渤海地区城商行资本充足率最高，东北地区处于中游水平，长三角和中部地区

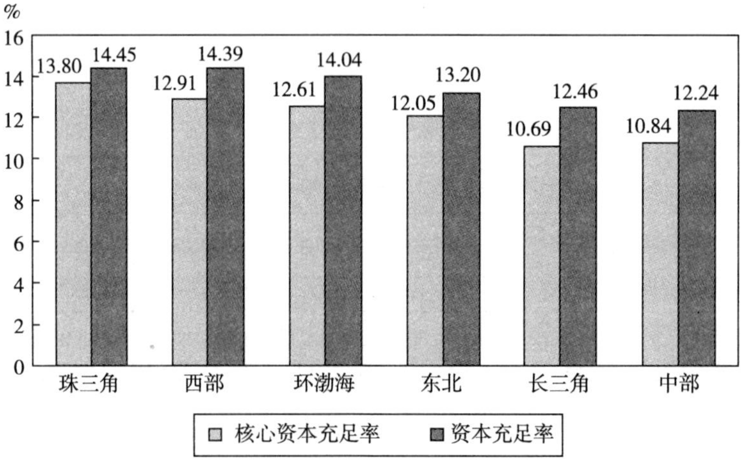

资料来源：《2010年中国城市商业银行竞争力评价报告（摘要）》，载《银行家》，2010（9）。

图5－5　2009年城商行资本充足率区域分布情况

资本充足率稍低。

3. 流动性状况明显改善

存贷比是衡量城商行资产流动性风险的重要指标之一。存贷比大的银行资产的流动性相应差些。随着城商行资产规模和负债规模的增长以及信贷规模控制的加强，城商行的存贷比逐年下降，流动性状况明显改善。表5－8显示，2005年末，全国银行业金融机构的存贷比为67.79%，城商行的存贷比为63.53%。到2010年末，全国银行业金融机构存贷比为69.44%，而城商行的存贷比仅为48.85%，比全国平均水平低20.59个百分点。

表5－8　　2006—2010年城商行与银行业金融机构存贷比情况表

单位：亿元，%

项目＼年份		2005	2006	2007	2008	2009	2010
银行业金融机构	各项存款	28.72	33.54	38.94	46.62	59.77	73.33
	各项贷款	19.47	22.53	26.17	30.34	39.97	50.92
	存贷比	67.79	67.17	67.21	65.08	66.87	69.44
城商行	各项存款	1.70	2.15	2.68	3.39	4.65	7.37
	各项贷款	1.08	1.36	1.66	2.08	2.89	3.60
	存贷比	63.53	63.26	61.94	61.36	62.15	48.85

资料来源：根据中国银监会官方网站相关资料整理。

4. 拨备覆盖率良好

拨备覆盖率是衡量银行抗风险能力的重要指标。随着我国银监部门对银行审慎性监管的要求逐渐严格，商业银行拨备覆盖率在逐年提高。2008年以前，大部分城商行的拨备覆盖率还在150%以下。截至2010年，城商行拨备覆盖率达到257.1%，比上年增长74.82个百分点，远高于国际80%～90%的平均水平，也高于我国金融机构218.3%的平均水平。

5.2.3　盈利能力显著增强

2005年以来，随着不良资产剥离，公司治理结构不断完善，资产和负债规模的迅速发展，全国城商行的财务状况发生了根本性好转，盈利水平加速提升，地区差异明显缩小。“十一五”期间，城商行的盈利总额从2005年的109.9亿元增长到2010年的769.55亿元，年平均利润增长速度接近50%；资产回报率从2005年的0.54%增长到0.98%，充分说明了城商行的盈利能力持续增强。

即使在2008年以来我国遭受国际金融危机影响、基准息差出现逐步走低的情况下，城商行通过以量补价策略的实施，加大贷款投放力度，同时严格控制各种成本，有效地消化了净息差下降所带来的负面影响，仍然保持了较好的盈利能力。截至2010年末，全国城商行盈利769.55亿元，资本利润率为15.96%，比上年上升0.09个百分点，而资产利润率为0.98%，比上年下降0.03个百分点（见表5-9）。

表5-9　　2006—2010年城商行盈利情况表　　单位：亿元，%

项目 \ 年份	2006	2007	2008	2009	2010
盈利总额	173.78	344.07	417.33	573.68	769.55
增幅	58.01	97.98	21.29	37.46	34.14
资本回报率	—	—	—	15.87	15.96
资产回报率	0.54	0.67	1.03	1.01	0.98

资料来源：根据中国银监会官方网站相关资料整理。

5.3　城商行初步转型后存在的突出问题

毫无疑问，我国城商行在“十一五”期间发展取得了令人瞩目的成绩，但也要清醒地认识到，城商行在这一时期的高速发展主要依靠分支机构和信贷规模的快速扩张来实现的，城商行的初步发展转型还远未实现从中国银行业传统的粗放型、外延式增长模式转向集约型、内涵式增长模式的转变，在发展战略定位、业务发展模式、盈利模式、管理水平等方面依然存在较大的局限性。

5.3.1　发展战略趋同

1. 发展战略愿景趋同

成立伊始，大多数城商行都定位为“服务本土经济、服务中小企业、服务社区居民”。随着跨区域政策的实施，城商行普遍存在做大做强的冲动，大多城商行纷纷制定了3~5年内发展成为区域银行甚至全国性股份制商业银行的发展规划目标。尤其是处于二、三线城市的城商行，由于所处的区域经济总量有限，其品牌号召力和美誉度相对较弱，而且品牌的培育需要一个长期的过程。因此，这些城商行期望在3~5年的短时间内打造成为区域性或全国性的银行是十分不现实的，尤其是随着2011年城商行跨区域设立分支机构的准入政策调整为从严审批之后。

同时，城商行这种迅速做大的发展战略定位，是对本身的自身条件和外部环境变化缺乏准确判断和预测的表现，既不切合自身实际，也缺乏科学合理性，极容易导致发展战略定位摇摆不定，不利于引导城商行走科学可持续发展之路。究其原因，一是由于我国银行业普遍存在"大而不倒"理念。由于银行的业务活动涉及经济运行的方方面面，银行的破产倒闭往往会对经济和社会稳定产生巨大冲击。正因为此，各国政府在对待银行倒闭问题上通常持谨慎态度，特别是对那些大型银行一般不会轻易让其破产。这就是银行业有名的"大而不倒"规律。出于这样的考虑，规模较小的城商行具有做大规模寻求政府隐性支持的冲动。因此，大部分城商行在制定长期发展战略目标时，都定位为区域性银行甚至全国性银行，业务范围囊括大中企业业务、小企业业务、微小企业、国际业务、零售业务、投资银行业务等，一应俱全，缺乏专业化银行和特色化银行的定位。二是"歧视性"监管政策的误导及不完善。带有"歧视性"的差异化监管政策也会在一定程度上影响到中小银行的定位和发展道路。通常情况下，监管机构会对商业银行业务资格的获得和市场准入设置一系列标准，其中很重要的一项指标就是资产规模。要想取得某些业务资格和市场准入，商业银行必须达到一定规模，这必然会加剧商业银行做大规模的冲动。以城商行跨区域发展为例，城商行必须达到银监会规定的规模才有可能获得跨区域发展的资格，定位和业务是否有特色等问题则不属于准入指标考察的内容。三是追求短期效益的考核机制。出于资产质量考核以及投入产出的考虑，城商行自然倾向于做大企业，热衷于做大项目、抢大客户，快速做大规模，从而加剧国内商业银行定位的趋同。这种求大求全的模式难以形成专业化品牌优势，并导致城商行追求规模的粗放式经营发展模式。

2. 市场战略定位趋同

（1）从业务发展规划来看，由于不科学的发展战略愿景定位，大部分城商行的业务发展规划沿袭了"大而全加小而全"的发展模式。大部分城商行将市场定位为做到"中小微业务领先、零售业务特色鲜明、公司银行业务能力突出、国际业务重点突破"，这种市场定位导致缺乏市场细分，重点不突出，差异化不明显，难以形成比较优势并培养核心竞争力。

（2）从城商行的市场定位看，大部分城商行都定位于服务地方经济，服务中小企业，服务社区，发展零售业务，这种发展定位往往比较笼统，因而在发展过程中，没有进行市场细分，往往不能制定清晰的市场战略定位，没有体现自身特色。比如，城商行往往定位立足于地方经济，但却没有很好地与本区域的区位优势、资源优势和经济发展规划密切结合；定位于服务中小企业方面，但不同行业的中小企业差别很大，城商行往往不能围绕不同产业进行细分，不能实现精准的行业定位，不利于形成专业化的经营模式，不能形成特色，也不利于风险控制。在国有商业银行和全国股份制商业银行纷纷进军中小企业业务市场的情况下，难以树立自身的特色品牌。

（3）从经营模式来看。部分城商行定位于服务社区，但其机构网络、经营模式跟其他银行没有任何差别，没有形成社区银行独特的经营模式。各家银行均高度重视零售银行业务的发展，纷纷提出向“零售银行”转型，而且均提出要在短时间内在相当程度上提高零售业务比例，但其金融产品差异化不明显，服务对象细分不够，竞争策略大同小异，导致各银行零售业务服务“撞车”不断，零售业务领域同质化竞争加剧。

（4）从目标客户来看。由于城商行与地方政府的密切关系，大部分城商行都依靠地方政府客户，大量向地方政府融资平台提供贷款，以实现规模快速扩张。在中小企业服务方面，虽然定位于服务中小企业，但在追求短期利润的驱动下，盲目跟进大型国有商业银行和全国股份制商业银行的发展思路，对公客户大都是集中在“两通、两高、两上”（交通、通信，高校、高科技，上市公司、准上市公司）上，无法形成自身的经营特色，大部分城商行前10名的公司贷款集中度都比较高，这就是一个侧面的反映。在零售业务方面，城商行大都定位于高端个人客户，缺乏客户细分导致难以形成自身的客户群体，与其他商业银行普遍存在客户同质化现象。

3. 跨区域发展模式趋同

城商行跨区域发展政策出台以来，大多数以“跑马圈地”为指导思想，盲目到处进行跨区域经营，缺乏清晰科学的跨区域发展战略，对跨区域的路径选择缺乏清晰选择。[①] 这样做造成的结果：一是跨区域发展路径高度同质化，竞争地域同质化。大型股份制商业银行凭借强大的网点体系、较完善的清算系统及国家信用的强有力支持，一般将其竞争地定在大中型城市和经济发达地区，与此同时，本在成立之初就已确立"服务地方经济"竞争定位的城商行为了得到更飞速的发展，盲目跟进大中型商业银行的发展思路，即也将竞争地定位于金融体系较发达的大中型城市和中心城市，没有凸显自己发展的地域特色和优势（陆岷峰，2011）。目前，大部分城商行跨区域首先选择发达地区、经济发达的一线城市，导致短期内大量城商行集中进入这些地区和城市。从已跨省设立多家分行的城商行情况来看，其跨区域的目标地区基本为长三角、珠三角和环渤海，只有极少数分行分布在中西部地区。二是跨区域发展缺乏特色，没有结合自身特色和所在城市经济特点选择跨区域发展的目标城市，跨区域发展后原有特色无法复制和发挥，异地分行业务开展受到影响（张吉光，2011）。城商行的本身定位应是中小企业业务，这也是城商行的传统优势业务领域。但城商行跨区域发展后，异地分行在盈利和考核压力下，并没有坚持中小企业的定位，而是倾向于通过抢大企业、做大项目，在短时间内快速做大规模，使得城商行业务发展模式不能复制到异地分行，跨区域发展后无法保持特色优势业务，影响跨区域发展的持续性。部分规模不大但业务特色明显的城商行在跨区域过程中，盲目选择北京、上海、广州、深圳等大型城市后，特色业务不适应当地市场，原有优势无法发挥，业务发展不理想，这正是最好的说明。三是大多数城商行选择通过跨区域设立分支机构的方式进行跨区域经营，而对低成本的联盟或业务合作方式却不热衷，这使得城商行的跨区域方式路径高度一致，缺乏多样化的选择。从长远来看，城商行采取机构扩张、公开上市等手段做大规模，与国际银行业通过并购、联合做大规模的主流方式明显不同，也难以适应国际竞争需要。

5.3.2 业务发展模式单一

1. 业务和客户结构不合理

（1）从业务结构看，与其他银行相比，城商行业务基本上集中在存款、贷

---

① 徐明圣、王贺峰（2011）认为，城商行的跨区域发展路径主要有两种模式：一是全国散点式布局；二是区域蜂窝式布局。这两种模式各有优劣势。从品牌打造的角度来讲，全国散点式布局的效果较好；从稳健经营的角度来讲，区域蜂窝式布局略胜一筹。对发源于二、三线城市的城商行来讲，品牌号召力和美誉度相对较弱，区域蜂窝式布局则应是首选。城商行实施外延性扩张的有效路径是：先有计划地进行区域蜂窝式布局，再有计划地进行全国散点式布局，这对城商行的稳健发展大有裨益。

款、传统结算业务方面等，业务品种较为单一。与此同时，零售银行业务和中间业务占比较低，投资银行、现金管理、年金托管、汽车金融等资本占用较少的业务以及网上银行、手机银行等新兴支付手段基本处于试点推广状态。整体表现为业务发展不够均衡、结构不尽合理，过度依赖于传统的存、贷款等传统业务增长。这种过度依赖于存、贷款增长的粗放发展模式导致了城商行资本消耗过快。例如2009年以来，为应对国际金融危机冲击，中央银行实施了适度宽松的货币政策，在此背景下，城商行加大信贷投放力度，贷款规模高速增长。在此背景下，城商行一方面通过超常规增长速度加速自身发展，并采用“以量补价”方式追求盈利水平持续提升；另一方面，这些传统信贷规模的迅速增长加剧了资本过快消耗。数据显示，随着2009年以后信贷规模扩张和跨区域经营的发展，城商行资本充足率有所下降。截至2011年第一季度末，全国商业银行资本充足率为11.8%，比2010年末下降0.4个百分点；核心资本充足率为9.8%，下降0.3个百分点[①]，城商行的资本充足率也下降较快。众所周知，资产规模与资本净额的配比关系并不是固定的量，而是与资产结构密切相关。由于各类资产业务的风险权重不同，其消耗资本比例也有差异。其中，批发性企业贷款对资本的需求最高，其风险权重基本上为100%；消费信贷对资本需求比较低，其风险权重只有50%；政府债券对资本没有需求，其风险权重为零。城商行过度依赖信贷增长，缺乏业务种类选择的发展模式最终导致城商行资本补充的难题，也对城商行战略转型和创新提出了新的要求。

（2）从客户结构看，城商行普遍存在贷款客户集中度超标的情况。监管部门和相关法规对城商行贷款集中度有明显的规定。一般来说，银行的贷款集中度包括信贷投放的地区集中、行业集中以及客户集中，其中只有客户集中度有明确的约束指标。我国《商业银行法》、《商业银行风险监管核心指标（试行）》、《商业银行集团客户授信业务风险管理指引》等对此均有规定，主要包括三个方面：一是对同一借款人的贷款余额不得超过商业银行资本余额的10%；二是对单一集团客户授信总额不得超过商业银行资本余额的15%；三是对最大十家客户的贷款余额（或全部关联授信）不得超过商业银行资本余额的50%。由于城商行仍然处于以规模扩张为主的发展阶段。大多数商业银行的发展依托于公司金融业务的做大做强，倚靠大户倾向较重，出现了“垒大户”的现象，一些行业和区域的资产集中度非常高，并且大多数的城商行存在“前十大客户

① 中国银监会2011年5月13日发布数据。

贷款”的超标情况，风险集中度较高，特别是规模较小的城商行，贷款集中超标情况更加严重。王海霞、金桩（2010）通过对80多家城商行的年报数据研究显示，2007年底，城商行“单一客户贷款比例”仍超过了45%，“最大十家客户贷款比例”则超过169%。[①] 虽然近年来随着城商行信贷规模的扩大及向中小业务领域的转型，不管是“单一客户贷款比例”还是“最大十家客户贷款比例”均呈现出明显的下降趋势，但大多数城商行贷款集中度仍然偏高。截至2010年底，仍有部分城商行“最大十家客户贷款比例”未能达标；在“单一最大客户贷款比例”这一指标上则逼近监管红线[②]。

2. 产品和服务同质化严重

从“十一五”时期看，一些城商行已经开始探索差异化经营，依托地缘优势，开辟新的市场，努力寻找并打造特色业务。如包商银行、哈尔滨银行等城商行通过引入国际经验，在微小贷款方面形成特色。广西北部湾银行利用中国—东盟自贸区的区位优势，与东盟国家开展金融合作，并与这些国家的银行建立代理行，开办外汇业务，打造面向东盟的特色业务。宁夏银行在全国首家开办伊斯兰银行业务，填补了内地金融服务的空白。哈尔滨银行推出“1+N小额批量贷款产品”，稠州商行推出小企业联合担保贷款，平安银行推出“平安上市通”金融服务方案，富滇银行推出“聚金术”产品等，完善中小企业产品体系；哈尔滨银行推出“金稻谷”农垦系列农户贷款，完善小额信贷产品体系；吉林银行推出“吉利财富”、“社区一卡通”，完善社区银行产品体系；等等。

虽然部分城商行开始走特色化发展道路，但绝大多数城商行在实际操作中同质化现象依然明显，突出表现为营销模式和服务手段单一，科技含量不高和创新能力不足，往往以模仿大银行或者相互模仿为导向，以“拼价格、拼费用、拼关系”为手段，服务模式趋同，产品差异化、服务个性化不足，竞争力不强。究其原因，一是城商行缺乏产品创新能力。与大型股份制商业银行相比，城商行因历史、体制、环境等因素，在科学的市场预测、详细的成本效益分析、业务创新等方面存在能力不足问题，经营战略的谋划与大型股份制商业银行存在相当大差距。城商行由于对市场缺乏科学的预测、详细的成本与效益分析，业务创新具有盲目市场跟进色彩，新产品有的不能很好地满足客户需求，有的由于无规模不能带来效益，造成创新产品的能力不强，缺乏针对特定客户、特定

① 王海霞、金桩：《城市商业银行客户贷款集中度研究》，载《财会月刊》，2010（10）。

② 董云峰：《平台贷凶猛，多家城商行贷款集中度超标》，载《第一财经日报》，2011-06-15。

用途、特定背景的差异化金融产品。二是大部分城商行在产品研发、服务创新上仍沿用“拿来主义”，跟风大型股份制商业银行及金融市场风向，复制大型国有银行或全国股份制商业银行的产品和业务模式，即大型股份制商业银行经营什么产品和业务，城商行就发展什么产品和业务。金融市场上创新驱动力较强的中小商业银行新推出什么产品和业务，城商行就跟风发展什么产品和业务。以贵宾理财产品为例，贵宾理财是我国银行业近几年兴起的一个服务品种，各商业银行随之争相发展，然而，根据中央电视台市场研究报告——《中国城市居民金融需求与金融品牌追踪研究报告》显示，用户对各银行理财品牌的总体印象趋同，各品牌之间缺乏差异化。再以中间业务为例，据统计，目前国内的商业银行共开展了260余个品种的中间业务，但在严格分业经营的政策大背景下，各家商业银行提供的这些中间业务在产品设计上都很“孪生”。因此，各家银行推出的产品功能相差并不明显，市场替代效应弱，创新产品趋同化严重。三是营销手段和服务手段上，大多数竞争还是体现在拼关系、拼价格、拼网络上，缺乏针对客户需求的个性化金融服务和营销手段。

3. 业务范围和服务渠道不完善

综合化经营被认为是商业银行发展的必然趋势。2005年银监会发布《商业银行设立基金管理公司试点管理办法》，标志着我国商业银行的综合化经营正式破题。近年来，大型国有商业银行或全国股份制商业银行纷纷探索综合化经营，城商行也努力通过各种方式，不断完善业务资格，丰富产品种类，提高服务功能。例如，2009年4月，徽商银行参与发起设立的奇瑞徽银汽车金融有限公司，成为首家由城商行参与设立的汽车金融公司；2009年末，北京银行参股首创安泰人寿获得监管部门的批准，成为城商行首家、国内首批入股保险公司的试点银行；2010年初，北京银行、成都银行筹建消费金融公司的申请获得批准，与中国银行一起成为首批试点银行；齐商银行、重庆银行获得基金销售资格；兰州银行、成都银行获准开办保险代理业务；南京银行获得衍生品交易业务资格；上海银行获准开办黄金进口业务；等等。这使得部分城商行的业务经营范围不断完善。虽然大型城商行开展新型业务的资格日益齐全，但对大部分中小城商行来说，由于一些新型业务资格门槛比较较高，要获得新型业务市场准入仍然比较困难。因此，相比大型国有银行或全国股份制商业银行，城商行业务范围不完善依然是一个突出的问题。在目前国内商业银行金融创新步伐加快、金融产品不断推陈出新以及金融需求日益多样化、高端化的情况下，城商行由于业务资格不完善，在市场竞争中面临的压力越来越大，尤其是对中高端客户缺乏吸引力。

在服务渠道方面，虽然大中型城商行陆续开通网上银行业务，但像手机银行等高科技含量的金融服务产品，大部分城商行还没有开办。多数城商行还只是以物理网点和离行自助设备作为服务及营销渠道，没有充分利用网上银行、电话银行、手机银行以及中介机构等多元化渠道来进行业务拓展和服务营销，丧失了很多竞争机会。服务渠道狭窄仍然是导致城商行竞争力较弱的一个突出的问题。

5.3.3　盈利模式单一

1. 盈利渠道单一，过度依赖利差收入

“十一五”时期，城商行利润来源主要靠存、贷款利差，盈利模式单一，且过度依赖于大企业、大项目，特别是政府融资平台和房地产企业贷款所产生的增长和盈利。据不完全统计（见表5-10），绝大部分城商行90%的经营利润来源于利息收入。虽然部分城商行在信贷规模投放受到严格控制的情况下，积极拓宽盈利渠道，利用自有资金发展债券投资等业务，增加自身投资收益。如2009年，在中间业务发展缓慢的情况下，债券市场一直走高，为城商行将剩余资金配置到银行间金融债资金运作提供了有利条件，部分城商行通过加强货币市场资金运作来增加经营收入。但是城商行盈利渠道单一的问题仍然十分普遍。

以北京银行、上海银行为大型城商行代表，包商银行、哈尔滨银行为中型城商行代表，浙江泰隆银行等为小型城商行代表的13家城商行为样本，计算得出2009年和2010年平均净利息收入占比在85%以上。

表5-10　　2009—2010年13家城商行净利息收入占比情况表　　单位：%

银行名称＼年份	2009	2010	银行名称＼年份	2009	2010
泰隆银行	94.79	85.92	平安银行	80.02	85.42
北部湾银行	91.66	91.15	宁波银行	85.1	86.52
昆仑银行	73.12	95.14	哈尔滨银行	81.43	81.78
富滇银行	91.89	91.90	北京银行	92.06	92.48
包商银行	53.95	58.27	上海银行	95.93	94.24
南京银行	87.02	87.29	江苏银行	92.65	92.07
天津银行	100.95	93.4	平均	86.55	86.99

资料来源：根据各城商行年报数据整理。

2. 中间业务收入占比过低，对盈利贡献度较小

城商行中间业务业务收入占比较低。以 2009 年数据为例，据统计，2009 年城商行中间业务收入平均占比 3.15%，国有商业银行和全国股份制商业银行中间业务收入平均占比为 11.43%，138 家城商行中，只有 5 家的手续费及佣金净收入比超过 10%，而 17 家全国性商业银行中有 10 家银行手续费及佣金净收入比超过这一比例。而国际市场中领先的银行，中间业务收入占比已达到 70% ~ 80%，一般的好银行也达到 50%。

近年来，国有商业银行和全国股份制银行纷纷大力拓展中间业务，中间业务收入增长迅速，年增长速度超过 50%，好的银行甚至达到了 80%。截至 2011 年底，在 17 家国有商业银行和大型股份制银行中，大部分银行中间业务收入已超过 20%。而城商行中间业务增长则明显落后于国有银行和全国股份制银行，究其原因，一方面是城商行的机构网络、服务创新等能力较低，与国有商业银行、股份制银行相比，收费的议价能力较低；另一方面是城商行的业务范围不完善，众多中小银行在尚未取得基金代理、保险、债券承销、托管等方面的业务资格。城商行在利润保持快速增长的同时，中间业务对盈利贡献度较小，暴露了城商行多元化盈利模式转型道路仍然比较漫长。

5.3.4 管理模式粗放

1. 股权结构不完善，公司治理机制有待不完善

由于城商行的特殊历史背景导致治理结构不完善，突出表现在：股本结构不合理，地方财政和国有企业股东占有绝对控股地位，股东大会和董事会之间不能形成现代企业制度下的委托—代理关系，股东大会职能履行不充分，法人治理结构不严密，缺乏有效的监督机制。绝大多数城商行董事会与高级管理层的职责边界不清晰，存在越位现象；董事会、经营层、监事会运行规则模糊，甚至部分城商行存在监事长、行长长期缺位的现象；缺乏相应的激励约束与监督机制，制约了决策和运行的科学性。

2. 组织效率不高，组织架构有待改善

虽然大部分城商行实现了跨区域经营，但从城商行的管理架构来看，大部分城商行依然沿袭传统的“总行—分行—支行”的组织架构管理模式。随着跨区域的发展，管理链条不断延伸，这种传统的“部门银行”管理模式容易导致职责边界不清、互相推诿的问题，组织效率不高，不利于提高执行力和推动业务发展，这也与当前国内外先进银行推行的事业化部制、矩阵式等扁平化的管

理模式存在较大的差距。

3. 管理流程不清晰，管理水平有待提高

凭借地缘优势和决策链条短的优势实现灵活高效的管理，原本是城商行的优势。但随着分支机构的扩张和业务的发展，城商行的管理机构正逐渐变得臃肿和庞大。大部分城商行仍沿用原来的流程，导致流程不清晰，没有形成差异化、个性化的业务流程和高效的管理流程，影响了城商行管理效能的提高和精细化管理水平的实现。粗放式管理流程不能适应城商行差异化、特色化的发展要求。

5.3.5 风险控制能力薄弱

风险管控能力薄弱是长期以来制约城商行转型发展的重要瓶颈。城商行风险管理活动仍集中于传统信贷风险和操作风险领域，还不能做到对市场风险、流动性风险和信用风险的全面覆盖，在组织体系、内控制度体系、风险管理技术等方面离全面风险管理体系的要求相差甚远。

1. 内控组织体系不健全，决策与建设职能缺失

城商行虽然初步建立了由决策、建设与执行、监督评价、持续改正四个环节组成的内部控制组织体系，但受公司治理不完善、人员缺乏以及整个银行组织架构不健全等因素的影响，内控组织体系仍存在较多问题，主要体现在：一是由于公司治理不完善，董事会与高级管理层之间（尤其是董事长与行长之间）的职责划分并不清晰，导致董事会与高级管理层的内控职责混乱和缺失，董事会未能充分承担起内控建设的最终决策职能，监事会对董事会和高级管理层完善内控体系的监督职能也形同虚设。二是除少数城商行设立了专门的部门或委员会负责全行的内控建设外，绝大多数城商行没有专门的机构负责该项工作，内控建设职能分散于各相关部门，而各相关部门仅从本部门职责角度承担内控的相关职能，造成内控体系缺乏整体性，控制过度与控制不足并存。三是尚未建立全面风险管理体系。从风险覆盖角度看，大多数城商行还基本上主要是强调信用风险和操作风险，尚未将信用风险、市场风险、声誉风险等其他各类风险纳入管理范畴，缺乏全面风险管理的规划。信用风险、操作风险和市场风险的相关管理职能分散在不同部门，在此基础上，不同部门在风险管理职责分工上不够清晰，整体协调性不够。

2. 内控制度不完善，整体性、长期性考虑不足

健全的制度体系是商业银行内控的基础，决定着内控的完整性和有效性。城商行内控存在的缺陷和不足在很大程度上正是由于内控制度的不完善所造成

的。具体来说：一是大多数城商行没有制定内控战略，内控的长期目标、方向以及风险战略和偏好缺乏，造成内控建设和运行的持续性不足，影响内控的有效性。二是除各业务条线的规章制度、管理办法等基础性内控制度外，大多数城商行没有制定旨在明确全行内控框架和各相关部门的内控职责定位的纲领性内控文件，导致内控建设缺乏整体性，内控职责得不到有效落实。三是各条线出台的规章制度和管理办法之间衔接不够，时常出现不一致甚至冲突的情况。

3. 风险管理技术落后，缺乏全面风险管理所需要的数据和度量工具

从风险管理技术来看，城商行虽然初步建立了以风险识别与评估为核心的风险管理体系，但离全面风险管理的要求以及业务快速发展的需要仍有不小的距离。大多数城商行风险管理技术落后，没有开发量化模型，还不能实现风险的动态监测和量化管理。一是在信用风险管理方面，风险识别和评估能力不强，量化管理水平仍有待提高，风险监控手段较为落后。二是操作风险方面，普遍存在操作风险管理较为粗放的问题，缺乏专门的操作风险管理部门，也未建立起相应的管理制度和预警系统，更多的是以内部审计、业务检查以及案件防控替代操作风险管理。三是风险管理赖以开展的业务信息系统不完善，数据缺乏，还不能做到对风险的科学定价。

5.4 小结

从城商行的初步发展转型历程来看，大部分城商行通过重组改制甩掉了沉重的历史包袱；通过引入战略投资者、完善治理结构，初步建立了现代化的商业银行治理结构；通过跨区域经营，突破了经营地域限制；通过更名上市，退去了陈旧落后的形象，焕发了崭新的活力。特别是“十一五”时期，城商行的业务规模、盈利能力、抗风险能力均显著增强，迈上了新的台阶，这为城商行在“十二五”时期进一步深化发展转型奠定了坚实的基础。然而，从城商行内部角度来看，城商行的战略定位、业务发展模式、盈利模式、管理模式、风险管控模式还存在较大的局限性，尚未形成自身的竞争优势，离现代先进商业银行的标准还有较大的差距。因此，城商行只有正确审视自身存在的问题，并根据自身条件的变化，通过再次发展转型解决存在问题，才能进一步提升自身的竞争力，适应“十二五”时期外部环境的变化，突破当前在与同业的竞争中处于“夹缝中生存”的弱势地位的局面。这既是城商行发展转型的目的，也是促使城商行加快发展转型的内在动因。

第 6 章　城商行发展战略定位转型路径

城商行进一步发展转型的根本目的是寻求和确立竞争优势。当前，城商行普遍存在发展战略定位趋同的突出问题，这是导致城商行与其他商业银行竞争同质化的根本原因。因此，城商行进一步的发展转型，首先要进行发展战略定位的转型，通过比较优势理论确定自身的优势业务领域，并通过差异化理论制定差异化发展战略愿景，才能最终确定城商行的竞争优势。因此，本章首先运用竞争力模式对城商行的竞争力进行分析，确定城商行的优势业务领域，在此基础上，利用差异化理论，提出城商行差异化发展转型路径和城商行四种差异化发展战略愿景模式。

本章分析表明，城商行必须根据其在我国金融体系中的地位和作用，利用比较优势理论确定自身的优势业务领域，只有把握并做大、做强自身优势业务领域（尤其是在发展初期阶段或处于弱势地位的情况下），才能以较少的投入获得更大的回报，才能增强竞争力，改变当前在同业竞争中的弱势地位。同时，也必须运用差异化的竞争策略，根据自身条件确定发展愿景才能成功地实现差异化的发展战略转型。

6.1　发展战略转型的理论分析

6.1.1　发展战略定位的内涵

所谓发展战略，是企业为了实现持续经营、稳步发展并不断增强竞争力，根据外部环境变化和内部资源能力情况，对其主要发展方向、目标以及实现的途径、措施所展开的一系列全局性、根本性和长远性的谋划。发展战略的制定具有前瞻性和动态性。所谓前瞻性，是指发展战略定位需要对自身的条件和外部的发展环境有一个准确的判断和预测。动态性是指发展战略需要从根据自身条件和外部发展环境变化，进行不断调整和修正。

从商业银行角度而言，发展战略定位包括市场定位、战略目标定位两个定位内容。市场定位是商业银行在市场细分基础上的子市场的选择和服务对象的选择，也就是指服务哪些企业和消费者，即银行针对本身现有的资本实力和服务能力在市场上所处的位置，根据现有客户的需求特点，开发出能代表银行形象的金融产品和服务，向客户展示银行的鲜明个性，从而在目标市场上确立自己的适当位置。战略目标定位一般指总体发展愿景，是指商业银行长远的目标规划和品牌形象定位。有效的战略定位决定了银行自身资源的配置、创新、实施行为和服务特点，是银行打造核心竞争力的基础性工作。

具体到城商行的发展战略，就是在正确判断宏观经济形势、监管政策和市场竞争环境等外部环境变化和自身规模、市场份额、竞争力、经营管理水平、风险控制能力等自身的资源能力的基础上，制定城商行在未来一段时期内应遵循的发展方向、总体目标以及为实现具体发展目标需要采取的各种活动。作为特殊的商业银行群体，由于城商行需要面对宏观经济形势、监管政策和市场竞争环境的变化，而且城商行自身条件也在适应环境的过程中不断变化，因此，城商行的发展战略和其他企业战略一样具有动态性。但发展战略作为一种前瞻性的谋划，又具有某种稳定性和规律性。城商行的发展战略转型就是在自身条件、经济环境（或条件）的动态变化中不断发掘、培育未来较长时期内的比较优势，或形成竞争优势以谋求更好发展前景的持续否定—扬弃过程。

6.1.2 发展战略定位的理论依据

1. 竞争力模型的博弈观

波特在其经典著作《竞争战略》① 中提出了企业竞争力分析的“五力模型”。该模型认为企业的竞争力取决于行业现有的竞争状况、供应商的议价能力、客户的议价能力、替代产品或服务的威胁和新进入者的威胁五种基本因素（见图6-1）。企业的盈利能力取决于正确的行业选择以及在行业中的相对竞争位置。

（1）供应商的讨价还价能力。供方主要通过其提高投入要素价格与降低单位价值质量的能力，来影响行业中现有企业的盈利能力与产品竞争力。供方力量的强弱主要取决于他们所提供给买主的是什么投入要素，当供方所提供的投入要素及其价值构成了买主产品总成本的较大比例、对买主产品生产过程非常

① 波特著，陈小悦译：《竞争战略》，北京，华夏出版社，2005。

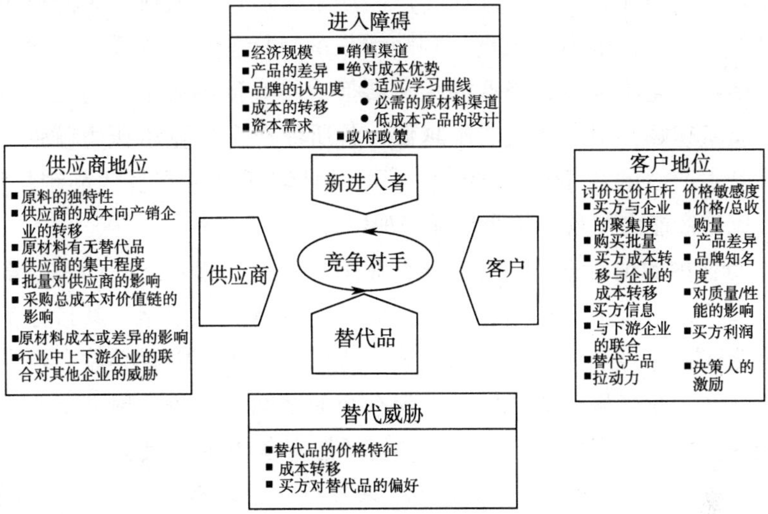

资料来源：波特著，陈小悦译：《竞争优势》，北京，华夏出版社，2005。

图 6－1　企业竞争优势分析的“五力模型”

重要，或者严重影响买主产品的质量时，供方对于买主的潜在讨价还价力量就大大增强。

（2）购买者的讨价还价能力。购买者主要通过其压价与要求提供较高质量的产品或服务的能力，来影响行业中现有企业的盈利能力。

（3）新进入者的威胁。新进入者在给行业带来新生产能力、新资源的同时，将希望在已被现有企业瓜分完毕的市场中赢得一席之地，这就有可能会与现有企业发生原材料与市场份额的竞争，最终导致行业中现有企业盈利水平降低，严重的话还有可能危及这些企业的生存。从博弈的视角看，竞争进入威胁的是否可信取决于潜在进入者试图进入领域的市场壁垒的高低及在位企业对于潜在进入者的反应。一方面，如果规模经济、产品差异、资本需要、转换成本、销售渠道、政府行为与政策等形成的壁垒很高，潜在进入者通常很难进入该行业。另一方面，如果潜在进入者进入会给在位企业带来较大的损失，在位企业通常会作出过激的反应，如动用政府资源来防止市场进入。

（4）替代品的威胁。两个处于不同行业中的企业，可能会由于所生产的产品互为替代品，从而产生相互竞争行为，这种源自于替代品的竞争会以各种形式影响行业中现有企业的竞争战略。第一，现有企业产品售价以及获利潜力的提高，将由于存在着能被用户方便接受的替代品而受到限制；第二，替代品生产者的侵入，使得现有企业必须提高产品质量、通过降低成本来降低售价或者使其产品具有特色，否则其销量与利润增长的目标就有可能受挫；第三，源自替代品生产者的竞争强度，受产品买主转换成本高低的影响。总之，替代品价格越低、质量越好、用户转换成本越低，其所能产生的竞争压力就强。而这种来自替代品生产者的竞争压力的强度，可以具体通过考察替代品销售增长率、替代品厂家生产能力与盈利扩张情况来加以描述。

（5）行业内的现有竞争。大部分行业中的企业，相互之间的利益都是紧密联系在一起的，作为企业整体战略一部分的各企业竞争战略，其目标都在于使自己的企业获得相对于竞争对手的优势，所以，在实施中就必然会产生冲突与对抗现象，这些冲突与对抗就构成了现有企业之间的竞争。现有企业之间的竞争常常表现在价格、广告、产品介绍、售后服务等方面，其竞争强度与许多因素有关。一般来说，出现下述情况将意味着行业中现有企业之间竞争的加剧，这就是：行业进入障碍较低，势均力敌竞争对手较多，竞争参与者范围广泛；市场趋于成熟，产品需求增长缓慢；竞争者企图采用降价等手段促销；竞争者提供几乎相同的产品或服务，用户转换成本很低；一个战略行动如果取得成功，其收入相当可观；行业外部实力强大的公司在接收了行业中实力薄弱企业后，发起进攻性行动，结果使得刚被接收的企业成为市场的主要竞争者；退出障碍较高，即退出竞争要比继续参与竞争代价更高。在这里，退出障碍主要受经济、战略、感情以及社会政治关系等方面考虑的影响，具体包括资产专用性、退出的固定费用、战略上的相互牵制、情绪上的难以接受、政府和社会的各种限制等。

尽管有人批评波特的竞争优势理论是竞争优势“外生论”，但从博弈的观点来考察“五力模型”时就会发现，在分析任何一种产业竞争优势要素时似乎都隐藏着一个共同的对象，这个对象就是企业自身，企业在作出自身发展战略的选择时，既需要判断对手（供应方、买方、同业竞争者等）的实力和可能的反应或行动，竞争对手也在判断“对手的对手”的实力及可能采取的行动。特别是，如果企业在估计对手的行动后努力改变自身条件以增加谈判的筹码时，尽管这种博弈过程看起来像打太极，但实际上已经是一个兼具内生和外生的竞争优势动态博弈。因此，从博弈论的观点看，城商行发展战略定位转型的本质就是“五力模型”框架下动态博弈过程。

2. 三种通用竞争策略

在“五力模型”的基础上，波特提出了企业获得竞争力的三种通用策略：

总成本领先、差异化和目标集聚。

（1）总成本领先。成本领先要求坚决地建立起高效规模的生产设施，在经验的基础上全力以赴降低成本，抓紧成本与管理费用的控制，以及最大限度地减小研究开发、服务、推销、广告等方面的成本费用。贯穿于整个战略之中的是使成本低于竞争对手。该公司成本较低，意味着当别的公司在竞争过程中已失去利润时，这个公司依然可以获得利润。赢得总成本最低的有利地位通常要求具备较高的相对市场份额或其他优势，诸如与原材料供应方面的良好联系等，或许也可能要求产品的设计要便于制造生产，易于保持一个较宽的相关产品线以分散固定成本，以及为建立起批量而对所有主要顾客群进行服务。

（2）差异化。差异化是指为使企业产品、服务、企业形象等与竞争对手有明显的区别，以获得竞争优势而采取的策略。一般来说，可以分为产品差异化，即产品在设计理念、性能、外观等方面区别于其他产品；市场差异化，即产品在市场营销、推广等方面形成独特的体系；形象差异化，即企业通过塑造优势的品牌提高顾客对产品的忠诚度，从而依靠企业良好的形象使顾客对产品产生的差异感。差异化战略可以使顾客对本企业产品产生某种特殊的偏好，降低产品的需求弹性，因此，当这种产品的市场价格发生变化时，顾客对价格的敏感程度因为这种产品和服务的独特性而降低，使企业获得稳定的客户群，避免价格竞争。虽然差异化战略的防御形式与成本领先有所不同，但如果差异化战略成功地实施了，它就成为在一个产业中赢得高水平收益的积极战略，因为它建立起防御阵地来对付五种竞争力量。

（3）目标聚集。目标聚集是主攻某个特殊的顾客群、某产品线的一个细分区段或某一地区市场。正如差异化一样，目标聚集策略可以有多种形式。低成本与差异化都是要在全产业范围内实现其目标，而目标聚集策略的整体却是围绕着很好地为某一特殊目标服务这一中心建立的，它所开发推行的每一项职能化方针都要考虑这一中心思想。这一策略的前提思想是：公司业务的目标聚集能够以高的效率、更好的效果为某一狭窄的战略对象服务，从而超过在较广阔范围内竞争的对手们。波特认为这样做的结果，是公司或者通过满足特殊对象的需要而实现了差异化，或者在为这一对象服务时实现了低成本，或者二者兼得。这样的公司可以使其盈利的潜力超过产业的普遍水平。这些优势保护公司抵御各种竞争力量的威胁。目标聚集与差异化虽然是不同的两个战略，但实质上是相互关联的。采取目标聚集策略往往更有利于实施差异化，而差异化必然要求目标聚集于某一细分客户群体。

6.2 城商行市场竞争力及优势市场领域分析

6.2.1 城商行的市场竞争力分析

1. 城商行资金供给方（存款客户）的讨价还价能力

银行资金的主要供应者是各种有资金剩余的存款客户。存款客户在作出存款决策时既需要考虑收益率问题，也需要考虑银行的信用风险。首先，由于商业银行资本结构存在差异，区别于大型国有商业银行的信用可依靠国家这个大股东，大部分城商行的信用只能依靠地方政府这个大股东，因此，城商行的品牌度和信誉度处于相对弱势地位。其次，银行业一条广为接受的教条是“太大而不能倒”，城商行的规模普遍偏小①，破产概率也要高于大型国有银行的破产概率。由于我国尚未实行存款保险制度，在同等条件下，储户选择城商行的概率要低于选择国有商业银行的概率。总之，在我国银行业存款市场竞争日趋激烈的情况下，尽管存款客户非常零散，看起来缺乏议价能力，但城商行在与供给方（存款客户）的交易讨价还价中处于弱势地位。

2. 城商行产品（服务）需求方的讨价还价能力

城商行的购买者主要是贷款客户和金融服务需求者。从贷款方面来看，在信贷规模受控的情况下，信贷资金相对紧缺，商业银行整体上处于相对于购买者（贷款者）有利的地位。但面对大购买者（如大型贷款企业）时，由于城商行资产规模较小、信贷能力较低，并且我国银行业市场严重的同质化竞争在一定程度上削弱了城商行与需求方的议价能力，因此对于大的购买者（大型贷款企业）而言，城商行的议价能力较低。但由于我国中小微企业领域的金融供给严重不足，面对中小微购买者（中小微贷款企业）时城商行依然有较强的议价能力。从对客户的服务能力来看，由于城商行在机构网络、IT 等方面落后于国有银行和全国股份制银行，在提供金融服务能力方面，城商行处于相对弱势地位。

3. 城商行面临的市场新进入者威胁

尽管我国银行业依然维持寡头垄断的市场结构，但加入世贸组织后，我国

① 截至 2010 年底，我国大型城商行的资产规模在 5 000 亿 ~ 8 000 亿元，而 2010 年中国工商银行的资产已超过 10 万亿元。

银行业的市场进入制度性壁垒不断降低，市场新进入者数量不断增加。一是2006年底兑现加入世贸组织的金融服务相关承诺后，对外资银行的经营地域范围和业务范围限制降低吸引了更多的国际性银行进入。二是为促进农村金融的发展，中国银监会于2006年底调整放宽了农村地区银行业市场准入政策鼓励设立村镇银行，截至2011年9月底，全国共组建村镇银行726家（含筹建和开业）。三是为规范非银行私营贷款机构，还设了3 000多家小额贷款公司。因此，城商行未来将面临着越来越多的市场新进入者的威胁。

4. 商业银行业的替代品威胁

区别于其他产品和服务，金融产品之间的替代性较强。对商业银行储蓄性产品直接产生分流的金融业务包括保险、基金、证券、债券、理财产品等。商业银行融资性金融产品的替代品包括证券市场产品，直接融资市场（如主板、中小板、创业板）的发展降低了非银行企业的贷款需求，企业债券市场也降低了企业的间接融资需求，尤其是中小企业债券市场的发展将会对城商行的中小银行贷款业务产生较大冲击。此外，委托产品、私募基金等产品也有较强的替代性。

5. 商业银行同业竞争

城商行需面临的竞争对手包括国有商业银行、外资银行、全国股份制银行和农村金融、民间金融等，也包括城商行之间的竞争。随着市场主体数量的不断增加和商业银行经营体制改革的不断深化，我国银行业的竞争日趋激烈。与国有商业银行相比，城商行的品牌信誉度、机构网络、产品研发、技术创新等均处于劣势；与外资银行相比，城商行的服务能力、IT能力、管理水平等处于劣势；与农村金融、民间金融等相比，城商行的经营灵活性又处于劣势。总体来说，城商行处于大型国有商业银行、外资银行、全国股份制商业银行和农村金融、民间金融的夹缝中，在行业内处于相对弱势的竞争地位。

6.2.2　城商行的优势业务领域

利用比较优势理论准确把握城商行的优势业务领域是城商行准确定位的基础。一方面，从德国、日本等国家中小银行的定位和发展历程来看，中小银行与地方政府的关系都非常密切。如德国格平根储蓄银行是德国储蓄银行集团中的一员，除了给私人家庭和当地的中小企业放贷，还积极给政府文化建设项目放贷，支持地方经济建设，发展与地方政府的关系型业务（张伟芹，2010）[①]。日本地方性银行更是因为大力支持地方经济建设，赢得了“故乡的银行”的美誉。另一方面，国外研究表明，中小银行更容易获得客户的软信息，更容易发挥灵活高效的经营机制，因而在拓展中小微业务领域的关系型业务方面，更具有比较优势。因此，从我国金融体系的分工和城商行自身资源条件来看，城商行的优势业务领域在于“关系型业务”：包括与地方政府的关系型业务优势，服务区域经济发展的本地市场优势，服务中小企业领域的业务优势和服务小微企业领域的关系型业务优势。

1. 服务地方政府关系型业务领域优势

从我国城商行的股权设置和发展历程来看，城商行作为我国地方性银行，与地方政府关系密切。由于制度设计的原因，我国城商行与地方政府有着先天性的稳固关系。在城市信用社改组为城商行之初，在中央层面就明确了大力依靠地方政府的方针。根据相关法规，城商行在股份制改造时确立了股东由当地企业、个体工商户、城市居民和地方财政入股资金构成，但规定单个企业入股不能超过10%，个人不能超过2%，地方政府在通过置换、剥离不良资产及财政注资等方式帮助城商行补充资本、缓解历史包袱、降低不良率的同时，也获得了城商行的控股地位，再加上当地企业又多为国有企业，地方政府对城商行实际上处于绝对控股的地位。尽管此后城商行按照《商业银行法》进行了一系列改革，但并未能从根本上改变地方政府对城商行的绝对控股地位。从公司治理结构角度来看，地方政府“一股独大”饱受诟病。辛子波、张日新（2001）[②]认为地方银行与地方政府的关系类似于此前国有银行与中央政府的关系，地方政府出于对本地区经济发展和社会稳定等考虑，需要对地方银行进行干预，但是由于地方政府相对独立的目标，其干预往往会导致银行偏离预定目标，从而使地方银行因受到过多干预而陷入困境。巴曙松、刘孝红和牛播坤（2005）[③] 的研究认为地方政府在城商行中一股独大的局面降低了商业银行的运行效率并且为城商行的金融风险埋下了隐患。但这种特殊的股权结构使得城商行比其他银行更能得到当地政府的支持，如低成本的行政性资金正成为城商行重要的资金来源。

因此，城商行与地方政府的密切关系，从公司治理角度来看是短板，但从

① 张伟芹：《从德国格平根储蓄银行看中小银行发展》，载《北京财贸职业学院院报》，2010（2）。

② 辛子波、张日新：《地方政府干预地方银行行为分析》，载《财经问题研究》，2001（12）。

③ 巴曙松、刘孝红、牛播坤：《转型时期中国金融体系中的地方治理与银行改革的互动研究》，载《金融研究》，2005（5）。

业务发展角度来看，却是城商行独特资源优势所在，是其他商业银行无法比拟的优势。凭借这一优势，地方性银行更容易争取到地方的财政性存款、地方性项目以及代发工资等代理业务。城商行应利用与地方政府联系密切所具有的信息优势等条件，大力发展与地方政府的关系型业务。

2. 服务区域经济发展的本地市场优势

由于城商行与地方政府历史上形成的独特的地方特征、特殊的股权结构、与地方政府联系密切所具有的信息优势等条件，城商行在服务本地市场上更能得到当地政府的支持。因此，城商行利用与地方经济的交融性，密切保持与地方经济发展战略方向上的一致，可以敏锐地捕捉地方经济的脉搏，在地方经济的发展中扩大自身金融资源的支配能力上还是具有较强的比较优势。

当前，尽管监管政策放宽了城商行跨区域发展的限制，但城商行还是要耐得住这份寂寞，冷静思考一下自身的优势，不能盲目搞扩张。条件成熟的可以适当在外地设立分支机构，同全国甚至国外一些银行建立业务关系，以便更好地开展业务，但最重要的还要保持在所在城市的核心竞争力，即城商行的优势市场依然是当地城市市场。以北京银行、南京银行和宁波银行为例，这三家上市城商行虽然均已在所在城市以外的地区开展业务，但当地市场依然是其收入和利润的主要来源。2009 年上半年三家银行本地收入额占收入总额的比例平均达 85.4%（见表 6－1）。本地经营看似是逆“做大做强”的潮流而动，实则是城商行依托所在地区经济发展获得迅速成长的便捷途径（王松奇等，2009）。[①]

表 6－1　2009 年上半年三大上市城商行的本地与异地收入及利润对比表

单位：亿元，%

银行＼项目	本地营业收入	异地营业收入	本地营业收入占比	本地利润	异地利润	本地利润占比
北京银行	50.35	5.56	90.06	3.54	0.19	95.00
南京银行	14.29	3.13	82.03	8.36	1.45	87.90
宁波银行	15.56	2.94	84.06	—	—	—

即使以扩张势头最为迅猛的北京银行，在 2010 年其营业收入的 83.66% 是大本营北京地区贡献的，其他地区营业收入总和仅为 16.34%，不足总营业收入的1/5；而在利润总额方面，北京地区贡献了 88.66%，其他地区利润总额贡献

① 王松奇、刘煜辉、欧明刚：《2008—2009 年中国城市商业银行竞争力评价报告》，载《银行家》，2009（8）。

值仅为11.34%。由此可见，自北京银行2007年左右实施外延性扩张以来，北京地区直接贡献的收入和利润仍然占据了大半江山，达到80%以上的水平，而其他区域的营业收入和利润虽然增速明显，但其力量仍旧微弱，甚至有些新开发区域的营收和利润出现了负值。①

因此，从城商行当前实际情况来看，做大做强当地市场，才是城商行发展壮大的当务之急。随着城市化进程的加快，我国经济重心将始终聚集在城市地区，而城商行正好是定位在当地城市。城商行在制定发展战略时，应立足本地业务市场，充分发挥自己的特长，集中自己的资源，搞好特色经营，避免与大银行的同质化竞争，结合本地区的区域经济发展特点，寻找区域经济新的增长点，做大市场份额，不断扩大自身的发展空间，实现与区域经济的良性互动。尤其是处于省会城市或东部发达城市的城商行，由于当地市场金融资源丰富，更应集中资源，做大、做强本土市场。在做好本地业务市场的前提下，再积极实施跨区域经营战略。

3. 服务中小企业业务领域优势

从金融功能和金融分工来看，大型银行服务大型企业，中小银行服务中小企业。我国的银行体系发展至今，基本形成了国有商业银行、股份制商业银行、城商行和外资商业银行的格局。国有银行和股份制商业银行拥有其他中小银行难以比拟的雄厚资本实力、遍布全国的分支机构网络、强大的银行零售业务能力，是我国商业银行中的“巨无霸”。长期以来，这些银行的市场定位主要立足于国家重点发展行业和国有大型企业等优质客户，将那些信息比较对称、交易成本较低的大企业作为目标客户，而对中小企业设置较高的融资准入门槛。同时，外资银行鉴于经营范围的限制和网点方面的劣势，与城商行之间的竞争首先集中在对高端优质客户的争夺上。随着监管条件的放宽与自身实力的增强，城商行有机会涉足原先不曾参与的领域，但在资本规模不够大的前提下，城商行一味模仿这些银行，偏好大项目和大企业，不仅很难撼动这些银行与大企业已经形成的紧密合作长期伙伴关系，还会造成贷款集中度高，而且也很难在短期内形成任何明显的市场优势。

从规模实力来看，中小金融机构由于规模相对较小，无力为大企业提供更多的服务，中小银行比较适合做中小微业务。我国大部分城商行属于中小型银行，自身实力决定了服务中小企业是其理想选择。一方面，中小型城商行一般

① 徐明胜、王贺峰：《城商行外延性扩张的路径选择与优势建构》，载《银行家》，2011（10）。

规模小、资金实力弱，无力单独承担较大的项目和满足较大企业的资金需求；另一方面，中小金融机构一般是地方性的，易于了解地方上中小企业的经营状况，这就降低了信息不对称的程度，同时，贷款给中小企业之后也能够相对容易地监督贷款的使用情况，贷款的风险就大大减少。因此，城商行定位为服务中小企业，可以将这些看似劣势的方面转化为城商行的经营优势。首先，规模小可使城商行更有效地致力于业务创新，开发出贴近当地客户需求的特色产品。其次，城市商业银行由于从业人员本土化，对地方市场比较熟悉，与客户地域联系密切，熟悉客户资信与经营状况，在信息上更贴近当地的中小企业，能够获得那些通常很难量化的“软信息”。再次，对地方中小企业监督便利，与国有大银行相比，能以较低的交易成本达到有效避免信息不对称引起的逆向选择和道德风险问题。最后，中小型城商行还具有管理层次较少、决策机制灵活、信息反馈灵活等特点，更能符合中小企业的融资需要，可以降低双方的成本从而提升价值。因此，城商行定位于为中小企业提供服务，可以有效发挥决策链条短，市场反应比较敏感，人员与企业亲和力好、信息渠道畅通的优势，在当地政府支持下能够容易地获取客户的软信息，形成比较优势。

从国家政策来看，中小企业新政为中小企业的发展提供了空间。近年来，国家相继出台政策支持中小企业发展，包括调整货币政策；积极引导新增信贷资源向“三农”、中小企业和灾区重建等经济薄弱环节倾斜；引导银行等金融机构对政府确定的产业重点进行支持；加大对中小企业的政策性担保力度；增加财政对政策性担保公司的风险补偿，对重点推进的项目实施贴息或利率上的优惠等。2008 年 12 月银监会出台了《银行建立中小企业金融服务专营机构的指导意见》、《商业银行小企业授信工作尽职指引（试行）》，从制度上引导商业银行建立尽职免责制度，支持商业银行发放并购贷款，支持中小企业并购重组；制定专门的业绩考核和奖惩机制，实现对中小企业金融服务的业绩考核独立于其他银行业务，允许从事中小企业金融服务的员工酬薪高于全行平均水平；积极放宽银行业准入标准，稳妥、有序推动村镇银行、贷款公司、资金互助社等地区性中小金融机构发展，规范、引导和释放民间资本和民间金融机构的市场活力，提高中小企业金融服务机构覆盖率。这些政策的实施为中小企业的成长提供了空间，也促进了金融机构向中小企业业务转型，一些大银行也开始将中小企业作为新的利润增长点。中国银行业协会发布的《中国银行家调查报告（2009）》显示，大多数银行家正在积极关注中小企业贷款业务，80% 的银行家选择中小企业贷款作为银行未来公司金融业务的发展重点。国内银行业金融机构境内人民币中小企业贷款较年初增加 22 081 亿元，占企业贷款增加额的 56. 6%，占各项贷款增加额的 38. 75%；中小企业贷款较年初增长 21. 42%，高于企业贷款增速 1. 34 个百分点，高于各项贷款增速 1. 5 个百分点。即便是工商银行、农业银行、中国银行、建设银行、交通银行等大型商业银行也纷纷向中小业务转型，在总行层面成立了一级部制的针对中小企业金融服务的专职管理部门，加大对中小企业的服务力度。截至 2009 年 6 月末，工商银行、农业银行、中国银行、建设银行 1 ~5 月对中小企业的授信余额就超过 6 万亿元人民币。其中，工商银行对中小企业的融资余额近 2. 3 万亿元人民币，2009 年 1 ~6 月对中小企业的融资新增加了 4 773 亿元，增长了 26%，2009 年前 5 个月将 61% 的贷款投向了中小企业，对中小企业贷款增长了 3 254 亿元。农业银行也不断加大对中小企业的信贷支持力度。截至 2009 年 6 月末，农业银行中小企业贷款余额 1. 63 万亿元，占全行各项贷款余额的 41. 5%，比年初增加 3 225 亿元，增幅达 24. 6%；农业银行 6. 77 万户中小企业客户，占全行法人信贷客户数的 90. 33%。中国银行新增中小企业客户 6 202 户，贷款余额增加 2 937 亿元，较上半年分别增长 25% 和 51%。建设银行从 2009 年上半年开始，采取多种措施推进服务中小企业业务。一是加快组建专业化经营机构，在总行成立了一级部建制的小企业金融服务部，“信贷工厂”模式小企业经营中心新增 26 家，达 104 家，增幅达 1/3。二是制定下发《小企业业务一般授信业务管理办法》等制度办法，提高小企业业务规范化、专业化经营管理水平。三是加大产品和服务创新力度，创新试点小额无抵押贷款、助保金贷款等新产品，加大“E 贷通”网络银行贷款业务推进力度，通过网络银行业务向 921 家企业发放 1 059 笔贷款，金额达 22 亿元。四是全力推广小企业客户筛选、风险定价等管理工具的试点工作，强化风险管理，为业务发展提供有效支撑。截至 2009 年 6 月末，建行中小企业贷款新增 1 862 亿元，增速 18. 11%，占公司类贷款新增的 32. 01%。

尽管大型国有银行和股份制银行纷纷将中小企业作为新的服务市场，但这些银行依然重抵押、重担保，众多中小企业依然难以达到信贷要求的起码标准。如 2008 年 12 月，某国有银行江苏省分行成立中小企业业务部，并于 2009 年 4 月全面启动了全省中小企业业务新模式。为大幅度提高中小企业授信支持的服务面，该省分行将目标客户定位为年销售收入不超过 1 亿元（批发类企业年销售收入不超过 1. 5 亿元）的中小企业，并将客户准入门槛由原来的 B 级要求降为 CCC 级，但门槛依然很高，难以满足中小企业的巨大融资需求。

因此，城商行应发挥自身优势，将中小企业业务领域定为重点发展领域。

城商行多年的实践活动证明，立足本地、服务中小企业的发展思路是经得起检验，也是最适合城商行的（王松奇等，2009）。[①] 真正做得比较好的城商行正是那些在中小企业客户方面做得成功的银行，如宁波银行、杭州银行、广西北部湾银行、台州银行等。以杭州银行为例，尽管杭州银行是一家资产上千亿元的大规模城商行，已经开设了北京、上海、深圳、宁波、舟山五家分行，共有70多家分支机构，是一家积极进行跨区发展的银行，然而杭州银行在扩张过程中依然提出"以专业、便捷、可信赖的服务成为小企业的成长伙伴和小企业金融服务的标杆"的口号。杭州银行针对小企业专门优化了信贷流程；信贷人员在内部评级时不再依据企业表面财务报表进行分析，而是在企业财务报表的基础上，根据"实地调查"核实结果对报表进行调整，反映企业财务"实质情况"，把实质情况纳入评级程序。内部评级高的小企业可以获得弱担保，甚至是无担保的授信额度。此外，银行取消了小企业业务统一授信流程，实现了小企业业务充分授权。在客户评级可量化、担保条件可组合、单笔业务风险值可计量的基础上，对小企业业务实行了充分授权，90%的小企业业务在支行就可以完成审批。截至2009年4月末，杭州银行小企业公司授信业务中非抵押的比例为48%左右。此外，杭州银行确定了15家小企业重点支行，主营小企业业务，通过抽调、转型、招聘等多种手段在小企业业务重点支行内陆续配置100名小企业业务客户经理，专业从事小企业业务。2008年，杭州银行通过创新型授信产品发放小企业贷款8.85亿元，在全年新增授信总量中占到了30%左右的比例。截至2008年底，贷款余额7.47亿元，发展小企业授信客户1 350余户（含个体工商户）。截至2009年4月末，杭州银行小企业授信业务总额达到148.51亿元，小企业公司授信客户2 663家，户均241万元；个体工商户授信客户达到7 109户，户均46万元。2009年前四个月新增小企业贷款4.73亿元，增速5.11%；小企业业务信贷资产质量控制良好，新增小企业不良贷款为零，不良贷款比例控制在0.6%左右。

再以包商银行为例，包商银行确实是这两年积极地实施跨区域战略的银行，如2007年包商银行即通过吸收合并面临市场退出的赤峰城市信用社实现了跨区域经营，而后相继新设了巴彦淖尔、通辽两家分行，并独资设立了达茂旗包商惠农贷款公司，控股成立了固阳村镇银行，2008年4月又在宁波设立了首家跨

① 王松奇、刘煜辉、欧明刚：《2008—2009年中国城市商业银行竞争力评价报告》，载《银行家》，2009（8）。

省异地机构。虽然在跨地域扩张经营方面表现得极为活跃，但包商银行却是一家依托地方经济发展壮大的城商行，所实施的正是立足本地、服务中小企业的发展战略。在包头这个集钢铁、铝业、军工、机械、电力等多行业于一体的重工业城市，大企业所在产业链的上下游存在着众多为它们提供就近供货、销售和日常生活服务的小企业，仅为包头钢铁集团公司服务的小企业达3 500家，为北方公司服务的小企业有400多家。这些小企业规模小、数量多、门类齐全，具有相当的盈利能力，融资需求旺盛。对银行来说，包头不但是一个需求量很大的市场，而且可以充分分散贷款风险。面对这样的现实，包商银行于2005年及时对战略和目标市场进行重新定位，将银行的业务发展重点转移到服务这些小企业上来。在短短几年的时间之内，包商银行由一家总资产不足100亿元的普通城商行迅速成长为一家总资产600多亿元，资产利润率高达1.23%（2008年数据）的优质银行。①

4. 服务小微企业业务领域优势

小微企业不同于中小企业，前者对资金流动性和时效性的要求更高，“短、急、频”的融资需求更加明显，普遍担心银行审批效率慢而影响生意。城商行将小微企业业务列入优势业务领域，坚持发展小微企业业务，具有多方面好处：一是小微企业业务是关系型业务，城商行属于地方性银行，具有良好的地缘优势，在收集企业“软信息”方面具有天然优势，更适合发展关系型业务。二是城商行决策链条短，经营机制灵活，更容易发挥灵活高效的经营机制，针对小微企业的特点制定针对性强的个性化金融产品，实现差异化发展，形成比较优势和竞争优势。三是小微企业议价能力较低，城商行更容易发挥在小微领域的市场定价权优势，获得超出市场平均水平的收益，在贷款规模总量受限的情况下，更容易实现利润增长。四是小微企业业务的风险权重较低，更容易降低资本消耗，有利于城商行实现从高资本消耗向低资本消耗转型。五是小微企业业务更容易获得监管政策支持，目前监管部门对中小微企业贷款增速实现“两个不低于”（小微企业贷款增长额不低于全行贷款平均增长额，增速不低于全行贷款平均增速）的城商行，给予优先设立小微企业金融服中心或同城支行的政策支持，这在当前城商行跨区域受限的情况下，有利于城商行完善服务网络。

同时，国家高度重视和支持小微企业发展，为小企业成长创造了良好的环

① 王松奇、刘煜辉、欧明刚：《2008—2009年中国城市商业银行竞争力评价报告》，载《银行家》，2009（8）。

境。2011 年 10 月，国务院再次出台金融财税支持小型微型企业发展措施。在金融方面：一是加大对小型微型企业的信贷支持。银行业金融机构对小型微型企业贷款的增速不低于全部贷款平均增速，增量要高于上年同期水平，对达到要求的小金融机构继续执行较低存款准备金率。商业银行要重点加大对单户授信 500 万元以下小型微型企业的信贷支持，加强贷款监管和最终用户监测，确保用于小型微型企业正常的生产经营。二是拓宽小型微型企业融资渠道。逐步扩大小型微型企业集合票据、集合债券、短期融资券发行规模，积极稳妥发展私募股权投资和创业投资等融资工具；进一步推动交易所市场和场外市场建设，改善小型微型企业股权质押融资环境；积极发展小型微型企业贷款保证保险和信用保险。三是细化对小型微型企业金融服务的差异化监管政策。对小型微型企业贷款余额和客户数量超过一定比例的商业银行放宽机构准入限制，允许其批量筹建同城支行和专营机构网点；对商业银行发行金融债所对应的单户 500 万元以下的小型微型企业贷款，在计算存贷比时可不纳入考核范围；允许商业银行将单户授信 500 万元以下的小型微型企业贷款视同零售贷款计算风险权重，降低资本占用；适当提高对小型微型企业贷款不良率的容忍度。四是促进小金融机构改革与发展。强化小金融机构重点服务小型微型企业、社区、居民和“三农”的市场定位；在审慎监管的基础上促进农村新型金融机构组建工作，引导小金融机构增加服务网点，向辖内县域和乡镇地区延伸机构。在财税方面：一是加大对小型微型企业税收扶持力度。提高小型微型企业增值税和营业税起征点，将小型微利企业减半征收企业所得税政策，延长至 2015 年底并扩大范围；将符合条件的国家中小企业公共技术服务示范平台纳入科技开发用品进口税收优惠政策范围。二是支持金融机构加强对小型微型企业的金融服务。对金融机构向小型微型企业贷款合同三年内免征印花税；将金融企业中小企业贷款损失准备金税前扣除政策延长至 2013 年底；将符合条件的农村金融机构金融保险收入减按 3% 征收营业税的政策，延长至 2015 年底。三是扩大中小企业专项资金规模，更多运用间接方式扶持小型微型企业。进一步清理取消和减免部分涉企收费。在这些利好政策支持下，2009—2011 年，全国金融机构已连续三年实现“两个不低于”目标：小企业贷款增幅不低于全部贷款增幅，单户授信总额 500 万元以下小企业贷款增幅不低于全部贷款增幅。其中，2011 年底中小企业贷款余额较 2010 年同期增长 25.1%，比全部贷款平均增速高 8.7 个百分点。2012 年 3 月末小微企业贷款余额为 10.38 万亿元，同比增长 20.5%，比同期大、中型企业贷款分别高 8.6 个和 6 个百分点，比全部企业贷款高 5.3 个百分点。

从个体来看，小微企业由于缺乏雄厚的资金实力和先进的技术，抵御市场风险的能力较弱，违约风险较高，但从群体的角度来看，只要掌握小微企业的信贷风险技术，小微企业整体风险并不如大家想象的那么高。以民生银行为例，民生银行针对小商户明确提出主动贴近市场，要帮助小商户打消贷款申请难的顾虑，提出"只要有需求，一切好商量"的新经营理念，开放营销渠道，全面受理这样的申请，并通过标准化的设计，帮助客户了解银行、了解银行信贷产品的流程，实现商户融资的"化繁为简"。其苏州分行在各家支行设立了商贷中心，配备商贷专员，负责为上门客户办理贷款业务，发放已审批通过的贷款。流程中取消了纸质材料在分支行之间的传递，而是采用电脑系统申报、电子审批的方式，有效简化了流程，大大加快了审批和放款的速度，实现了3天内审批结束、一周内放款到账的"商贷通快速审批通道"。同时，民生银行运用大数法则强化风险控制。多种灵活担保方式的业务特点，使风险控制显得尤为重要。这就决定了"商贷通"业务不能仅仅依靠审批环节来控制贷款风险，打造全程风险监控是"商贷通"业务风险控制的新模式，这样的思路可以归结为"强化两头（贷前、贷后），简化中间（审批）"。"商贷通"业务将大数法则运用到了其风险控制当中，从甄选客户环节开始就注重防范风险。大数法则的含义是：单个小商户贷款违约风险过高，但如果按照信用记录、纳税记录、有无贷款未还等指标将他们进行分类，当商户数量足够大时，整体违约率就会变得很小。具体到"商贷通"业务中，就是运用大数法则来实现测算出特定行业的风险概率，甄选"商贷通"业务进入的行业，迅速地找到有效客户群体的目的。在之后的定价机制上，通过前期的规划，测算出贷款的预期损失率。在这个前提下，用更高的产品价格来覆盖掉预期损失率，也就是所谓的价格覆盖风险原则。在执行严格风险控制流程的基础上，民生银行南京分行还要求中后台人员直接参与调查，贷后监控如发现客户逾期或可疑情况，必须立即反馈至前中台，及时采取措施。截至2009年6月末，南京分行已收回不良贷款1 069万元，收回已核销贷款37万元，逾期本金仅为57万元，不良贷款额581万元，逾期率0.1‰，不良率仅为1‰。

因此，城商行应将小微企业业务作为核心业务领域优先发展。以广西北部湾银行为例，挂牌成立于2008年10月的广西北部湾银行，将小微业务作为核心业务，在人力、物力、资源、政策等多方面倾斜，致力为小微企业提供专业、高效、便捷、周到的优质金融服务。2010年9月开始率先在广西同业当中成立服务小微企业的信贷专营机构开办微贷业务。通过加强与园区、专业市场、协会、商会等的合作，探索出批量影响、联动营销新模式，先后推出了“快捷贷”、“联保通”、“北部湾微贷”等专门服务小微客户的新产品，当年小微企业贷款余额突破3亿元。同时，广西辖区内的玉林分行、贵港分行、城北支行已分别于2011年2月、6月和12月正式开办微贷业务，形成了事业部制和分支行结合的小微业务经营模式。截至2012年4月30日，不到两年时间，广西北部湾银行微贷余额突破30亿元的目标，名列全国前三强，贷款不良率仅为0.54%；实现利息收入4亿元，扶持了超过12 000户微型和小型客户发展，业务涵盖医药、建筑、机械、超市、酒店、商业连锁、日用品、食品加工、运输业、小型制造企业、食品批发等各行各业，客户群体持续扩大，市场份额稳步攀升，迅速形成了良好的品牌形象，取得了良好经济效益和社会效益。微贷业务已成为全行发展最快、投入产出比最高、品牌影响力最大、最具活力和特色的核心业务之一。

6.2.3　城商行服务优势业务领域的案例

1. 广西北部湾银行服务北部湾经济区发展案例①

广西北部湾银行2008年10月成立，如今营业网点已遍布广西北部湾经济区六市，2010年底资产总额达600亿元，经营实力迅速壮大，为服务广西经济、服务北部湾开放开发、服务中国—东盟自由贸易建设提供强有力的金融支持。

广西北部湾银行是广西北部湾经济区开放开发十大重点项目之一，其宗旨是：更好地服务广西经济和广西北部湾经济区开放开发；加强与国内外金融机构的联系与合作，积极参与泛北部湾区域金融合作，更好地融入中国—东盟自由贸易区的建设和泛北部湾经济合作。

2009年8月18日钦州分行的成立，拉开了广西北部湾银行推进机构建设和布局的序幕。随之，9月21日崇左支行开业，10月19日北海分行开业，12月9日防城港支行开业；2010年7月13日贵港分行开业，10月22日玉林分行开业……两年多的时间，广西北部湾银行以广西金融史上前所未有的速度，新设6个一级分支机构，完成对北部湾经济区全部城市的服务布局。

广西北部湾银行快速在北部湾经济区设点，目的是更好地立足经济区、贴近经济区、服务经济区。截至2010年末，广西北部湾银行在北部湾经济区的“4+2”城市——南宁、钦州、北海、防城港、玉林、崇左累计共发放贷款超过

① 谢彩文、苏思远、杨源：《为北部湾经济区注入金融新活力——看广西北部湾银行一“湾”资金怎样风生水起》，载《广西日报》，2011-03-08。

200 亿元，合计占广西北部湾银行全年贷款余额的 85% 以上。同时，利用自有资金投向广西国开行信托贷款项目，支持项目包括南宁市五象新区基础设施项目、防城港市钢铁基地配套支撑项目等一大批北部湾经济区建设的重点项目。

广西北部湾银行到北部湾经济区内各市开设分行，为当地经济发展作出重要贡献，成为当地金融结构优化、金融产业发展的重要力量。广西北部湾银行在北部湾经济区设立的金融机构，都是首家城市商业银行在该市设立分支机构，也是首家广西自己的银行在当地设立分支机构。北海分行的设立打破了北海市近 10 年没有新设银行机构的局面，为北海市金融发展注入了新鲜活力，成为北海市 2009 年经济发展的一大亮点。2010 年 4 月，北海分行获得北海市政府颁发的“2009 年金融机构支持北海经济发展贡献奖”。

筹措更多资金支持广西经济建设、北部湾开放开发和重点项目建设，是广西北部湾银行全心全力的追求。2010 年，广西北部湾银行进一步开拓思路，寻求区外同业合作，努力突破瓶颈，继续为广西经济发展多做贡献。2010 年 8 月 25 日，广西北部湾银行作为牵头行和代理行，发起了广西有色金属集团 5 亿元流动资金银团贷款，得到深圳发展银行的积极响应；10 月 18 日，作为发起人，又与汇丰银行、深圳发展银行、汉口银行三家金融机构组成银团向南宁市糖业股份有限公司发放贷款 6 亿元。

在支持北部湾经济区建设的同时，广西北部湾银行不忘肩负的社会责任，先后捐款 600 万元，援建四川都江堰市石羊小学、开展拥军活动、支援建设百色起义纪念公园、支援灾区抗旱救灾……各分支机构也积极支持社会公益事业，2010 年，广西北部湾银行钦州分行创立“爱心助学基金”，员工先后捐赠资金近 4 万元，资助困难学生的学杂费和生活费，资助考入重点大学的困难学子。同时，与钦州电视台“社会关注”栏目组结成长期合作伙伴，更好地为困难学生提供帮助；广西北部湾银行南宁市城北支行为解决双定镇财政所办公机具设备缺乏的难题，向双定镇捐赠电脑，改善了双定镇财政所办公设备条件。

随着国家批准实施《广西北部湾经济区发展规划》三周年的到来，广西北部湾银行也即将迎来“三周岁”的生日，这家新生的商业银行，正迈步走向欣欣向荣、稳步前进的成熟时期。这三年，也正是广西北部湾银行“开疆拓土”、在北部湾经济区全面布局的时期。未来一到两年内，广西北部湾银行将致力于对北部湾经济区发展提供更便捷、更贴心的服务，着手在东兴、凭祥设立二级支行，重点服务人民币跨境结算和边贸结算；在钦州港设立二级支行，定点服务钦州保税港区建设；在北部湾经济区城市增设网点，在县域增设县域支行，为北部湾经济区各项建设打造最优质服务。

启示：2008年10月在南宁商业银行重组改制基础上成立的广西北部湾银行，成立之初就坚守“服务地方经济”的战略定位，立足北部湾经济区，敏锐地捕捉地方经济的脉搏，密切保持与地方经济发展战略方向上的一致，迅速做大、做强本地市场。在服务地方经济发展的同时，实现了各项业务的快速发展，截至2011年底，广西北部湾银行的资产规模达到了1 106亿元，是重组改制前的12倍。2009年、2010年连续两年被世界银行业权威杂志英国《银行家》评为世界1 000强银行排行榜，其中2010年名列第697位（其中中国银行101家，广西北部湾银行排名第56位），比2009年上升了108位；世界资产增长率前25名银行中，广西北部湾银行排名第4位（其中中国银行17家，广西北部湾银行排名第3位）。这充分说明了城商行立足区域经济、服务区域经济大有可为。

2. 广西北部湾银行服务中小企业发展案例①

自成立以来，坚持“立足地方、服务中小”的市场定位，紧抓中小企业金融服务这一蓝海市场进行了不懈努力，着重从转变增长方式、提升竞争力的战略高度大力发展中小企业信贷业务入手，及时制定了中小企业业务发展规划，明确了“支持中小、一起成长”的全新发展思路，沿着“在发展中创新，在创新中领先，在领先中做强”的路径，分步推进，全力打造其服务中小企业的品牌形象，走出了一条专注于服务中小企业、助推北部湾经济区发展的特色化道路，取得了业务发展、企业欢迎、政府满意、社会关注的显著成效。

中小企业是广西经济重要组成力量，所占比重大，但一直存在担保难、融资难的问题，为此，北部湾银行2009年7月成立了中小企业贷款的专营机构——中小企业信贷中心。该行还与享誉全球的德国法兰克福金融管理学院合作，紧密结合广西经济社会发展实际，成功研发中小企业信贷产品，于2010年4月正式推出后，业务快速拓展，市场运行良好。

为进一步提高中小企业的服务水平，北部湾银行又于2011年1月在总行公司银行部设置了二级部门——小企业金融部。此外，还专门制定了中小企业客户经理考核激励机制，按平衡计分卡的要求，将中小企业客户经理的考核业绩与薪酬密切挂钩，考核指标体系涵盖存贷款营销、中间业务收入、贷后管理、客户满意度等多个维度。

2009年以来，北部湾银行实行区域布局，加快机构建设，相继在钦州、崇

① 周建初、徐友仁：《北部湾银行与中小企业相伴成长》，载《金融时报》，2011-04-22。

左、北海、防城港、贵港、玉林等市设立分支机构，实现服务网络在北部湾经济区“4+2”城市全覆盖。

作为地方银行，北部湾银行坚持作为区域性金融重要支柱的定位，开展特色金融服务。一方面积极与融资担保公司联系，探索“银保”业务合作。目前已与广西投融资担保公司、南方担保公司等进行了“银保”业务合作。截至2010年末，以融资担保公司作担保的方式对中小企业发放的贷款余额达13亿元，成为广西各融资担保公司较大的贷款合作银行之一。该行还尝试与专业市场合作，开拓中小企业信贷业务。2010年，北部湾银行积极研究钢材质押办法，目前已与多家企业洽谈钢材质押贷款方式，并通过此模式营销其他行业，实现了新突破。

针对中小企业难以提供符合银行要求的抵质押物的问题，北部湾银行通过开展市场调研、银企恳谈会等多种形式，详细了解客户需求，并结合同业先进行好的做法，先后成功推出了“快捷贷”、“联保通”贷款和个人生产经营贷款、小企业循环贷款等业务。这些贷款产品创新担保方式，不再以抵质押作为贷款必要条件，重点关注其他软信息，如三品——人品、产品、押品；三表——水表、电表、报表等。现在，已通过加快产品创新，形成了覆盖中小企业等众多客户群体的丰富产品体系，逐步建立了具有本行特色的金融服务新品牌。

通过秉承“立足地方、服务中小、打造品牌、办出特色”的市场定位，不断加大对中小企业的金融服务与信贷支持力度，广西北部湾银行中小企业业务发展迅速。截至2011年12月31日，广西北部湾银行累计投放中小企业贷款265.04亿元，有效地解决了中小企业贷款难问题。2010年，该行先后荣获“广西诚信企业”、“新中国成立以来广西60个最具影响力品牌”、“2010年广西优秀企业”、“2010广西企业100强”、“中国最具成长性商业银行”和“中国十大最佳特色服务商业银行”等荣誉称号。

启示：广西北部湾银行在成立之初，就坚守“服务中小企业”的战略定位，与国有大型银行和全国股份制银行进行错位竞争，选择具有比较优势的中小企业业务，坚持走差异化、特色化的发展道路。在短短不到三年时间内，培育了良好的中小客户群体，形成了自身较强的竞争优势。

3. 广西北部湾银行服务小微企业发展案例①

广西北部湾银行将服务小微企业作为转型发展的突破口之一，在人力、物

① 曾建中、徐展鹏、杨源：《金融服务创新显特色　真情倾注中小微企业——广西北部湾银行微贷业务量居全国第三》，载《广西日报》，2012-03-13。

力、资源等方面作出倾斜，优先发展微贷业务。截至2011年12月末，广西北部湾银行微贷余额突破25亿元，业务增量位居全国第三[①]；支持的企业涵盖医药、建筑、机械、超市、酒店、商业连锁、日用品、食品加工、运输业、小型制造企业、食品批发等行业，共使11 081户中小微企业直接受益，拉动就业近50万人。

（1）贴近市场，探索建立专营机构。随着改革开放的深入和经济社会的发展，小微企业逐渐成长壮大，为我国经济社会的发展作出了突出的贡献。但是，小微企业尤其是微型企“贷款难”、“担保难”的现象也日益突出。广西北部湾银行立足市场，积极探索建立支持中小微企业专营机构新模式，并于2009年7月1日在广西同业中率先成立了小微企业贷款的专营机构，根据小微企业的实际情况设计产品，做到手续简便、审批快捷、操作灵活，最大程度满足企业的融资需求。

为不断提高对小微企业的服务水平，广西北部湾银行于2011年2月在总行公司银行部设置了二级部门——小微企业金融部，并分别在玉林分行、贵港分行、城北支行、江南支行、钦州分行和营业部设置独立的微贷部，专门用于开展支持小微企业的微贷业务，这在全国开展此类业务的城市商业银行中独树一帜。如今，专营机构的发展已经取得了显著成效，下一步，广西北部湾银行将在更多条件成熟的地区设立专营机构，特别是在柳州、梧州等中小微企业密集区域，推进更专业、高效的小微企业金融服务。

（2）推陈出新，打造特色服务品牌。先进的理念是银行经营的精神支柱。广西北部湾银行通过准确的市场定位和积极的金融创新，不断加强产品研发，全力打造特色服务品牌，并与国际知名金融学院合作，先后成功推出“北部湾微贷”、“快捷贷”、“联保通”等一批新业务。为小微企业和个体经营者量身定做的“北部湾微贷”系列产品投入市场运行后反映良好。

截至2011年12月末，广西北部湾银行微贷余额突破25亿元，成为国内首年开办余额突破3亿元的城市商业银行。这也是国内首家在开办微贷业务次年余额突破25亿元的城市商业银行，业务增量位居全国第三。微贷业务成为广西北部湾银行新业务中的旗舰品牌。

广西北部湾银行还充分发挥“本土银行、总部银行”灵活高效的优势，结合广西区内世界最大的茉莉花生产加工基地的横县、“中国红木第一城”的凭

① 截至2012年第一季度末，广西北部湾银行微贷业务已突破30亿元。

祥、西江黄金水道的贵港等县、市的地方特色产业，先后成功研发“阳光茉莉”、“联保通——红木贷”、“个人船舶贷款”等富有广西北部湾银行特色的新业务，在同业支持地方特色小微企业发展中树立了标杆。

（3）独辟蹊径，创新业务担保方式。由于小微企业受管理水平较低、经营不稳定、抗风险能力弱等因素的制约，难以提供符合银行要求的抵质押物，其融资担保难成为普遍存在的问题。

广西北部湾银行通过开展市场调研，独辟蹊径，与专业市场及行业协会合作，开拓了小微企业信贷业务担保新方式。2010 年，广西北部湾银行积极开展与南宁市钢材市场的交流合作，成功开办了钢材质押贷款业务；2011 年，广西北部湾银行又与凭祥市红木协会、横县花茶协会等开展战略合作，以协会为纽带、以商户联保的形式，创新了小微贷业务担保的新模式。2011 年 5 月，广西北部湾银行作为唯一受邀行，与南宁市工商局联合举办了商标质押推介会，并成功与广西桂西制药有限公司、广西春江食品有限公司等企业签订商标权质押贷款合作协议。2011 年 11 月，广西北部湾银行又与广西壮族自治区知识产权局签订了《中小企业知识产权质押融资战略合作协议》，创新开展小微企业知识产权质押融资工作，填补了广西此项业务的空白，为支持小微企业发展，创造了全新的质押担保方式。

（4）突破传统，创新业务营销模式。广西北部湾银行通过科学论证，坚持特色化、差异化发展战略，培育业务经营特色，在打造核心竞争力的道路上越走越宽阔。

广西北部湾银行以客户需求为中心，突破传统，创新推出“四个平台”业务营销模式：一是搭建“条”式营销平台，密切与自治区党委统战部、自治区工商联、自治区经委、自治区中小企业局等部门的联系，建立行业间的战略合作关系，筛选梳理行业目标客户，落实营销方案，开发客户资源；二是搭建“块”式营销平台，即通过与工业园区管委会和市场管理机构建立良好的合作关系，将信贷资源优先投向重点园区和专业市场的优质客户；三是搭建“链”式营销平台，围绕重点核心客户，选择其上下游小微企业客户，积极稳妥地开展供应链贸易融资业务；四是搭建“面”式营销平台，加强与各地商会的合作，通过商会推荐客户，共享客户资源，促进业务共同发展。

如今，广西北部湾银行的小微贷客户群体不断扩大，客户数量成倍增加，“北部湾微贷”等一批专注服务小微企业的新业务、新产品被越来越多的中小微企业所接受和青睐，广西北部湾银行社会知名度和品牌影响力显著提升。

（5）机制激励，打造专业服务团队。为更好地适应小微企业贷款需求“短、频、急”的特点，为客户提供更加灵活、快捷的服务，广西北部湾银行通过加大外部引入和内部培训等方式，推陈出新，大力培养管理、营销、产品和风控等方面的小微企业业务专业人才，不断充实小微企业客户经理队伍。目前，从事小微企业业务的客户经理已接近300人，成功打造了一支能打仗、善打仗、打胜仗的小微业务团队。

广西北部湾银行还专门制定了小微企业客户经理考核激励机制，按平衡计分卡的要求，将中小微企业客户经理的考核业绩与薪酬密切挂钩，考核指标体系涵盖存贷款营销、中间业务收入、贷后管理、客户满意度等多个维度。全面、科学的考评体系彻底打破了“大锅饭”和平均主义，极大地调动了所属机构和客户经理拓展业务的积极性，提高了工作效能。

广西北部湾银行每一名员工还积极秉承“信任造就责任、公平激发热情、服务感动顾客”的团队精神，以务实的工作态度、高度的工作热情、严谨的工作作风、五星级的服务理念感动着每一位客户。

银行员工坚信微贷事业的美好前景、团队的集体力量、应对挑战的能力；坚守诚信、廉洁、避嫌、尊重、保密的十字行为准则；践行工作有激情、要日清、要思考、要创新、要完美、要分享、要务实的敬业精神。正是这个勇于创新的群体，将广西北部湾银行打造成为中国微贷领域的领军银行之一。

（6）助我成长，得益北部湾微贷扶持。李先生作为北京华联（民族大道店）和必可便利店的原经理人，在8年的便利店职业经理人生涯中，积累了丰富的便利店经营经验。2010年1月李先生辞职自主创业，在津头路创立了第一家达时便利店，因为经营有方，随后几个月李先生又增开了两家新店，月营业额达到10万元左右。由于新店规模的快速扩张，李先生的流动资金也变得日趋紧张，故其于2010年7月向广西北部湾银行申请了一笔金额10万元、期限1年的“北部湾微贷”，5天后贷款成功获批，有效缓解了李先生的资金周转压力。

在广西北部湾银行的支持下，李先生的便利店得到了飞速的发展。2011年4月，李先生已在南宁拥有8家便利店，皆分布在人流较大的闹市区周围，月均营业额达到40万元左右。由于第9家分店开张在即，为保证供货及时，保持充裕的现金流，李先生再次向广西北部湾银行申请一笔金额5万元、期限3个月的“北部湾微贷”。

贷款发放后，达时便利店的生意越做越大。至2011年7月，李先生已拥有15家达时便利店，月营业额攀升至60万元左右。2011年8月，为继续扩大生意，李先生第三次向广西北部湾银行申请贷款，金额由原来的10万元增至50万元。从2010年7月与广西北部湾银行合作开始，李先生在北部湾银行的支持下，便利店由原来的3家发展至目前的20家，月营业额突破100万元，增加近10倍。

“作为广西本土银行，广西北部湾银行是实实在在为中小企业服务的，对我们生意上的帮助非常大”，在回顾与广西北部湾银行的合作时，李先生充满了感激。

南宁市某汽车工贸公司老板魏先生，1988年开始经营汽车配件生意，2001年成立自己的汽车配件有限公司，主要经营重型货运汽车配件批发生意。魏先生的汽车配件生意一直经营得比较红火。近年来，望州路片区从一个比较荒凉的地区逐渐形成了一个集汽车配件销售、汽车维修、美容于一体的专业汽配市场。随着该区域入驻的经营户越来越多，魏先生面临的竞争压力也越来越大，深思熟虑之后，魏先生开始考虑增加经营品种，扩大业务范围。

2010年，魏先生入股了当时经营状况不佳的南宁市某重型汽车工贸有限责任公司，增加了代理品牌，并计划增加整车销售业务，由于前期资金投入较多，导致流动资金非常紧张，于是想到了与银行合作寻求资金支持。在咨询了几家国有银行均无果后，魏先生怀着最后希望找到了广西北部湾银行。经过广西北部湾银行微贷客户经理专业的调查和分析，两天后，魏先生成功获得了一笔金额50万元、期限1年的“北部湾微贷”。2011年，魏先生整车销售额达到了月均170万元，给生意发展带来了极大的帮助。在北部湾银行的支持下，魏先生的公司已从一个新成立的微型企业成长为年营业额达2 000万元的中小型企业，体现了“北部湾微贷”一直倡导的“小贷款、大回报”的服务宗旨。

启示：在目前国有银行和全国股份制银行纷纷向中小企业业务转型导致中小企业业务领域竞争加剧的情况下，中小企业业务逐渐从“蓝海”变成“红海”。因此城商行应开辟新的蓝海——“小微业务”。由于小微业务是“关系型”业务，城商行具有天然的地缘优势、决策链条短、易于收集软信息、经营机制灵活等优势，在小微业务领域更容易形成比较优势和竞争优势。因此，城商行应将小微业务作为重点优先发展业务。

4. 城商行向小微企业业务转型案例①

广西北部湾银行玉林分行成立于2010年10月。2011年2月该行开办微贷

① 曾建中、徐展鹏、杨源：《因时而变，在转型中寻求发展——广西北部湾银行玉林分行大力开展支持中小微企业的微贷业务》，载《广西日报》，2012-03-13。

业务，向小微业务转型。经过将近10个月的经营，微贷余额在2011年末顺利突破5亿元，在玉林当地树立了良好的品牌形象，同时也培养了一批开拓能力强、服务素质好的微贷客户经理。

广西北部湾银行玉林分行始终坚持以业务发展为中心，围绕人才培养和业务创新这两个基本点推动微贷业务不断做强、做优，使微小贷款数量和质量得到长足的发展。概括而言就是树立三大理念。

（1）坚持以发展为中心的理念。坚持树立以发展为中心，不发展就是最大的风险的理念。没有业务规模，就没有市场占比，在竞争中就要被边缘化。在2011年初广西北部湾银行玉林分行就明确了全年咬定5亿元目标不放松，并将目标分解到各个团队和小组，按照每季、每月、每周进行进度考核。在这个基础上，他们还针对玉林当地的经济环境和融资氛围，重点划分片区，实行精耕细作。对中医药、服装、农贸、副食品批发等专业市场进行重点拓展，深度开发，按照微贷技术筛选一批优质客户，形成了稳定的客户群体，带动了多项综合业务发展。

以业务发展为中心，重点在于细分市场、研究客户，以行业经营规律、市场需求导向和客户经营能力来选择客户，为客户提供适合的微贷融资方案，这样才能促进业务健康持续发展，目前，该分行正在积极研究家电、农贸、食品贸易等行业的特点，推出微贷链化业务模式，使微贷业务紧跟市场脉搏，贴近消费热点。

（2）坚持推进人才培养和业务创新的理念。坚持推进人才培养和业务创新，是微贷业务持续发展的动力源泉。

在微贷人才培养方面，广西北部湾银行玉林分行建立了高效、务实的培养梯队。除了按照微贷的技术要求实行“传帮带”培养新人，玉林分行还重点实行因材施教，根据每个信贷经理的特性、发展速度合理安排培养内容，做好信贷经理的职业生涯规划。人才培养重在目标导向，有压力才有动力，微贷团队每个月都对小组、组员下达工作任务，每周对小组、组员进行进度考核，团队管理者针对进度缓慢的组员进行重点辅导，明确工作任务时效，建立相关奖罚措施，使得整个团队保持了旺盛的竞争力和战斗力。一年来，一大批信贷经理得到迅速成长，成为微贷业务的顶梁柱，还有两名团队长，七名小组长走上了管理岗位。

推进业务创新是市场经济发展的要求，也是广西北部湾银行玉林分行微小贷款保持竞争力的内生动力。结合玉林区域特色，该分行在为小微企业服务方面大力推广交易融资业务，围绕产业链进行营销。以模式推动、批量开发的方式圈定微贷客户群，实施与落实重点项目，实现交易融资业务在业务量、业务模式创新和核心厂商开发等方面的阶段性突破。在服务方式上，采取产业链式、综合化、差异化的服务，对客户所在的产业链实行向上下游延伸的链式服务；在服务的内容上，以“一户一策一团队”开展专业化营销，灵活运用创新工具，为民营企业提供差异化、综合化金融服务。例如，目前该分行以鼎源采购中心为贸易链服务平台，服务百色家电优质企业格力空调，微贷迅速切入其上下游经销商进行营销。

（3）坚持强化风险管理、集约优先和激励约束到位的理念。强化风险管理，提高资产质量。“一百个发展也抵不过一个风险”。小微企业贷款金额小、笔数多、客户分散，要控制好小微贷款的风险，就要将当地小微企业作为一个集合，找寻规律，摸索方法，在实践中确定适合各类小微企业特征的服务模式。针对其特点按照区域、行业、第三方信息分类进行风险控制，坚持以大数法则为指导。规划先行，优选目标群体客户，进行合理的行业布局，从而将风险发生概率和损失控制在较低水平。该分行还根据自身实际制定了微贷的行业指引，指导信贷经理进行有针对性的高效营销，同时还成立专门的质量管理小组，对逾期贷款进行专门清收，在风险控制上取得了一定的效果。

强化集约程度，提高人均产能。产能考核是一家企业检验经营成果的重要手段，广西北部湾银行玉林分行对微贷的产能考核注重人均，检测人均发放笔数、人均管户金额，在制定时段任务时注重结合当前的人均产能情况及总进度要求，使得目标任务制定科学合理且有紧迫性。提高人均产能，必须强化集约程度，统一行动方向、考核体系及发展手段，使整个团队形成明确的目标，业务小组有统一的营销部署，有针对性地对重点行业、优质客户进行大力营销，这样才能集合最强的战斗力去占领市场高地。

强化激励考核，约束到位。微小贷款的经营就是一个小微企业融资的信贷工厂，要确保生产出规模统一、质量优良的信贷产品，就必须对进度进行考核，制定合理的激励方案。针对“月初投放少，月底赶投放”的现象，采取周进度追踪，找出问题所在，团队、业务小组跟踪解决，并在业务发展关键期制定一些绩效激励方案，如“周进度奖”、“月发放笔数奖”、“月发放总额奖”、“月营销笔数奖”等，鼓励赶超进度，营造良好的竞争氛围。

在督促前后台按照要求保质保量完成工作方面，也要制定一定约束措施，确保各岗位按照要求完成工作，执行到位，不出差错，例如，在通知客户还款方面，近三天出现的逾期管户经理要求暂停调查，三天内全力催收，既不影响该管户经理的长期业绩，同时也给予一定压力，让其形成良好的通知还款、催收工作习惯。

回首往事，展望未来，从蹒跚起步到坚定不移，广西北部湾银行玉林分行微贷人走过的不仅仅是300多个朝朝暮暮，品尝的不仅仅是其中的酸甜苦辣，感悟的不仅仅是微贷事业的伟大和个人价值的体现，更为重要的是找到了方向，找到了属于一条自己的路。

启示：人才队伍、业务创新和风险管理是发展小微业务的核心。城商行只有把握着三大核心，才能推动小微业务快速发展。

6.3　城商行差异化发展战略转型路径

6.3.1　城商行的竞争策略选择

竞争力分析表明差异化和目标聚集策略是城商行发展转型策略的必然选择。城商行缺乏国家品牌信誉、规模较小、机构网点少，与供给方和需求方的议价能力远低于国有大型商业银行和股份制商业银行；不具备特殊的资源优势，如在劳动力成本和存款的投入上并不比其他行更有优势，其生产技术、生产方法和规模也较弱；经营地域范围和业务范围依然受到较多限制，在我国银行业体系和市场同业竞争中尚处于相对劣势地位。因此，城商行希望通过总成本领先策略来获取市场竞争优势几乎不可能。鉴于当前我国商业银行的竞争已经从原来的规模竞争向创新竞争转化（巴曙松，2005），城商行只有采用差异化策略，并运用目标聚集策略将有限资源集中到目标对象，才能够摆脱同质竞争的局面、赢得细分市场客户，从而在银行业激烈竞争中取得竞争优势。

6.3.2　差异化战略是城商行的正确选择

差异化战略是使企业获得高于同行业平均利润水平的一种有效的竞争战略，这种战略的重点是创造被全行业和顾客都视为独特的产品和服务。按照波特教授的一般性企业竞争战略原则去思考一些中国银行业的战略定位问题，不难看出，有效的差异化战略能够帮助银行摆脱同质化竞争的压力，提高利润水平，赢得细分市场的客户，从而最终为银行在竞争中赢得优势。毫无疑问，差异化战略是城商行未来发展战略定位转型的基本要求。

1. 城商行战略定位差异化是我国构建多层次金融体系的需要

从我国金融体系看，城商行走差异化发展之路是我国构建多层次银行体系的现实需要。从国外情况来看，一个由不同规模、不同定位和服务对象，以及不同特色的各类银行组成的多层次银行体系，既是一国银行业发展的必然趋势，也是一国经济中不同主体对金融服务差异化需求的结果①。目前，我国银行业在规模角度已形成由大型、中型和小型银行组成的多样化银行体系，但从市场定位和服务对象角度来看，多层次、多样化的银行体系尚未成形。尤其是除农村金融机构外，大多数商业银行的市场定位、服务对象和发展模式高度趋同，从而造成大中型客户金融服务竞争过度、小微型客户金融服务供应不足，金融资源向大中城市聚集，县域和农村金融服务薄弱等现实问题，即我国金融市场的结构性问题。因此，完善多层次、多样化的银行体系，尤其是进一步强化和大力发展服务于中小企业和“三农”的银行机构，将是我国银行业下一步改革和发展的重点。在此过程中，对于城商行来说，针对自身特点和比较优势，确定一条不同于大型银行的差异化发展道路，既是未来发展的需要，也是我国构建多层次金融体系的现实。银行差异化经营战略的实施将有助于真正构建我国分工协作、公平竞争的多元化银行体系，摆脱传统的低水平竞争格局，凸显各银行的比较竞争优势，并促进提升整个银行业的国际竞争力。城商行结合我国多层次金融市场结构特点，走差异化市场定位道路，是发挥比较优势的正确选择。城商行的规模较小、自身资源和经营能力有限，因此，城商行在市场定位上必须有所侧重和选择，实施差异化的竞争策略，将各种资源集中于细分市场上，这样才能形成自己的核心竞争力。

2. 走差异化发展道路是城商行群体的巨大差距的客观要求

截至2010年底，我国共有147家城商行。由于城商行所在不同城市的经济总量、金融生态环境方面以及自身发展改革历程的不同，导致了城商行的资产规模、资本实力、管理水平和发展能力存在着的重大差异。首先，从资产规模方面看，截至2010年底，资产规模较大的城商行如上海银行和北京银行已超过8 000亿元②，跻身于全球500家大银行之列，甚至超过了一些全国性股份制银行；而最小的城商行规模才200亿元左右。其次，从资本实力来看，不同商业银行之间也存在着很大的差异，大型城商行资本金额已达数百亿元，而最小的

① 张吉光：《城市商业银行未来发展方向问题研究》，载《内蒙古金融研究》，2010（8）。

② 截至2011年第一季度末，北京银行资产规模已突破1万亿元。

城商行资本金额才十多亿元。在目前的条件下，由于大部分都未上市，城商行补充核心资本金的渠道只有利润留存和增资扩股这两条。一些发达地区的城商行，由于能得到当地政府的有力支持，同时引入了境外战略投资者，其资本实力有明显提高。而对大多数城商行来说，由于经营业绩相对较差，单靠利润留存难以满足核心资本补充的需要。在附属资本补充方面，银监会颁布的《商业银行资本充足率管理办法》对商业银行发行次级债规定了较为严格的条件。一些资质较好的城商行，由于其经营状况良好，达到了发行次级债的各项要求，已经开始通过发行次级债来筹集附属资本，由此拓宽了资本金补充渠道。不过，对于相当多的城商行来说，目前还难以达到监管要求，进而也就无法利用次级债发行来补充附属资本。同时，新的监管规则的实施对城商行的资本补充提出了更高的要求。上述这些情况意味着，有相当部分的城商行将不可避免地陷入资本金补充的困境。最后，银行管理水平和发展能力的差异。从风险管理水平看，大部分城商行的管理水平都处于良好状态，但也有一些城商行风险管理水平较低，甚至发生了较大的风险案件。因此，城商行数量庞大且城商行之间存在巨大差异，意味着其未来的发展路径必然会体现出多样性。结合自身实际情况制定差异化发展战略，成为城商行未来发展的客观要求。

3. 差异化发展是城商行适应监管政策的需要

我国银行业的监管部门多次强调，中小商业银行今后要走差异化、特色化的发展道路。如2010年4月1日，中国银监会主席刘明康在重庆召开的“全国城商行发展论坛第十次会议”中指出：“现在是城商行改革发展的一个关键时期，城商行要认真学习领会中央经济工作会议、胡锦涛总书记今年在省部级干部班上的讲话和两会精神，增强主动性、紧迫感和责任感，处理好速度和效益、局部和整体的关系，并以此次会议为契机，把加快经济发展方式的转变作为落实科学发展观的重要目标和战略举措，进一步明确发展方向，转变发展方式，走差异化、特色化发展道路。”《中国银行业实施新监管标准的指导意见》确定的银行资本和流动性监管新标准，也提出在全面评估现行审慎监管制度有效性的基础上，提高资本充足率、杠杆率、流动性、贷款损失准备等监管标准，并对风险资产的权重实施差别化管理。预计银监会将对城商行提出了“分类监管”原则，要求城商行根据自身的资本充足率状态，实施差别化的监管策略。

4. 差异化是城商行适应竞争形势形成竞争优势的必然选择

纵观欧美中小银行发展历程，近30年竞争明显加剧，如20世纪80年代初美国有1.4万多家商业银行，如今只剩下近8 000家；德国银行机构也从近1.3

万家锐减到 3 000 家左右。市场竞争迫使欧美中小银行选择了差异化的市场定位和发展方向，并通过优胜劣汰，使各种发展方向下最具竞争力的个体得以生存，这一过程被称为“分层提纯”①。从金融危机的影响看，在遇到大的金融危机和经济动荡，或者市场洗礼非常明显的时候，在金融业尤其是银行业就会出现一个分水岭：一批非常有特色的个性化的银行得以生存并得到较好发展。因此，差异化竞争战略是城商行形成竞争优势的必然选择。这要求商业银行注重目标选择，通过满足特定的客户群，或者将资源集中于特定的产品或市场，营造自身的竞争优势，以此提高商业银行的经营效率和运作的差异化。差异化竞争要求将整体市场划分为若干细分市场，企业根据各细分市场上消费者要求的差别，分别设计不同的产品，采用不同的营销组合方案，多方位或全方位地满足其要求。对商业银行而言，就是利用自身的资源和优势，针对不同层次的优质客户，提供差别各异的优质产品和服务，以做到客户服务资源的有效配置，从而实现经营效益的最大化。

5. 差异化是城商行适应经济发展转型的客观需要

中小银行的差异化发展是我国经济转型的需要。“十二五”时期，我国的经济发展方式将从投资、出口为主导的外需型增长向投资、消费为主导的内需型增长转变，尤其是向消费内需为主导转变。为了改变过去以低成本劳动力和高能耗为主的发展模式，更加快速地建立消费推动型的经济发展模式，以中小企业、高科技、新能源以及创意产业等为亮点的经济增长点将得到政府和社会的更多支持与关注。作为服务经济的银行系统必然要适应这样的变化，而银行传统的发展模式也必将受到更多的挑战。城商行应当看到这样的发展趋势，紧跟经济转型和产业升级，开发针对新兴产业的特色化服务，尽快形成自身的差异化优势，寻求自身的发展空间。同时，从消费者消费行为的变化趋势来看，中国的消费市场正处于大众化消费向个性化消费的转变时期，差异化竞争策略是个性化消费的需要。随着我国经济的发展和人均收入水平的提高，居民金融资产的日益攀升，预计“十二五”时期社会消费水平和个性化消费需求将大幅增长，居民对各种金融产品的需求呈多样化、个性化趋势。从银行客户来看，在不同层次和在生命周期不同阶段的客户身上，体现出的需求也是不同的，概括起来主要有安全便利的需求、融资的需求、投资的需求、避险的需求、理财的需求等。银行客户不再受银行现有业务产品、服务方式和规章制度中个别不合

---

① 肖远企：《后危机时代我国中小银行的发展方向》，载《中国金融》，2010（3）。

时宜条款的限制，即客户不再是金融产品被动的接受者，而是银行服务的挑选者，客户可以从自己的利益出发，对各家银行和金融机构进行比较和选择。因此，银行必须由过去的银行产品主导型向客户主导型转变，实施差异化竞争策略，根据客户特色化的需求，有针对地开发相应的金融产品，不断地为目标客户提供适应其需求的综合跟踪服务①。

总体而言，差异化竞争策略是银行提高竞争优势的需要。银行的竞争优势主要取决于信誉、产品、方式和技术等方面高于其他银行的明显特色，从而形成自己的比较优势，提高银行竞争能力。这就要求城商行把差异化竞争策略提升到商业银行发展战略的高度，调整经营模式，积极应用信息技术，制定适宜信息化的产品和服务个性化的发展战略，满足市场和客户的需求，构建城商行独特的业务发展模式，以避免过度竞争、克服同质化问题所带来的不利影响。

6.3.3 城商行差异化竞争实施路径

1. 竞争地域范围差异化

基于我国地域辽阔和经济发展上的不平衡，城商行根据自身的发展战略定位，对目标市场的选择也应有所不同。针对我国金融机构大多集中在大中型城市和经济发达地区，而小城市及广大乡村地区金融发展却相对落后的现状，城商行可以利用地域和信息优势，将竞争地域定位于服务城市社区、服务专业市场、服务城乡结合部、服务工业园区、服务县域经济，既能够弥补市场空白，也避免与其他类型商业银行的同质化竞争，更有利于获取市场竞争力。

因此，城商行可以集中将主要资源投入到某一区域，紧密结合区域经济发展特点对区域市场实施细分，推出差异化的服务方案，建立起全方位、与区域内各细分市场完全对接的营销和服务体系；实施组织架构改革，建立扁平化、高效率、立足区域市场的组织体系和业务流程，提高在区域市场的反应速度和服务效率，做深做透区域市场，并在该区域内形成竞争优势，成为区域市场的领先者。

2. 业务领域差异化

从市场需求和市场潜力看，随着国有企业改革步伐的加快，中小企业已成为我国国民经济和社会发展中解决社会就业压力、推动经济活动的有效途径和主要动力。中小企业的迅猛发展对金融支持提出了迫切要求，但由于市场定位

① 张燕文：《浅析我国商业银行差异化竞争策略》，载《武汉金融》，2003（6）。

雷同，我国金融市场长期与非金融企业的融资需求不匹配，缺乏与中小微企业配套的中小金融机构。城商行作为地方性商业银行，是中小微金融机构中的主体，也是中小微企业的传统融资提供者，有机会也有必要进入这个细分市场满足中小企业尚未得到满足的巨大融资需求。

从竞争对手的市场定位来看，我国四大商业银行主要立足于国家重点发展行业和国有大型企业等优质客户，而外资银行囿于经营范围的限制和网点方面的劣势，其市场定位集中于高端优质客户。尽管国有大型商业银行和大型股份制银行近年纷纷向中小企业业务转型，但凭借灵活高效的优势，城商行仍然在中小微企业领域保持一定优势，尤其是小微企业业务领域。由于以“关系型”业务为重点的小微企业贷款领域需要巨大的人力成本和灵活高效的经营机制，国有银行和大型股份制银行尚未涉足，因而城商行更应将主要资源集中配置在这些领域，实施业务经营差异化。

3. 目标客户差异化

在明确发展战略愿景和目标市场后，城商行应结合当地的优势行业和特色行业，确定目标客户群体和核心的业务。鉴于我国大型股份制商业银行的客户定位于大企业、国有企业，城商行可利用自身所具有的突出的地缘、人缘、血缘优势，坚定其最初的目标客户定位，服务有政府背景的项目和业务、服务中小微企业、服务个体工商户、服务广大城乡（包括城市社区、县域、农村、乡镇地区）居民。如晋商银行结合煤炭行业作为山西省的经济支柱，随着未来山西资源转型的深入，其产业链的衍生、产业链对周边行业的拉动，煤炭清洁开采、循环开采等新行业的涌现，以及煤炭焦炭交易平台的深入应用带来的金融服务机会，提出了针对晋商银行传统优势业务（煤炭行业）形成独占性的专业化经营特色。

在零售业务方面，目前国内银行在客户定位方面大多没有明确的目标或规划，大都根据所谓的“二八定律”把中高端客户作为竞争的主要目标。随着各大银行纷纷瞄准中高端客户，中高端客户市场的竞争将更加激烈。在这种背景下，城商行应有策略地选择中低端客户作为目标客户，并采取差异化的营销模式，绕开“红海”，走向“蓝海”。

4. 产品和服务差异化

我国银行金融产品同质化严重。城商行在产品定位上要防止盲目求全，需针对客户日益多元化的产品、服务的需求状况，结合自身特点，发挥自身优势，巩固优势业务，突出重点品种、重点地区，如针对小企业、个人消费和涉农领域产品的差异化，打造特色业务和产品体系。一方面，城商行应当从企业内部运作的模式、资产负债管理，以及各业务现状考虑如何去打造自己的特色；另一方面，从外部环境着手，充分考虑客户的特殊需求，为客户量身定做服务项目，在服务、产品等各方面体现出一种综合安排，让客户的需求得到全面的满足。还可以在某些具有特殊成本及竞争优势，以及经营特色鲜明的专门业务上多下工夫，力求使银行在某一经营领域中成为具有权威性的领先者。总体而言，城商行要考虑客户的特殊要求，采用更加专业、更加精细化的差异化服务。在金融技术迅速发展的今天，城商行应致力于提高产品的高科技含量，努力开发和推出技术含量较高的公司、零售和中间业务产品，并使本行产品具有鲜明的特色。

5. 品牌战略差异化

在实现上述差异化的基础上，为防止对手的低成本模仿，城商行还应致力于本行产品的品牌建设，努力培育核心客户及客户的品牌忠诚。城商行应加强品牌建设，采取品牌形象差异化战略。随着金融技术的不断发展和推广，金融产品之间的差异已经越来越少，而且金融产品易于被模仿，单纯依靠产品差异化和市场差异化战略已经不能适应当前激烈的市场竞争，城商行只有通过加强品牌建设，采取形象差异化战略才能在激烈的竞争中保持持续的竞争优势，获得稳定的市场份额。首先，城商行要通过打造理念鲜明、目标突出特色企业文化，提高其在同业中的声誉和知名度。其次，城商行的服务要以客户为中心，在与客户的双赢合作关系中建立品牌战略优势。最后，城商行要统一服务规范标准，使客户无论何时何地都能享受到同样的优质服务，都能感受同样的企业文化和品牌效应。

6.3.4　城商行发展转型的差异化发展战略愿景

借鉴发达国家（地区）中小银行发展转型的一般规律，结合我国银行体系特点，本书认为，我国城商行将在“十二五”时期，随着经济发展水平、市场竞争和监管环境的改变逐步从同质化走向差异化、特色化的发展道路，不同的城商行的发展战略定位将出现明显差别，并最终形成层次分明的差异化城商行发展体系。理论上，我们至少可以从市场和业务两个维度，在市场层面区分为全国性市场和区域性市场，从业务层面区分为综合型和专业型两种经营模式，进行组合后至少可以寻求到四种可供城商行参照的典型发展转型战略愿景。这就是简单的城商行发展转型 2×2 战略愿景模型（见图6－2）。这个模型虽然简单，但扩展性很强。如可增加其他差异化的维度，如果考虑不同维度上的程度差异，可以扩展出城商行发展转型的多个（大于 4 个）差异化战略愿景。为简单起见，下文仅以 2 ×2 模型为例说明城商行的发展战略转型。

	细分业务	
细分市场	全国性综合型	全国性专业型
	区域性综合型	区域性专业型

图 6 –2　城商行发展转型的 2 ×2 战略愿景模型

1. 全国性综合型战略愿景

尽管目前尚无城商行成功转型为全国性综合型银行，但按照当前城商行的发展态势来看，并非没有这种可能。对城商行“在全国范围内‘跑马圈地’复制大型国有商业银行和股份制银行”的顾虑正是当前城商行跨区域发展备受批评的原因之一。但从长远来看，一些已经具有较大规模、有较强风险管控能力和创新能力的城商行，完全有可能借助跨区域发展、电子银行和上市等途径朝着全国性综合型银行的目标发展。

这种发展战略转型、战略定位需要具备以下条件：首先，必须具有一定的规模。只有在规模较大的情况下，城商行才能突破集中度等监管指标的约束，实施跨区域经营和综合化经营，才具有拓展和服务大型客户的能力。其次，必须具有较好的风险管控能力。随着监管部门对城商行跨区域经营的严格审批，城商行只有在风险评级达到二类行以上才可能继续实施跨区域经营。因此，城商行只有具有良好的风险控制能力，才具有跨区域发展的资格，实现大规模跨区域经营，最终完成在全国的布局。经营地域限制被打破，城商行的业务开展将不再受制于地方经济和当地产业结构，业务和客户的多元化成为可能。再次，必须有比较完善的业务资格。与专注于某些业务或客户的定位模式不同，定位为全国性综合型银行，必须不断完善业务资格。只有具备比较完善的业务资格，才能为综合化经营实施提供条件，并在与国有商业银行、全国股份制银行的竞争过程中处于平等地位。最后，需要具有较强的综合实力和品牌影响力。向全国性股份制银行发展需要城商行在市场拓展、产品创新、风险控制、信息技术、人力资源、财务控制以及资本补充等各方面具有较强的综合实力；同时，需要具有较强的品牌影响力。对于大型银行而言，相同的综合定位模式使得相互之间具有很强的同质性，其在市场上的竞争力更大程度上是通过品牌体现出来的。因此，对于发展战略定愿景定位为全国性综合型银行的城商行来说，成功的关键在于形成较强的品牌影响力。[①]

2. 全国性专业型战略愿景

这类城商行集中通过将主要资源专注在某一个客户群体或某一业务领域发展某一类专业金融服务，从而形成专业化品牌。当城商行形成某一领域专业优势后，可以将这种模式在全国范围内进行复制，即使进行跨区域发展，这类银行仍然也仅专注于发展自身特色优势的专业领域，在进入新的区域市场时，由于是进入基于客户细分的子市场，竞争对手可能作出的反应是最低程度的，仍能保持自身的竞争优势。这种战略转型的路径是先形成专业优势，再借助跨区域扩张来实现最终的战略目标。

因此，全国性专业型转型战略需要具备以下条件：一是有明确的专业发展战略定位，将某一专业作为业务重点，将主要资源投入该领域，如中小企业领域、贸易融资领域等，并坚持创新和发展；二是在经过长期发展形成专业化的服务能力和品牌优势之后，迅速向全国地域范围内进行复制并占领市场。

3. 区域性综合型战略愿景

区域性银行发展战略定位模式，就是指那些规模较大、风险管控能力较好、创新能力较强的大型城商行，在坚持原有的“服务中小、服务市民、服务地方”定位的基础上，依托所在的区域经济资源优势，在完成区域全覆盖的基础上，选择性向经济联系紧密区周边省份不断扩张，但不会选择在全国范围内扩张。

区域性银行发展定位模式，需要具备以下条件：首先，需要中等以上的规模。只有在中等以上规模的银行，才能增强对整个区域的辐射能力，突破监管指标对规模的要求和约束。其次，具有良好的政府背景和股东资源优势。在我国尚未实行存款保险制度的情况下，省级以上的政府支持和良好的股东资源优势，能增强银行的信誉度，并为银行的发展提供强有力的支撑。再次，具有跨区域经营的资格和完善的业务资格。随着跨区域经营监管政策的严格审批，只有取得跨区域经营资格和完善的业务资格，才能不断创新，提升综合服务能力，提升区域的影响力。最后，具有可依托的良好的区域经济环境。良好的区域经济环境是城商行发展的基础，只有良好的区域经济发展环境，才能确保银行的持续发展，并最终发展成为区域性综合型银行。

4. 区域性专业型战略愿景

这种战略愿景适用于规模较小的城商行。发展转型需要立足于区域发展，

---

① 张吉光：《城市商业银行战略定位模式分析》，载《银行家》，2010（8）。

选择的专业服务对象只存在于某些特定的经济区域，如社区银行就可归入这种战略愿景。社区银行坚持服务社区、服务居民的定位，以关系型业务为重点，通过服务中小企业和社区居民，以中小客户为定位，获得自己应有的市场份额，成为服务某一区域内特定群体的银行。

区域性专业型战略愿景定位需要具备以下条件：一是坚持“草根银行”的专业市场定位。社区银行一般不追求大企业客户和高端客户，而是以中低端客户为服务对象，为平时难以从大型商业银行获得优质金融服务的中小企业、个体工商户和普通居民提供金融服务。二是不以追求规模和高速扩张为发展目标，而是追求稳健经营，稳步发展，绕开与大型商业银行的同质化竞争，通过特色产品和特色服务，走差异化的发展道路，寻求自身适当的市场份额。三是以发展关系型业务为重点。社区银行一般不依赖抵押物为手段开展信贷经营，而是通过以收集客户“软信息”作为信贷经营评估的依据，发展关系型业务。

6.4 城商行发展战略转型案例

6.4.1 北京银行发展战略转型案例①

北京银行成立于1996年1月8日，是在北京市90家城市信用社的基础上，经中国人民银行和北京市人民政府批准，由北京市财政参股组建而成的股份制城商行。北京银行成立之初基础非常薄弱，设立时股本总额仅10亿元人民币（其中北京市财政持股25%，原90家城市信用社的法人和个人股东占比64%，首都企业持股约10%），且在人员观念、利益调整、队伍稳定、业务延续等方面存在相当大的阻力。通过体制改革，实现了从多级法人体制向一级法人体制的平稳转轨过渡，成功化解巨额不良资产。

随后，北京银行按照“更名、改制、引资、上市”发展战略规划，抓住机遇，实现了成功更名②，2005年成功引入荷兰ING集团、国际金融公司等战略投资者。2006年北京银行成功入驻位于金融街核心区域的北京银行大厦，极大地提升了北京银行的战略地位和品牌影响力。

由于对城商行的监管政策兑现国民待遇原则和“阳光普照”原则，北京银

① 根据闫冰竹《北京银行：开创中小银行崭新发展模式》整理，载《中国金融》，2008（21）。

② 1998年，北京城市合作银行更名为北京市商业银行；2004年正式更名为北京银行。

行在2006年成功突破经营区域限制，在天津设立首家跨省分行支持滨海新区的开发开放并融入环渤海经济区域的建设。自异地分行开业以来，北京银行将已有的成功模式加快复制到全国其他市场。如2007年成功进军长三角经济区域在上海设立分行，2008年又进驻西安、杭州和深圳并设立香港代表处，此外还获得廊坊市商业银行19.99%的股权。北京银行的经营触角不断延伸，业务发展不断迈上新的台阶，取得了做大、做强、做优的重要战略突破。

2007年9月19日，北京银行A股在上海证券交易所成功挂牌上市，首次公开发行12亿股，募集资金150亿元。通过公开上市，北京银行的资本实力进一步壮大，股权结构进一步优化，这也意味着北京银行建立了持续有效的资本金补充机制，为迈入更为广阔的发展舞台打下了基础。

成功上市后，北京银行又实施了三大发展战略。一是品牌化经营。坚持以创新引领发展，以特色塑造品牌，深化与境外投资者的战略合作，嫁接吸收其在产品、技术、管理等方面的领先优势，加大信息技术投入，提升风险管理水平，着力塑造社区银行、中小企业融资服务等特色品牌，打造优质金融品牌。二是区域化布局。以跨区域经营为手段，以环渤海区域、长三角区域、珠三角区域为重点渗透领域，逐步向中西部中心城市挺进，加快向全国市场扩张，结合不同市场的不同特点，将北京市场的成功模式尽快复制到新的市场，实现裂变式增长，并在条件成熟时深入港澳、走向国际，构建“植根北京、辐射全国、面向国际”的销售网络。三是综合化发展。顺应全球金融综合化、一体化趋势，适应广大企业客户和个人客户日益多元化的金融需求，积极探索和拓展投资银行业务等新型银行业务，根据监管指导意见和金融发展要求，适时适当地探索进入保险、基金、金融租赁等新的领域，变革传统的发展模式、经营理念，实现多元化经营，增强综合服务能力，向综合型银行转型。

通过跨区域、上市、多元化等发展转型，北京银行的资产规模迅速从2008年第三季度的4 170亿元增加到2010年末的7 332亿元①，同期存款总额从3 158亿元增加至5 577亿元，贷款总额从1 930亿元增加至2 734亿元，且北京银行的各项监管指标均达到上市银行优秀水平，盈利水平和竞争能力显著提升。在英国《银行家》杂志2008年最新公布的全球1 000家大银行排名中，北京银行按一级资本排名第178位，按资产规模排名第207位，在中国城商行中名列第一；在2007年亚洲银行竞争力排名中，北京银行综合竞争力在亚洲银行业排名第62位，在中

① 截至2012年第一季度末，北京银行资产规模已突破1万亿元。

国银行业排名第11位，创造了优异的经营业绩，塑造了优质城商行金融品牌。

这个案例表明，尽管受城商行跨区域经营政策调整的影响，城商行跨区域经营步伐放缓。但只要跨区域监管制度放松，北京银行就完全有可能转型发展成为全国性综合型银行，与大型国有商业银行和全国股份制商业银行同台竞争。

6.4.2 深圳发展银行发展战略转型案例①

深圳发展银行是一家面向全国的贸易融资专业化银行，其向贸易融资专业化战略转型大致经历了以下几个阶段。

1. “面向中小企业、面向贸易融资”的公司业务发展战略转型阶段

2000年4月，深圳发展银行广州分行成立了票据业务专营部，标志着贸易融资业务探索阶段的开始。广州分行以广石化为突破口，为从原油进口商到炼厂再到销售公司整条供应链提供贴现融资，当年贴现额达到60亿元，净赚2 400万元。由于这项业务的回报非常可观，深圳发展银行的其他分行也相继开展了票据业务。这不仅变革了传统的贸易结算和融资方式，而且促进了深圳发展银行对客户上下游的业务开发，通过新营销模式的探索促进了票据业务的发展。

2. 特色融资规范化经营

随着票据业务的展开，深圳发展银行的业务量获得了很大的提高。深圳发展银行不断地推出新的金融产品。2002年，深圳发展银行总行创建了货押业务，并将其并入银行八大创新产品之内，宣告了贸易融资业务系统规划和经营的开始。2003年，深圳发展银行推出了可以成为银行一大特色的“1+N”供应链融资服务，为后来的自偿性贸易融资授信体系的建立打下了基础。2005年，深圳发展银行在《巴塞尔协议Ⅱ》的指导下，创造性地提出了自偿性贸易授信管理体系，创建了适用于供应链融资贸易的信用评估方法。这一体系成了该行具有代表性的一大特色。2006年深圳发展银行开展的贸易融资业务不断发展，并开始出现了一些新的特征：（1）产品创新。深圳发展银行首创了出口应收账款池融资业务，并较早推出了国内信用证等，目前拥有供应链金融产品3大类20余项，成为国内首家拥有最齐全的贸易融资体系的银行。（2）品牌塑造。为了推出供应链金融品牌，深圳发展银行积极参与深圳市第二届金融创新奖的选拔，出席第四届中国虚拟经济论坛等活动，目前该行的“供应链金融”已被世人熟知。

3. 发展线上供应链金融

2010年底，深圳发展银行推出线上供应链金融，标志着其供应链金融进入

---

① 资料来源：深圳发展银行官方网站。

了新的阶段。深圳发展银行线上供应链金融是指通过银行服务平台与供应链协同电子商务平台、物流仓储管理平台无缝衔接，将供应链企业之间交易所引发的商流、资金流、物流展现在多方共用的网络平台之上，实现供应链服务和管理的整体电子化。该行据此为企业提供无纸化、标准化、便捷高效、低运营成本的金融服务。

通俗地说，深圳发展银行的线上供应链金融不仅提供财务信息和融资、资金结算等服务，同时还提供商品的状态和交易等方面的信息，以便于在线监管。线上供应链金融突破了银行原有的管理理念、运营模式和制度限制，通过互联网和电子签名技术，将无纸化的金融服务融入到供应链的日常运作当中。

线上供应链金融有效链接核心企业、上下游企业、物流和银行。在线上供应链金融系统与核心企业电子商务平台对接之后，供应链企业即可在线下订单、签合约（包括贸易合约和授信合同）、选择融资与否、在线出账、支付结算和还款，同时线上供应链金融系统还与物流公司对接，那些采用了动产与货权质押授信的客户，还可以在线办理抵/质押品入库、赎货，而物流监管公司则可以通过线上供应链金融系统实现全国各处分散监管驻点的统一管理，在线统计和管理抵/质押品。通过线上供应链金融的对接嵌入，供应链协同电子商务得以完整实现“商流—资金流—物流—信息流”的所有功能在线提供、在线使用，这种将金融功能无缝嵌入供应链实体经济流转流程的安排，对于供应链管理实践和电子商务的应用具有革新意义。

由于确立了专业化发展战略，深圳发展银行在“贸易融资”专业领域成功进行了差异化战略，建立了独特的竞争优势。此后，该行迅速将这种专业模式向全国范围内铺开。目前，深圳发展银行已由发展初期的一家地方性小银行，成功转型为在北京、上海、广州、深圳、杭州、武汉等22个经济发达城市设立了约300家分支机构的全国性商业银行，在北京、香港设立代表处，并与境外众多国家和地区的600多家银行建立了代理行关系。这与深圳发展银行紧密结合深圳这一改革开放前沿阵地和贸易融资发达等区域经济实际情况寻求专业型发展转型密不可分，是向专业化发展战略转型的典型案例。

6.4.3　广西北部湾银行发展战略转型案例

广西北部湾银行是2008年10月23日在重组原南宁市商业银行的基础上转型而来的，注册资本为20亿元人民币。作为广西壮族自治区人民政府直接领导下的地方性银行，具有良好的政府资源背景和股东资源优势。

作为一家区域性新兴银行，自成立以来，广西北部湾银行积极创新小微企业融资产品，全力打造小微企业服务品牌，有力推动地方经济发展。广西北部湾银行专门成立中小企业信贷中心，组建了一支专门团队负责小企业信贷管理、产品开发，推出了“北部湾微贷”、“快捷贷”、“联保通”、“1 + N”贸易融资等一系列针对中小微企业的信贷品种，丰富了中小微企业产品体系，有效缓解中小企业担保难、融资难问题。该行中小企业信贷中心突破传统贷款担保方式，实施差别授权，提高审批效率，为小企业提供专业化服务，并开创性地构建了政府部门、银行、行业协会、企业四方合作新模式。

在做好中小微贷款品牌的基础上，北部湾银行积极发展投资银行、票据资金、金融租赁等综合型新兴业务，实现了规模和效益的快速增长。截至 2011 年底，广西北部湾银行实现资产总额 1 106.96 亿元，是成立之初的 12 倍。据英国《银行家》杂志 2011 年 7 月刊统计，世界资产增长率前 25 名银行中，广西北部湾银行排名第 4 位；在世界 1 000 家大银行排行榜中，广西北部湾银行排名第 697 位，比 2010 年上升了 108 位。

特别是，广西北部湾银行地处中国—东盟自贸区的桥头堡南宁市。在国家将北部湾经济区开发列入国家发展战略布局和中国—东盟自由贸易区成立后，广西北部湾银行及时进行发展战略调整，定位于以服务广西经济、服务北部湾经济区开放开发、服务中国—东盟自由贸易区建设。在钦州市、北海市、防城港市、崇左市、贵港市、玉林市和东兴、凭祥等区内其他城市设立了分支机构。依托中国—东盟自贸区的建设和发展，坚持差异化发展战略，积极打造面向中国—东盟的国际业务。2009 年 2 月，广西北部湾银行获得了银监部门和外汇管理机关批准的各项外汇业务经营资格，开办了外汇存贷款、外汇兑换、国际结算、同业外汇拆借等十项外汇品种。2011 年成立了“人民币跨境业务中心”，大力发展与越南等东盟国家的货币直接兑换交易业务，初步形成了面向东盟的特色业务品牌。

广西北部湾银行发展转型是紧密结合区域经济发展趋势和自身的资源优势，坚持特色化、差异化发展，打造区域性综合型特色银行的成功案例。

6.4.4 浙江泰隆银行发展战略转型案例

浙江泰隆商业银行是 1993 年成立的城商行。泰隆银行注册地浙江省是我国中小企业和民营经济活跃的经济发达地区之一。因此，泰隆银行成立伊始就确立并坚持以“小企业、个体工商户”为服务对象的发展战略。

定位于为中小企业和普通居民服务的“草根银行”。泰隆银行始终定位为一家专业服务“小微企业”的银行和老百姓自己的银行，始终坚持着“以服务小微客户为己任”的经营理念，坚持为穿“解放鞋”的客户服务，泰隆的经营目标是不但让小企业贷款像大企业一样容易，还要让小企业享受“VIP”服务。为解决小微企业主的结算时间与银行营业时间无法对接的难题，泰隆还适当延长了柜面营业时间，从早上八点半至晚六点半，以超常的服务时间配合小微企业和个体工商户的营业作息需求。此外，泰隆还投入了大量的人力、物力，打造了一支人数多、素质高、自律性强的客户经理队伍，通过“人海战术”密集地走访客户，频繁地沟通交流，严控风险的同时更为小微客户提供了一对一贵宾礼遇的上门贴身服务。帮助不善使用网银的客户成为客户的“专职”电脑顾问，在发现客户需要法律咨询帮助时热心协助推荐法律顾问，甚至在为客户店铺门面提供装修贷款时还积极帮助客户搜集装修信息，为客户解决燃眉之急……这些看似和银行业务无关的“小事”，却是泰隆“贴心”服务的精髓所在，用心发现客户的需求，真诚为客户提供贴心服务，这是泰隆对“最重要的是让您满意”的服务理念最好的阐释。

以专业化创新发展中小型关系型信贷。信息不对称是小企业贷款的一大难题，浙江泰隆银行通过实践总结出解决信息不对称的基本模式，通过打造人数众多、自律性强的本地化客户经理队伍，做到了了解客户，知根知底。该行利用血缘、亲缘、人缘及地缘因素，与客户“面对面”沟通，借助人脉关系对客户“背靠背”了解，并对客户频繁走访，从各个方面动态获取客户的经营能力、家庭财产及道德品质等全方位信息。对客户的背景调查细致入微，遵循“到户调查”和“眼见为实”的原则：要求客户经理必须到借款人经营场所实地核查原始账簿、单据、凭证，直接到现场盘点实物，通过艰苦细致的贷款调查，该行全面掌握了客户的数字化信息和社会化信息，特别是客户的“三品”——企业主的人品、企业经营的产品和企业及企业主所拥有的物品，从而对客户的偿债意愿与偿债能力作出准确的判断。在此基础上，运用现金流测评的方法，对企业主的人品、能力和信用状况进行分析，在综合评价后决定是否贷款并确定贷款额度。实践证明，这是一种克服信息不对称问题的有效方法。

灵活高效的中小贷款。针对小企业规模小、有效抵押物不足的实际，浙江泰隆银行创新了担保方式，突破了依赖抵押的传统信贷模式，不搞当铺式经营，以保证方式发放贷款，保证贷款的占比一直都高达95%左右，而且，该行对客户提供的保证人没有设定苛刻的条件，凡是具备主体资格和经济实力的企业和个人均可作为保证人，甚至“一人不够，可多人共保”，既解决了小企业找担保难的问题，又达到了多人担保相互监督、分散风险的目的。同时，该行积极探索将传统的亲情和诚信融合在一起，推出了“小企业主贷款，父母担保”的道义担保贷款、“子女贷款，父母担保”的商业助学贷款和帮助真心创业者解决融资难的百姓创业贷款。此外，对资信状况良好的客户发放小额信用贷款，进一步降低了小企业贷款的门槛。泰隆银行根据中小企业的实际情况，探索出了“查三品”、“看三表”的经营模式。在贷款实践中，小企业财务报表往往有“水分”。但是透过另外3个表，即水表、电表、海关报表，企业每日的运营情况、资金流向都可以一目了然。而所谓的三品，即指人品、产品、押品。泰隆银行通过考察企业员工、顾客的满意度，以及和企业有业务往来的供应商、竞争者，乃至企业周边生活人群对企业和企业主的意见看法等“软信息”，综合考察业主人品。看人品主要看还款意愿，看产品主要看还款能力，看押品主要看还款保障。泰隆银行就是这样通过大量数字化“硬信息”和社会化“软信息”的有机结合，以更加务实的态度和灵活的手段分析客户的成长潜力和偿债能力，做到对新客户3天放款，对老客户1天放款。截至2010年7月，该行扶持的中小企业8万多家，累计贷款29万多笔，共计1 300多亿元。

成立十几年来，泰隆银行坚持小企业、个体工商户的差异化专业发展战略，取得了良好的经营绩效。截至2010年8月末，泰隆商业银行资产总额达301亿元，所有者权益18.66亿元，资本充足率为12%，拨备覆盖率达到183%，贷款损失准备充足率为199%。存款余额272亿元，贷款余额180亿元，而不良贷款率只有0.7%。并借助监管政策放松机遇将其“专注于小企业金融服务”的战略模式向更宽的地域范围推进，在台州、宁波、丽水、金华、杭州、上海6地共设有5家分行、19家支行。

泰隆银行的发展历程是向区域性专业化银行转型的成功案例。

6.5 小结

城商行的竞争力分析表明，由于规模小、网点少等条件限制，我国城商行很难实施成本领先的竞争策略，差异化才是我国城商行参与金融市场竞争、获得市场竞争优势的可行竞争策略。城商行应把握自身的优势业务领域，采用差异化和目标聚集竞争策略来确定市场定位，并根据自身的条件制定差异化的发展战略愿景，才能形成自身的比较优势和竞争优势。

第 7 章　城商行业务发展模式转型路径

业务发展模式转型是城商行发展转型的重点和关键。鉴于城商行在我国银行业体系当中处于夹缝中生存的状态，如何通过业务发展模式转型，改变在市场竞争中的弱势地位，确立和形成市场比较优势，并将比较优势转化成为竞争优势，是城商行业务发展模式转型亟须解决的问题。

国内外中小银行的发展历程表明，基于市场细分基础上的专业化经营和金融产品创新，既是金融市场发展的必然趋势，也是中小银行形成特色化品牌优势和竞争优势的关键。因此，城商行业务经营模式必然是差异化战略定位基础上的差异化、专业化经营模式。当前，城商行应该积极探索经营模式从综合型支行经营模式向基于市场细分的专业化经营模式和产品创新转型，渠道建设模式从传统的物理网点模式向电子银行新兴渠道转型，突出专业化、特色化、信息化的模式特点，才能在市场竞争中有效确立比较优势和特色化品牌优势，促进长期竞争力的提升。

7.1　业务模式转型理论分析

7.1.1　城商行业务发展转型的内涵

从国内外银行发展趋势来看，商业银行业务转型的趋势主要有：从分业经营模式向综合经营模式转型；由批发业务为主向大力发展零售业务和中小企业金融业务转型；由过度依赖传统业务向传统业务和新兴业务并重转型；从物理网点柜面服务向以信息技术支撑的虚拟服务转型；以及从注重国内市场向注重拓展国际业务转变。根据国内外商业银行的转型趋势，结合城商行的业务特点，城商行的业务发展转型内涵主要包括以下几方面：

（1）业务结构的优化和调整。在国内外商业银行纷纷向中小业务和零售业务转型的背景下，城商行传统的中小业务受到新的竞争和挑战。城商行在巩固中小企业业务的同时，应大力发展零售业务和小微贷款业务，进一步提升零售银行业务的比重。

（2）经营模式的改变。由传统的综合支行经营模式向基于客户细分或客户集群的专业化支行经营模式转变，实施“一行一特色”、“一行一品牌”的经营模式，积极探索差异化的授权机制、审批机制、特色化产品研发等，提升市场竞争力。

（3）业务范围的拓展。积极完善业务经营资格，拓展综合化经营，从传统的资金中介向全面的金融服务提供商转型，业务范围由传统银行业务向财富管理、财务顾问、投资银行业务、资产管理业务等新兴业务转型，为中小企业和居民提供包括信息咨询、税务管理、财务顾问、财富管理等综合性、多元化金融服务。

（4）服务渠道的改变。顺应电子银行业务发展趋势，从传统的柜面服务向网上银行、移动银行等新兴服务渠道转变，以信息技术支撑的自主服务平台构建银行新的竞争优势。

7.1.2 城商行业务转型的理论依据

1. 市场细分理论

市场细分就是企业通过市场调研，依据消费者在需求特点、购买心理、购买行为等方面的明显不同的需求的差异性特征将整体市场划分成若干个消费者群的过程。市场细分的概念是美国市场学家温德尔·史密斯（Wendell R. Smith）于20世纪50年代中期提出来的。多年来，市场细分一直是营销管理和企业管理关注的热点。国内外学者对市场细分的研究，主要从研究视角、细分标准、细分方法等方面进行。

从细分研究的视角来看，市场细分研究主要有两个视角，并由此形成了两大流派：一派是消费者导向的细分，主要为理论界采用。该派研究重点是对消费者的需求和行为特征进行分类，主要以顾客总体特征为细分标准去对消费者分群，他们运用分析解剖方法论，从个体心理（包括感知、认知、动机、个性等）、社会文化环境以及行为决策过程三个不同侧面对消费者进行细分。另一派是产品导向的市场细分，主要为营销决策者采用。他们根据不同营销决策目标（产品定位、定价、广告定位等），围绕某产品或品牌的特定消费情境对消费者细分，细分变量包括产品/品牌使用率、消费态度、寻求的利益等，目的是要了解消费者对某产品或品牌的心理需求和消费行为差异，以选择最有利的目标顾客群及恰当的营销策略。而现代营销理论认为，市场细分的核心是区分消费者需求的差异性，从消费者的角度，即从消费者的需求、动机、购买行为的多元性和差异性来进行划分更为科学。

从细分标准选择来看，根据波特的理论，产业的产品和买方在结构吸引力上的不同和在竞争优势要求上的不同，造成了产业的细分市场。细分市场既产生于买方行为的差异，也来自于供应不同产品或服务的不同卖方的经济性的差异，因而就产生了细分市场的两种不同的标准：自然属性细分市场和行为属性细分市场。前者的变量主要有地理细分变量、人口统计变量、社会经济变量等。后者的主要变量有心理分析变量、产品使用量变量和产品效用变量等。早期研究主要从自然地理、人口统计等外部特征对消费者进行细分，它假设居住在同一区域、同一年龄或收入阶段的人具有相似的消费需求。但许多营销实践表明，具有相同人口地理特征的消费群在面对相同的营销变量（如广告、促销、定价等）时反应并不一样，其中一个重要原因是他们心理偏好不同，于是研究者后来逐渐转向研究消费者的心理分群。对于消费者心理差异的原因，不同学科和学派观点不一，由此形成不同消费者心理分群模式。个性心理学派着重从消费者内在的个性气质对市场需求进行细分，具体细分标准包括需要、动机、个性、特质、自我概念等个性心理概念。认知心理学派认为，消费者后天的信息加工、决策过程等认知心理差异决定了不同的消费需求，应选择诸如感知、学习、态度、决策等认知心理概念作为消费者细分标准。社会心理学、社会学、人类学等学科着重从社会环境和族群文化角度解析消费者心理需求差异，选择文化、社会阶层、婚姻家庭状况等社会背景变量作为细分标准对消费者进行细分。后来研究者发现，心理差异尚不能解析许多消费行为的变化，许多产品的消费需求与消费者的使用情境密切相关，因此，相当一部分学者开始转向行为细分，从产品使用情境及其与消费者行为之间关系的角度进行市场细分。对于如何选择细分标准，目前学术界和实业界尚未形成统一的理论。不同学派对消费者心理行为差异的成因理解不同，因而形成了上述各种细分研究观点。

虽然市场细分的标准和方法不同，但其市场细分的目的是为市场定位和市场营销。通过市场细分，企业可以确定所要进入的市场，企业根据不同的客户需求，开发个性化的产品，制定差异化的服务流程，采取不同的营销策略为客户提供专业化的服务，从而使顾客需求得到更为有效的满足，并维持顾客的忠诚度。

以我国商业银行的零售业务发展为例，随着人们金融需求的多样化和市场竞争的激烈化，商业银行正在根据市场客户细分逐步走个性化服务的道路。20

世纪 90 年代商业银行对所有个人客户的服务都置于同样的柜台；21 世纪初，随着富裕阶层客户的增加，商业银行逐步将普通客户和 VIP 客户分开，开立 VIP 服务专柜；而随着 VIP 客户对理财服务和私密服务要求的提高，商业银行开始设立独立的区域——理财中心或财富中心，为 VIP 客户提供更好的服务。而近年来，随着富裕阶层的进一步分化，各大型商业银行纷纷推出私人银行业务，为财富更高端的客户提供更专业的贴身服务。

2. 目标聚集策略理论

目标聚集策略是主攻某个特殊的顾客群、某产品线的一个细分区段或某一地区市场。正如差异化一样，目标聚集策略可以有多种形式。虽然低成本与差异化都是要在全产业范围内实现其目标，目标聚集策略的整体却是围绕着很好地为某一特殊目标服务这一中心建立的，它所开发推行的每一项职能化方针都要考虑这一中心思想。这一策略的前提思想是：公司业务的目标聚集能够以更高的效率、更好的效果为某一狭窄的战略对象服务，从而超过在较广阔范围内竞争的对手们。波特认为，这样做的结果是公司或者通过满足特殊对象的需要而实现了差别化，或者在为这一对象服务时实现了低成本，或者二者兼得。这样，公司可以使其盈利的潜力超过产业的普遍水平。这些优势保护公司抵御各种竞争力量的威胁。

从市场发展角度来看，目标聚集策略是市场发展到买方市场的必然结果。在卖方市场的前提下，大多数企业曾经经历过一轮多元化经营的浪潮。而随着各种产业的快速发展，各种产品供应迅速从卖方市场进入了买方市场。企业国际著名战略咨询专家祖克（Chris Zook）和他的团队通过长达 14 年对 7 个主要国家超过 8 000 家企业的巨量深入研究和分析，得出了一个令人震惊的结论：在 20 世纪 90 年代，全球只有 13% 的企业能勉强实现盈利性增长；另外，1997—2002 年全球最惨痛的企业灾难，有 75% 是直接由于多元化经营的失败引起的。而那些能够实现“盈利性增长”的 13% 的企业，它们最大的特征就是只专注于一到两个强大的或居市场主导地位的核心业务。基于此，祖克在其《回归核心》（*Profit From the Core: Growth Strategy in an Era of Turbulence*）一书中认为，过早放弃或过于寻求新的增长都会使强劲的核心业务失去动力而失败。为此，他提出了归核化战略（Outsourcing Strategy），即回归自己的核心业务，抛弃那些与核心业务无关的领域，以集中精力和资源，从多个层面深入开发核心业务的最大潜力。[1] 祖克的归核化战略，实质上就是目标聚集战略。从金融行业来看，近二三十年来国际银行业改革的主流方向是谋求多元化、全能化经营模式，但研究表明金融机构通过业务扩展或通过并购都会弱化其核心竞争力。近年，面对日渐萎缩的传统业务和日益激烈的市场竞争，许多已实施全能化经营的跨国银行业出现了“业务归核化”的趋势，把经营重点放在行业价值链上自己优势最大的环节，以增强核心技术、核心客户、核心业务和核心市场，拓展核心业务的周边业务和上下游服务，同时通过外包、合资及合伙经营等形式将一些非核心业务分离出去，并在银行内部根据核心竞争力的定位实行机构重组，以使其带来持续的竞争优势（黄飞鸣，2010）。因此，银行业比起制造业等其他产业更趋于同质化的特征，只有将目标聚集于锁定核心业务，通过差异化的竞争战略，才能建立起自我的竞争优势。

从中小银行的发展历程来看，目标聚集策略有利于形成专业化的竞争优势。国内外中小银行的发展经验表明，中小银行的竞争优势在于专业经营、突出特色。在国外银行业体系中，许多国家的中小商业银行是非常有特色的，有特色的银行在金融危机中受到的影响远比没有特色的银行要小。即便是大银行如美国的花旗银行、英国的巴克莱银行，也是以专业化经营来突出经营特色、突出比较优势的。从国内做得比较好的城商行来看，实施目标聚集战略，走专业化发展道路的城商行也能较快地形成品牌优势和竞争优势，比如包商银行、泰隆银行。也就是说，对于中小商业银行来讲专业化、特色化是提升核心竞争力的根本。中小银行只有采取目标聚集策略，通过建立专业化的团队、专业化的管理、专业化的技术，形成专业化的技能、产品和服务，才能在竞争中形成优势。

从城商行的发展定位来看，目标聚集策略有利于解决城商行战略定位摇摆不定的问题。城商行发展战略转型的最终目的是提升核心竞争力。由于城商行这一群体的特点是规模小、创新能力不强，在与大型商业银行竞争中，普遍存在核心竞争力不足等的问题。尤其是发展战略定位方面，城商行普遍存在发展战略定位摇摆不定的现象。由于城商行在我国金融体系中的地位，成立伊始大多数城商行就确立了“服务地方、服务市民、服务中小”的定位，但由于银行是规模效应明显的行业，城商行普遍存在追求规模的情结。因此，长期以来，大多数城商行虽然表面上定位为“服务地方、服务市民、服务中小”，但在实际经营中却屡屡发生“垒大户，傍大款”的现象，并未能坚持并深化最初的战略

① 黄飞鸣：《基于差异化视角的银行业归核化战略研究》，载《经济学家》，2010（10）。

定位。发展战略定位摇摆不定，使得城商行无法发挥特色，形成比较优势，未能实现与其他商业银行的差异化发展，最终走上与大型银行同质化的老路。以包商银行、泰隆银行为例，其之所以做得比较好，是因为它们利用目标聚集战略将主要业务领域锁定中小微企业业务领域，并长期坚持，解决了发展战略摇摆不定的问题。

7.1.3 城商行业务发展模式转型的路径选择

从城商行在我国金融体系的地位和市场竞争来分析，目标聚集策略是城商行提升市场竞争优势的正确选择。具体而言，城商行的目标集聚策略是指根据城商行在我国的金融体系中的地位，将自己的战略目标和资源聚集在某一区域市场领域或某一业务领域，与其他商业银行进行错位竞争，避免与实力强大的竞争者正面冲突，寻求其金融市场上的比较优势的发展策略。目标聚集策略由于是通过目标市场细分和定位选择，以一个特定的消费者群为目标集中满足他们的需求，寻找现有竞争者的最薄弱环节切入，主攻某个特殊的顾客群、某产品线的一个细分区段或某一地区市场，所以企业能够比其他竞争者以更专业化的产品、更好的服务、更高的效率为某一客户群体提供服务，更经济更周到地满足他们的需求，超过在较广阔范围内竞争的对手们，从而确定竞争优势。这些优势能保护公司抵御各种竞争力量的威胁，并使其盈利的潜力超过产业的普遍水平。

因此，"十二五"时期，随着我国经济发展方式转变、金融监管更加严格和金融开放下银行竞争日趋激烈，以传统业务为主的城商行正在失去往日的竞争优势，业务发展模式转型已成为了必然选择。在产品和服务高度雷同的背景下，城商行在市场细分的基础上实施目标聚集竞争策略是城商行获得竞争优势的有效手段。城商行只有根据自身的特点加紧调整竞争策略，重点通过专业化与特色化的业务发展模式来培育品牌特色，才能在同业竞争中形成比较优势，并通过经营机制的创新，将比较优势转化为竞争优势，最终在激烈的同业竞争中实现持续增长。

根据城商行目前的特点，未来城商行的业务发展模式转型的重点，一是从传统经营模式向特色化、专业化经营模式转型；二是大力发展创新电子银行渠道，以电子业务渠道补充物理网点的不足，以求与其他竞争对手站在同一起跑线，构建新的竞争优势。

7.2 零售业务发展模式转型路径

近年来，我国居民和小企业金融服务需求发展迅猛，国内商业银行纷纷提出向零售业务转型的目标并付诸实施。城商行虽然也提出了向零售银行转型的目标，但因为发展基础薄弱，缺乏忠诚度高的零售客户的群体，沿用其他银行一样的银行网点模式，尚未建立有利于推动零售银行发展的组织架构和渠道，形成有特色的银行零售业务产品。因此，城商行的零售业务发展转型相对落后。“十二五”时期，城商行应在市场细分的基础上，大力发展针对中低端客户的社区银行业务模式和针对高端的财富管理业务模式，向特色化、专业化零售业务发展转型。

7.2.1 社区银行业务模式转型路径

零售业务转型已是国内银行发掘新的利润增长点的必然选择，而社区银行模式为城商行实现零售业务转型提供了一个途径，有助于城商行发挥自身比较优势，在与其他商业银行的同质化竞争中突围而出。

1. 社区银行业务模式的含义

社区银行的概念源自于西方发达国家，但在学术界并没有统一的定义。美国独立社区银行协会（Independent Community Banks of America，ICBA）对社区银行的定义则为：社区银行是独立的，由当地拥有并运营的，其资产从少于1 000万美元到数十亿美元不等的机构。中国学者巴曙松认为，社区银行是指在一定地区的社区范围内按照市场化原则自主设立、独立按照市场化原则运营、主要服务于中小企业和个人客户的中小银行。由此可见，社区银行都是相对于大型商业银行存在的小规模的、自主经营的、主要服务于中小企业和个人客户的商业银行①。

社区银行业务则是指在特定社区范围内提供针对客户的个性化金融服务，与客户保持长期的业务关系，以关系型业务为主导的中小银行提供的业务。Michael L. Gibson 认为，社区银行是通过其提供的个性化的、私密的以及成本低廉的服务，社区的个人和企业客户可以开展与本地经济运行相关的财务交易，同

---

① 崔丹丹、万晓萌：《社区银行发展的可行性和运作模式探究——以威海为例》，载《消费导刊》，2010（5）。

时，社区银行还致力于社区改善并实现投资人预期的回报。因此，从某种意义上来说，社区银行业务并不是特指社区银行开展的业务，而是指具有以地缘优势为基础、以“关系型”业务为主导的中小银行经营的特色业务。

而所谓“社区银行模式”，是指城商行采取“求异型”营销策略，在大型社区设立营业网点、自助服务终端，利用社区银行的信息对称和交易成本较低的优势，针对社区居民金融需求，开发并提供针对社区内企业和居民个性化金融产品和服务，采取差异化的品牌形象的零售银行发展模式。

2. 城商行向社区银行业务转型的重要意义

采用社区银行模式推动城商行零售业务转型，符合城商行在地域上采取目标聚集的竞争策略，具有以下优势：

首先，社区银行模式有利于针对客户的需求，开发个性化产品，提供个性化服务。聚集在同一社区的工作居民，往往具有相类似的金融需求。如聚集在高端社区的居民，由于其富裕程度比较高，对金融往往有多样性的需求，从日常消费、高档消费、住房、教育、旅游，到基金、证券投资等，尤其对理财产品、投资产品等金融产品和服务有着广泛强劲的需求。而在中低端社区，居民的需求可能会更多集中于传统的结算、存贷款、理财等金融需求。因此，与大型银行机构倾向于服务大型集团客户不同，社区银行主要服务周边的居民和中小企业，它们与社区客户保持着密切联系，对居民的金融产品需求和需求的变化有着灵敏的嗅觉，在了解客户对金融产品的多样化需求的基础上，针对不同社区居民的金融需求的特点，开发针对性的产品并进行营销，实现零售业务品种的创新，往往更能得到客户的接受。

其次，社区银行模式有利发挥灵活高效的机制，提高服务效率。社区银行模式具有经营灵活、决策效率高的竞争优势，与大银行相比，城商行决策层少，业务集中，决策效率高，同样技术条件下业务调整快。采用社区银行模式，有利于城商行针对社区的金融需求，作出灵活高效的反应。

再次，社区银行模式有利于降低经营成本，提高风险管控能力。一方面，将有利于解决城商行资本规模和经营规模限制问题，因为社区银行的市场定位是主要服务于社区中小企业和个人客户，专注度高，对银行的准入、占领和保持大量的中小企业和社区居民客户市场方面所需的资源要求相对较低。另一方面，在当前经营场所租金日益高涨、人工费用不断增加的今天，社区银行的投入往往更少，甚至可以采取德国商业银行未来网点的模式，以设立自助银行为主体，并配置少量人员负责简单的金融产品和电子银行产品营销即可。同时，社区银行能够深入挖掘分散在社区内的大量的潜在客户，形成规模效应，降低单笔业务成本，并能及时收集社区客户的软信息，提高风险防范能力。

最后，社区银行模式有利于建立差异化的品牌形成，培养客户的忠诚度。一方面，社区银行模式有助于中小银行发挥经营灵活的优势，扎根于社区，服务社区金融，提高服务效率，有利于提高城商行的信誉度，培养客户忠诚度，建立银行零售业务品牌，在提高银行零售业务市场占有率的同时带动银行其他业务的发展，从而产生协同效应。另一方面，通过差异化的形象设计，体现城商行的差异化品牌印象，有利于城商行形成差异化品牌形象。

总体而言，城商行采取社区银行模式有助于扬长避短，形成比较优势，提高银行零售业务的竞争力。

3. 零售业务向社区银行模式转型的实施策略

零售业务向社区银行模式转型，不是要求银行简单地把网点设在社区，而是通过以下实施策略，尽量做到客户提供个性化、差异化和特色化服务，树立差异化品牌。

（1）针对社区特点，进行个性化的网点布局改造。社区银行选址要求尽可能靠近居民区，并应根据社区居民的特点，采取差异性的网点布局。如在高档社区设立的社区银行，由于服务对象主要是社区中高端客户和中小企业，居民金融服务需求相对多样化，功能设置应齐全一些。一方面，通过增设自助交易系统，以自助交易系统替代传统的人工服务，使各种自助渠道得到充分利用，减轻柜员压力，并将更多的人力配置到银行产品营销和咨询上，使零售业务产品与服务销售最大化。另一方面，优化内部分区布局，改善网点内部分区设置，在柜员区、自助银行区的基础上，更加注重顾问或销售人员区，尽量每位顾问都有一个设备齐全的独立、私密空间，使客户感到安全踏实。同时，注重内部环境的改造。过去银行网点的形象设计最注重的是安全性和坚固性，社区银行则为了营造亲和、专业的服务环境，网点的形象设计，应更注重开放透明、便于沟通但又兼顾客户的私密，并能够吸引更多客户进入。而在中低端社区的服务，应以自助服务区为主导，并配备少量人员营销电子银行业务和非现金业务，这样更容易节约成本。

（2）针对社区居民需求，开发个性化和特色化金融产品。美国的社区银行最为典型的特色之一，是对客户的深入了解并相应提供个性化的服务，其贷款主要面向附近社区的存款者及相关社区内的中小企业和农户，是以社区成员现实生活中的金融需求为导向，提供高效、便利化的“一对一”式金融服务。贴近社区、方便百姓、亲情服务、灵活应变的经营理念是社区银行克敌制胜的法宝。事实上，社区银行已经成为美国中小企业和个人客户的主要金融服务提供商。这些服务涵盖中小企业贷款和农业贷款、较低收费的支票和一些投资产品、不同种类的楼宇按揭和消费者贷款产品、较低收费的信用卡和借记卡服务，以及自动提款和电子银行等。由于不同社区居民的金融需求差异性较大，因此应赋予社区银行在金融产品开发自主权，使社区银行能立足当地社区，针对地方不同的居民量身定做个性化的金融产品。

（3）对客户进行细分，实现有特色的客户关系管理。社区银行与社区客户关系密切联系，熟悉客户的资信状况，可以利用社区银行这个平台，对客户进行进一步细分。在市场细化的基础上打造有特色的客户关系管理模式，建立起一个既能完整、准确、迅速地反映客户信息，又能进行定性、定量分析的基础信息数据库。通过这个数据库，了解处于不同市场层次的客户情况以及客户对零售产品的消费潜力，在此基础上，配备专门的客户经理，构建银行与客户之间的桥梁，及时向客户推出新的产品和服务，密切银行与客户的关系，培育和巩固客户群体，采取个性化营销策略。在营销阶段，针对不同的客户类型，按照年龄、收入、性格偏好、教育程度、居住地等因素制订营销方案，举办多种多样的活动，使营销手段贴近客户；在售后服务阶段，可定期通过电话、电子邮件、信函、联谊会等形式联系客户，提高客户的忠诚度。

（4）加大产品创新，提供综合化社区金融服务。社区银行应立足社区，根据社区企业和个人的金融需求，围绕金融产品功能的扩展、延伸和交叉补充，重点开发金融产品的附加价值，创新银行服务产品。城商行向社区银行转型，要充分利用银行信息广泛和拥有相关专业人才的优势，在居民和中小企业发展过程中提出建议或者帮助其拿出具体的开发方案，为社区内中小企业和个人提供全方位金融和信息服务。在企业服务方面，可以通过授信、承兑、贴现、信用证、保函等多种方式加强对中小企业的资金支持和金融配套服务；通过举办各类培训班，为中小企业提供宏观经济、企业改制、金融信贷、财政税收、市场营销、投融资运作等方面的培训，提高企业治理水平和创新能力；利用自身信息量大的优势，在资金融通、资产重组、财务治理、项目评估、技术转让及政策、法规等方面提供咨询服务；利用计算机网络等先进手段为中小企业提供政策、经济、金融、科技、项目、市场等信息服务。在个人服务方面，应围绕个人金融产品需求，大力发展代人理财等银行业务，并开发综合型个人金融服务，包括信息咨询、创业扶持、代理支付、消费信贷、资金汇兑、银证转账、商业调查等。

（5）树立差异化品牌形象，提升竞争优势。金融业作为一种为社会提供金融产品的服务性行业，品牌是市场定位的标志，品牌体现银行的竞争优势，银行之间的竞争最终是品牌的竞争。因此，社区银行应专注社区内的金融服务，利用有限的资源为社区优质中小企业和中高端客户提供优质、高效的服务，为客户创造价值，树立为居民提供灵活高效和专业化服务的品牌形象，以区别于大型商业银行，将比较优势转化为品牌优势。

4. 零售业务向“社区银行”转型的实践案例：泰隆银行

泰隆银行作为一家小微企业的融资服务“零售商”，坚持“社区银行经营模式”，为中小银行提供服务，17 年来，500 万元以下的贷款占贷款余额的85%，100 万元以下的占到50%，真正成为台州的“小企业成长伙伴”。截至 2010 年 8 月底，泰隆银行累计向小企业发放贷款29 万多笔、1 300 多亿元，共扶持8 万多家小企业，直接间接创造了 50 多万个就业岗位。泰隆银行零售业务的“社区银行”经营模式的特点主要有：

（1）坚持社区银行的定位。长期以来，泰隆银行坚持定位于服务中小企业、个体工商户和社区居民。“不爱大款爱小贩，坚持草根定位。”整块的大肉被国有商业银行吃了，我们就吃“骨头缝中的肉”。对于浙江省台州市泰隆商业银行的定位，董事长王钧做了这样生动而形象的描述。

（2）依托居民实行特色化关系管理。泰隆银行经常深入社区开展各种活动，开展了金融服务和金融知识“进园区、进郊区、进社区”活动，举办了一系列园区、郊区金融服务推荐会，举办社区书法大赛、社区送电影、与社区居民开展各种文艺晚会等，密切客户关系。

（3）以关系型业务为重点，创新金融服务。泰隆银行主要聚焦中小企业和个体户，尤其是那些没有抵押物品、求贷无门的小企业主。他们深入了解园区、郊县中小企业金融服务需求，提供高效优质金融服务，为园（郊）区、银行、企业三方搭建了共同的交流平台，进一步拉近了彼此的距离，泰隆银行在上海开出的第一家支行，就设在闵行九星市场对面，结果在半年不到的时间内业务量就迅速上升。在松江泗泾镇开出的第二家支行，也是紧邻农产品市场、钢材市场等大大小小的市场，同样属于小企业聚集之地。这些地方的中小企业有着旺盛的金融需求，但能够提供贴心服务的金融机构却少之又少。针对小企业的特点，泰隆银行松江支行一下子设置了 18 个柜面服务窗口，通过推行多柜面、长时间（8:30～18:30）的柜面服务，来配合客户的营业作息时间。泰隆银行通过“社区化经营”的市场营销模式，为当地小企业提供更加多样化的融资选择和全方位的金融服务。

泰隆银行运用目标聚集战略——凡是“同类人群、同类行业相对集中”的地方，就是泰隆主攻的“阵地”。通过“社区化经营”这把撬开各地市场的金钥匙，探索独辟蹊径的差异化经营，符合社区银行的经营方向，其成功实践为城商行零售业务的“社区银行”模式转型进行了有益的探索。

7.2.2 财富管理业务模式转型路径

“十二五”期间，随着经济发展方式的转变和居民财富的大幅度增长，中国社会财富结构将会发生巨大变化，富裕高端客户的理财需求将大量显现。大力发展财富管理业务已成为城商行零售业务向专业化、特色化转型的一条重要路径。

1. 财富管理的内涵

财富管理实际上是为高端客户提供一揽子理财设计和金融服务。曹彤认为财富管理主要包括：（1）资产管理服务。根据客户的参与程度，又可以分为委托资产组合管理和自主资产组合管理。从资产组合的投资对象看，除传统的债券、股票之外，还包括共同基金、管理基金、单位信托、限定资产基金、指数基金、承诺回报基金、雨伞基金、保值基金等新型金融产品。特定目标投资则包括融资租赁、联属公司、私人权益投资、风险投资和杠杆兼并等；奢侈品投资则投资于绘画、瓷器、雕刻、珍贵画像、乐器、珠宝、古式汽车和马车等。（2）保险服务。如人寿保险、人身意外伤害保险、一般保险、医疗保险等保险产品。（3）信托服务。客户委托银行按照信托人的要求代为经营和管理财产。（4）税务咨询和规划。为跨境移民拟订移民前税务规划；和与投资无关的税务咨询和税务规划；准信托服务，包括妥善填写纳税申报单、税务法律和程序援助和与投资管理相关的税务咨询和计划，如所得税、公司股息、印花税、资本利得，税收法律对资产组合管理的影响等。（5）遗产咨询和规划。拟订遗嘱及遗产合同，执行遗嘱，清算已故者遗产。（6）房地产咨询。针对房地产问题的研究、房地产购买、房地产融资、审查合同、房地产清算等。（7）其他服务。如购买门票、宠物服务等。[①]

2. 城商行向财富管理转型的重要意义

（1）从社会需求来看，财富管理业务具有巨大的市场发展空间。随着居民

---

① 曹彤：《财富管理：商业银行零售业务发展的战略选择》，载《财经问题研究》，2009（5）。

投资理财意识不断上升，财富管理作为零售业务转型的方式之一，具有巨大的市场潜力。首先，居民可支配收入在迅速提高。商业银行开展财富管理业务的必要条件是居民拥有巨大的财富存量或可投资资产可委托给商业银行管理。当前，社会财富和个人财富快速增长的趋势十分明显。截至2010年底，我国人均GDP超过4 000美元，从国内居民的财富积累看，我国城镇居民人均可支配收入从2005年的10 493元增长到2010年的19 109元。居民可支配收入的快速增长，要求金融机构提供更多的财富管理服务，从近年来的理财产品快速增长可以看出，居民投资理财热情高涨。其次，高端富裕阶层在迅速崛起。随着中国居民财富结构的分化，财富集中趋势明显，为商业银行发展财富管理业务发展创造了良好的条件。2005年有关调查数据显示，近年来金融资产出现了向高收入家庭集中的趋势，按照调查样本户金融资产由低到高五等分排序，户均储蓄存款最多的20%家庭拥有城市人民币和外币储蓄存款总值的比例分别为64.4%和88.1%，而户均金融资产最少的20%家庭拥有城市人民币和外币储蓄存款总值的比例分别仅为1.3%和0.3%。招商银行、贝恩公司发布的《2009中国私人财富报告》显示，中国高净值人群规模正在逐年扩大。2008年，中国的高净值人群达到了约30万人的规模。其中，全国共有5个省市的高净值人士数量超过2万人，分别为广东、上海、北京、江苏、浙江。其中广东省的高净值人士数量最多，2008年末达到了4.6万人，占全国15%的份额。在高净值人群中，个人持有可投资资产达1亿元人民币以上的超高净值人群也接近1万人的规模。就私人财富规模而言，2008年中国高净值人群共持有达8.8万亿元人民币的可投资资产，其中，超高净值人群个人财富总量达到1.4万亿元人民币，在高净值人群内部财富占比达到16%。中国富裕阶层的迅速崛起，为金融机构财富管理业务创造了巨大的市场潜力。最后，城商行传统的客户群体中小企业主存在较大的财富管理需求。城商行作为定位为服务中小企业的银行，长期以来在服务中小企业的过程中积累了大量的中小企业客户群体。而中小企业的特点是股权高度集中于企业主个人，企业的资产即为个人的财产，因此，随着中小企业的蓬勃发展，中小企业主的财富积累在日益加大，对财富管理提出了更多的需求。

（2）从银行发展趋势来看，财富管理业务将成为银行的重要利润来源。有关资料显示，2006年在全球银行业中，财富管理业务的利润贡献度已经超过20%。作为财富管理的重要内容，私人银行业务带给银行的利润能够达到普通零售银行业务的10倍左右。美国的私人银行业务过去几年平均利润率高达35%，年平均盈利增长12%～15%。2005年，花旗集团私人银行业务盈利12亿美元，大约占集团全部利润的8%，而花旗香港的私人银行盈利更是占到了当地全部盈利的20%；作为全球最大的财富管理机构，瑞银集团目前管理着近2万亿美元的收费资产，客户数目接近200万名，财富管理收入接近100亿瑞士法郎，私人银行业务所创造的净利润在整个瑞银集团净利润中的比重一直保持在35%以上，2006年第三季度甚至达到了63%的最高水平；恒生银行自20世纪90年代以来大力发展财富管理业务，目前其收入在全部净利息收入中的比重已经超过25%。[①] 国际银行业的发展态势昭示着中国银行业的明天，财富管理必将构成国内银行未来重要的利润增长点。

（3）从城商行发展转型来看，发展财富管理是城商行向低资本消耗业务转型的必然选择。"十二五"时期，随着监管部门对商业银行审慎性监管的加强，对商业银行的资本充足率、拨备覆盖率等提出了更高的要求，从传统的高资本消耗的信贷业务向低资本消耗零售业务转型已成为商业银行的必然趋势。而财富管理在为银行带来较好综合效益的同时，对银行的资本消耗却很少，是一种低资本消耗型业务是城商行的最佳选择。同时，随着大型银行纷纷向零售银行转型，银行对高端个人客户的争夺日益激烈。而只有通过个人财富管理的专业化经营模式，才能满足对高端客户的日益多元化和个性化的需求，提升客户的忠诚度。因此，通过发展财富管理等"低资本消耗型"产品和服务创造更多的利润就成为城商行零售业务转型的必然选择。

3. 零售业务向"财富管理"模式转型的实施策略

城商行向"财富管理"模式转型，是在客户细分基础上实施目标集聚竞争策略。由于我国财富管理业务起步较晚，必须在借鉴国外先进经验的基础上，结合我国高端客户实际需要，把握发展趋势，制定符合城商行发展能力的策略。

（1）准确定位，科学规划。由于财富管理业务是针对高端客户的零售业务，因此发展财富管理业务必须有一个明确的市场定位和目标客户定位。一方面，瞄准高端客户群体。财富管理的服务对象就是富人，是高学历、服务业和新兴行业掌握和运用的资源较多、领导消费新潮流的客户群体，如科技企业家、金融行业里的中高层管理者、会计师等各类社会专业人员以及外资企业高级管理人员等必然成为国内商业银行财富管理争夺的焦点。另一方面，掌握高端客户的投资理财偏好。富裕人士的投资行为受到财富来源、人口结构特征、超富裕人士的集中程度，以及富裕人士投资组合的地理分布程度等因素的直接影响。

① 潘新民：《财富管理与我国商业银行业务转型》，载《金融理论与实践》，2007（12）。

从财富来源看，中国富裕人士的主要财富有62%来自经营企业，12%来自员工配股权，因此需要银行能够为企业财富的保值增值提供多元化选择。同时，新兴富裕人士由于直接参与财富创造过程，知识层次一般也比较高，因此通常也会积极参与投资过程，并会寻找投资之外的财务建议。他们对于投机性投资、风险投资、私募股权投资、商业房地产以及房地产投资信托基金等勇于尝试，这是银行在制定和实施财富管理战略和计划时应当要充分考虑的。根据瑞银华宝公司的调查，高端客户个人理财业务的首要目标是实现财富的保值，其次避免过度纳税，以下依次为实现财富增值、为后代积累遗产、保障公司的生存等①。

在做好客户细分定位的基础上，要结合城商行的实际情况，科学做好发展战略规划。城商行应在对自身现有和潜在高端客户群体的需求、理财人才队伍素质、技术能力（包括信息技术和金融技术）、品牌的影响力、资源投入等进行深入分析的基础上，采取分阶段发展财富管理业务的实施策略，确定阶段性发展目标。针对不同等级客户采取不同的确定的营销策略、资源投入、产品开发的组织形式和开发的方向等。一般而言，城商行零售客户比较薄弱，高端个人客户群体比较少，因此，发展财富管理的实际过程当中，要科学设定高端客户的准入标准。目前国内银行对零售客户提供的个人金融服务大致分为四大类：一是存款在10万元以下的普通客户，银行向这类客户主要提供普通个人银行金融服务。二是存款在10万~100万元之间的中高端客户。这类客户收入高，手上已经有闲钱，有一定投资意识，银行向其提供贵宾理财业务。三是存款已经超过100万元的高端客户。这类客户是财富管理业务的主体。四是净资产在1 000万元以上的超高端客户。银行向其提供私人银行业务。在我国由于国民财富积累时间短、水平低，以及金融业分类经营与监管的政策环境，财富管理业务才刚刚起步。特别是城商行，由于机构网络较少，高端客户本来就不多，因此，城商行的财富管理应该从第二类中高端客户做起，逐步过渡到第三类、第四类客户。

（2）加强研发，产品制胜。由于财富管理业务是面向高端客户的一揽子业务，因此，除了传统的结算金融产品、理财产品的整合之外，还要大力发展符合客户保值增值的投资业务。“以产品锁定客户”是实现中高端客户发展战略的最重要工具。财富管理业务竞争的战略武器是“高、精、尖”的金融产品，只

① 曹彤：《财富管理：商业银行零售业务发展的战略选择》，载《财经问题研究》，2009（5）。

有丰富的金融产品，才能吸引和锁住客户。为充分落实“以产品锁定客户”发展战略，必须强化产品开发和销售过程管理。银行可以采取专兼职相结合的方式成立产品研发小组、风险评估小组、产品准入小组，充分落实有关授权，完善组织和流程，加快理财产品开发进程，以满足客户需求，从而支持基础网点的客户拓展工作。将信托公司、基金公司和证券公司的创新能力和制度优势与银行的授权相结合，加强协作，在政府基建项目、PE 项目、专户理财和集合理财等项目上加速新产品项目的开发和发行速度，重点开发风险度小、收益相对较高的理财产品，同时利用期限不对称等方式设计开发短期收益相对较高、流动性强的理财产品，满足客户需求和中间业务收入的要求。在信贷融资类产品方面，主要借助企业的信托融资需求、政府基础建设和优质企业股权质押等项目组合包装成理财产品；在资产管理类产品方面，重点开发第三方资产管理公司打新类、基金公司专户理财类和优先劣后类理财产品。代销类理财产品具有发行速度快，产品发行种类多，可充分满足客户不同偏好，有效提升客户满意度，转移银行风险的优点，商业银行应该全面增加本行代销产品的种类和数量，以有效扩大中间业务收入的来源，实现客户资产的体系内转移，增强银行对客户的掌控能力①。

（3）提高信息化管理水平，强化客户关系维护。要为高端客户提供精准的个性化金融服务，必须建立高效的财富管理组织架构和信息支持系统。首先，要建立财富管理的组织架构。其次，重视高端客户基础资料库的建设。为了充分了解客户对财富管理的需求，城商行必须建立贵宾资料及理财需求资料库，如采用贵宾理财卡的形式。最后，要搭建高效的银行财富管理系统。从国外许多商业银行网站来看，高端客户都可以通过银行网站了解财富管理的信息。网络渠道虽然不能完全取代银行实体网点，但可为客户提供实时化的便利性。例如，当客户资产发生变化，如汇率、利率、股价、基金净值波动较大时，财富管理系统可实时通知客户，自动发出电子邮件提供个人理财建议。客户可立刻通过网络银行确认账户余额，如果还有任何疑问，可通过网络与财富管理顾问交谈，这些服务都由财富管理系统提供。大型城商行还可以充分利用组建控股集团的优势，开发交叉金融商品，使本银行的客户群延伸到集团内部的其他金融服务领域，并通过统一网络信息平台交叉销售彼此的产品，实现金融控股集团经营的协同效应。同时，城商行在理财产品销售过程中要根据客户资产配置

① 盛天翔：《商业银行开展财富管理业务的策略研究》，载《经济论坛》，2010（9）。

的需求来销售理财产品，防止出现推销的销售行为；要坚持稀缺资源向优质客户普遍配置和吸引新增客户的理念，防止出现单个客户过于集中享用产品资源的情况，最大限度用这部分稀缺资源吸引和绑定更多的客户资产。

（4）强化人才培训，建立标准化业务流程。城商行的财富管理起步比较晚，要提升财富管理业务的服务水平，实现财富管理业务的稳定增长，应根据自身实际制定适合自身发展的道路，尤其需要加强财富管理人才队伍的培训和建立标准化的业务流程。一方面，要加快理财从业人员的培训和储备，高度重视财富管理专家队伍能力的提升，建立一批财富管理专家队伍。城商行可以充分利用行内外专业培训机构和战略合作伙伴的培训资源，加大专业知识培训和专业技能培养的投入，讲究质量，全力提升理财人员综合素质。为保证队伍素质和稳定性，应选取基础较好、经验丰富的员工加入财富管理队伍，建立一支能力过硬的财富管理队伍。要强化理财从业人员营销和展业能力的培训，提供现场顾问指导，建立批量客户拓展模式，培养内部培训师，加强对培训的督导，确保培训质量；加强与基金、证券、期货、信托等公司的合作，从财富管理中心选派部分顾问到上述公司进行随岗实习或轮训，以提高他们对市场的判断能力和全面金融素质；并选拔优秀理财人员参加国际金融标准委员会举办的国际金融理财师（CFP）、金融理财师（AFP）的培训，打造品牌理财队伍。同时对培训过的人员要严格根据专业客户经理序列等相关规定进行管理建设，以保证队伍的稳定性，对理财经理实行准入、晋升、退出等方面的专业化管理，以激励调动理财经理在客户维护及拓展方面的积极性。另一方面，要建立一套标准化的、先进的作业程序或咨询模式。在经营高端客户的过程中，必须建立一套标准化、先进的作业程序和咨询模式，使财富管理经理能够熟练地掌握与客户建立良好关系的能力。

（5）打造差异化品牌，有效提高客户忠诚度。品牌是银行的一种巨大的无形资产，也是财富管理的旗帜，它关系到能否吸引和留住更多高端客户，因此，城商行在发展财富管理业务过程中要高度重视品牌建设。一方面，城商行要充分发挥灵活高效的优势，加强产品创新，针对自身客户群体需求进行“集群式”高增加值产品和服务的开发，做到“人无我有，人有我特，人特我精”；另一方面，要有效提升高端客户的忠诚度。在欧美成熟市场，一个客户可能收到7~8家金融企业对他的邀请，至少有2~3家银行同时跟他们发生业务关系；在中国这个数字更高，一个客人可能同时跟5~6家银行有业务关系，所以客人有很多渠道获得各种建议和主张，他们一般不会轻易关户，但会频繁地在账户之间划转。统计表明，忠诚客户的数目，每增加5%，从每个客户身上得到的平均收益会增长25%～100%，获取新客户的成本是维护现有客户的5倍。[①] 客户与银行合作周期可以长也可以短，每一次感觉不好的体验就可能缩短甚至结束合作周期，相反，持续的、良好的经验可以建立长期而深远的客户关系。城商行可以通过代发工资、信用卡贵宾服务等传统服务与财富管理业务相结合，以及落实服务品质管理考核等措施不断提升客户对银行的忠诚度，为财富管理的发展创造良好的条件。

4. 零售业务向“财富管理”转型的实践案例：中信银行[②]

个人财富管理市场一直以来都是各家银行零售业务的必争之地。在新的理财市场环境及客户需求的影响下，银行为客户提供的不再是单一产品，而是贯穿客户一生的、一整套专业且行之有效的财富管理方案。中信银行积极推动零售银行向财富管理转型，取得了显著成效。

（1）理财品牌升级求突破。自2005年中信银行开始大力发展零售业务以来，理财及财富管理业务一直是其区隔同业的突破口。2008年后，初步完成了规模扩张的中信银行更是提出了“全功能型零售银行”的发展战略，积极打造区域性理财中心品牌。中信银行零售业务负责人表示：“根据客户需求，发挥股份制银行的优势为客户提供个性化的服务是全功能型零售银行的重要职能。而其中对高端客户综合金融需求的满足，则是此次分行级贵宾理财中心布局的重要意义。”据了解，新建成的分行级贵宾理财中心皆由中信银行总行统一部署筹备，体现了集中化经营、专业化服务的高端客户服务特点。打造区域性贵宾客户集中服务平台是分行级贵宾理财中心的主要任务，不同分行贵宾理财中心的理财顾问人员也会根据地方特色为不同区域、不同投资偏好的贵宾客户提供量身定制的个性化服务。为了应对贵宾理财品牌升级，此次分行级贵宾理财中心在理财顾问人员配备上也进行了严格的筛选，对客户经理从专业知识、营销技能到服务理念进行全方位的专业培训。此外，还聘请了专业的第三方公司进行神秘人考核，用专业的手段考察客户对服务的满意度，并针对客户的反馈形成标准化的业务流程，力求为客户带来完美而全面的服务体验。

（2）建立财富管理的组织架构和管理系统。中信银行在财富管理组织架构方面，在总行层面基本完成了财富管理组织架构建设和制度建设，同时在25家

① 曹彤：《财富管理：商业银行零售业务发展的战略选择》，载《财经问题研究》，2009（5）。

② 根据《中信银行财富管理服务走向“大综合”时代》（龙虎网，2011－05－16）和《财富管理：商业银行零售业务发展的战略选择》［曹彤，载《财经问题研究》，2009（5）］整理。

分行设立了分行贵宾理财部并明确了相应的职责；20 家分行制定了贵宾理财客户经理管理办法实施细则，有 7 家分行设立了分行级贵宾理财中心，贵宾理财系统使用推广和分行贵宾增值服务体系建设也在稳步推进。在财富管理的系统建设方面，中信银行进一步完善了财富管理咨询系统、客户关系管理系统，加强了对客户的细分工作，比如把富裕客户分为关键客户、成长客户和基本客户等几类，每类又进行再细分，形成财富管理的“全方位、全天候、全渠道”的系统网络，保证了财富管理业务的正常运作。

（3）加强产品研发创新。中信银行在夯实财富管理体系建设的基础上，重点加强理财产品研发和创新力度，保持在国内财富管理业务领域的竞争优势。理财产品开发设计以稳健为主调，采用“核心（稳健）+ 卫星（创新）”的配置思路。稳健类产品主要以拓宽产品线、丰富投资范围为主要思路，积极拓展债券市场、货币市场、票据市场和信贷市场等投资方向；创新类产品重点研究中高端客户专属产品，根据市场情况择机发行，在客户需求分析的基础上，加强产品的主动管理和资产配置，逐步由单一产品销售向不同资产配置的财富管理方案转变。

（4）强化财富管理专家队伍的能力建设。中信银行并没有复制其他银行的财务管理道路，而是走了一条客户积累、客户经营和客户价值提升“三个环节”并进的发展路径。一方面，高度重视增加高端客户数；另一方面，重视提升客户经理的素质和能力，并增加理财客户经理人数和提高考核目标。截至 2009 年末，中信银行已在北京、广州、南京、杭州、大连、武汉、太原等全国 10 个城市建立由总行统一管理的分行级贵宾理财中心，拥有一支总数近 2 000 人的专业理财经理队伍，其中数百人具备 AFP、CFP 资格，800 余人具有保险代理人资格，600 余人通过证券业协会的基金销售资格考试。这支队伍已成为中信银行提供专业化的财富管理服务的生力军。

（5）力推高端客户差异化服务。银行在财富管理业务之间的竞争重点是客户细分上的竞争。中心银行在银行自身客户定位明晰的情况下，为高端客户提供完善、专业且符合个性化需求的金融服务及增值服务，对资金流动性要求较高的客户，理财经理会为其配置“稳健财富计划”与“债券优化”理财产品组合；对资金处于闲置期的客户，则通过配置“短融利”计划与“月月赢”理财产品，实现较好的投资组合收益。同时，中信银行为实现精准服务，助数据库系统实现对目标客户的精准分析，提出更有针对性、建设性的理财建议，使得客户服务的效率事半功倍，对大众客户主要推荐居家金融服务，可极大方便客户日常的理财与消费生活；对于通过中信银行系统主要进行投资理财的客户，则为其重点定制证券资讯类服务与理财产品的信息；在对客户的消费刷卡情况进行综合分析后，中信银行为其推荐折扣商户以及刷卡抽奖等活动，让客户购物更物超所值。

据报道，在由《亚洲银行家》杂志举办的“2008 年度亚太零售金融服务卓越大奖”评选活动中，中信银行一举荣获“最佳财富管理奖”。这也是该行连续三年在亚太地区这一最高级别的银行评选活动中斩获大奖。中信银行向财富管理业务转型，为城商行零售业务向财富管理业务转型提供了可借鉴的成功案例。

7.3 批发业务发展模式转型路径

中小微业务领域本是城商行的优势业务领域。但从商业银行的业务发展趋势看，国有银行和大型股份制银行的客户结构趋于中小化的特征明显。随着国有商业银行和全国股份制银行纷纷向中小企业业务转型，城商行在中小微企业业务领域的优势正受到更多的挑战。中小微企业业务的特点是对效率要求非常高，对金融产品需求具有多样化、个性化的特点，并且风险较高。因此，城商行批发业务的转型，必须通过专业化的经营模式来加快产品创新，提高效率，满足客户的需求，并通过专业化经营提升风险防范能力。城商行批发业务未来转型的方向，一是借鉴信贷工厂的模式建立中小微企业信贷专营化中心；二是根据集群行业特色设立专业化金融服务中心，根据“一行一策”打造特色支行；三是应基于企业价值链的理念大力发展供应链金融、物流金融等业务，打造特色业务品牌。

7.3.1 “信贷工厂”业务模式转型路径

1. “信贷工厂”模式的内涵

所谓“信贷工厂”，就是把信贷的产生看做一个产品的生产，信贷的发放作为一个流水线进行生产。银行进行小微企业授信业务管理时，设计标准化产品，从前期接触客户开始，到授信的调查、审查、审批，贷款的发放，贷后维护、管理以及贷款的回收等工作，均采取流水线作业、标准化管理，对不同产品的信贷作业过程就好像工厂的“流水线”一样，因此叫“信贷工厂”。“信贷工厂”主要通过产品标准化、作业流程化、生产批量化、队伍专业化、管理集约化和风险分散化获得专业化优势。

2. 城商行向“信贷工厂”模式转型的重要意义

与传统的小微企业贷款管理相比，“信贷工厂”摒弃了或是以产品，或是以办理效率，或是以客户发展为主的、单向的、分散的经营管理做法，而是将机构设立、人员配置、融资产品、风险控制、目标客户、市场销售、绩效考核等方面，合理联合打造成为了小微企业信贷业务的全新模式，有利于城商行快速拓展小微业务市场，形成市场竞争优势。这一模式主要具有以下优势①：

（1）优化了银行资源。该模式将分散于各业务部门和支行的小微企业岗位人员、审批权限、风险管理等信贷资源整合再造，变分散为集中，变兼顾为专业，以事业部制的管理方式，构建起高专业化程度的信贷业务机制，优化了信贷资源配置，形成市场销售、风险管控、人才利用的整体优势。

（2）更加专业全面。在组织架构上，该模式将分属于业务部和支行的小微企业客户经理集中，在客户营销上，实行主动的名单制营销，认真做好小微企业市场细分，高度重视营销规划和目标客户筛选工作，进行针对性的主动营销、动态管理和维护，并视不同企业的融资需求，设计个性化的信贷产品，做到服务更专业、产品更全面，有效提高销售成功率。

（3）更加便捷高效。该模式简化了受理、评价等各环节的信贷流程，构建标准化作业、流水式审核的信贷业务运作流程，单笔业务的各项审批要素只要符合允许值，即可快速通过，自业务受理到正式放款平均时间为5个工作日，办理效率提高近1倍，甚至部分小微企业的贷款办理只需1～2天即可办结，效率之高远远超过旧的业务模式。

（4）下放部分权限，审批更加自主。该模式放宽了信贷政策的强制约束，下放了部分信贷业务审批权，使办理小企业信贷业务的分支行具有了更大的审批权限，从而使得审批更加自主，也提高了运行效率。

（5）流程更规范精细。该模式的风险控制以客户风险评级、产品风险评级为核心，通过早期预警、软回收、信用恢复、硬回收等环节，实现风险管控流程化操作。该模式根据企业规模和使用产品的不同风险等级，灵活动态地为客户确定授信额度，为优质客户提供更加合理的授信额度。

（6）规模效应更明显，财务成本更节约。在银行业金融机构普遍认为小微企业信贷管理投入大、回报少、用人多、成本高的情况下，信贷工厂模式的成功，为银行实现效益目标和更好地服务小微企业提供了范例。

---

① 北京银联信信息咨询中心：《信贷工厂——未来主流的中小企业信贷新模式》，2009-06。

3. 批发业务向“信贷工厂”模式转型的实施策略①

（1）建立适合城商行特点的“信贷工厂”组织架构。目前，在信贷工厂组织架构的设置上，主要有两种模式：一种是战略事业部制，另一种是准事业部制。其中，战略事业部制的组织架构即小微企业信贷专营机构模式，它是根据战略事业部体制构建、设立，主要为小微企业提供授信服务的专营机构。此类机构可申请单独颁发金融许可证和营业执照，一般需要在总行设立专门的管理机构，负责对下辖小微企业专营机构的管理，通过制定一系列的规章制度，建立起独立的核算机制、激励机制、贷款审批机制、风险定价机制、专业的人员培训机制等。在业务考核、资源调配等方面实行统一调度、内部独立核算、垂直管理和专业化经营。这种模式最大的优点是完全事业部性质的专营机构可真正落实银监会提出的“六项机制”建设，但不足之处在于很难充分共享银行现有资源，而且批量设立专营机构成本很高，推进速度也较慢。目前，国内商业银行中采用此种模式的较少，招商银行的小企业专营机构在组织框架的设置上与此较为类似。准事业部制的组织架构是在总行设立准事业部制的小微企业业务部，负责小微企业业务的经营和管理，可下辖专营机构，但主要依托现有分支机构开展小微企业金融服务，与专营机构相比，最大优点是能充分利用现有资源，在不失专业化服务的同时发挥“点多面广”的优势。目前，采用“信贷工厂”模式的国内商业银行一般均为此种组织体制模式，如建设银行、中国银行和杭州银行。城商行应该结合自身特点，探索适合自身的模式。如没有实行跨区域经营的城商行，适合采用事业部制模式；已经实现跨区域经营的城商行，适合采用准事业部制模式，或采取两种模式相结合的模式。

（2）针对小微企业特点做好标准化的产品开发。产品设计必须在充分市场调研的基础上首先确定目标客户群体，然后按照标准化与非标准化两大体系进行产品设计与开发，但设计标准化产品时必须遵循中小微企业信贷“六化”原则，针对不同客户群体、基于客户不同成长阶段的差异化需求进行，既要考虑“集群性”，以便进行标准化、流程化和批量化生产和销售，又要考虑风险分散功能，对不同行业、区域，以及抗经济周期能力进行组合设计。在标准化金融产品的开发和设计时就要内嵌风险控制条款，同时根据小微企业创业、成长、发展、成熟等不同发展阶段中的不同需求，将“以客户为中心”和“小微企业

① 根据《信贷工厂——未来主流的中小企业信贷新模式》（北京银联信信息咨询中心，2009年6月）整理。

全面金融服务”理念真正嵌入制度和流程，基于客户细分、市场细分和客户贡献度差异设计多样化需求的产品组合。

（3）按照“灵活高效”的原则设计好作业流程。作业流程设计指针对小微企业客户数量多和资金需求“短、频、急”的特点，在信贷业务的作业流程中引进工厂流水线作业方式，将小微企业信贷操作的前、中、后台业务分离，变“部门银行”为“流程银行”，按统一的流程标准分岗操作，以提高小企业融资服务和风险控制效率，即在产品开发完成后，将小微企业业务流程划分为多道工序，强调专人专岗和业务流程端对端操作，主要工序包括市场营销、业务受理和尽职调查、审查审批、贷款发放、贷后管理以及集中清收六个主要环节。

（4）推动组织做好批量化生产。小微企业个体风险相对较大，但具有组合风险分散功能，因此需以做“批发”的理念做小企业业务，以流程和品牌优势拓展市场，以产品带动客户群挖掘来形成规模效益，通过风险定价和拨备覆盖预期损失。在完成了产品开发及标准化的作业流程设计后，进行信贷产品的批量化生产前，必须解决风险定价、核算、考核及队伍建设等问题，即实现银监会提出的“六项机制”建设：科学的利率风险定价机制、自成体系的内部核算机制、高效的贷款审批机制、完善的激励约束机制、专业化的人员培训机制、准确的违约信息通报机制。

（5）做好营销集约化管理和渠道建设。要实现“管理集约化”和“队伍专业化”，必须首先建立以总行小微企业业务部为管理平台、以小微企业经营中心为经营载体，集营销、管理和风控于一体的专业化管理体制和集约化经营机制。总行小微企业业务部主要负责制定业务发展规划、业务发展策略、产品研发、渠道建设、营销策划和推动、流程建设、绩效考核、后台集中处理等；小微企业经营中心和业务团队主要负责客户营销和服务，并按标准化流程操作。

在营销管理方面，小微企业业务部可引进小微企业金融的“4S”理念，解答“卖什么——产品和服务；卖给谁——客户；谁来卖——客户经理；怎么卖——营销策略”，并建立标准化、规范化、高效率的业务处理流程，打造具有自身特色的小微企业融资服务品牌。总行在营销推动上要采取多层次主动营销，高度重视营销规划和目标客户筛选工作，完成“两个转变”，即首先变“守株待兔”为“主动出击”，主动与政府部门、行业协会、担保公司等建立合作关系，通过各种渠道收集小微企业客户资料，认真做好小微企业市场和客户细分；其次变“漫天撒网”为“有的放矢”，对收集的客户名单进行初步筛选后，建立目标客户库，营销团队借助目标客户库进行针对性销售，同时对目标客户库进行动态管理和维护。

在渠道建设方面，一是通过设立小微企业经营中心或在现有支行成立小微企业专门团队；二是充分利用网上银行，通过各银行的网上银行开展信贷业务申请，或开展网络银行电子商务信贷业务，如建设银行与阿里巴巴公司联手开发的网络银行电子商务信贷业务模式；三是利用电话银行开展业务。

（6）做好营销队伍建设。专业人才、核心技术是小微企业“信贷工厂”规模化经营的最大障碍，优秀的管理团队、专业的风险控制团队和营销团队是队伍建设的关键。因此，要高度重视小微企业业务人员队伍建设。在建立小微企业经营中心、推行小微企业业务模式的同时，要加强对小微企业经营中心各岗位人员、营销人员的业务培训，熟练掌握业务操作技能，提高业务运作效率和质量，保证小微企业业务模式优越性的充分发挥。除通过选配银行现有客户经理外，主要以招聘非银行从业人员为主，如通过招聘企业财务人员、优秀应届毕业生等，然后通过“模拟环境集训”和“一对一传帮带”，培养一支标准化作业的专业化队伍。同时，建立规范的入职、考核、培训、晋升、组合、淘汰制度，实行“岗位制约、分工合作、团队组合”的“三人小组”客户经理团队管理模式，三人分别侧重销售、风险识别、后勤维护等职能，最大限度地提升每位员工的专业化和规模化管理能力，使每位客户经理平均管理100位以上客户。

4. 批发业务向“信贷工厂”模式转型实践案例：中国银行金华分行①

中国银行金华分行对“信贷工厂”模式进行了本土化改造，取得了较好效果。该行中小企业中心（“信贷工厂”），内设市场、钻石（营销）、审批、放款和授后管理5个团队，其具体运作特色为：

（1）建立具有特色的经营管理机制。中国银行金华分行“信贷工厂”通过综合创新拓展客户服务面，把原先被其他银行拒之门外的客户变成风险可控的客户，纳入其服务范围，其具体的经营机制为：一是根据中小企业特点重新设计信用评级参数和权重，要求钻石团队按照“实质重于形式”的原则搜集客户的31项重要信息（其中包括纳税申报表、电费凭证等大量非财务信息），综合研判企业主及其家庭的资产负债情况、企业主人品习惯及社会评价、企业销售情况等因素，提增了客户信用等级。二是根据不良率等实际情况，单独调高了“信贷工厂”的风险容忍度，进而提高了中小企业信贷的计划增长率、可容忍贷

① 根据《关于国内商业银行“信贷工厂”模式实践的探索》[（崔燕，载《东方财经》，2010（4）]整理。

款不良率等指标，扩大了中小企业信贷投放规模。三是根据“可容忍损失率（EL）=不同信用等级对应的违约概率（PD）×不同风险产品的损失概率（EAD）×不同担保方式的损失概率（LGD）”公式，开发抵质押系数自动转换系统，区别对待客户，使部分信用等级较高的客户能够获得信用贷款，有效解决中小企业缺乏抵质押物的难题。四是针对中小企业的生存发展特点，依据资产组合理念设立“例外机制”，对有发展潜质的客户可以在行业投向、信用等级标准之外适当放宽贷款条件。五是采用标准化、专业化、端对端的工厂式“流水线”运作模式，缩减审批环节，由专业审批人在审批权限内直接批复，审批时间缩短到5个工作日以内，提升了审批效率。

（2）建立具有特色的风险控制机制。由于中小企业个体风险相对较高，其贷款不良率远高于大型企业，因此风险控制在中小企业授信业务发展过程中极为关键。中国银行金华分行对风险控制进行了专门的政策设计并在业务发展中得以切实执行。一是根据区域经济特征确定授信政策、行业政策，对不同区域进行差别化管理。“信贷工厂”根据地级市的产业结构特点，把区域行业划分为优先支持、一般支持和暂不介入三大类进行管理，控制投向风险。二是“信贷工厂”设立专门岗位负责搜集数据，按区域筛选出目标客户，定期将目标客户清单交给钻石团队，由钻石团队营销，客户经理无权自主选择客户，有利于克服“人情贷”等弊端。三是在钻石团队中设置开发经理和维护经理两类岗位，实行交叉管理，由开发经理进行新客户的开发，授信3个月后移交维护经理管理，有利于防范营销人员和客户因关系过于亲密而影响贷后管理。同时，借鉴关系型贷款理念，推动钻石团队的社区化，降低信息不对称风险。四是建立专业审批人制度。专业审批人具备总行认可的专业资格，在审批权限内对辖内中小企业授信业务进行独立审批，对任期内授信业务的决策质量负责，并确保授信审批效率。五是借鉴淡马锡经验，设计涵盖中小企业各种风险特征的81项贷后预警指标，分别由销售、情景分析、押品管理、预警、柜面和内控六类岗位独立监测，相互印证和预警。

（3）建立特色的考核激励机制。中国银行金华分行借鉴事业部制的运作理念，全面改革业务管理、绩效管理和责任追究制度。一是“信贷工厂”落实“以收益覆盖成本和风险”原则，根据“经风险修正后的综合回报率（RAROC）=（贷款收益+交叉销售收益）-（资金成本+风险成本）”这一基本公式，开发了风险自动定价系统，设置成本类、风险类和收益类三种参数，自动反馈利率定价下限，降低定价的随意性，提高综合收益。二是尊重国内实际，实行双线管理，钻石团队由中小企业中心和县支行共同实施矩阵式管理，业务任务指标、日常培训指导等由中小企业中心负责，人员和团队的业绩考核仍按行政层级操作，较好地适应了国内商业银行的管理现状，有利于调动基层机构的积极性和能动性。三是“信贷工厂”针对中小企业业务的特点，运用平衡计分卡（BSC）等方法进行考核指标的设计，每个岗位均设有关键绩效指标（KPI），有效调动不同岗位员工的积极性和整个团队的协作水平。四是针对中小企业贷款实际，强调“尽职者免责、失职者问责”的责任认定理念，专门建立一套有别于一般贷款的不良问责机制及认定标准，保护一线人员拓展业务的积极性。

7.3.2 产业集群专业支行业务模式转型路径

1. 产业集群专业支行业务模式的内涵

产业集群是指在特定区域中，具有竞争与合作关系，且在地理上集中，有交互关联性的企业、专业化供应商、服务供应商、金融机构、相关产业的厂商及其他相关机构等组成的群体。不同产业集群的纵深程度和复杂性相异，代表着介于市场和等级制之间的一种新的空间经济组织形式。

产业集群专业支行业务模式，是指城商行在产业集群聚集区设立专业支行，针对聚集区的企业和客户特点研发个性化产品，并为其提供专业化、特色化金融服务的经营模式。

2. 城商行向产业集群专业支行业务模式转型的重要意义

改革开放以来，随着我国经济的发展，各区域经济形成了不同的产业集群，如广东、浙江、江苏等经济发达地区形成了规模庞大的服装产业集群、家具产业集群、家电集群、高新技术产业集群、批发零售商业集群等。产业集群经济的发展，为城商行建立基于产业集群专业支行业务模式提供了良好的基础。城商行建立产业集群专业支行具有以下优势：

（1）有利于克服银企信息不对称。由于集群内众多企业围绕同一产品系列发展，产业特征明确，而且由于地理接近性，产业集群为银企信息交流提供了一个有效的平台，可以减少事前的逆向选择，增加了银行信贷机会。特殊的集群产业环境给银企交流带来了额外优势，银企双方在信息更加完备的情况下更容易建立起重复博弈的信贷机制。

（2）有利于降低银行的交易成本，提高银行利润率。一方面，集群式融资具有规模优势。中小企业经营灵活，其对资金的需求量较小，同时资金在中小企业运营过程中的流动速度快，循环周期短。这样可以使资金在每一个中小企业内的循环次数增加，货币资金每运动一个周期就会有不同程度的增值。资金在中小企业内部的短时间的循环运动增加了货币资金的增值机会。而就整个集群内部的资金运动而言，也会随着单个个体中小企业的资金运动速度加大而加快循环，资金在中小企业集群内部的运动中会再经历一次增值过程。这样，整个集群作为一个区域经济实体，其带来的资金规模效应是可想而知的。同样数目的资金如果投放到单一的大型企业中，其循环的周期就会加长，延迟资金增值的时间和频率。因此，这种方式对比单一大规模的企业来讲，资金的利用效率和周转率都会有很大幅度的提高，充分显示出资金的规模优势。另一方面，在针对单个中小企业贷款时，银行花在企业发展前景上的预测费用较高，而且在资信评估上的时间耗费也不符合中小企业融资急的特点，而集群下存在大量类似或相关企业，以及由此产生的行业协会和政府方面的支持，使银行获得完备信息的可能性增大；同时，对企业的单位信贷审核成本由于信贷市场的规模大而降低，信贷规模又使银行总收益增加。这样银行支持集群的中小企业信贷，有利降低成本，提高效益。

（3）有利于形成标准化、专业化、模式化经营模式，易复制推广。通过基于行业特征和特定客户需求的精确把握而形成的标准化解决方案，能快速将该解决方案复制到同行业的客户或跨行业同类客户，提高服务效率。同时，通过针对集群客户特点，开发个性化产品和金融服务，真正体现了以客户需求为中心，有利于提升市场竞争力。

（4）有利于银行降低风险。产业集群经营模式，对银行控制信贷风险的优势主要体现在三方面①：一是集群下产业风险比较明确，可以通过产业发展趋势区分优势企业，如嵊州的领带行业，低档次品牌无市场竞争力，中端产品的市场销售量最大，高端产品尚存在品牌塑造，但市场的前景广阔，因而银行的目标客户就是生产中高端产品的企业。二是大数定律分散了银行的金融风险，集群内中小企业数量庞大，往往超过1 000家，银行向企业分散贷款，规模大而不集中，坏账占贷款数额的比例是一个较稳定的值，再加上银行在事前有更充足的信息筛选客户，又会进一步降低其风险。三是事后道德风险的降低，通常中小企业在发展战略上存在盲目性，许多企业对眼前利益看得较重，缺乏中长期发展战略，因而贷款的不确定性增加，但是集群内中小企业具有区域“植根性”（许庆瑞，2002），即集群中小企业依赖于专业化的市场、协作配套商和熟悉的

① 刘新华：《中小企业融资：一个产业集群的视角》，载《广东金融学院学报》，2006（6）。

客户，无法离开这个具有产业文化背景和制度环境的区域。这种无形资产也为集群内企业所共享，其中最重要的就是信誉共享，集群成员为了避免“柠檬效应”，自然会增强自我约束力。中小企业的信贷数额偏小，赖账即意味着企业信誉损失，企业可能受到集群内相关企业的联合孤立，两相比较，企业也会放弃事后不道德行为。

3. 批发业务向产业集群专业支行业务模式转型的实施策略

（1）与区域产业布局相结合。客户在每一个区域里面有每个区域的特点，一个城市有一个城市的特点。城商行要结合区域经济发展战略、产业布局、产业集群，中小企业特点、经济发展环境等进行深入的研究和分析，在产业聚集区建立特色化支行，实施差异化经营模式。

（2）根据产业集群特点，重点创新中小企业担保体系。集群内建立中小企业信用互助担保体系对大规模解决中小企业融资有至关重要的作用，也具有游离的单个企业许多不能企及的优势。集群内中小企业可以建立行会，行会由各个企业成员共同组建，同时行会在政府领导下，由政府和中小企业共同出资，建立担保公司。这样政府发挥了领头羊的作用，企业之间也可以达到互相监督的效果。当然担保公司可以而且应该营利操作，这不仅保证了行会的正常运作，也能提高其运作效率。这样的担保公司对群内的各个企业的了解深度就远远高于银行对单个游离企业。而且群内企业为了规避“柠檬效应”也会增强自我约束力，远离恶意贷款的不良行为①。另外，还可以利用大企业的信用担保。围绕大企业生产的集群一般是纵向集群，当群内中小企业出现融资困难时就可以利用企业与核心企业的长期合作关系，进行产品或服务的预支以换取大企业在订单方面的支持，甚至可以请求大企业做融资担保。一般有这种长期业务关系的上下游企业，有着共同的经济利益，彼此都较为熟悉，特别是企业主之间的人缘关系也很好。因此，城商行要结合产业集群，积极创新中小企业信用担保方式，从单纯的靠抵押、靠信用担保向动产和不动产质押、高新技术专利质押、商标专利质押，以及商户企业联保、联贷等方式转变，解决中小企业担保难的问题。

（3）加强产品创新，建立共性与个性紧密结合的营销模式。产业集群专业支行模式可以针对集群内的企业特点，建立模式化经营机制。在模式化经营中，个性化是重点，标准化是关键。只有抓住个性，针对特点，满足不同客户的不

---

① 刘新华：《中小企业融资：一个产业集群的视角》，载《广东金融学院学报》，2006（6）。

同需求，模式化方案才具有持久性和不可替代性，银行和客户之间才会互动共赢。好比中药调理，一剂良方添一味减一味，就可以治疗一大类病症。标准化的经营模式只要稍作变通，就可以复制给更多的客户。模式化经营要在"深、广、长、精"四个字上做文章。"深"就是深挖客户需求，把模式化经营做深做透；"广"就是广种广收，将成功模式广泛营销、宣传和复制；"长"就是建立长效机制，将模式化经营作为一项长期性、战略性的工作；"精"就是精心设计、精细操作，锤炼精干的队伍，打造精练的模式化方案，全力打造"客户银行"，进一步形成经营特色[①]。

（4）加强产业集群的信息收集研究，提升银行风险管控能力。为了全面掌控风险，国外的优秀银行会注意将其专注的产业中所有的客户发展成自己的核心客户，而且是可持续发展的核心客户，并且对产业链上游、中游和下游的客户进行"网状"服务。这样做的优势在于，一旦某一个链条出现问题，银行可以及时发现并采取措施化解风险；而我国现在很多银行的现状是，单体客户的信贷出问题后，情报系统不能及时反馈上来，导致银行对这个客户乃至整个产业发展情况的判断失灵，给银行的经营带来不可预计的损失[②]。而产业集群专业支行业务模式，有利于利用产业集群之间和产业集群上下游的关系建立"网状"的情报系统，把整个产业链中企业的发展情况通过情报网络和星级化的信贷服务手段连接到一起，使企业经营过程中各个环节的风险随时在银行的掌握中。因此，城商行通过建立产业集群支行，建立"网状"信息情报系统，提升对中小企业的软信息收集能力，有利于提升信贷风险防范能力。

4. 向产业集群专业支行业务模式转型的实践案例：汉口银行[③]

在充分学习借鉴美国"硅谷银行"模式和国内其他科技金融创新实践经验的基础上，结合自身发展实际，利用自身的有利条件，汉口银行初步形成了打造"中国硅谷银行"的总体构想：按照"科技银行"的目标定位，创新体制机制，构建合作平台，创新产品服务，建立科技金融发展新模式，全力率先打造"中国硅谷银行"。

（1）创新体制机制，建立科技金融发展新模式。经营管理体制和机制的创新是前提和基础。现阶段，汉口银行不断通过建立适应科技金融需求的"新机构、新模式、新机制、新人员"，打造权责利相统一、人财物相独立的科技金融

① 刘立新、李霞：《商业银行转型中的挑战和机遇》，载《当代金融家》，2011（7）。
② 何世红：《我国中小银行走特色化经营道路应注意的问题》，中国金融网，2010－04－09。
③ 根据《致力打造中国硅谷银行》［陈新民，载《经济月刊》，2011（3）］整理。

专营模式。

——创设新机构。2010 年 12 月 1 日，汉口银行科技金融服务中心正式成立。该中心成立后，将成为一家立足光谷、辐射全市的科技金融服务业务操作平台、信息共享平台、金融合作平台、政策支持平台。汉口银行科技金融服务中心将邀请战略投资合作伙伴——联想控股旗下的投资和咨询公司入驻，同时联合政府、风投、担保、保险、中介服务等各类机构实施现场办公、协同作业，通过积极尝试建立“中心直接融资、贷投联动合作、政策性金融服务、各类增值服务”四条金融服务流水线，为科技型企业提供全方位、一站式金融服务。

——探索新模式。大胆探索创新，积极争取支持，寻求深度合作，逐步探索股权投资公司和科技银行的运作模式。一是探索股权投资公司的运作模式。在积极争取政策支持、逐步创造条件的基础上，尝试通过以直接出资等方式，联合战略股东单位——联想控股，创设股权投资公司的运作模式，以突破传统商业银行经营方式和风险偏好的局限，在对科技型中小企业提供融资服务时，利用股权投资公司代持部分股权或取得认股权、期权等，享受其上市或股票升值所带来的增值收益，覆盖科技融资业务的高风险，并以此种模式运作大力支持科技型中小企业的科技成果转化。二是探索创立专业化科技银行的运作模式。通过不断探索创新与争取支持，致力于创设一家自有控股、具备法人资格、独立运行、市场化运作、专业化管理的科技银行，专注于为科技创新和科技型中小企业提供具有鲜明特色的金融服务。

——建立新机制。建立八项独立机制。2009 年 9 月 29 日，汉口银行在东湖新技术开发区率先成立了湖北省第一家专业科技支行——光谷支行，专注服务于科技企业。与科技金融服务中心同步，汉口银行将在光谷支行尝试建立与实行独立的考核与激励约束机制、独立的客户准入标准、独立的信贷审批机制、独立的风险容忍度政策、独立的财务核算机制、独立的专项拨备机制、独立的风险定价机制、独立的先试先行机制等八项机制，以进一步突破传统的银行经营管理模式，尽快形成光谷支行的科技金融专营模式。

——培植新人员。塑造科技金融人才队伍。汉口银行将按照市场化原则积极引进具有高科技行业、风险投资及投行业务工作经验的专业人才，建立一支金融与科技紧密结合的专业化、复合化人才队伍，为打造“中国硅谷银行”早日奠定新型的人力资源基础。

（2）构建合作平台。建立科技金融发展新模式，搭建政府、银行、风投、担保、保险、中介等机构的合作平台是必要条件。汉口银行正在积极整合各方资源、开展多方联动，建立一个“政府引导、市场运作、信息共享、风险分担”的多元化科技金融合作平台。

——银政联动。汉口银行将积极参与信用贷款、知识产权质押贷款、绿色信贷等创新试点，参与东湖国家自主创新示范区中小企业担保融资基金的整体运作，支持筹建示范区科技专家顾问委员会，为示范区“新三板”的开通和建设提供配套服务，为光谷联合交易所配套开展并购贷款业务，与省科技厅、市科技局建立“项目对接、专家咨询、业务联动、联合创新”的常态化科技金融合作机制。

——贷投联动。汉口银行将充分发挥战略合作伙伴——联想控股在科技与风险投资上的资源优势，积极引进联想控股旗下投资机构进驻示范区，合作开展金融创新实践；借鉴硅谷银行的经营模式，充分利用风险投资公司在科技企业服务方面的专业优势，通过与综合实力突出的风险投资公司签订战略合作协议，合作开展业务。

——项目联动。汉口银行将与担保公司、风投公司、信托公司合作开展桥隧模式和路衢模式业务，联合其他金融机构发行集合债券和集合票据等科技中小企业集合融资产品，与保险公司联动创新保险融资业务，与国际金融公司（IFC）合作开发节能减排项目贷款。

（3）创新产品服务。

——研发“投融通”。汉口银行将与联想控股加强合作，充分借助联想控股及旗下企业在科技、投资领域的专业优势，创新开展“贷投联动”，研发“投融通”特色产品，为科技型中小企业提供“股权融资、债权融资相结合”、“引资、引智相配套”的科技金融服务，以突破银行对科技企业成长初期融资支持的瓶颈。

——创新信贷产品。汉口银行将大力开展信贷产品创新，发掘科技企业的未来市场价值，把握企业经营现金流，重点加大对信用贷款、知识产权质押贷款、股权质押贷款、供应链融资业务等产品的推广力度。

从目前的总体规划来看，打造“中国硅谷银行”迫切需要实现政策的新突破，主要包括：商业银行对外投资、混业经营的限制；对科技信贷倾斜性政策，如将商业银行对科技型中小企业的信贷额度单独核定或放开、不良贷款容忍度提高等。下一步，汉口银行将积极寻求银行监管部门的指导和帮助，从开展全方位金融服务、实施机制与产品创新到建立综合化科技金融机构等阶段进一步展开探索，以建立一个真正满足国家经济结构转型要求、适应科技创新企业发展需要、符合科技金融特征的科技银行发展模式。

7.3.3 供应链融资业务模式转型路径

1. 供应链融资业务模式的内涵

供应链融资是在贸易融资的基础上发展起来的，基于供应链上的核心企业和上下游企业之间的长期贸易关系（1 + N 模式），主要由商业银行或物流公司主导，其他金融机构参与协调的一种新的融资模式，通过金融资本与产业资本的互利共存，构筑持续发展的产业形态。该模式的实质是一种在核心企业主导的企业生态圈中，对资金的可得性和成本进行系统性优化的过程（Michel Lamoureux，2008），在一定程度上改变了银行的信息甄别方式和风险管理理念，对缺乏融资渠道的中小企业而言，供应链融资跳出了单个企业的传统局限①。

供应链融资业务模式，是指城商行设立专门的供应链融资部门和客户经理团队，在依托核心企业的基础上，积极拓展核心企业上下游业务，延伸客户产业链，为上下游企业提供专业化金融服务的模式。供应链融资金融产品包括动产或货权质押授信业务（融通仓）、商业承兑汇票贴现担保业务、国内信用证、应收账款转让授信业务、出口退税托管贷款、出口信用保险融资、政府采购封闭授信等。

2. 城商行向供应链融资业务模式转型的重要意义

（1）有利于依托核心客户拓展上下游产业客户群体。传统的融资业务主要考虑行业地位、财务特征和担保方式，从财务、市场等角度对主体企业进行信用评级，是针对基于财务报表的单一企业的授信，而供应链融资针对贸易链条，将供应商、制造商、分销商、零售商，直到最终用户连成一个整体，全方位为产业链条上的多个企业提供融资服务，审贷标准变为信用记录、贸易背景、交易对手、客户违约成本以及金融工具的组合应用，强调贸易背景的真实性、连续性、核心厂商的规模与信用实力、授信上限与额度分散原则、封闭运作与贷款的自偿性等②。因此，由为单一企业的融资变为对整个行业的融资，扩大服务范围，有利于银行拓展中小客户产业群体。

（2）有利于从提供单一融资产品向为客户提供综合化一揽子金融服务转变。过去银行向中小企业提供融资服务主要是贷款服务，贷款是融资的主要形式。

---

① 苟文锋、王金凤、刘杰：《产业集群视角下的中小企业供应链融资探讨》，载《发展研究》，2009（10）。

② 李九献：《供应链融资对银行信贷 + 业务转型的影响及发展策略》，载《时代金融》，2010（2）。

但对于供应链融资，银行并不仅仅为客户提供贷款服务，而针对企业运作流程的各个环节提供序列融资产品，如订单融资、动产融资、仓单融资、保理、应收账款融资、保单融资、法人账户透支，以及现金管理服务等，银行通过有效组合能够提升供应链运作效率的各种银行产品，设计出综合性的融资方案，进行个性化服务，来满足用户的多样化需求，从而达到营销优质客户，提升自身营销收益的目的①。供应链业务模式意味着银行从提供单一的融资产品向提供一揽子各类的产品组合转变，银行提供的不仅仅是贷款，还包括提供信用、智力等服务，是真正提供全方位金融服务。

（3）有利于银行降低信用风险。供应链融资强调要基于真实的商品交易关系向配套企业提供融资，由于配套企业与核心厂商的真实交易背景难以伪造，核心厂商的规模实力能基本降低交易环节和付款环节的潜在风险，采取资金封闭运作方式，由银行直接按交易链条将资金直接付给客户的上下游核心企业，决定了核心企业的上下游配套企业具有稳定的现金流，银行信贷资金可因优势核心厂商的履约而安全（王绍坤，2011）。供应链融资需要银行对贸易项下的货物、应收账款、业务流程进行密切监控，需要银行从业人员对贸易项下的商品的经营规律有深刻的了解，操作方面的要求比传统融资业务大大提高，操作风险相对较大。但从总体而言，供应链融资因其业务特性而降低了信用风险，如果规范业务流程，加强对抵押货物和应收账款的监控，特别通过建立与物流企业、仓储企业的联网系统监控，还是可以大大提高银行的风险控制能力。

3. 批发业务向供应链融资业务模式转型的实施策略

面对目前市场竞争激烈的局面，城商行大力发展供应链融资业务应该从以下几个方面着手：

（1）建立专门机构和人才队伍，进行内部的组织创新。商业银行应该设立专门的供应链融资部门，并在分行层面设立与之对应的分机构，同时，变革相应的考核机制和内部激励机制，从而有针对性地对供应链融资业务进行单独考核，使组织设计、激励约束机制和目标管理紧密结合。一是总行成立专门的机构，负责供应链融资业务的管理推进。在总行成立供应链融资部，专门管理全行供应链融资业务；在分行实行业务经营的专业化，集中专门的人员具体开展业务。二是加强人员的更新与培养，高度重视专业人才队伍建设。加大培训的力度，培养核心专业人才，不断提高从业人员的素质。

① 王绍坤：《供应链融资对银行信贷业务转型的影响》，载《合作经济与科技》，2011（8）。

(2) 加大业务创新和品牌的宣传力度。一是建立有效的制度创新支持平台。供应链金融业务涉及借款企业生产运营的整个过程，牵涉借款企业、上下游企业、物流企业和银行等多方利益，企业物流、资金流和信息流的流动情况也常常变化，这些导致供应链金融业务相当复杂和多样化，因此为了避免商业银行和物流企业在业务监控上的混乱无序，商业银行应该与物流企业合作制定相对统一的物流金融业务流程、规范合同条款，使物流金融业务有章可循，以利于物流金融业务的有效推广。城商行还应根据供应链金融业务的特点制定授信和评级制度体系，应该将当前银行业传统的注重财务报表分析的主体评级方法，改革为重点考察贸易背景和物流、资金流控制模式的债项评级办法，使金融机构能够分析企业经营的行业、商品、交易对手、结算方式、过往记录和回款控制等交易细节，切合企业经营规律来作出信贷决策。此外，还应制定科学的定价机制以保证对贷款准确定价，使供应链金融的参与者能处于相对公平且有效率的市场环境之中。二是建立供应链金融产品创新与服务支持系统。商业银行应根据客户的需要、环境的变化和市场的发展开发新的业务模式，进行服务创新，以促使业务能够进一步拓展。具体来说，城商行应该重点在存货质押融资业务、应收账款融资业务、物流金融结算和账户管理等领域加大产品研发力度，应该研究订单融资业务模式的运营，研究各个基本的物流金融产品的有机组合，进一步丰富“供应链金融”的产品支持体系，并尝试提供基于供应链整体流程的集成解决方案，使服务更加贴近客户，降低客户的融资成本，提高服务的质量，促使供应链上物流、资金流和信息流协调一致。城商行应适应今后市场及客户对供应链融资服务多品种、多渠道的客观需求，不断进行业务创新，拓展业务范围适应市场需求①。三是产品管理部门要设计出具有特色的供应链融资业务的品牌，利用有关媒介进行宣传，提高产品的知名度。

(3) 提高风险控制技术水平。单一授信评估标准不能满足供应链融资业务发展和创新的需要，要改变现阶段银行授信评估标准趋同的现状，针对供应链融资等创新融资模式建立多角度的授信评估标准体系，对各类风险进行合理判断②。一是通过对交易链各节点的授信覆盖，以及对源头企业的把握，将授信对象的交易对手资信捆绑进授信业务中，构造授信操作的封闭性和自偿性。二是以客户运营能力分析和现金流分析取代传统审贷的财务指标分析，不片面强调

① 汪寿阳、冯耕中、李毅学：《商业银行开展物流金融业务的战略分析》，载《现代物流报》，2008-08-23。

② 王绍坤：《供应链融资对银行信贷业务转型的影响》，载《合作经济与科技》，2011（8）。

授信对象的财务特征和行业地位，也不简单地对授信对象进行孤立评价，而注重分析授信对象的现金流、违约成本以及在交易链条上的营运能力。三是突出贸易背景的真实性审查，基本上只承接客户上下游有贸易关联的票据，着重把握资金的真实流向和企业的经营细节。四是通过上下游的业务关联和对客户间的交叉调查，提高授信额度核定的合理性，增强授信预警信号的及时性和准确性，降低因信息不对称造成的授信风险。

同时，城商行应该与物流企业合作，系统开发质押物和合作伙伴的选择技术、风险评估技术、风险预警技术以及违约后处置机制等来组成一套新的物流金融贷款分析及风险控制系统，以保证贷款风险的管理水平。具体来说，在法律风险的控制方面，城商行应该确定可以质押的担保品，并对相应的产权进行认定；在信用风险的控制方面，城商行与物流企业应该收集借款企业资信数据，对借款企业进行全方位信用管理；在操作风险的控制方面，城商行和物流企业应该加强业务运营管理和内部操作规范管理，根据不同的业务模式，有针对性地制定严格的操作规范和监管程序，并进行有效的执行；在市场风险的控制方面，城商行和物流企业应该建立质押商品的信息收集和反馈体系，从而掌握商品的市场价值和销售情况变化规律，有效地进行质押货物价值和销售状况的实时追踪与评估，避免业务的损失。

(4) 加强战略合作策略。在供应链融资业务的具体运作中，资金、货物（商品）、单证（仓单）等的流动，关系到银行、物流企业、客户多方利益，在给各方带来诸多好处的同时，也存在着信用风险、市场风险、运营操作风险和法律风险等各种潜在风险。因此，商业银行应结合风险来源加强与第三方监管企业的战略合作，特别是建立与物流企业的战略合作关系，银行与物流企业应信息共享、充分合作，加强对客户的信用管理。

(5) 加强信息系统建设。供应链融资业务应建立跨行业的信息化管理系统，最大限度提高信息的共享程度。银行除了提高自己内部的信息化程度以外，还可以和物流金融业务所涉及的行业协会以及大型物流企业建立长期合作关系，建立灵活快速的市场商品信息收集和反馈体系，规避产品市场风险。可以将自己的网络与行业权威商务网站联网，这样，一些最新的行业政策、企业数据与担保品动态信息，尤其是行业市场走向、商品价格波动信息、供应链运营状况等，银行都能够第一时间获知，从而可以实现对物流金融业务风险的动态控制。

4. 批发业务向供应链融资模式转型的实践案例：深圳发展银行①

深圳发展银行在供应链金融领域的创新始于票据贴现和货押业务，先是以票据买卖的概念代替了传统贴现贷款，此后，动产及货权质押授信、“深发票据CPS”、“自偿贸易融资”、“1 + N”模式等陆续问世，为该行确立供应链金融领先地位奠定了坚实的基础。

深圳发展银行推出的线上供应链金融系统立足于商品编码标准体系，通过银行服务平台、供应链电子商务平台和物流仓储平台多方交互嵌入，将供应链企业之间交易所引发的商流、资金流、物流展现在多方共用的网络平台之上，使相关企业享受到该行无纸化、标准化、便捷高效、低运营成本的金融服务。核心企业依托这一平台，对原材料物流、生产物流到销售物流及其库存进行电子跟踪，并加速与“1 + N”供应链的数据互通共享。这种模式突破了原有的“一对一”授信与区域化服务模式，实现贸易快速流转，并最终显著提升供应链整体绩效。

该系统自 2009 年上线以来，极大地提高了服务效率：融资审批时间缩短到 40 分钟左右，最快只要 15 分钟就可以完成出账，赎货（还款）审批时间最短只需 5 分钟……由于线上服务操作简单，系统自动检错，企业能够感受到实实在在的便利。与此同时，深圳发展银行不断推进线上供应链金融平台与物流监管方系统直联对接。据介绍，前不久，深圳发展银行线上供应链金融系统与中铁现代物流仓储管理系统正式直联对接上线，实现了资金流、物流与商流的有效集成，引领国内商业银行供应链金融系统与物流监管系统进入实时数据交互时代。目前深圳发展银行正在实施与中远、长久等监管方的系统对接，而与南储、中外运等监管方的系统对接也已提上日程。

为提升业务效率，深圳发展银行还建立了内嵌式的贸易融资信贷专业审批框架和管理架构，并将搭建供应链金融集中管理平台，简化业务流程，升级运营模式，提升管理效率。此外，深圳发展银行还致力于将目前的线上供应链金融系统打造成为整合供应链金融业务各个环节的一站式服务平台。该平台将以供应链需求为导向，以金融功能为基础，以供应链金融为主线，贯穿起包括直接融资、间接融资、企业理财、信息咨询等系列服务。这一概念将颠覆以往的金融服务理念，将金融产品对企业在各环节上的支持提升到新的水平。

---

① 根据《深圳发展银行供应链金融创新》（立铭，载《金融时报》，2011 - 11 - 28）整理。

7.4　电子银行业务发展模式转型路径

电子银行业务包括自助银行、电话银行、网上银行、手机银行等。随着信息技术迅速发展，尤其是近年来手提电脑、平板电脑、3G手机等信息技术产品的创新和应用，网上银行、手机银行等电子银行业务发展迅速，目前大部分中型、大型银行电子银行交易量早已超过柜台业务，现已接近2倍。截至2010年底，我国主要商业银行电子渠道累计交易357.29亿笔，交易金额628.52万亿元。而最新数据显示，电子银行业务笔数占全行业务笔数交通银行是64.56%、中国银行62.43%、工商银行62%、农业银行61.5%，招商银行个人业务为85.38%，光大银行个人业务为80%。

预计在不远的将来，随着信息技术在各个领域、各个方面、各个角落、各类人群的广泛覆盖与深度渗透及其在商业银行管理、业务、产品、服务中的深度运用，人们的消费购物和金融服务将更多依赖网上银行、手机银行等新兴电子银行业务，银行对客户的服务方式将会发生革命性变化，物理网点很可能只是小部分客户的专用服务渠道，越来越多的客户将会适应社会发展方式的变化，自然、习惯性地选择使用电子银行渠道获得银行服务。因此，银行的服务渠道从传统的柜面服务向网上银行、手机银行等电子银行渠道转移，是未来银行业发展的必然趋势。信息技术的综合运用和创新，已经成为银行拓展服务功能和拓宽服务渠道的重要手段，是商业银行获得竞争主动权、抢占客户服务制高点的关键，是未来商业银行核心竞争力之所在。

而大部分城商行由于信息技术力量薄弱，网上银行、手机银行等业务起步较晚，电子业务渠道发展缓慢，已远远落后于国有商业银行和全国性股份制银行。因此，向电子银行业务转型，大力发展电子银行业务，不断完善电子银行服务功能，拓宽银行服务渠道，对于物理网点不足的城商行来说，是城商行与其他商业银行站在同一竞争起点的一次历史性机遇，对未来城商行获得并保持竞争优势具有重要的意义。相对于传统物理渠道，电子银行具有不可比拟的优势：一是通过IT管理和运用能力的有效提升，不但可以大大提高传统服务渠道的质量和效率，而且可以大大增强网上银行、电话银行、手机银行、第三方支付等电子银行渠道服务功能，进而克服有形物理网点辐射面不足的缺陷，有效扩大服务客户的半径。二是通过电子银行渠道，客户不但可以享受到个性化服务方案，而且可以直接进行自助服务，有效降低客户的交易成本，缩短交易时间，提升客户的忠诚度。三是通过电子银行平台，商业银行可以有效地对各种产品进行组合、捆绑，满足客户多样化的资产配置需求，使银行产品的推出更加便捷、高效、精准。四是随着业务量的增大、对传统服务渠道替代率的不断提升，比传统的物理网点投入更节省成本，更容易达到盈亏平衡点，规模效益就会快速显现。因此，城商行必须前瞻性地把握银行科技的发展方向，通过构建新的信息技术平台，大力推进电子银行业务的发展，构建新的竞争优势。

7.4.1 基于网上银行的电子银行业务转型

网上银行（网络银行或在线银行）是银行利用 Internet 技术，通过 Internet 向客户提供开户、销户、查询、对账、行内转账、跨行转账、信贷、网上证券、投资理财等银行服务项目的虚拟银行服务模式。简而言之，网上银行是在 Internet 上的虚拟银行柜台，使客户足不出户就能够安全便捷地管理活期和定期存款、支票、信用卡及个人投资等银行服务，是银行传统柜面服务的延伸。

1. 城商行大力发展网上银行的重要意义

首先，网上银行是未来银行服务的发展方向。由于具有无时空限制、费用低（甚至免费）、方便快捷等特性，网上银行出现以来，受到了客户（尤其是年轻客户）的青睐，近年来，无论个人网上银行还是企业网上银行均保持了高速的增长。专注于网络媒体、电子商务、网络游戏、无线增值等新经济领域的艾瑞咨询公司的研究报告《2009—2010 年中国网上银行行业发展报告》显示：（1）在个人网上银行交易规模和用户规模方面，2009 年个人网银交易规模达 53.4 万亿元，同比增长 75.2%（见图 7－1）；个人网银存量用户规模为 1.93 亿户，增速为 39.2%（见图 7－2）。个人网银用户规模的增长归因于银行对网上银行的大力推广，因为网上银行是银行优化渠道结构、提升效率的主要方式。交易额增长主要来源于高速增长的电子商务所带来的支付需求。资料显示，有 75.1% 的用户使用过网银的支付缴费功能，转账汇款的用户使用率为 58.6%，但诸如投资理财等较为深入的功能使用率仅达到 31.5%。（2）在企业网上银行交易规模和用户规模方面，2009 年受宏观环境低迷的影响，我国企业网银交易规模 315.3 万亿元，同比增长 10.7%（见图 7－3）；但企业网银存量用户规模为 394.4 万户，同比增长 37.8%，仍然获得了不错的增长（见图 7－4）。除银行的大力推广外，对于企业客户来讲，企业网银可以不同程度地提升财务管理效率并节省各种成本费用，是优化企业管理效率的良好选择之一。企业对网银的使用主要集中在缴税、代发工资，以及与上下游客户的资金交易。艾瑞咨询公司预测，无论交易规模还是用户规模，未来五年网上银行都将保持较快的增长。银行的服务从传统的柜面服务转移到网上，已成为不可置疑的必然趋势。

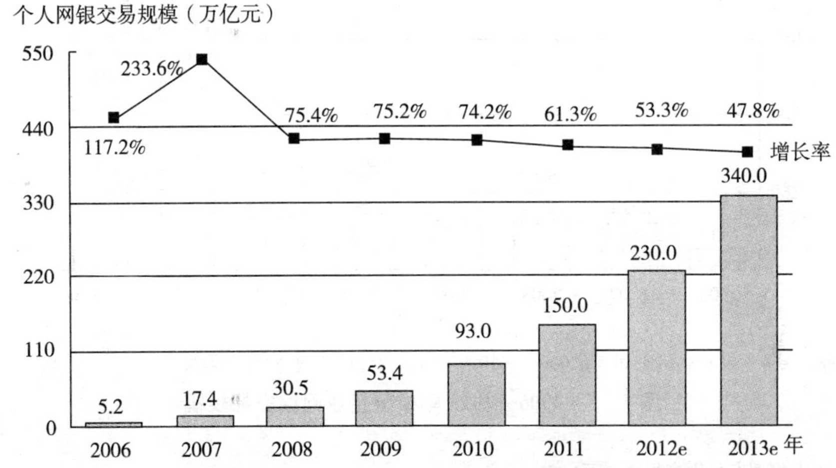

资料来源：艾瑞咨询公司：《2009—2010年中国网上银行行业发展报告》。

图7－1　2006—2013年中国个人网上银行交易规模

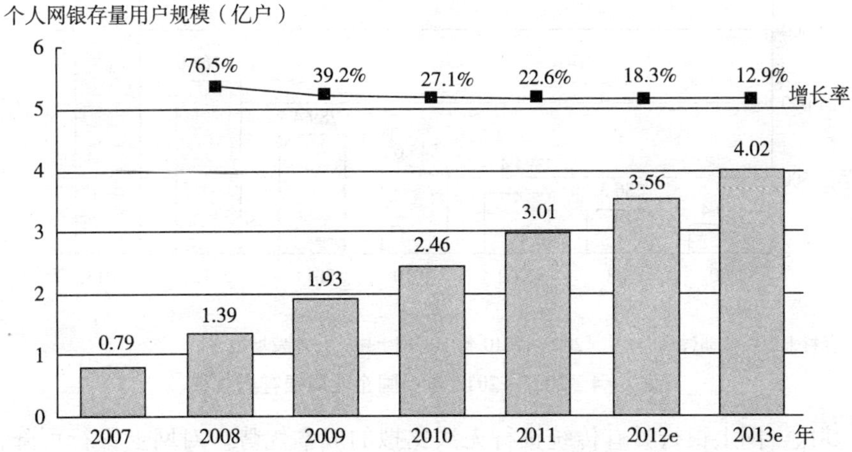

资料来源：艾瑞咨询公司：《2009—2010年中国网上银行行业发展报告》。

图7－2　2007—2013年中国个人网银存量用户规模

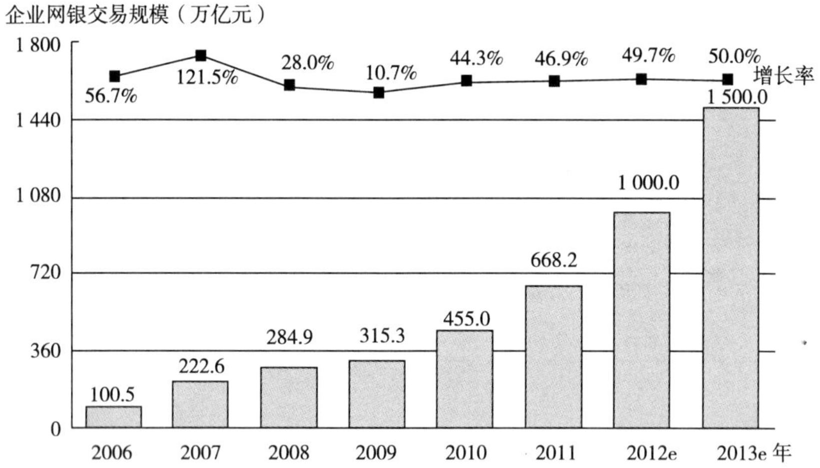

资料来源：艾瑞咨询公司：《2009—2010 年中国网上银行行业发展报告》。

图 7－3　2006—2013 年中国企业网银交易规模

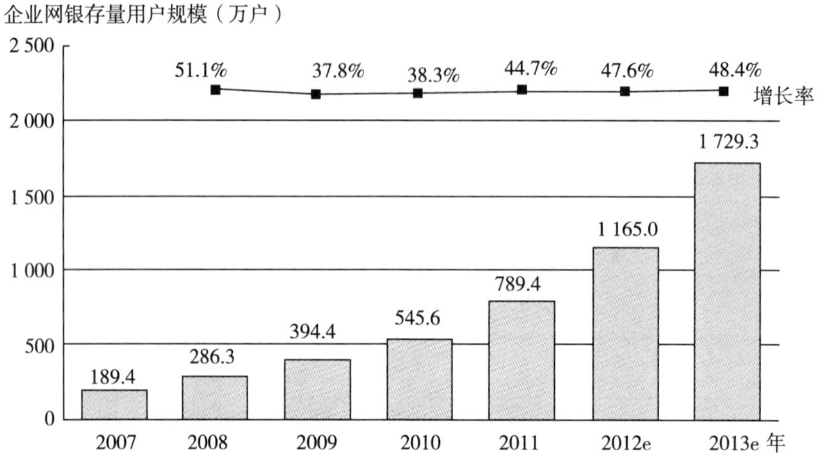

资料来源：艾瑞咨询公司：《2009—2010 年中国网上银行行业发展报告》。

图 7－4　2007—2013 年中国企业网银存量规模

其次，网上银行具有传统银行无法比拟的成本优势。对网上银行可降低网点开办成本、管理维护成本、经营业务成本，并可节约钞票押运、保管、找零、防盗和防假业务和管理环节所出现的大量的业务运作与管理成本，从而挖掘成本竞争优势。据专业机构测算，在国外，与银行通过传统的分支机构柜台交易的单位成本 1.07 美元相比，网上银行交易的单位成本只有 1 美分。在国内，通过网点柜台办理业务单笔成本为3.06元，通过ATM办理业务单笔成本为0.83元，通过网上银行办理业务单笔成本仅为0.49元。

再次，网上银行无时空限制，可以使城商行有效突破跨区域经营的限制。对城商行来说，即使放松跨区域经营的管制，但由于开设分支机构的成本太高，因此，经营地域范围受限将是城商行未来长期面临的问题。而网上银行无时空限制和实时交易特性，使城商行可以通过网上银行拓展经营区域以外的客户，从而有效突破跨区域经营的限制，有利于城商行扩大客户群体，在更大范围内实现规模经济。

最后，网上银行有利于城商行差异化经营战略的实施。城商行可以通过网上银行平台可以有效对各种产品和服务进行创新和组合，使银行产品的推出频率更加便捷、高效，满足客户多样化的资产配置需求；客户也可以通过网上银行进行自助操作，根据自身需求定制个性化服务方案，因此，网上银行有利于向客户提供多种类、个性化和综合化服务，提升客户的忠诚度。另外，尽管目前网上银行处于拓展市场的阶段，很多银行都对网上银行采取了免费策略，但达到一定阶段后，未来的网上银行将步入收费阶段，届时具有较大网上银行用户规模的银行将获得更大的收益。

2. 城商行构建具有特色的网上银行的实施策略

（1）打造网上银行特色品牌。众所周知，与其他银行相比，城商行最大的短处是在机构网络、规模等方面存在不足，而网上银行的出现，恰恰弥补了城商行网络机构不足的软肋，使城商行可以在更大范围内拓展客户。同时城商行也有自身的优势：从客户资源来讲，它具有地理优势，与客户群体接触多，了解更深刻，更容易抓住客户的心理，提供有效的服务；从管理方式上讲，内部结构相对简单，易于管理，灵活性大。如果能将这些优势与网上银行结合，继续保持城商行的高效灵活性，可能对原有的客户群体更具吸引力，从而提升自己的竞争力。在竞争日益激烈的市场环境下，商业银行要保持行业优势，取得长足的发展，就要在网银管理和业务方面做到“功能”与“特色业务”兼而有之，发挥最大的潜力，提升自身的综合运营能力和不可替代性，最终赢得商业银行信息化市场竞争优势。因此，城商行的网上银行要全面提升产品功能，开发特色业务，打造品牌差异化，才能吸引更多的客户，要实施差异化品牌定位，突出安全、快捷的品牌，构建网上银行品牌竞争力。

（2）积极开展网上个性化服务，增强互动。城商行保持和提升核心竞争力的一个着力点是打造核心特色产品。金融需求的多元化极大地强化了金融市场的竞争，迫使金融企业不断创新产品、优化服务、提高效率，并积极进入新的领域，探索新的发展空间。同样，网银建设不仅要拓展新功能，满足多方面需求，更要办出自己的特色，以此来争取一部分相对稳固的客户群，弥补地域性优势消失所带来的损失。这就要求城商行要准确地把握所覆盖地区的人们的生活习惯和消费方式，以及他们的重点金融业务需求，并结合自身的强势产品，打造有特色的核心金融产品，改善自身业务的服务方式和质量，凸显出独特的优势和不可替代性，如开发理财社区、理财夜市等。

（3）积极探索城商行网上银行联合途径。以网银互联为主要功能的二代支付系统（也成“超级网银”）上线，为城商行通过网上银行突破传统物理网点资源有限的限制提供了更为广阔的渠道。二代支付系统将网银互联，不但可以实现网上转账的实时到账，更是可以通过网上银行实现不同银行之间的账户管理。对中小银行而言，可搭便车获取大银行的用户资源。虽然大银行出于自身利益的考虑，必然设置费用及技术门槛，因此导致在上线初期，“超级网银”可实现的功能较为基础，以跨行查询及缩短跨行转账周期为主，很难涉及更深层的功能，实现真正意义上的网银互联互通仍有较长的时期，但城商行之间可以探索实现网银互联，并通过差异化的定价策略，形成比较优势，提升自身的竞争力。如目前在国有银行对跨行转账收费的情况下，城商行实施跨行转账免费策略，无疑提升了城商行的竞争优势。

（4）将中小微企业贷款、贸易融资等城商行优势业务与网络银行优势结合，提高服务效率。随着互联网效能的逐渐渗透，我国电子商务取得了飞速发展。贷款业务是银行最为重要的盈利点，利用好互联网发展契机，可以形成对传统贷款业务的有效辅佐，并以此提升业务效率，降低运营成本。目前国内开展网络贷款业务的银行总量较少，大多于近两年间上线开展业务，其业务多数集中于中小企业融资，如招商银行、建设银行、工商银行、民生银行、上海浦东发展银行等银行，主要以与电子商务平台合作方式为主。目前，国内居民户及企业的融资需求仍将快速增长，而融资渠道的相对匮乏，融资程序的冗长复杂，已经成为横亘在贷款融资市场中的重要阻碍。随着城商行贷款业务微小化趋势的发展，城商行将网上银行与中小微贷款、贸易融资等业务结合，大力发展网络贷款业务，将有利吸引更大范围的客户群体，并提升效率。特别是小微贷款业务是城商行的优势业务，随着银行互联网的逐渐深入，将网上银行与小微贷款结合，对克服小微贷客户分散化的弱点，推动城商行小微贷款业务的发展具有更加重要意义。

（5）与第三方支付合作，扩大网上支付功能。近年来随着网络购物的兴起，与第三方支付合作成为了商业银行拓展网上银行支付功能、吸引客户的重要途径。商业银行与第三方支付合作，具有诸多好处：一是第三方支付平台的出现，很大程度上解决了互联网交易中的资金流动和安全性问题，这也是快捷支付在短时间内受银行及商户追捧的重要原因。以应用最为广泛的网银系统为例，网银系统仅仅局限于IE浏览器平台操作，对于不支持IE浏览器的系统平台，用户无法登录与网银建立资金结算通道，这也成为网银在移动远程支付应用中的最大障碍。而快捷支付打破了网银的限制，支付流程简单快捷，这为Firefox、Chrome等更多浏览器用户网上支付，以及手机支付业务的兴起提供了基础，更带动了中国电子支付产品升级。二是能极大提高网上支付成功率。据樊治铭介绍①，信用卡快捷支付将信用卡网上支付成功率从原先的60%左右大幅提升到95%，这意味着商户不做任何其他投入，在用户下单数保持不变的情况下，仅凭借支付成功率这一项的提升就可以增加30%～50%的交易额。三是有利于降低成本。与第三方支付平台合作之后，商业银行能利用第三方支付平台实现与其他银行的网络对接，能扩大商业银行的用户数，也能减轻银行柜面及ATM设备的投入。因此近年来，商业银行与第三方支付平台的合作日益密切，如民生银行与拉卡拉、财付通等达成协议，用户可直接通过拉卡拉线下支付、财付通等为民生信用卡还款。目前，越来越多的商业银行与第三方支付平台积极开展战略合作。以支付宝为例，截至2011年5月31日，已有108家银行与支付宝快捷支付完成合作签约，其中合作已经上线的银行达到83家，已完成签约等待开发上线的合作银行达到25家。据了解，在已上线快捷支付的83家银行中，包含15家国有银行及全国性股份制银行，另外还有68家城商行。因此，城商行也应积极携第三方支付平台发力线上业务，争抢新兴市场制高点，通过与第三方支付合作，进一步拓展网上银行支付功能。

3. 电子银行业务转型实践案例：建设银行“e单通”②

“e单通”系列产品是由中国建设银行与金银岛（北京）网络科技有限公司、中国远洋物流有限公司三方合作推出，专为金银岛网络交易客户提供全流程网上操作的短期网络融资服务。

业务流程：“e单通”的主要产品包括网络仓单融资和网络订单融资。网络

① 《商业银行争抢线上交易业务》，中国经济网，2011－06－01。

② 摘自艾瑞咨询公司：《2009—2010年中国网上银行行业发展报告》。

仓单融资指交易商将自有货物注册电子仓单，通过仓单质押申请融资的融资方式。网络订单融资指交易商通过订单方式取得卖方货物过户后注册电子仓单，通过仓单质押申请融资支付卖方货款的融资方式。

在“e 单通”融资过程中，交易商是融资方，通过贷款来满足囤货、采购或扩大规模的需求；建设银行提供贷款以满足交易商融资需求；金银岛作为网络平台，主要负责审核交易商资格，并进行贷中日常监管；中远物流提供仓库，审核货物入库，进行货物质押（见图 7 –5）。

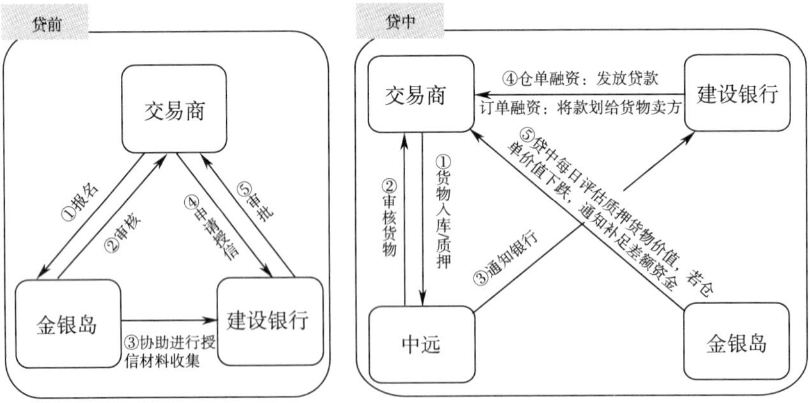

资料来源：艾瑞咨询公司：《2009—2010 年中国网上银行行业发展报告》。

图 7 –5　“e 单通”网络融资流程

中小企业融资需求日益旺盛，是银行业务新的增长点，但由于中小企业的脆弱性，银行贷款的信用风险往往较高。但同时，网络购物平台拥有网上交易商的信用信息，具有信息优势，因此艾瑞咨询认为，“e 单通”业务的创新点就在于融合了中小企业融资难和电子商务平台快速发展两个热点，银行作为现金流的提供者，与可靠的 B2B 平台以及物流平台的强强联合，通过平台审核和物流控制来控制贷款风险，同时结合中小企业自身的业务流程为其提供便捷、有效的短期贷款服务，可谓一举两得（见表 7 –1）。

表 7 –1　“e 单通”业务和传统货押业务对比

指标名称	“e 单通”业务	传统货物质押业务
目标客户	中小型公司	大中型企业
承办单位	金银岛审核推荐	支行信贷部

续表

指标名称	"e 单通"业务	传统货物质押业务
授信过程	交易商在线申请，银行在线审批	耗费人力，复杂烦琐
放款过程	货物入库后，T+0 工作日放款	2~5 天放款
解押出库	还款后建设银行在线通知中远解押，交易商凭密码提货	传送纸质单据，不保证时间
货物价值	金银岛审核，每日无负债结算	银行估值
业务操作	网上供应链融资	人工服务

资料来源：艾瑞咨询公司：《2009—2010 年中国网上银行行业发展报告》。

建行"e 单通"案例表明：银行在开展网上银行业务时，不仅仅是简单的银行业务在互联网上的扩展，还应该结合网络经济的特点进行合理创新。创新不仅要求新的经济增长点和用户需求的发现，还包括要合理整合现有资源与其他网络经济相关方的合作。

7.4.2 基于手机银行的电子银行业务转型

移动银行（Mobile Banking Service）也可称为手机银行，是利用移动通信网络及终端办理相关银行业务的简称。而手机银行也是电子银行系统的重要一部分，它作为一种崭新的银行服务渠道，在网上银行全网互联和高速数据交换等优势的基础上，更加突出了移动通信"随时随地、贴身、快捷、方便、时尚"的独特性，真正实现了"Whenever、Wherever"（任何时间、任何地点）银行业务的办理，成为银行业一种更加便利、更具竞争性的服务方式。手机银行被认为是网上银行的延伸，是随着移动通信技术迅猛发展而新出现的一种银行服务渠道，是继网上银行、电话银行之后又一种方便银行用户的金融业务服务方式，被形象地称为贴身"电子钱包"。

1. 城商行发展手机银行的重要意义

作为一种结合了货币电子化与移动通信的崭新服务，移动银行业务不仅可以使人们在任何时间、任何地点处理多种金融业务，而且极大地丰富了银行服务的内涵，使银行能以便利、高效而又较为安全的方式为客户提供传统和创新的服务，而移动终端所独具的贴身特性，使其成为继 ATM、互联网、POS 机之后银行开展业务的强有力工具，越来越受到国际银行业者的关注。

（1）手机银行发展前景广阔。从国外移动手机发展来看，手机银行已进入快速发展阶段。手机银行服务一经推出就在银行信息电子化水平最高的欧美国家迅速“走红”。在瑞典，人们可以利用手机拨号购买饮料，买票乘坐公共汽车。由于使用方便且其安全程度高于传统的支付方式（不必向商家提供信用卡号码），所以手机银行服务在瑞典、德国、奥地利和西班牙大受欢迎，并迅速推广到英国等国家。美国电信业巨头 AT&T 通过 CingularWireless 商业模式，联合四家银行，引入了手机银行业务，这也是美国最大的手机银行业务。通过这项业务，AT&T 的用户将可以使用手机进行基本的银行业务，如核算收支平衡、交易明细等，而且使用这些业务没有附加费用，完全是免费的，这使移动电话变成了一张信用卡。eMarketer 关于美国手机银行的相关数据显示①，2007 年美国手机银行的用户规模为 110 万人，2008 年已达到 460 万人，比 2007 年增长 318.2%，美国手机银行市场已经进入快速发展阶段，对移动银行的需求刺激手机银行用户的持续增长。而艾瑞咨询公司研究报告预测，到 2013 年美国手机银行的用户规模将达到 11 340 万人，占所有手机用户的 44.4%（见图 7-6）。

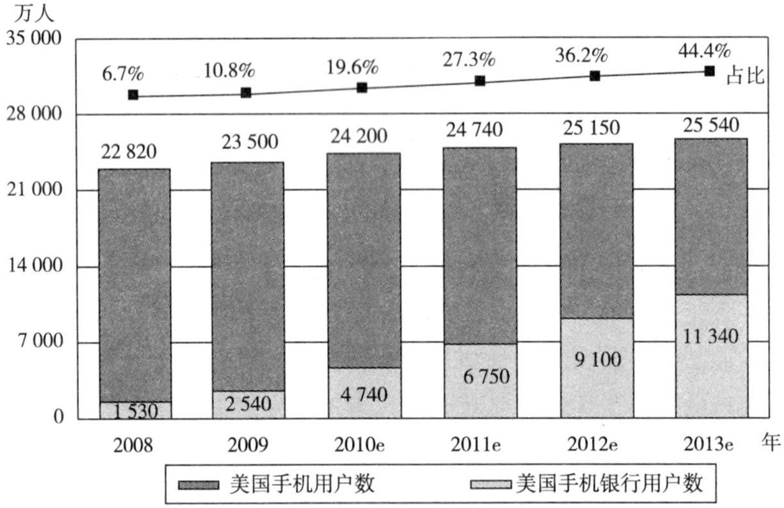

资料来源：艾瑞咨询公司：《2010 年中国手机银行发展前景分析报告》。

图 7-6　2008—2013 年美国手机用户及手机银行用户规模

从国内手机银行发展来看，手机银行也获得了快速发展。截至 2010 年底，我国使用手机上网人数已达 3.03 亿人，年增长率超过 30%②。而国内著名手机应用服务平台 3G 门户发布的《2011 年中国手机银行用户调研报告》显示，手

① 相关数据来自《国外手机银行业务现状及发展趋势》，金融报网站，2009-12-14。

② 李隽：《企业手机银行：传统银行业的又一次“骚动”》，载《第一财经日报》，2011-06-07。

机银行业务在手机网民中的使用率有显著提高，用户人群结构不断优化，预示出手机银行业务良好的发展前景。根据抽样调查结果，至2011年2月，手机银行业务在手机网民中的使用率已达52.2%，较上年7月36.8%的使用率有显著提高；手机银行业务开始向中年人群逐渐发展，用户个人月收入水平高于上年7月用户的收入水平。目前，国内开通手机银行业务的银行有招商银行、中国银行、建设银行、交通银行、广东发展银行、深圳发展银行、中信银行、中国农业银行以及北京银行等大型城商行，其业务大致可分为四类：一是查缴费业务，包括账户查询、余额查询、账户的明细、转账、银行代收的水电费和电话费等；二是购物业务，指客户将手机信息与银行系统绑定后，通过手机银行平台进行购买商品；三是理财业务，包括炒股、炒汇等；四是手机银行取款。

目前，国内各大银行纷纷通过各种营销手段抢占手机银行市场（见图7－7），如建设银行通过“百元秒杀宝马”活动、“送年夜饭”等活动，力推手机银行网上购物，培育手机用户客户群体。领先的工商银行的手机用户使用率已达到了35.1%（见图7－7），而城商行当中只有北京银行等大型银行推出了手机银行，大部分城商行还未推出手机银行，城商行在这一新兴电子业务当中已远远落后。因此，手机银行成为城商行与其他商业银行竞争迫切需要的手段。

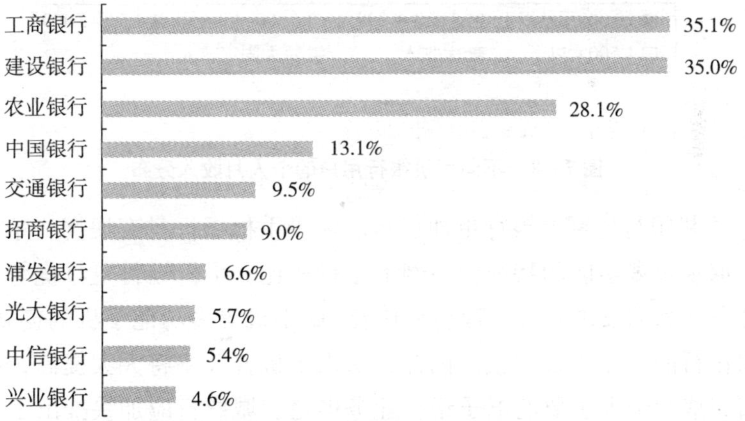

资料来源：《2011年中国手机银行用户调研报告》。

图7－7 国内主要银行的手机银行使用情况

（2）手机银行是银行拓展高端客户的必然选择。《2011年中国手机银行用户调研报告》通过不同手机银行用户的个人月收入分布进行调查发现，经常使用手机银行业务的用户的个人月收入偏高，其中，个人月收入5 000元以上的比例为15.4%，2 500元以上的比例为52.2%，均高于偶尔使用手机银行业务的用户（见图7-8）。事实上，经常使用手机银行业务的用户由于收入偏高且手机银行使用频率高，必然成为手机银行业务的核心客户，这一较为富裕的目标群体将在很大程度上促进手机银行业务的繁荣。因此，加快推出手机银行业务，成为城商行拼抢高端个人客户的必然选择。

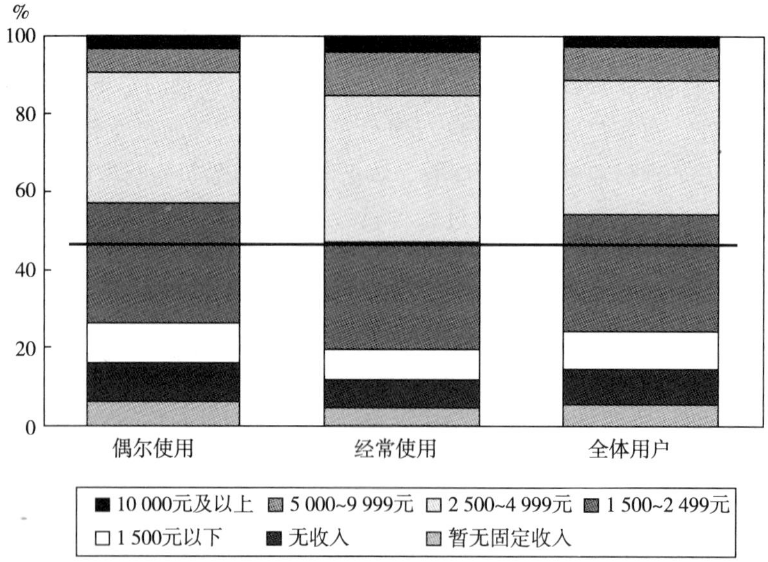

资料来源：《2011年中国手机银行用户调研报告》。

图7-8　不同手机银行用户的个人月收入分布

（3）手机银行比网上银行更加优势。由于手机银行具有便携、贴身以及刷卡支付、取现等多功能的特征，与网上银行相比，手机银行更具优势，更代表了电子业务未来的发展方向，特别是随着3G手机等多功能手机的创新和应用，将使手机银行的应用更加方便。因此，未来手机普及率将大大提高，有望超过网上银行，成为未来主要的电子银行业务渠道。城商行应加快推出手机银行业务，完善这一电子银行业务渠道。

2. 城商行发展手机银行的实施策略

（1）将手机银行列入未来的业务发展重点。对于银行来说，手机银行与电话银行、ATM、网上银行一样，都是其新型而有效的服务渠道，银行不仅可降低柜台人员成本，还可掌控客户的交易信息，以提供更优质的服务，进而增强用户黏性，因此手机银行必是银行电子化战略的重点，尤其是企业手机银行，为企业的商务活动提供极高的便利性，市场前景广阔。大型国有商业银行和全国股份制银行均将手机支付作为未来发展的重中之重，而大部分城商行的手机银行还处于起步阶段。鉴于手机银行在未来业务竞争中的重要作用，城商行应将手机银行列为未来的战略重点，尽快推出手机银行。

（2）加强客户需求和消费行为研究，找准目标客户市场。在手机银行发展的初期，一是应进一步加强客户需求和消费行为的研究，细分市场，找准目标客户，展开有针对性的市场营销，从而打开市场突破口。手机银行具有创新、时尚性等特点，需要一定的初始投入。在细分市场上面，移动支付业务的发展应该以年轻的白领一族为主要目标市场，因为该部分客户好奇心强，易于接受新事物，对电子商务的应用也较为熟悉，对移动支付有着较强的需求，也具备一定的经济承受能力。二是通过收集客户在操作中的各种表现和反馈，并形成分析报告和优化建议，使手机银行进一步适应客户习惯，满足客户要求，不断优化各项服务，适应市场需求。

（3）整合价值链，加强行业协作，实现共赢。网上银行和其他电子渠道，无论是系统的建设还是业务的推广，基本都由银行来承担。但手机银行由于采用手机作为交易终端，涉及移动通信及与手机终端适配的问题，所以手机银行产业链除银行及第三方支付外，电信运营商及手机终端和系统制造商都被纳入其中，产业链更为复杂。手机银行涉及手机支付的上下游服务提供商，在系统的开发、运行和市场营销等方面都要涉及与网络运营商、手机制造商的合作，并形成了相应的利益链条。因此，手机银行绝对不是一家能够独吞的市场，而是具有自己的价值链和经营模式，需要多方共同合作经营。在这根价值链上，每一个环节都对移动支付的发展起着不可或缺的作用，价值链上的各合作伙伴应明确各自的责、权、利，加强沟通和协作。只有整个价值链同心协力，才能突破起步阶段的发展瓶颈，使手机银行和现金支付、银行卡支付等形式一样，成为人们未来主流的支付方式之一。

（4）选择正确的模式，正确处理与移动运营商的合作问题。从移动支付产业链中可以看出产业发展有两大核心主体，一个是银行，另一个是运营商。对于运营商而言，重组后新业务将进一步增强竞争力，几大运营商都希望成为用户的“银行”，而不仅是钱包，希望成为用户唯一支付界面，并且通过手机将支付拓展到用户生活的各个方面。银行也希望一方面通过手机银行业务扩大业务量，增强卡用户黏性，提升品牌和满意度；另一方面以此为突破口树立经营特色甚至未来带动传统业务增长。因此，在发展手机银行业务方面，银行和电信运营商均掌握产业主导权和话语权，形成了银行主导和运营商主导两种模式。但银行和电信运营商的产业盈利来源截然不同，银行更多依赖企业贷款和个人存款的存贷差获得收入，而电信运营商更多是针对个人和企业用户提供基础语音数据和增值服务获得盈利，差距较大。所以，银行与电信运营商存在着利益博弈关系，既有合作也有竞争，两者在同一产业链中互惠互利还需要很长一段时期。但银行作为金融机构，在产业链中扮演提供资金结算、账户管理等金融服务的角色，因此，艾瑞咨询公司研究认为作为银行，银行应该在产业模式中重点发展银行主导的合作模式，同时尽可能多地和三家运营商沟通，参与运营商主导模式。

（5）开发个性化、多样化的服务功能。从目前手机银行的功能来看，主要还是集中在查询、转账、理财工具、个人账户管理以及支付等方面，同时，客户也能通过手机银行购买基金、股票等，甚至是订购机票等，这些功能为客户的生活着实提供了便利。城商行发展手机银行应探索差异化发展道路，持续提升客户体验，做好市场调研，挖掘不同用户群的特色需求，开发符合需求的手机银行业务。手机银行的功能要通过良好的用户体验体现出来，做到人机界面外观必须一目了然、赏心悦目，使用方式则要直观、简便、灵活，符合绝大部分客户的使用习惯。对客户操作的响应速度要足够迅速，对操作错误或返回错误信息应提供合适的后续操作，防止程序崩溃。为了赢得更多客户的喜爱，在功能方面，手机银行要不断针对用户需求增添人性化、个性化的功能，如有些手机银行甚至还开通了购买彩票、电影票、预订餐馆等功能，满足客户的全方位需求。

（6）大力发展企业手机银行。企业手机银行是指利用移动通信网络及终端（主要指手机），为企业客户办理账户查询、支付结算、投融资等相关金融业务的服务。在移动互联网技术蓬勃发展与“拇指经济”日益凸显的今天，移动企业商务化成为了更多企业的现实需求，尤其是财务管理等金融相关业务直接关系到企业的运营核心，是企业移动商务活动中最为重要的环节。在移动商务发展的大背景下，移动金融需要先行，企业手机银行作为移动金融的必备工具，能够让客户随时随地通过手机进行财务操作，方便快捷，符合企业发展诉求，极具发展空间，尤其是中小企业由于企业管理人员相对较少，对企业手机银行的需求更为迫切。企业手机银行顺应了动化商务的发展态势，为企业拓展商务边界、从容应对市场竞争提供更有力的金融支持。因此，城商行应将企业手机银行列入手机银行的重要组成部分，与网上企业银行共同构建起互联相通、立体化的服务体系，开发符合客户需求的企业手机银行，使手机银行在业务上覆盖全时账户管理、移动支付结算、移动投融资、全时电子商务、贴身金融助理等业务类别，尽量做大支付、内部转账、代发代扣、自助贷款、外汇买卖、商务卡和黄金交易等业务的移动授权和实时查询；以及提供丰富金融资讯等即时信息服务，为企业移动商务运营提供了全方位、易操作、安全可靠的移动化金融服务。

7.5　小结

本章研究表明，城商行应在市场细分的基础上实施差异化、专业化经营的模式，才能形成比较优势和竞争优势。在零售业务方面，城商行应积极探索社区银行模式、财富管理模式；在批发业务方面，城商行应积极探索“信贷工厂”模式、“产业集群支行”模式、“供应链融资”模式；在电子银行业务方面，城商行应顺应“虚拟银行”的发展趋势，从传统的物理网点模式向电子银行新兴渠道转型。这样，城商行才能在市场竞争中有效确立比较优势和竞争优势，提升市场竞争力。

第 8 章　城商行盈利模式转型路径

盈利渠道单一，过度依靠利差收入是城商行盈利模式存在的突出问题。而“十二五”时期我国将稳步推进利率市场化改革，这将对城商行现有的盈利模式产生重要影响，进而影响城商行的生存和发展。城商行的盈利模式与业务结构紧密相关，因此，城商行只有在做好传统业务转型的基础上，向新兴业务转型，围绕中小微等优势业务领域，积极发展财务顾问、债券承销、资产托管、并购贷款、金融租赁等新兴业务，才能提升全面服务中小微企业业务的能力，构建新的竞争优势，同时以新兴业务拓宽盈利渠道来源，构建支持多元化盈利模式的业务结构，才能应对未来市场环境的变化特别是利率市场化改革的挑战，才能获得持续发展的能力。

8.1　盈利模式转型的理论分析

8.1.1　城商行盈利模式转型的内涵

1. 盈利模式转型内涵

商业银行的盈利模式指银行的利润来源的渠道和方式，从广义上来说，盈利模式包括银行的收入结构和成本结构两部分，而从狭义来讲，商业银行的盈利模式更加注重收入结构以及与收入结构相关的业务结构。

从商业银行的收入来源来看，商业银行的营业收入主要由利差收入、投资收入和中间业务收入组成。利差收入指城商行贷款利息收入与存款利息支出的差额。投资收入是指利用自有资金进行债券投资和其他股权投资业务所产生的收入。而中间业务收入是指商业银行为客户办理收付及其他委托代理事项、提供各种金融服务的业务形成的收入。

中间业务收入的最大特点是不占用银行自有资金，在办理中间业务时，银行既不是债务人也不是债权人，而是处于受委托代理地位，以中间人身份进行各项业务活动。由于银行是经营资金的特殊行业，因此占用资金的各项业务产生的收入（包括利差收入、投资收入等）是银行的常规业务收入，发展这些业务对银行资本充足率造成影响。而中间业务收入由于不占用银行的资金，不对银行的资本充足率造成影响，是低资本消耗甚至零资本消耗的业务，是银行未来的发展方向。因此，对于商业银行的盈利模式结构，更侧重分析银行的中间业务收入占比情况。

城商行盈利模式转型的内涵，就是积极发展不占用银行资金的新兴业务，以新兴业务拓宽盈利渠道来源，提高中间业务的占比，改变城商行当前盈利渠道单一、过度依赖利差收入来源的盈利模式，构建多元化利润来源渠道和低资本消耗的盈利模式。

2. 城商行与国内外商业银行中间业务比较

我国城商行目前盈利模式存在的主要问题，一是收入来源主要依赖存贷款利差等收入业务，大部分城商行利差收入占总收入90%以上；二是盈利渠道单一，中间业务占比较低。虽然部分城商行通过债券投资，拓宽盈利渠道，但中间业务收入占比依然较低。据2009年数据统计，城商行中间业务收入平均占比为3.15%。在进入统计的138家银行中只有5家银行手续费及佣金净收入比超过10%，分别是株洲市商业银行15.42%、重庆三峡银行14.48%、张家口市商业银行13.14%、邯郸市商业银行10.77%和东莞银行10.59%，而国内国有商业银行和股份制商业银行中间业务收入平均占比为11.43%（2009年数据）。[①]城商行的中间业务收入较低，究其原因，一方面是城商行的机构网络、服务创新等能力较低，与国有商业银行、股份制银行相比，收费的议价能力较低；另一方面是城商行的业务范围不完善，众多城商行尚未取得在基金代理、保险、债券承销、资金托管等方面的业务资格。

表8-1　　城商行非利息收入占比　　单位：%

银行名称＼年份	2009	2010	银行名称＼年份	2009	2010
泰隆银行	5.21	14.08	平安银行	19.98	14.58
北部湾银行	8.34	8.85	宁波银行	14.9	13.48
昆仑银行	26.88	4.86	哈尔滨银行	18.57	18.22
富滇银行	8.11	8.1	北京银行	7.94	7.52
包商银行	46.05	41.73	上海银行	4.07	5.76
南京银行	12.98	12.71	江苏银行	7.35	7.93
天津银行	-0.95	6.6	平均	13.45	13.01

资料来源：各家银行年报。

① 刘煜辉、张桦成：《2010年中国城市商业银行竞争力评价报告》，载《中国商业银行竞争力报告（2010）》，北京，社会科学文献出版社，2010。

表 8－2　　国内大型商业银行非利息收入占比　　单位：%

年份	2006	2007	2008	2009	2010
工商银行	9.5	12.17	15.08	20.55	20.22
建设银行	9.03	14.27	14.37	20.70	21.68
农业银行	—	12.15	8.21	16.61	18.28
中国银行	17.30	21.34	28.63	36.18	29.86

资料来源：各家银行年报。

表 8－3　　国际大银行的非利息收入占比　　单位：%

年份	2006	2007	2008
花旗集团	39.59	40.21	-0.85
汇丰控股	50.78	56.86	51.34
美国银行	50.10	51.32	47.07
德意志银行	36.9	33.86	—

资料来源：王千红、刘晓君：《对国有商业银行创新非利息收入业务的比较分析》，载《河北科技大学学报（社会科学版)》，2009（4）。

从以上对比分析来看，在利率市场化的背景下，银行业的盈利模式从传统的依靠信贷利差为主要收入来源向以中间业务等新兴业务带来的非利息收入转型是银行业发展的必然趋势。目前，国际市场中领先的商业银行，中间业务收入占比已达到 70%～80%，一般的好商业银行也能达到 40%～50%。近年来，国内国有大型商业银行和全国股份制商业银行也加快了向这方面的转型，在提高中间业务收入占比方面取得了显著的成绩，中间业务收入增长也比较迅速。2011 年，在 17 家国有商业银行和全国股份制商业银行中，大部分银行中间业务收入已超过 20%。而我国城商行的盈利结构仍然比较单一，利差收入仍然是其主要收入，与国内外银行相比，城商行平均不足 10% 的中间业务收入占比意味着其盈利模式转型业务仍任重道远。

8.1.2　利率市场化改革的国际经验

1. 利率市场化改革

“利率市场化”是指将货币管理当局用计划手段确定的管制利率，变为由市场主体依据资金供求、头寸、盈利及风险等因素自行调节、自我控制的利率，并成为引导市场资金配置的基本指标。主要包括：金融交易主体拥有利率决定权；利率的价格结构、数量结构、期限结构及风险结构由市场自发选择；同业拆借利率或国债利率成为指导性市场利率；政府或中央银行拥有间接影响利率的权力。利率市场化后，各国将形成以中央银行基准利率为引导，以同业拆借利率为金融市场基准利率，各种利率保持合理利差和分层有效传导的利率体系。

将有限的信贷资源配置给低效率的行业、企业，人为压低存款利率水平难以正确反映信贷市场的供求信息并扭曲了金融体系的资源配置功能。在 McKinnon（1973）和 Shaw（1973）看来，强制金融机构以较低的甚至经常是负实际利率的金融抑制降低了私人储蓄，限制了资源对金融资本积累的有效性。而金融自由化的广泛趋势是在更宽范围内减少政府对经济的直接干预，如取消或提高银行利率上限、降低强制储蓄的要求和进入壁垒、大规模缩减对信贷资产配置的政府干预等。因此，在过去的40年中，许多工业化国家和发展中国家对其金融体系实施了金融自由化改革，实行了利率市场化。

在我国，1993年党的十四届三中全会《关于建立社会主义市场经济体制改革若干问题的决定》和《国务院关于金融体制改革的决定》提出了利率市场化改革的基本设想。1995年《中国人民银行关于"九五"时期深化利率改革的方案》初步提出利率市场化改革的基本思路。1996年6月，人民银行放开了银行间同业拆借市场利率，这一举措揭开了我国利率市场化改革的第一幕。随后，我国先后实现了同业拆借市场、银行间债券市场、贴现、转贴现和再贴现市场等货币市场的利率市场化，外币存贷款利率市场化，并逐步放宽了人民币存款利率浮动下限和贷款利率的浮动上限。目前，我国只剩下了贷款下限和存款上限的管制。因放开这两项管制的风险最大，因此我国利率市场化改革已经走到了最后攻坚阶段。我国国务院等有关部门已明确提出了"十二五"时期稳步推进利率市场化的要求。而实际上，目前我国商业银行发行的理财产品，实际收益已突破了存款利率的上限。预计，未来随着利率市场化的推进，我国将先放开贷款下限，再逐步放开存款上限，直至实现利率完全市场化。

2. 利率市场化对经济金融的影响

从20世纪70年代开始，美国、日本、英国、法国、德国、韩国、智利、菲律宾、波兰、中国台湾和中国香港等许多发达和发展中国家（地区）纷纷进行了利率市场化改革。从这些国家和地区的利率市场化经验来看，利率市场化改革对本国（地区）的经济和金融产生了重大的影响，主要表现在以下几个方面：

（1）存贷款利率普遍经历了从上升到回落的过程。利率市场化改革之前，由于利率长期处于管制状态，大多数国家和地区利率水平低于市场均衡水平。取消利率管制初期，大多数国家和地区利率总体水平都有不同程度的上升。根据萨奇针对利率市场化与利率关系的研究，实行利率市场化后，在名义利率资料完整的20个国家和地区中，15个出现利率上涨，仅有5个名义利率下降；在实际利率资料完整的18个国家中，只有波兰在推行该政策后实际利率下降了，其余17个国家实际利率都有不同程度的上涨。1976—1980年，美国3个月的国库券利率从4%上升到了16%，长期国债利率从6%上升到13%。在实行激进改革的拉美国家，利率上升幅度则很大，波动幅度剧烈，出现了利率“超调”现象，如智利1976—1982年存款实际平均利率达到32%，阿根廷1981年存款实际平均利率达到52.57%，但随着通货膨胀的加剧，两国实际存款利率又大幅下降。相比之下，日本则是例外，在利率改革期间，利率变化幅度不大。

（2）存贷款平均利差不断缩小。有关国家或地区利率市场化改革的实践证明，利率市场化会导致利差收窄。如美国1986—1990年的存贷款平均利差比1980—1985年减少54个基点（美国1986年完成利率市场化改革）；日本1994年平均存贷利差比1984年下降了82个基点（日本1994年完成利率市场化改革）；韩国净利差从改革初期20世纪80年代初4个百分点下降到80年代后期的不足3个百分点；法国商业银行净利差从1986年的2.8%下降到1997年的1.6%，下降了42.9%；1967—1971年，德国商业银行净利差由原先的3.6%下降至2%。中国台湾改革完成初期利差有所扩大，然后开始收窄，存贷款加权平均利差在20世纪80年代初曾经达到4个百分点左右，但80年代后期则减少到不足3个百分点。从整体来看，利率市场化改革之后利差一般会减小0.5%～1%。我国香港和台湾地区都实行了利率市场化，与大陆的情况可比性较强，目前香港和台湾两地利差大体维持在1%～1.2%的水平上。

（3）低成本的活期存款下降，高成本的储蓄存款上升。来自美国联邦储蓄保险公司（Federal Deposit Insurance Corporation，FDIC）的统计数据显示，美国银行业的存款结构组合从利率市场化之前较低成本的存款向利率市场化后较高成本的存款转变明显。从期限结构来看，利率市场化改革后，美国银行活期存款占比不断减小，储蓄存款占比明显增大。从存款性质来看，成本相对低廉的交易存款（可开列支票存款，包括不允许支付利息的活期存款和其他可开列支票存款）在利率市场化后所占的比例越来越小。

（4）信用总量出现不同程度扩张，导致通货膨胀或泡沫经济。在放松利率管制后，一方面超高利率容易吸引外汇过度流入；另一方面由于利率水平的上扬，利差缩小，刺激了银行扩大贷款投放来增加盈利，导致了信用总量都有不同程度的扩张，因此利率市场化过程信用总量的增速都高于其前后一个较长时期的增速，极易引发国内通货膨胀。日本1984—1990年M_2平均增速为9.7%，比1984—1994年M_2平均增速高出3.4个百分点。中国台湾商业银行贷款和垫款余额从1985年的17 453.27亿元新台币上升到1990年的46 452.32亿元新台币，平均增速为21.6%，比1980—1990年17%的平均增速高出4.6个百分点。韩国1990—1996年M_2平均增速为19.8%，比1990—2000年M_2平均增速高出2.7个百分点。即使在金融市场发达的美国，贷款和货币供应量增速也高于整个20世纪80年代，美国1980—1986年贷款和货币供应量平均增速为9.35%和9.32%，比1980—1990年贷款和货币供应量平均增速高出1.05个和1.89个百分点。信用总量的高速增长，容易形成通货膨胀和泡沫经济。如日本、拉美等国利率市场化后，出现了通货膨胀和泡沫经济。

（5）宏观经济波动加剧，企业和中小金融机构出现经营困难或破产。一方面，取消利率管制后，金融机构运用利率手段竞争日益激烈，中小金融机构由于信用程度逊于大型商业银行，不得不以高于金融机构平均存款利率和低于金融机构平均贷款利率来吸引客户，导致成本上升，利差缩小，收益下降，部分中小金融机构出现经营困难的状况。例如，我国台湾地区在放松利率管制后的一段时期，信用合作机构贷款利率低于商业银行1个百分点左右，出现了经营较为困难甚至破产倒闭的情况。另一方面，放开利率后，利率成本不断上升，引发通货膨胀，宏观经济波动加剧，如日本利率市场化后，出现了“泡沫经济”；韩国利率市场化之后，适逢经济危机，导致了企业大量破产；拉美国家实施利率市场化后，引发了经济危机和债务危机。随着宏观经济恶化，银行经营风险加大，导致不良资产增加，甚至引发中小银行破产。从美国和中国香港看，实施利率市场化之后，中小银行出现破产的概率加大。美国1977—1987年平均每年倒闭65家银行，其中1985—1987年平均每年倒闭的银行接近200家。2001年中国香港银行业利率协议取消以后，银行业出现了空前的并购狂潮，一年当中有5起并购案发生，而以往平均每两年才有一宗。

（6）银行信贷风险和道德风险加大。利率市场化后，信贷资金成本增加，信贷资金为得到高额回报，可能流入高风险行业，造成这些行业资金高程度集中，有可能造成经济泡沫。以日本、英国、韩国等国家利率市场化过程中出现的泡沫经济为例，利率市场化后，投入股市、房市的信贷资金失去管制，股市和房市的高额回报有可能不断吸引大量信贷资金通过种种途径流入，这可能会引起股价和房价的飙升和泡沫经济的出现，导致银行信贷风险加大。另外，利率市场化的结果会使银行根据风险加成的原则对贷款利率实施合理定价，而金融监管不规范的情况下，金融机构中有可能出现因人情或者贿赂而降低利率或提高贷款利率的政策性漏洞，而不是真正根据风险加成的原则对贷款利率实施合理定价，这蕴藏着金融腐败的风险。尤其是在我国资金短缺的状况下，更容易出现人情定价，银行道德风险加大。

8.1.3 国内外净利差变化趋势分析

1. 利差变化的国际趋势

利率市场化改革后，市场竞争会促使存款利率上升，并在长期内降低贷款利率。因此，利率市场化的直接结果是存贷款利差缩小。如美国在完成利率市场化改革后的1986—1990年期间，存贷款平均利差比1980—1985年减少了54个基点。日本完成利率市场化改革后的1994年平均存贷款利差比1984年下降了82个基点。表8－4数据显示，除中国和墨西哥外，美国、日本等发达国家及巴西主要银行的加权平均净利差的总体趋势是不断下降的，中国、巴西和墨西哥等国的加权平均净利差普遍高于发达国家，但差距正在逐渐缩小。

表8－4　2000—2008年部分国家主要银行的加权平均净利差变化趋势　单位：%

国家＼年份	2000	2001	2002	2003	2005	2006	2007	2008
美国	3.79	3.85	3.85	3.66	0.15	1.4	1.27	1.27
日本	1.29	1.35	1.56	1.25	0.91	1.24	1.26	1.31
英国	2.03	2.05	2.19	1.73	1.22	1.07	1.05	1.18
巴西	8.92	8.25	8.24	10.61	5.19	4.38	3.10	2.14
墨西哥	6.48	6.57	5.67	5.06	6.12	7.55	8.16	6.82
中国	2.33	1.98	2.02	1.92	1.93	2.13	2.98	2.98

从表8－4可以看出，2005—2008年期间，巴西和墨西哥等发展中国家主要银行的加权平均净利差普遍高于美国、日本、英国等发达国家主要银行的加权平均净利差，我国也不例外。表8－4也表明，发达国家的利差在逐渐缩小，目前成熟发达国家的净利差普遍在1.2%～1.5%。利差逐渐缩小是利率市场化改革的必然结果。

2. 国内净利差的发展走势

从图8－1可以看出，1991—2010年期间，我国金融机构1年期存贷款基准利率的波动要大于存贷款利差的波动幅度。因此，尽管我国大力推进利率市场化改革，但银行业金融机构仍受到政策保护，存贷款利差长期维持在2%～4%。

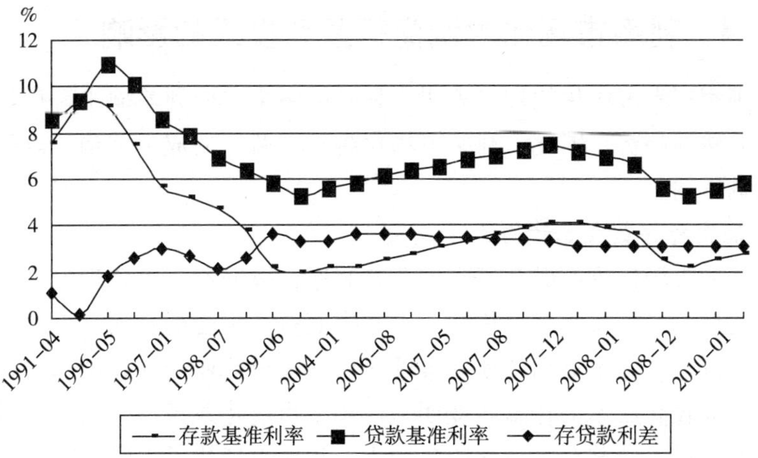

图8-1　1991—2010年我国金融机构1年期存贷款利率及利差变化

从2004年开始，我国已允许贷款利率下浮至基准利率的0.9倍，由于存在不良贷款，银行并不能从所有的贷款中获取利息收入，却需要给所有存款支付利息，所以净利差低于按基准利率计算的毛利差。且由于各商业银行业务结构等方面的差异，不同银行的净利差水平也存在一定的差异。从表8-5可以看出，各银行的净利差已有缩小的趋势。相对来说，城商行的净利差高于大型国有银行的净利差，这与国有企业信贷业务主要集中在大型企业且对大型企业的议价能力较弱，而城商行主要业务集中在中小微企业且对中小微企业的议价能力较强有关。

表8-5　　2008—2010年我国部分银行存贷款净利差表　　单位：%

年份 / 银行名称	2010	2009	2008
工商银行	2.35	2.26	2.95
农业银行	2.5	2.2	2.93
建设银行	2.4	2.3	3.1
中国银行	2.07	2.04	2.63
宁波银行	2.92	2.71	3.19
南京银行	2.42	2.48	2.76
富滇银行	2.55	2.56	3.41
北部湾银行	2.42	3.21	—

8.1.4 利率市场化对城商行盈利模式的影响

发达国家利率市场化的规律表明，利率市场化之后利差缩小、存款成本上升是一个必然的趋势。因此，利率市场化将对城商行的成本结构、盈利能力等带来较大的影响。

1. 对城商行存款成本结构的影响

由于利率市场化改革提升了银行存款利率，根据资产组合理论，金融产品收益率变化后，居民家庭就会相应调整其家庭资产组合的构成。美国联邦存款保险公司的统计数据也显示，利率市场化后美国银行业的存款结构组合从较低成本的存款向较高成本的存款转变明显。利率市场化改革后，美国银行活期存款占比不断减小，储蓄存款占比明显增大。利率市场化后，居民家庭调整资产组合构成相应改变了商业银行的负债成本结构，成本相对低廉的交易存款（可开列支票存款，包括不允许支付利息的活期存款和其他可开列支票存款）占比越来越低。

由于我国尚未建立存款保险制度，城商行破产倒闭的风险明显高于大银行，且普遍缺乏品牌优势，考虑到储户的资产安全顾虑，城商行可能比大银行更难获得廉价的存款资源。利率市场化以后，商业银行为争夺存款资源进行价格战会导致存款利率有一定程度上涨。这不仅会造成城商行成本支出增加，其存款成本结构也会受到较大冲击。

2. 对城商行盈利能力的影响

当前我国城商行的盈利来源过于依赖存贷款利差和信贷规模扩张，利差缩小的趋势对城商行的盈利能力构成严峻的挑战。利率市场化对城商行盈利能力的影响主要体现在两个方面：一是在存款市场上的激烈竞争使存款利率上升，吸收资金成本将加大。尽管城商行可以将存款利率上升带来的成本压力转嫁给资金需求方，但长期市场竞争必将导致贷款利率的整体下降。二是贷款市场上的激烈竞争会导致对优质客户的贷款利率趋于下降，导致贷款利息收入下降。虽然城商行目前业务主要集中在定价能力较高的中小微业务，但随着国有银行和大型城商行进军这一领域，中小银行的定价能力必然下降。两方面共同作用，存贷款利率出现逆向走势，银行的利差收入将会逐渐下降，对目前以利差收入为主要收入来源的城商行带来巨大冲击。

这意味着，推进利率市场化改革后，盈利模式严重依赖利差收入的城商行必将面临盈利能力的严峻挑战。因此，城商行必须在利率市场化改革全面推进之前主动调整业务结构，大力“发展非息收入，提高非息收入占比”，走多元化盈利模式道路，以盈利模式转型应对利率市场化改革。

8.1.5 城商行盈利模式转型路径选择

在利率市场化的发展对城商行的盈利模式带来严峻的挑战同时，金融市场的发展也为银行带来了提高非息收入的机遇。一方面，混业经营的发展为银行拓展其他盈利收入来源提供了新的渠道。从近年来的发展来看，类混业经营和新兴业务对银行的边际贡献逐渐加大。随着混业经营的逐步放开，银行通过参股或控股信托、保险、证券、基金等形式实现混业经营（暂且称之为类混业模式），相应的保险收入、基金管理收入等将对非息收入形成较大的边际贡献。类混业经营模式还可以通过实现交叉销售合作模式吸引客户（如信用卡和保险客户的交叉销售），对现有业务形成良性促进。另一方面，金融脱媒在发展对银行传统业务提出挑战的同时，也为银行发展财务顾问、债券承销、资金托管、金融租赁等新兴银行业务带来了较大的市场空间。金融脱媒使银行不能完全满足客户日益增长的金融需求，直接融资占比将不断提升，也有利于银行通过创新投行业务来增加收入来源。

总体而言，中间业务是城商行利润的新增长点，加快发展中间业务，调整中间业务经营战略，提高非利息收入的比重是城商行应对利率市场化的必然选择。但是城商行大力发展非息收入不可能像大型商业银行一样面面俱到，应结合自身特点，突出重点领域。未来，城商行向中间业务转型的方向，一是应该进一步扩大银行卡、支付结算、代理保险、代客理财业务等资本占用低的佣金手续费等中间业务收入来源，高度重视信用卡、理财产品和国际结算等发展潜力大、收益丰厚的中间业务领域，逐渐由低层次的代收代付向国债代销、基金托管等高附加值品种发展；二是积极从融资型中介向融智型中介转变，大力发展财务顾问、中小企业集合债承销、PE 托管、资产证券化、资产转让业务、并购贷款与咨询等新兴投资银行业务，并大力发展信息咨询类业务、企业增信、金融租赁等高附加值的业务，从而实现基本盈利模式从存贷差占绝对优势转向存贷利差和中间业务并重的轨道上来。

8.2 结算代理业务转型路径

结算类和代理类业务手续费收入是商业银行传统的中间业务收入。目前，银行手续费收入主要来自国内和国际结算清算业务、银行卡业务、理财业务（含资产托管业务），这三类收入合计占全部手续费收入的比重超过60%（部分银行占比高达70%～80%）。城商行受制于机构网点较少等原因，普通收费类业务议价能力较低，传统的结算和清算业务拓展能力有限，因此，城商行应重点发展贡献度较高的银行卡业务、理财业务和特色国际业务等业务，进一步增加佣金手续费的收入来源。

8.2.1 大力发展信用卡为主导的银行卡业务

1. 未来以信用卡为主的银行卡将保持高速增长

目前，银行卡收入在商业银行手续费收入中的占比高达30%，是银行手续费及佣金收入的主要组成部分，并且非常稳定。截至2010年上半年末，我国银行卡（含借记卡、信用卡等）累计发卡量达23亿张，其中信用卡累计发卡量达2.07亿张。虽然借记卡存量市场趋于饱和，增速呈现下降态势，但信用卡发卡量仍有较大增长空间。①

从人均信用卡拥有量来看，目前我国信用卡人均拥有量仅为0.16张，仅有北京和上海两地人均拥有量超过1张且远远高于其他地区水平，西藏、贵州、青海、甘肃等省（自治区、直辖市）信用卡人均拥有量仍小于0.04张。而美国信用卡人均拥有量4.39张/人，巴西为0.95张/人，均远远超出我国的人均持有量。若信用卡发卡量每年增长25%，至2015年人均拥有量也仅提升至0.5张。在除一线城市外的二、三线城市，信用卡的接受度才逐步开始；特别是“90后”步入工作岗位后信用卡需求也会大量增加，因此预计未来3～5年信用卡发卡量不会显著下降，仍能维持25%～30%的增长。②

从银行卡消费量来看，近年来社会公众使用银行卡的意识不断增强，银行卡业务受理环境也在不断改善（联网商户POS机和ATM增加），银行卡的消费金额和卡均消费量都呈现大幅增长趋势，这一趋势至少在3～5年的时间里延续。目前，银行卡渗透率升至35.6%，且逐年提高。银行卡消费金额占社会消费零售总额的比重也在逐步提高。虽然近年银行卡消费快速增长，但卡均单季消费额仅为1 000元左右，占当前城镇居民人均消费性支出（3 000元以上）的比例不足1/3。未来5年银行卡业务金额（消费、存取转账等综合）有望持续较

① 心悦向日葵：《2011年，银行盈利模式的转变》，新浪博客，2011-02-25。

② 心悦向日葵：《2011年，银行盈利模式的转变》，新浪博客，2011-02-25。

快增长，主要原因还在于消费主体的变化："90后"将逐步步入工作岗位；"80后"的收入将明显提升，消费需求增加，而这两代人的消费能力更强，支付习惯更加依赖银行卡。[①]

从信用卡的盈利模式看，信用卡为银行带来的盈利主要有：（1）利息和罚息收入。利息收入即持卡人对未清偿信用卡余额所付的利息；罚息收入是客户未按时还款收取的罚息。（2）取现费，即预借现金产生的手续费和利息。（3）商家返点，即信息交换收入。这是收单行向发卡行支付的占特约商户交易金额一定百分比的费用。持卡人在商家刷卡，商家一般都要给1%的返点。这部分手续费一般是发卡行与收单行分成的。（4）年费。国外的银行都收卡费，我国信用卡处于发展阶段，各银行争夺市场，通过达到刷卡次数来免年费，但也有很多人达不到规定次数，就得交年费。持卡人年费即持卡人因获得使用信用卡的权利而向发卡行缴纳的费用。（5）其他手续费和所得，即包括从其他各种信用卡服务中产生的手续费与收入，如挂失手续费、快速发卡手续费、补制交易密码函手续费等。（6）分期付款手续费。如客户申请分期付款或银行与商家开展信用卡分期付款活动，还可以按月收入分期付款手续费。据统计数据分析，在信用卡业务的利润中，78%来自信贷利息收入，10%来自交换费，2%来自年费，4%来自现金提取费，6%为迟缴和其他收入[②]。

2. *发展信用卡业务对城商行的重要意义*

目前，大部分城商行还未开办信用卡业务，而开办信用卡业务对城商行发展的好处是多方面的：（1）信用卡能为银行带来较高的盈利收入。信用卡利息高达日息万分之五，即年息18%，比任何贷款的利息要高许多。由于刷卡消费时消费者觉得好像花的不是自己的钱，消费额就会上升，有利于促进消费者消费。（2）为客户提供便利服务。通过信用卡发放贷款对银行来说比较简单，对客户来说则比较方便。由于信用卡是可以循环使用信用额度的，客户不必每次都到银行去申请贷款就可以借款、还款、再借款、再还款。只要借款总额不超过信用额度，客户即可重复借款，并可以按月分期偿还银行欠款。随着越来越多的商户接受信用卡，持卡人使用信用卡也就越来越方便。（3）积累优质客户。信用卡不仅使银行能够吸引到不住在银行附近的客户，同时，新的信用卡用户给银行其他金融产品提供了较好的营销机会。一般而言，持有信用卡的客户都

① 心悦向日葵：《2011年，银行盈利模式的转变》，新浪博客，2011-02-25。

② 赵鹏飞：《从信用卡业务的盈利模式看风险管理》，载《中国信用卡》，2006（12）。

是信用记录良好、收入较为稳定的白领阶层。一旦开办了信用卡，持卡人的所有基本资料均在银行的资料库里，都有可能成为该银行的优质客户，至少是潜在客户。（4）拓展收入来源。信用卡既能带来新的收入来源，又能带来新的存款来源，这两方面的吸引引发了银行大力发展信用卡业务。（5）提高银行知名度。发行信用卡还有利于提高城商行的知名度。

3. 城商行发展信用卡的实施策略

信用卡业务虽然能为城商行带来诸多好处，但城商行发展信用卡业务也要量力而行，注意把握风险，讲求策略：（1）准确定位目标客户群体。城商行与当地政府的密切关系，有利于城商行大力发展公务员群体的信用卡业务。城商行应利用与当地政府的关系密切的优势，大力发展以公务卡为主的信用卡业务。同时根据新的监管规则，由于信用卡授信额度列入了风险资产，因此信用卡行业不应单纯地追求发卡量，而应注重追求使用量，目标客户群体锁定在“80后”、“90后”等信用卡使用频率较高的客户，避免过度授信和过多未激活卡。（2）与商家合作促进信用卡消费。如与商家合作，通过消费打折、送礼等活动，促进信用卡的消费，提高刷卡手续费收入。（3）积极推动分期付款业务。如推动家电分期付款、汽车分期付款和装修分期付款业务，提高信用卡分期手续费收入。（4）采取灵活策略，避免信用卡新规对资本充足率造成过大影响。以前监管规定主要是将信用卡透支余额纳入风险资产范围。中国银监会2011年1月颁布的《商业银行信用卡业务监督管理办法》规定，发卡行应将未使用的信用卡授信额度，纳入承诺项目中的“其他承诺”子项计算表外加权风险资产，适用50%的信用转换系数和根据信用卡交易主体确定的相应风险权重。也就是说，在统计资本充足率的时候，将未使用的信用卡授信额度纳入到加权风险资产的计算口径中。这意味着，信用卡超额授信营销模式的告终。城商行应避免超额授信的信用卡模式，而通过消费者需求临时调整信用卡额度的灵活模式或更适合于城商行。

8.2.2 大力发展理财产品业务

从国有商业银行和大型股份制银行来看，代理业务占手续费及佣金收入的比重较高且比较稳定。但代理业务种类繁多，城商行应重点突出理财产品等贡献度较高的业务。

1. 理财产品市场需求巨大

过去五年，银行代理的各类理财产品呈快速增长趋势，尤其是银行自身开发的理财产品销售总规模实现大幅度增长。尽管银行代理的其他理财产品，如基金产品等大多与资本市场相关，但银行自身开发的理财产品受资本市场的影响较小，即使2008年和2010年资本市场不好，基金产品滞销的时候，银行自身开发的理财产品收入仍保持高速增长。这一方面主要得益于银行理财产品收益相对固定，且收益远远高于一般存款产品；另一方面主要得益于银行对客户强大的营销能力，能根据市场状况向客户重点营销不同类型的产品，故理财产品收入整体实现良好增长。如2010年全年中国建设银行自主发行理财产品271期，当期实现收入54.64亿元；产品余额3 262亿元，同比增长83.46%。中国银行本外币理财产品销售量折约28 939亿元人民币，比2009年增长87.99%。而西南财大信托与理财研究所和普益财富联合发布的《2011年度银行理财能力排名报告》显示，2011年我国银行理财产品的发行有明显提速迹象。全年发行数量为22 441款，较2010年上涨100.58%；发行规模为16.99万亿元人民币，较2010年增长140.99%。无论是产品发行数量还是产品发行规模，其同比增速均大幅超过2009年和2010年。“十二五”时期，随着居民理财意识提高，预计理财产品需求仍然会保持高速的增长，尽管银行理财产品受到证券、保险等业务的竞争，但在所有金融企业中，客户对银行的信赖程度是最高的，这保证了银行开发的理财产品未来仍具有良好的市场和广阔的发展前景。

从理财产品发行主体来看，虽然大型股份制银行和国有商业银行占据主要地位①，但近年来城商行的理财也增长迅速。据普益财富统计，2006年，只有北京银行、上海银行和南京银行等少数城商行发行了248款银行理财产品；2007年，发行理财产品的城商行增至20家，其理财产品发行数量也增加到了549款；2008年，发行理财产品的城商行增至38家，其理财产品发行数量猛增到1 242款；2009年，有46家城商行发行了1 171款理财产品。截至2010年上半年，城商行已经发行了747款理财产品，相当于2009年全年城商行理财产品发行总量的63.79%。2011年，全年理财产品发行近4 300款，市场占比由2010年的15.88%上升至2011年的19.15%。而最新数据显示，2012年第一季度在各商业银行产品发行总量为5 493款，环比下降7.9%，同比仅增长12.7%的情况下，城商行发行1 437款，环比增长1631.3%，市场占比提升至26.2%，成为2012年第一季度发行理财产品的最大“黑马”。近年来，城市商业银行异军突起，主

① 2011年，从银行理财产品的发行主体来看，股份制商业银行仍是主力军，全年产品市场占比约为40%；，国有商业银行的理财产品发行市场占比仍然保持在第二位，市场占比34.44%；外资银行产品发行量占比为4.41%，城商行理财产品发行占比为19.15%。

要源于受部分城市商业银行理财产品发行量相继破冰，以及城商行理财产品开发和发行能力不断提高。理财产品已经成为城商行中间业务的新秀，它既拓宽了城商行的中间业务收入，又可通过安排发行和到期时间帮助城商行完成存贷比考核，同时也发挥了保留原有客户甚至吸引新客户的作用。

预计未来市场对于理财产品需求将持续增长。因此，城商行应当积极开发创新理财产品，充分利用地缘优势拓展理财产品业务，提高理财产品业务的整体运作效率，在理财产品市场竞争中提高市场份额，将理财产品业务拓展成为非息收入的重要渠道，不断提高理财产品业务对城商行中间业务收入的贡献度。

2. 城商行发展理财产品业务的重要意义

发展理财产品业务对城商行的发展具有重要意义。一是应对利率市场化挑战的有效手段。在目前我国存款利率上限尚未放开的情况下，城商行通过理财产品，可以有效规避存款利率上限的管制，吸收更多的社会存款。二是提高客户忠诚度的需要。随着社会流动性的过剩，CPI 高于存款利率的情况将不时出现，人们的理财意识不断提高。城商行通过发行理财产品，能有效吸引客户，提高客户忠诚度。三是应对同业激烈竞争的需要。当前，各商业银行纷纷加大了理财产品的创新和发行力度，纷纷将理财产品作为提高竞争力的重要手段。城商行也应发挥自身的地缘优势和灵活高效的创新优势，开发更多的高收益理财产品，提升自身的竞争力。

3. 城商行发展理财产品业务的实施策略

虽然城商行理财产品业务呈现快速发展的势头，但是，一方面，城商行营业网点少，高端客户量不足，制约了发行理财产品的扩大；另一方面，理财产品创新不足，设计也是中规中矩，这也使得城商行发行理财产品面临诸多挑战。因此，城商行发展理财产品业务：一是要从战略上高度重视理财产品业务对城商行盈利模式转型的重要意义，将理财产品业务作为增加非息收入、提升中间业务的战略重点，在资源上进行倾斜，大力发展，逐步提高理财产品业务对非息收入的贡献度。二是要加强城商行之间理财产品开发的合作，联合开发和发行，突破单个城商行营业网点较少、高端客户量不足的问题。三是要大力创新特色理财产品，提升竞争力。如国内许多商业银行加大了对理财产品的创新力度，创新发行与高档白酒、普洱茶、艺术品挂钩的理财产品等，通过挖掘“产品链”、“客户链”有效拉动商业银行理财产品的发展。城商行也应发挥自身灵活高效的优势，大力创新有特色的理财产品，提高理财产品对客户的吸引力。

8.2.3 大力发展特色国际业务

1. 国际结算业务未来发展前景广阔

国际业务是结算收入的主要来源之一。随着银行国际化的发展，特别是人民币跨境结算业务的迅速发展，国际结算业务正逐渐成为商业银行未来手续费和佣金收入的主要来源。

2009年4月，我国跨境贸易人民币结算业务正式启动。2010年6月22日，中国人民银行将跨境贸易人民币结算试点地区扩大至广西等20个省（区、市），同时将试点所涉及的境外地域扩展到所有国家和地区。特别是2010年1月1日，中国—东盟自由贸易区全面建成，为跨境贸易人民币结算开辟了新战场。目前人民币跨境结算发展迅速：一是跨境贸易人民币结算试点扩大，结算量显著上升。试点地区扩大到全国20个省份，参与试点的出口企业由最初的365家增加到2010年底的6.7万多家，2010年银行累计办理跨境贸易人民币结算业务5 063亿元。二是跨境投融资人民币结算试点有序开展，资本项目跨境人民币业务试点取得明显进展。2010年各试点地区共办理人民币跨境投资个案试点427亿元，共批准跨境融资人民币结算试点项目16个、金额814亿元，其中已放贷13个、金额275亿元。新疆开展跨境直接投资人民币结算试点。2011年1月6日人民银行《境外直接投资人民币结算试点管理办法》正式发布实施。

可以预计，随着我国人民币区域化、国际化战略的实施，未来国际业务结算仍有较大的发展空间，特别是具有地缘优势的城商行，国际业务结算量将会获得较快的增长。

2. 城商行发展特色边境结算国际业务的重要意义

近年来，随着人民币跨境结算的实施，具有边境地缘优势地区的国际业务增长迅速。以广西为例，据中国人民银行南宁中心支行统计，截至2010年12月20日，广西共办理跨境贸易人民币结算试点业务7 157笔，金额116.85亿元。截至2010年11月底，广西跨境贸易人民币出口结算量居全国第一，结算总量在8个边境省区中名列第一。广西跨境人民币结算业务境外辐射地区不断扩大，辖内工商银行、农业银行、中国银行、建设银行、交通银行、光大银行、兴业银行、广西北部湾银行等银行已为东盟国家和港澳地区的20多家银行开立人民币往来账户33个；辖内有953家企业与境外贸易伙伴采用人民币进行贸易结算。广西人民币跨境直接投资业务实现“零”的突破，2010年7月向越南企业直接投资100万元人民币；辖内银行为境外银行办理人民币购售业务2 950万元。辖区内的广西北部湾银行、工商银行广西分行等成立了面向东盟的“跨境业务交易中心”，积极推动人民币与东盟国家货币的直接兑换。随着中国—东盟自贸区的发展，这一区域的国际业务结算量还会获得较快的增长。这为地处中国—东盟国家枢纽和桥头堡地区的广西北部湾银行发展特色国际业务提供了难得的机遇。

城商行国际业务结算起步比较晚，业务品种有限。而靠近边境的城商行，利用地缘优势，发展特色边境结算业务，打造小币种结算品牌，是发展国际业务、形成特色化品牌的有效手段。以广西北部湾银行为例，该行依托位于北部湾核心区和中国—东盟水陆路接合部的地缘优势，抓住中国—东盟自由贸易区全面建成和人民币国际化的有利机遇，大力发展面向东盟国家的国际业务，打造面向东盟的国际业务品牌。一是大力发展与东盟国家货币直接兑换业务。2011 年 12 月 29 日，广西北部湾银行成立中国—东盟跨境货币业务中心，正式挂牌人民币对越南盾柜台汇率。在试点人民币兑换的基础上，下一步将挂牌马来西亚林吉特等东盟国家货币与人民币兑换业务。二是大力发展边贸结算业务。2011 年 12 月 5 日广西北部湾银行成功开办边贸结算业务，成为广西继四大国有商业银行之后首个开办边贸结算业务的股份制银行。截至 2011 年 12 月 31 日，共办理边贸结算业务 28 笔，金额共计8 118万元人民币（折合 1 288 万美元），完成国际结算业务量 58 362 万美元；国际业务结售汇量 39 121 万美元；外汇中间业务净收入 816.89 万元人民币。三是大力发展特色国际业务。2011 年，广西北部湾银行成功办理提货担保、出口信保融资、出口发票融资、福费廷和进口汇出汇款项下押汇业务，并通过向外汇局申请短期外债指标，与境外同业联动首次办理 90 天以上海外代付业务；并实现内保外贷业务零突破，成功办理了 3 笔 3 500 万美元内保外贷业务；全年外汇交易量大幅增长；全年人民币对外币交易量 3.67 亿美元，比上年同期增长 68.96%；全年外汇资金拆借累计发生额 17 012.60万美元，比上年增长 17 倍多；实现外汇净利息收入 31.6 万美元，比上年增长 5 倍多，打造面向东盟的特色国际业务初显成效。

3. 城商行发展特色国际业务的实施策略——以哈尔滨银行为例

2008 年 9 月，哈尔滨银行挂牌开展卢布兑换业务；2009 年 7 月，哈尔滨银行成为国内首家开通卢布存款业务的银行。2010 年 11 月 22 日，卢布在中国外汇交易中心挂牌后，卢布已成为上海的外汇交易品种，哈尔滨银行成为中国外汇交易中心四家卢布做市商之一。2008—2010 年，哈尔滨银行累计办理卢布结算 219 亿卢布，哈尔滨银行卢布兑换量在全国排名第一位。哈尔滨银行在中俄边境口岸尚未设立网点，但其卢布现钞交易量占全国同业的99%以上。哈尔滨银行发展边境贸易特色业务的主要经验如下：

（1）提前抢占战略制高点。小币种交易和结算业务是边境省区城商行打造业务特色、实现差异化竞争的有效途径，是占领市场和战略制高点的大好机遇。如由于中俄结算双方银行多数倾向采用第三国货币（美元）结算，而对采用双方本币结算视为鸡肋。哈尔滨银行则把别人的鸡肋当做机会，大力宣传本币结算，建议企业在中俄贸易中采用美元计价、卢布结算，并对自身定位为俄罗斯银行的人民币流动性提供银行、人民币购售银行和人民币交易清算银行，在其他银行尚未意识到重要性的时候就已经占据了市场主导地位。

（2）争取人民银行和省政府支持。人民银行和地方政府的支持是把卢布交易的设想转变成现实的保证。哈尔滨银行在卢布挂牌交易过程中，每一项工作和难点都向人民银行汇报。当地人民银行对实施过程中的难点给予了理论的支持，并保持与人民银行总行的沟通，取得人民银行总行在政策上的支持和指导。黑龙江省政府对卢布挂牌交易也相当重视，甚至还给予了财政补助支持。

（3）控制风险敞口是关键。哈尔滨银行认为，小币种交易绝对无风险是不可能的，敞口风险容忍度和亏损容忍度是决定小币种挂牌交易业务能走多远的关键性问题。哈尔滨银行卢布兑换业务以现汇为主，同时也开展现钞兑换业务，卢布结售汇和结算业务均按国家有关外汇管理规定办理。哈尔滨银行卢布现汇交易敞口主要通过俄罗斯银行解决，现钞敞口主要通过自行消化和境内同业调剂解决。据了解，该行外汇交易限额直接由风险管理执行委员会审批，国际业务部在核定限额内根据交易员情况动态授权，其中，卢布敞口限额设定为等值300万美元。其他银行均实行严格的卢布现钞兑换日终零敞口①，而哈尔滨银行则实行量入为出的阶段性平衡的敞口管理，因此，哈尔滨银行的风险敞口控制更为灵活。

（4）建立先进系统。建设满足业务发展需要的完善的前中后台资金业务系统是开展小币种资金交易等资金业务的必备技术条件。哈尔滨银行认为自身的交易系统和风险管理系统仍然相对不足，制约了交易业务的发展，目前正在进行资金系统规划。哈尔滨银行实行“科技引领”的方针，由信息技术部门对各业务部门所有预想到的业务需求系统建设进行排队，超前于业务发展，对目标清晰、定位高远的需求基本采用最好的系统。

① 敞口管理方面，龙江银行规定其卢布现钞库存不超过等值20万美元的卢布。

（5）构建先进的组织架构。完善的组织架构是小币种交易乃至资金业务长远发展的前提和基础。哈尔滨银行外汇资金业务由国际业务部负责，交易人员配置5人。国际业务部外汇营运中心作为外汇资金业务前台部门，负责资金交易；风险管理部作为中台，负责资金交易的风控管理；国际业务部单证中心作为后台，负责资金清算。举例来说，交易员按交易权限在交易终端上完成外汇交易，流转到交易主管通过中台管理系统盈亏分析、汇率分析和敞口监控等功能对该笔交易进行审批；风险管理部在中台风险管理系统能够实时监控交易明细、盈亏情况和限额执行情况；国际部单证中心独立通过前台交易系统提供的成交确认单进行清算。

（6）培养人才是长远发展的基础。高度重视高素质资金交易人才的吸收和培养是把交易业务做大的必要条件。对于城商行来说，资金交易人才是个大问题。哈尔滨银行一方面利用职级和薪水吸引人才，同时为了更加贴近市场和吸引人才，哈尔滨银行正在把资金营运中心搬迁到北京。另一方面借鉴国外经验（外资银行办理结算业务是按结算单位，由一个业务员负责一笔业务全过程），培养处理全套结算业务的人员。哈尔滨银行立足于自己培养国际业务结算人员，挑选智商高、有学习能力的员工，派出培训，回来后国际部逐步对其放大权限。

（7）加强业务创新。城商行发展国际结算业务，也要加强业务创新，满足客户多方面需求。如哈尔滨银行，一是对客户建立比例优惠、区别对待的制度。根据不同的客户在银行结算金融占其进出口业务总额的不同比例，在费率、融资额度、信用担保等方面给予差别待遇；二是要适时推出新的结算工具，如保理业务、内保外贷等。

8.3 新兴银行业务转型路径

商业银行的金融创新可以分为传统业务领域的金融创新和新兴业务领域的金融创新。传统业务领域的金融创新主要围绕商业银行传统的存贷业务和结算业务的创新，包括负债业务、资产业务和结算业务本身多样化的产品设计，以及在营销方式上的创新。例如，对存款、贷款等业务在期限、还（取）款方式、担保方式、结算工具等方面的创新，以及供应链融资等。新兴业务领域的金融创新是指传统的存贷款业务之外的其他业务创新，特别是随着资本市场的发展，直接融资比重会大幅上升，为资本市场服务的投资银行业务涉及的范围更加广泛，业务品种更加多样化。投资银行业务是未来商业银行新兴业务金融创新的主要领域，也是未来商业银行中间业务收入的主要来源。

从世界发达国家经济金融业的发展情况来看，随着资本市场的发展与壮大，企业投融资呈多样化发展趋势，投资银行业务作为金融业的高端业务其重要性和市场贡献度正日益上升，企业的直接融资、企业并购、资产托管、企业财务咨询等众多业务需要投资银行（或商业银行）的参与。在我国目前分业经营体制下，商业银行除了不能开展交易所市场的证券承销、经纪和交易业务之外，仍然可开展大多数投资银行业务，包括银行间市场承销、经纪与交易，以及重组并购、财务顾问、结构化融资与银团、资产证券化、资产管理、衍生品交易等。近年来，国内主要商业银行或通过成立金融控股公司的形式或直接从事法规未禁止的投行业务方式纷纷发展投行业务，并取得了令人惊叹的业绩，不仅改善了其收入结构，促进了金融创新，更为重要的是，在巩固和竞争传统银行业务方面因其打通间接融资与直接融资隔墙，为客户提供无障碍的、多元化的服务，从而与客户的关系更加紧密。[①] 但是，从整体上看，我国新兴业务领域的金融创新还处于发展的初级阶段，商业银行投资业务的品种及技术含量还明显落后于发达国家水平。西方国家由于实现混业经营，20世纪80年代后创新出大量的期权、期货等金融衍生产品，而我国商业银行实行分业经营，中间业务收入来源主要来自传统结算手续费和佣金收入，以智力投入为主，技术含量高、盈利潜力大的中间业务如财务顾问、债券承销、并购咨询等发展不足，高收益且具有避险功能的金融衍生工具业务刚刚起步，有的甚至是一片空白。尤其是由于投行业务人才严重缺乏、经验不足、风险管理跟不上，投资银行业务的发展相对落后，大多数只经营传统银行业务的城商行与大型商业银行在竞争手段上的差距越来越大。因此，从前瞻性角度来看，城商行在投行业务上的滞后，削弱了其市场竞争力并将逐步面临经营困境，必须及早准备、迎头赶上，积极开展投资银行业务。投资银行业务既是提升城商行竞争力的重要手段，也是城商行盈利模式转型的重要途径，应作为城商行业务结构调整的重点方向。

“十二五”时期，随着我国把资本市场直接融资作为经济金融改革的重要目标，投行业务将迎来良好的发展时期，城商行应抓住有利时机，积极开展新兴业务创新，大力发展投资银行业务。城商行开展新兴业务创新，一方面要围绕客户价值链进行创新，从传统的贷款环节入手，向上和向下挖掘客户需求，延伸客户价值链，充分实施价值链经营，在风险可控的前提下创新新兴业务。以

---

① 田华茂：《城市商业银行发展投资银行业务的思考》，载《西南金融》，2010（12）。

小企业为例，在小企业的创业期，由于面临较大不确定性，通常银行不愿意向其提供贷款，但银行可借助自身平台为其寻找资本投资者（如风险投资、PE）；随着小企业进入稳定发展期，商业银行可为其提供贷款及清算业务，并逐步开展投行业务；企业发展后，其所有者的个人财富也随之增加，商业银行可适时为之提供财富管理和私人银行。在此过程中，企业的需求不仅仅来自企业自身，还可能由商业银行引导产生。由此，银行形成一条完整的业务和服务链条，既密切了与客户之间的关系，提高客户忠诚度，又充分挖掘了客户的需求，实现整合经营、交叉营销，提高了经营效率。另一方面，要紧密围绕地方政府融资业务、中小企业业务等自身的优势业务领域，当由易到难、由简到繁，循序渐进。在目前分业经营的条件下，城商行应将资本市场业务和商业银行业务的交叉区域作为业务创新的重点领域，加快发展财务顾问、中小企业集合债承销业务、私募投资基金管理业务、中小企业重组与并购业务、贷款证券化业务、股权投资与风险投资服务、金融租赁、信息咨询等创新业务，从而为中小企业的金融需求提供“一站式”的综合金融服务，构建支持多元化盈利模式的业务结构。

8.3.1　大力发展财务顾问业务

财务顾问业务是指商业银行运用和发挥自身的功能和优势，根据客户的条件和需求，站在市场和客户的角度，运用科学的方法对客户的资金运动及产生的货币关系的整体或单项进行策划、组合、包装和优化，提出具体的方案和建议，供客户选择使用并收取一定手续费的有偿服务品种，它主要包括企业投融资顾问、财务分析、风险规避、企业购并顾问、公司理财等。财务顾问业务是一种高智商、综合性、创造性的业务，是商业银行从提供“融资型”传统金融服务向提供“融智型”金融服务转变的体现。

1. 财务顾问是商业银行中间业务收入的重要来源

从国内大型银行来看，近年来财务顾问收入增长较快，逐渐成为了手续费及佣金收入的主要来源。从2008年、2009年的统计数据来看，各大商业银行的顾问和咨询业务占手续费及佣金收入比重较高，占比基本都超过20%，其中兴业银行2009年占比最高达到51%。华夏银行、兴业银行、建设银行该项业务增长率较高，超过50%，其中建设银行该业务2009年增幅达到57%，这是由于该行提供多元化财务顾问服务，此外受国家投资拉动，各地部分重点基础建设项目陆续开工，与基本建设密切相关的造价咨询、工程资金监管等产品快速增长而带动收入增加。①

虽然近年来国内商业银行财务顾问费取得了较好的增长，但大多数商业银行的财务顾问费收入是将利息收入转变为财务顾问费形成的，真正的咨询顾问类等业务收入还偏少，甚至处于起步阶段。未来，金融脱媒的发展要求银行从“融资型”中介转向“融智型”中介。城商行应大力发挥在中小企业业务领域的优势，为中小企业提供“融智型”财务顾问业务，将财务顾问收入拓展成为中间业务收入的主要来源渠道。

2. 城商行发展财务顾问的重要意义

首先，发展财务顾问业务是城商行向非息业务转型的需要。随着我国利率市场化和新监管规则对银行资本充足率要求的提高，城商行过去依靠贷款拉动规模高速增长的发展模式已不可持续，而向低资本消耗的业务发展模式转型已成为必然。在此情况下，开展财务顾问业务，有利于增加新的利润增长点，提高城商行在新金融形势下的盈利能力。

其次，城商行优势业务领域的中小企业的财务顾问需求比较强烈。城商行拥有数量众多的中小企业，中小企业发展壮大之后，对投融资咨询、并购咨询等财务顾问需求将会逐渐增多。一方面，中小企业经过初期发展阶段后，随着产业升级，将向精细化、集约化经营阶段转型，迫切需要经验丰富的银行提供财务顾问指导。另一方面，中小企业经过原始积累后，将会逐步从生产经营到资本经营的转变，利用股份制改造、上市、兼并、收购和资产转换等实现企业的资本扩张，随着企业资本扩张工具的多元化和专业化，更多的中小企业需要寻求智力支持，提升财务管理，需要银行在制订企业并购战略和财务方案、寻找并购目标以及融资服务安排等方面提供财务顾问支持。中小企业财务顾问需求的出现，既是企业激烈竞争的结果，也是商业银行适应客户需求、开拓盈利空间和转变经营模式的必然结果。开展财务顾问业务有利于城商行建立新型银企纽带模式，加强间接融资与直接融资的有机结合，深入内部为企业战略发展提供智力型增值服务。

最后，发展企业财务顾问业务可以帮助城商行减少市场信息不对称问题。在我国一个企业往往不只从一家银行贷款，多头开户是一个较为普遍的现象。由于法律不健全，加上体制上的原因，对破产企业难以进行有效处理，结果往

① 赫国胜、徐洁:《我国上市商业银行非利息收入业务分析及对策》，载《财经问题研究》，2010(12)。

往是银行信贷资产受损。由于信息的不完全获得，商业银行不能充分了解一些中小企业的经营状况，为了防范道德风险和逆向选择，引起商业银行不良贷款率过高，有些银行直接采取“一刀切”的方式，干脆减少对中小企业的融资，这样，有些资产状况良好且具有发展前景的中小企业也被拒之门外。而这些企业恰好最具活力和成长性，有强烈的融资愿望和广泛的企业财务顾问需求。因此，发展财务顾问业务有利于密切银企关系。我国目前的金融法律、法规不允许银行对企业进行控股，银行通过开展财务顾问业务，以金融服务的形式介入企业的经营活动，无疑有利于解决信息不对称的问题，是对信贷企业进行风险控制的一个有效办法。城商行应通过财务顾问业务，密切与中小企业的关系，切实进入企业的经营活动中，才能对信贷资金的运用进行有效控制，防范信贷风险。

财务顾问业务除了上述几点外，还可以为企业的银团贷款、结构性融资和资产管理等提供服务。因此，财务顾问业务是各商业银行发展新兴业务的重点领域，前景非常广阔。

3. 城商行发展财务顾问业务的实施策略

（1）大力拓展中小企业上市财务顾问业务。中小企业是城商行的优势业务领域，随着我国创业板市场的推出，企业财务顾问业务对创业板上市企业的作用至关重要。财务顾问将会是企业到创业板上市融资的设计师和协调人，起到咨询顾问、设计策划、组织协调作用，是企业到创业板融资上市不可或缺的机构。创业板的上市与主板市场有很大的区别，创业板市场上市的公司大多从事高科技业务，具有较高的成长性，但往往成立时间较短，规模较小，业绩也不突出，商业银行凭借自己的优势，可以在大量的企业群体中，发掘出适宜在创业板上市的企业，为其进行上市前的融资或寻找和引进国内和国际的策略投资者或风险投资基金进行私募融资，合理利用上市条件，帮助企业进行深层次改制、重组，使企业全面具备上市条件。商业银行还可以与上市企业在保持一致利益的原则下，帮助企业与保荐人、审计机构、律师事务所、评估机构进行商务谈判，以挑选最合适的中介机构为企业上市提供服务。① 因此，城商行应积极利用自身优势，为有意向到创业板上市的企业提供财务顾问业务，提高为中小企业业务提供综合金融服务的能力。

（2）发展风险投资类企业财务顾问业务。风险投资是一种高风险、高成长、

① 杨成元：《商业银行企业财务顾问业务发展探析》，载《当代经济》，2009（2）。

高回报的投融资方式，投资方向主要集中于新兴的、迅速发展的高成长性高科技中小企业。它有利于提高资源利用效率，改变我国传统的经济增长方式，对于促进高科技产业的发展具有重要作用。目前，政府已经充分认识到发展风险投资的巨大作用和重要意义，正在大力推动风险投资行业的发展。但风险投资运作全过程是一个系统工程，需要专业咨询单位的指导，风险投资项目的选取、资金的投入、投入的时间和数量、何时退出、退出方式、时机和数量等都不是一件简单的事情，单靠风险企业和风险投资家来完成整个运作几乎是不可能的，而商业银行可以利用自身的人才优势和资金优势对风险投资的各项工作进行财务咨询及指导，还可以提供资金支持，扩大银行的业务。①。城商行应发挥自身的优势，积极拓展高科技中小企业领域的风险投资，将其发展成为财务顾问新的增长点。

（3）大力发展项目融资企业财务顾问。项目融资作为国际金融的一个重要组成部分，近几十年来已经发展成为一种为大型工程项目的建设开发筹集资金的卓有成效且日趋成熟的手段，操作方式也更加灵活多样，它以项目的产出作为保证，可用较少的资本金获得数额比资本金大得多的贷款。项目融资重点为大型公用基础设施建设和大型能源开发项目进行融资，因其投入小、高杠杆，迅速发展成为大型工程项目筹措资金的重要形式。我国从20世纪80年代开始，在现金流量稳定的电力、路桥、机场等大规模基本建设中也开始采用这种融资方式，此后逐步扩展到科技、服务等领域。项目融资用来保证贷款偿还的主要来源被限于项目未来的净现金流量和项目本身的资产价值，从而使得项目借款人对项目所承担的责任与其本身所拥有的其他业务在一定程度上相分离，在一定程度上可以免除项目借款人因项目失败而发生破产的风险。这种筹资方式对于经济快速增长、国内资金缺乏而又具有许多良好投资项目的发展中国家，有着重要的现实意义②。2010年以前，我国很多大型的建设项目工程均是通过银行融资完成建设资金筹集，而随着银行监管部门对政府融资平台的清理，单纯通过银行融资来筹建大型建设项目和进行基础设施建设的方式已难以为继，未来地方政府的大型项目融资方式将呈现多元化趋势，这为城商行发展项目融资财务顾问提供了有利机遇。项目融资牵扯的关系较多，融资十分复杂，需要商业银行的专业金融服务，这为商业银行发展项目融资财务顾问服务提供了有利机

① 杨成元：《商业银行企业财务顾问业务发展探析》，载《当代经济》，2009（2）。
② 杨成元：《商业银行企业财务顾问业务发展探析》，载《当代经济》，2009（2）。

遇。城商行应利用与地方政府的密切关系，大力发展项目融资财务顾问业务，在地方政府的重点项目融资中提供财务顾问服务，包括进行项目的风险评估、确定结构性融资方案、安排融资方式、组织贷款银团、实施监督和管理等。

8.3.2 大力发展中小企业集合债承销业务

证券承销是西方商业银行最主要的投行业务。证券承销包括股票承销、债券承销、私募承销等，其中私募承销分为股票与债券两大类，承销私募业务主要是非上市企业向特定对象发行的股票与债券。在我国商业银行由于受《商业银行法》的限制，商业银行主要从事债券承销及私募承销并收取承销费用。

"金融脱媒"是金融市场发展到一定阶段的必然规律。"十二五"时期，随着直接债务融资工具市场的发展，更多的企业将会走债券直接融资渠道，必然推动债券市场的进一步扩容，这将导致商业银行的贷款业务会相对萎缩，但同时也给商业银行带来新机遇，债券承销将会成为商业银行新的利润增长点。目前，企业在银行间债券市场上发行的短期融资券、中期票据等企业债大都是AA级以上，各家银行都在积极竞争该类债券承销业务。虽然城商行也可以参与其他商业银行或证券机构作为主承销商的承销团或者作为分销商，但由于城商行的规模实力有限，网点机构较少，很难成为此类债券的主承销商。而中小企业业务是城商行的优势业务领域，大力发展中小企业债券集合债承销是城商行发展债券承销业务的突破口。因此，城商行应充分发挥自身在中小企业业务领域的优势，大力发展中小企业集合债的承销业务。

1. 中小企业债券融资发展概况

集合债券是指以一个机构作为牵头人，由多个中小企业为发债主体，向投资人发行的约定到期还本付息的债券，通俗地说，也就是"捆绑发债"，它是以银行或证券机构作为承销商，由担保机构、评级机构、会计师事务所、律师事务所等中介机构参与的新型企业债券方式。这种方式打破了只有大企业才能发债的惯例，对降低中小企业的融资成本，支持中小企业的科技创新，促进中小企业的产业结构调整和升级，提高中小企业的核心竞争力，推动中小企业的可持续与跨越式发展，发挥了极其重要的作用。

集合债券作为中小企业重要的融资途径，早在1998年，中关村和苏州等地曾组织过本地区的高新技术企业尝试集合发债，但直到2003年高新债的推出及在2006年成功兑付，上述做法才开始得到监管部门的认可与推广。2007年，深圳20家企业捆绑发行10亿元"2007年深圳中小企业集合债券"，中关村4家企业联合发行3.05亿元“2007年中关村高新技术中小企业集合债券”。2008年，我国首个小企业集合信托债权基金项目在杭州正式发行，首期规模为5 000万元，债期2年，杭州市20家左右中小企业以7.5%的年利率获得平均额度为250万元的2年期贷款，其中，对20家企业的贷款收益权成为信托计划的投资对象。2008年，浙江、四川、重庆等省市陆续推出类似金融产品。随着国家重视中小企业的融资难问题，拓宽中小企业融资渠道，创新中小企业融资方式，加快推进集合债券，是解决当前中小企业融资难问题的新思路。预计未来中小企业集合债或以中小企业集合债券收益权作为投资对象的中小企业集合信托债券基金将会取得更大的发展。

2. 城商行发展中小企业债券业务的重要意义

中小企业业务是城商行的主要业务领域，因此发展中小企业债券业务对城商行具有重要意义。

（1）从中小企业角度来看，发行中小企业集合债，有利于解决中小企业融资难的困境。发行中小企业集合债券是解决中小企业融资难的重大创新，对发展中国多层次资本市场具有积极意义。在发债主体上，由多家中小企业各自作为债券发行主体联合起来申请发行债券，突破了国家对债券发行主体的政策性抑制。在融资模式上，集合债券的推出，使得中小企业融资不再局限于银行贷款、中小板和创业板的IPO融资渠道。中小企业集合债券，采取“政府牵头、企业自愿、集合发行、分别负债、统一担保、统一组织、市场运作”的融资模式，突破了单个中小企业难以在债券市场直接发行债券的难关。在财务管理上，集合债券是综合成本最低的外源融资方式，一方面，发行中小企业集合债券融资成本要远低于发行股票融资和银行贷款的成本，债券利息可从税前利润扣除，因而具有“税盾”优势，改善了企业的财务管理结构；另一方面，中小企业利用财务杠杆的原理进行债务融资，不会影响其所有权结构和日常经营管理，对于想维持原有管理机构不变的企业管理者来说，发行中小企业集合债券比发行股票更有吸引力①。

（2）从投资者角度来看，发行中小企业集合债有利于降低债券兑付风险，保护投资者权益。中小企业集合债券突破了以往单一的担保方式，形成一个环环相扣的担保体系：一是由符合条件的机构为中小企业集合债券提供统一担保（统一担保人），促进中小企业集合债券的成功发行；二是由多家担保机构分别

① 李靖：《集合债券：开辟中小企业融资新途径》，载《上海证券报》，2010-03-24。

就各自所担保的发债企业，向统一担保人承担连带保证责任；三是各家发债企业向各自的担保机构提供抵押、质押等反担保措施。这样的担保方式创新，可以最大限度地降低债券兑付风险，保护投资者权益。

（3）从城商行的角度来看，发行中小企业集合债，不仅可以拓展优质中小企业客户群体，增加代理手续费收入，还可以通过发债本身向中小企业提供一系列的后续服务，如财务顾问、账户管理、整个发行人财务管理制度的设计、风险控制等，延伸客户价值链。

总而言之，从发债企业的角度来看，中小企业集合债券是多个企业共同发行，能分散总体风险，每个企业只需承担部分融资风险。从投资者的角度来看，债券合约是一种规定债务人必须按期还本付息的契约性合约，投资债券的风险小于股票投资；同时，集合债券收益率高于同期限档次的银行存款利率，其流动性高于银行存款。从银行角度来看，相比一般信贷融资而言，发行中小企业集合债，既能满足中小企业的融资需求，又不占用银行的信贷资金，也有利于城商行为中小企业提供综合金融服务，有利于城商行从高资本消耗的模式向低资本消耗的模式转型。因此，城商行应大力发展中小企业集合债承销业务，并以此拓展城商行的盈利收入来源，推动城商行盈利模式转型。

3. 城商行发展中小企业集合债的实施策略

（1）加强与地方政府的合作，争取地方政府政策支持和补贴。中小企业融资难是各地方政府高度重视的问题，为进一步加强银企对接、破解中小企业融资难题，地方政府，尤其是地方财政或地方经贸委往往出台中小企业发展专项资金、对中小工业企业进行贷款贴息、对各商业银行给予信贷奖励等支持政策，并大力支持发行中小企业集合债。因此，城商行应利用与地方政府的密切关系，争取取得当地中小企业集合债的发行资格。

（2）选择优质的中小企业作为发债主体，提高集合债的偿还能力。为了提高发债企业的偿还能力，一方面，需要选择优质的发债企业，特别是在发展方式转变、产业结构调整等方面有潜力的成长型中小企业；另一方面，需要落实担保措施，避免风险，需要由符合条件的机构为中小企业集合债券提供统一担保（统一担保人），由多家担保机构分别就各自所担保的发债企业，向统一担保人承担连带保证责任，促进中小企业集合债券的成功发行。同时，各家发债企业向各自的担保机构提供抵押、质押等反担保措施，最大限度地降低债券兑付风险，保护投资者权益。

（3）联合多家银行作为承销机构，分散风险。城商行应联合多家银行作为承销机构，确保分散风险，共享收益。

8.3.3 大力发展私募资产托管业务

资产托管业务主要指金融机构接受客户委托对客户资产进行管理。目前，我国商业银行开展资产托管业务主要利用其簿记与清算的功能实施股票交易第三方存管、期货交易资金托管与清算、黄金及贵金属交易资金托管与清算、基金托管与清算、企业发债及私募资金的管理等，大部分资产托管业务需要获取相关管理部门的托管资格。商业银行办理资产托管业务可以看成是传统负债业务的延伸，对于商业银行在直接融资不断扩大背景下竞争负债业务和中间业务十分重要。我国证券市场资产托管业务主要集中于大型国有商业银行和全国性股份制商业银行。由于资产规模较小和其他条件限制，大部分城商行尚未取得公募投资基金和养老基金托管业务的资格，发展这类业务尚有困难。因此，城商行应加强与私募投资基金（Private Placement）的合作，重点发展私募股权基金的托管业务，以此为突破口拓展资产托管业务。

1. 城商行与私募股权基金合作开展资金托管业务的概况

有限合伙制是私募股权基金（简称PE）的主要组织形式。有限合伙人的集资有两种形式：一种是基金制，即投资者将资金集中到一起，形成有限合伙制的基金；另外一种是承诺制，即合伙人承诺提供一定数量的资金，但是开始并不注入全部资金，只是提供必要的机构运营经费，待有了合适的项目，有限合伙人按普通合伙人的要求，提供必要的资金，并将其直接汇到指定银行。在目前国内信用环境下，承诺制更容易得到有限合伙人的认同。

对私募股权基金而言，商业银行具有资金优势，同时可提供大量优质客户资源和财富管理经验；对商业银行来讲，私募股权基金从投资到退出的一系列流程，资金托管、客户理财等业务都是商业银行可以做的。因此，双方的互补性明显，存在很大的合作空间。城商行应加强与私募股权基金的合作，充当私募股权资金的托管人甚至是监管人。

以渤海产业投资基金为例，渤海产业投资基金筹备过程中，天津市政府的重要工作之一，就是通过招标，帮助渤海产业投资基金出资人选择了交通银行为托管银行。交通银行作为基金托管人和咨询顾问，帮助基金出资人监管、制约、审计资金去向，把关项目的质量，这样所有的钱都不经过管理团队。管理团队只负责谈项目，一旦达成协议，需要把钱打给哪家项目企业时，由银行负责资金管理。如果管理团队投资了一个很糟糕的项目，托管银行发现了，托管银行有责任拒绝支付资金。这一模式为后续的私募股权基金的管理模式提供了参考和选择。

目前，银行与私募股权基金的合作正逐步升温。一方面，对于私募股权基金来说，银行具有丰富的客户资源，银行已成私募股权基金募集资金的重要渠道。另一方面，对银行来说，私募股权基金业务显然是一块“肥肉”，不仅可以获得托管资金，还可以获得托管费等中间业务收入，银行纷纷与私募股权基金合作，争取成为私募股权基金的托管银行。民生银行、招商银行、浦发银行、中信银行和农业银行等纷纷开展私募股权基金托管业务。预计未来随着私募股权基金投资的快速发展，私募股权基金托管业务将会成为银行新的利润增长点。

2. 城商行发展私募股权基金业务的重要意义

毫无疑问，发展私募股权基金托管业务对城商行具有重要意义。

（1）私募股权基金业务有利于城商行开拓中小企业新的融资渠道，提供全面金融服务，做大做强中小企业客户群体。中小企业是城商行的主要客户群体，如果城商行帮助客户从小做大，往往更容易使中小企业成为银行的忠实伙伴。由于受到资产规模小、财务信息不透明、经营不确定性大、抗风险能力差等因素制约，中小企业融资难度远远高于大型企业。近几年国内商业银行虽然在服务中小企业方面进行了多种尝试探索，也取得了一定的成效，但是由于在核心贷款技术上缺少突破，对于中小企业的信贷需求，大多数商业银行还是持谨慎态度，中小企业的融资需求还远远未得到满足。私募股权基金的兴起为解决中小企业的融资难问题提供了一条新的融资渠道，而城商行也可以从中寻求到为中小企业客户提供服务的新机会，提供融资策划服务，发展资金托管业务。

（2）私募股权基金业务有利于城商行满足客户财务管理和私人银行的理财需求。随着私人财富不断增长，加之创业板创富效应显现，富裕人群投身中国私募股权基金市场的热情空前高涨。近几年，国内私人银行发展迅速，目前国内私人银行客户门槛为净资产在600万~800万元不等，而这批高净值人士的投资风格在一些业内研究人士看来，甚至比欧美地区的投资者更为激进，进行股权投资自然也不是他们拒之门外的投资途径。私人银行客户巨大的资金量和主动的投资需求使得银行具有一定条件帮助私募股权基金募集资金。[①] 而且，鉴于银行公信力较好，管理合伙人（GP）似乎更愿意通过各大银行的私人银行理财

① 裴浩慈：《银行PE合作热　银行投行业务分享股权投资收益》，载《理财一周报》，2011-12-16。

部与掌握雄厚资产的有限合伙人（LP，即投资人）接触，这样可以过滤掉寻找投资人的步骤，减少沟通成本。对于私募股权基金而言，有限合伙人资源甚为重要，银行在这一方面也具备条件满足私募股权基金的需求，它们手中的一大批高端客户是一笔宝贵的资源。因此，私募股权基金业务既满足了银行高端客户的投资需求，也有利于促成城商行与私募股权基金合作，发展资金托管业务。

（3）私募股权基金业务能为城商行带来不菲的中间业务收入和综合收益。银行争取托管私募股权基金的原因，是因为私募股权基金不仅能为银行带来基金托管费等中间业务收入，而且还能为银行带来存款、财务顾问费等综合效益。据了解，银行与私募股权基金合作主要涉及以下几项费用①：一是募集费，指银行为私募股权基金提供募集服务所收取的费用，一般按照基金规模的1%～2%收费。二是托管费，指银行通过自身渠道及网络帮助私募股权基金募集完成之后，根据二者合作协议，私募股权基金需要将募集到的资金委托银行进行托管，一般为1‰。三是中介费，指银行为私募股权基金推荐自身客户中有成长潜力的中小企业或者项目，由此获取推荐费用。一般来说，银行推荐企业成功后，私募股权基金要支付给它们1%～5%的中介费。四是收益分成。一般来说，如果银行通过其旗下的私人银行部门为私募股权基金募集，除了收取募集费用以外，还可以参与私募股权基金管理费的分成，获得一定的收益。一般来说，分成标准为管理合伙人管理费（管理费一般为0.5%～1%）收益的20%。

3. 城商行发展私募股权基金业务的实施策略

（1）将私募股权基金业务与财务顾问等业务联合，最大限度挖掘客户的价值。如果以企业形态理解投资对象，则从生命周期来看，广义的私募股权投资涵盖了企业的各阶段：种子期、初创期、发展期、扩展期、成熟期、Pre－IPO期及Post－IPO期。相对应的资本称谓则可以划分为创业投资（Venture Capital）、发展资本（Development Capital）、并购基金（Buy out/Buy in Fund）、夹层资本（Mezzanine Capital）、重振资本（Turnaround）、Pre－IPO资本（如Bridge Finance）等。商业银行可以以财务顾问角色全程参与企业发展，并针对不同企业不同发展阶段引入不同性质的资本，设计不同融资方案，推动企业快速进入成熟期，直至最终实现IPO，通过这一过程最大程度挖掘客户价值，实现客户价值份额的最大化。因此，城商行可以通过私募股权基金业务，结合企业不同的成长形态，挖掘中小银行的其他服务需求，如通过基金托管服务作为切入点提

① 《商业银行谋划转型与PE联手　合谋有哪些好处》，载《投资者报》，2011－06－07。

供财务顾问服务等，推动从“融资服务”向“融智服务”转型。一般中小企业没有相应的融资部门和专业的融资人才，融资难度比较大，而要达到私募股权投资基金的要求就需要中介的介入：财务顾问、会计师、评估师和律师。其中，财务顾问的主要职责是为企业融资活动设计方案，提供融资安排；会计师主要进行评估和审计；评估师主要提供资信证明；律师则从主题资格、程序、交易风险控制等方面提供法律保障。这些都是城商行可以介入的业务活动，以提高对不符合贷款条件的中小型法人类客户中间业务的附加值。同时，城商行还可以向私募股权基金推荐种子企业。城商行拥有丰富的中小企业客户资源，而且对于非上市的中小型企业的经营管理状况等非公开的软信息相对比较了解，因此城商行可以向私募股权基金推荐具有高成长性的中小企业客户，在中小企业与私募股权基金之间起到桥梁作用，并以此为契机发展中间业务。

（2）创新“投贷联动”产品，满足客户融资需求。除了私募股权基金手上有好项目来寻求银行，城商行自身庞大的资源库里也有不少优质项目，因此，一方面城商行可与私募股权基金分享优质项目，建立项目资源库，实现优质项目共享，撮合企业和私募股权基金合作，做好贷款项目储备，在适当时候为客户提供贷款。另一方面，城商行通过与私募股权基金联手投资企业，通过与私募股权基金合作发展“投贷联动”，降低贷款风险。举个例子，假使一家企业发展需要 1 亿元，私募股权基金投资 1 亿元需要企业释放 30% 股权甚至更多，企业权衡之后，同意接受私募股权基金 5 000 万元资金，占 15% ~20% 企业股权，其余资金缺口通过银行贷款。企业可能之前由于注册资本过低或者其他原因不符合银行贷款条件，拿到私募股权基金的资金后，便可找银行贷款。[①] 这种合作方式被形象地称为“投贷联动”（私募股权基金 + 贷款）。“投贷联动”模式是基于企业的需求而生的。一些初创型或者成长初期的企业，需要有风险投资资金进入，在风险投资/私募股权基金对企业有风险评估并做投资之后，银行会根据实际情况对企业进行贷款。私募股权基金选中企业，银行再向其发放贷款，由于私募股权基金为银行筛选了优质客户，银行风控管理成本下降。多家银行对私募股权基金（经过银行认可的）投资企业的贷款流程可以放宽，企业被私募股权基金认可，合作的私募股权基金又经过银行认可，银行还有自己的一套审批贷款的评价系统，虽有风险但可控。银行如果通过“投贷联动”模式向中

① 裴浩慈：《银行 PE 合作热　银行投行业务分享股权投资收益》，载《理财一周报》，2011 - 12 - 16。

小型科技企业发放贷款，可以采用信用贷款、知识产权抵押与未上市企业股权质押等担保方式进行。据了解，目前，多家银行已经展开投贷联动业务并推广顺利，其中招商银行已对近200家企业开展该业务，授信总额近60亿元。

（3）创新"选择权贷款"，曲线分享股权投资收益。城商行如果不是只想收取和私募股权基金合作的中间服务费的话，还可以通过其他途径和私募股权基金分享股权投资收益，通过业务创新，使得银行传统业务延伸至股权投资领域，例如选择权贷款。顾名思义，选择权贷款结构即为"贷款＋选择权"。由于我国《商业银行法》的限制，商业银行不能直接持有非企业的股权。为了实现获取股权溢价收益的目的，银行牵头与商业投资机构合作组建财团，以"债权＋股权"的形式为借款人提供融资服务。绕过相关监管，银行的这项投行业务为其实现了获取股权溢价收益的目的。银行对客户提供授信支持的同时，银行和借款方达成协议，借款方的企业或股东赋予银行一项选择权，银行指定的其他投资人可以在约定的未来一段时间内，以约定价格受让该企业约定数量股权，或通过增资扩股方式获得目标企业相应股权。随着企业上市、业绩增长，在约定的时间到期后，由银行和投资者行使该项权利，以约定的比例分享其所持股权增值的溢价。

（4）推动银信合作理财产品。城商行还可以与私募股权基金合作，推出银信合作的私募投资挂钩的理财产品。此类产品主要是由银行发行理财产品，作为单一委托人把资金交给信托公司打理，信托公司将募集资金向项目公司进行股权以及债权的投资，并通过未来股权或者债权转让来实现收益。银行除了最后获取收益外，还可以获得股权投资财务顾问等方面的中间收入。不过，信托公司投资的未上市公司在未来上市时，证监会对信托公司的股东身份并不认可，信托资金投资到上市关键时刻必须转让股权，影响股权投资收益。因此，银行为了避免上述问题，进一步改善私募股权投资产品，可以采用信托公司和私募基金成立有限合伙制企业的模式，信托公司是有限合伙人（投资人），由银行等相关方面选取的私募基金充当管理合伙人。

4. 招商银行向私募股权基金业务转型的实践案例

以做私募股权基金业务最早的招商银行为例，早在2007年，当其他银行还不知道私募股权基金是什么的时候，招商银行就已经通过其私人银行部门布局私募股权基金业务。据悉，其当时大胆采用了台湾模式，将台湾行业内的一些资深人士纳入旗下，同时将私人银行内的高端客户组织起来定期进行投资者教育，为开展私募股权基金业务提前铺路。经过前期准备之后，无论是私募股权基金机构开始找到招商银行或者招商银行想启动私募股权基金业务，招商银行都能以专业化的操作水平赢得私募股权基金的信任。因此，这让招商银行在众多银行当中抢占了私募股权基金业务的先机，自然也获取了不菲的利润。

招商银行 2010 年以来积极实施“千鹰展翼”计划。该计划中包含“投融通”、“股权管家服务”等产品。其中，“投融通”是实现企业私募股权基金股权投资资金的提前进入和无缝转换，促成企业、私募股权基金和银行三赢的融资产品；“股权管家服务”是借助招商银行建立的私募股权合作平台，企业引入私募股权融资的服务。招商银行数据表明，2006 年以来私募股权基金在国内已投资 4 006 家企业，而在招商银行开户的多达近 1 500 家，合作覆盖率近 38%；招商银行为其中的 859 家提供了贷款，贷款覆盖率超 21%；已有 54 家企业客户在中小板和创业板上市，并在招商银行开立募集资金账户，占全国可统计中小板及创业板上市企业的 30%，居于同业第三位。目前，在创业板上市的神州泰岳、金亚科技、吉峰农机、硅宝科技、南方风机、恒大高新、光线传媒、科大智能等都与招商银行有密切合作。

该计划实施一年以来，目前与招商银行合作的有上市前景和意愿的创新型成长企业已超过 2 500 家，其中近半数企业已完成授信，金额近 400 亿元，短期内有引入私募股权投资需求的企业数近 1 200 家。同时，该行已经初步搭建起了私募股权投资合作平台。相关数据显示，截至 2011 年 10 月末，招商银行已与国内外近 240 家私募股权投资机构建立合作关系，管理资金总量近 3 000 亿元，同时，已对近 200 家企业开展了“贷款 + 私募股权基金”类的投贷联动业务，授信总额近 60 亿元。招商银行总行公司部总经理张健透露，招商银行下一步在上述方面还有更深入的“渗透”。

同时，该行行长马蔚华称，下一阶段，招商银行将继续大力推广“千鹰展翼”计划：一是未来三年内将扶持 3 000 家创新型成长企业；二是未来五年内将投放2 000亿元贷款专项支持创新型成长企业；三是力争三年内实现对科技型中小企业贷款占中小企业贷款总额的比重提高到 50%；四是与更多优质的私募股权投资机构结成合作伙伴关系，打造服务于创新型成长企业的股权投资平台。

8.3.4 大力发展资产证券化业务

资产证券化是指将一组流动性较差但预计能产生稳定现金流的资产（简称资产池，可以是任何能够产生未来现金流的资产组合，包括金融资产和实业资产） 通过一系列的结构安排和组合，对其风险、收益要素进行分离和重组，并实施一定的信用增级（资产支撑证券的技术和过程），从而将组合资产的预期现金流的收益权转换成可以出售和流通、信用等级较高的债券或收益凭证型证券。资产证券化过程中，银行可以担任托管人和担保机构的角色，并相应取得托管费和担保费收入。

1. 资产证券化的发展情况概况

早在2005年4月，人民银行、银监会共同颁布实施《信贷资产证券化试点管理办法》，我国就已开始了信贷资产证券化第一批试点，并取得了阶段性成果。自国内第一笔企业资产证券化项目——联通CDMA网络租赁费支持受益凭证发行后，2005年和2006年成为企业资产证券化快速发展的时期，先后有莞深高速公路收费收益权支持受益凭证、中国网通应收款支持受益凭证、华能澜沧江水电收益支持受益凭证等9只企业资产支持证券在交易所大宗交易系统交易。以莞深高速公路收费收益权证券化项目为例，东莞控股将未来特定期间的高速公路收费收益权出售给券商设立的专项资产管理计划，该计划份额的持有人通过购买资产证券化凭证，投资于资产管理计划，获得资产证券化凭证载明的利息收益。东莞控股将每日收取的车辆通行费划转至专项计划专用账户作为偿还募集资金本息的收入来源。

以2007年9月11日浦发银行信贷资产支持证券的成功发行为标志，资产证券化第二批试点正式拉开了帷幕。目前中国正在稳步开展中小企业信贷资产证券化试点。2008年10月经中国人民银行批准浙商银行在银行间债券市场成功发行6.96亿元中小企业信贷资产支持证券，数量虽然不大，但开辟了通过信贷资产证券化提高金融机构支持中小企业发展积极性的新路子。

2011年，随着中小企业融资难的问题引起了中央高层的注意，国务院已经批准信贷资产证券化继续扩大试点，人民银行正研究扩大中小企业信贷资产证券化实施方案。“十二五”时期，在利率市场化推进和金融机构创新加大等背景下，中小企业信贷资产证券化作为一种混合融资方式，将成为破解中小银行银行资本约束、解决中小企业融资难的新途径。

2. 城商行发展资产证券化的重要意义

资产证券化作为一种新的融资手段，改变了银行资金出借者的角色，使银行有了资产出售者的职能。通过资产证券化，银行可以将大量的表内业务转化为表外业务，扩大中间业务，减轻资本充足率的压力，同时促进间接融资向直接融资转换，提高直接融资的比例，降低经营风险和整个金融体系的风险，还可以解决短存长贷带来的日益严重的资产负债结构不匹配的问题，降低利率风险，在不摊薄股东权益的前提下，对银行优化资源配置、改善资产负债结构、分散经营风险、提高资本充足率、降低融资成本等具有重要作用。① 另外，实行资产证券化对提高商业银行负债和资产业务效率，提高资金流动性和利用率等方面具有重要意义。因此，发展资产证券化，对于流动性日益趋紧的城商行来说更是凸显了现实意义。

（1）有利于破解中小企业融资难题，实现银行和中小企业双赢关系。资产证券化可以改善中小企业贷款的资金来源。中小企业贷款难有很多因素，其中一个重要的原因在于中小企业创造存款的能力弱，使得银行难以平衡存贷比等关键监管指标。商业银行做小企业贷款的一个取向是“专业化经营”，即建立专业化的机构专门从事小企业贷款。但是如果这个机构的存款来源不足，它发放贷款的能力必然受到制约，现在通行的做法是通过吸纳大企业的存款和个人储蓄存款的方式，来“曲线”支持小企业专营机构，这对商业银行尤其是城商行来说是一个挑战。而通过将“中小企业贷款证券化”出售，一方面有利于提高中小企业贷款的流动性，释放更多的资本和资金，为发放更多的小企业贷款腾出空间，使银行可以获取更多资金用于专项扶持中小企业发展，缓解当前中小企业普遍存在的融资难题；另一方面银行将信贷资产的风险转移给其他金融投资者，有利于分散银行风险和降低中小企业贷款成本。

（2）能破解信贷增长与资本约束难题，提供全新的资本补充渠道。以银行再融资为例，再融资是由于银行不能达到监管层资本充足率标准而实施的，如果商业银行使用信贷资产证券化这个工具的话，就能够把多种资产进行打包证券化，把长期贷款换成流动资金，这样既解决了资产充足率的问题，又能够使不良贷款下降。根据中央转变经济发展方式的要求，假设未来5年GDP年均增速8%或9%，以历史经验，相应的贷款年均增速为15%或18%，则未来5年银行业需新增一级资本22 000亿～29 000亿元，年均4 400亿～5 800亿元。2011年上半年，16家上市银行中有14家公布了再融资计划，融资规模总计达5 156.5亿元，甚至一些银行每年通过融资补充一次资本，这从侧面反映出商业银行长期面临资本金补充的难题。而通过信贷资产证券化，一方面可以提高信贷资产流动性，减少资本补充的压力，解决信贷增长与资本补充难题；另一方面可以创造中间业务收入，提高盈利能力，通过利润留存补充资本为银行提供一种资本补充渠道。

---

① 邓平飞：《中小银行融资新模式探究——联合资产证券化》，载《金融发展研究》，2008（9）。

（3）有利于信贷资产分散风险，降低资产不良率。银行通过资产证券化还能够把风险转移到更多的金融市场的参与者中，实现中小企业贷款的风险分散的功能。在国内现行金融体系当中，银行仍为中小企业融资的主要提供者，其他主体的参与度比较有限。随着中小企业贷款占比的上升，这部分风险必然积聚在银行体系内部，从而对银行的资本金和风险管理提出更高的要求。通过证券化的方式，将原本由贷款银行承担的风险转移至分散的投资人，可以实现更广范围的风险共担，有助于形成全社会支持中小企业发展的格局。

（4）有利于增加中间业务收入，推动银行盈利模式转型。资产证券化不仅有助于降低中小企业整体融资成本，还有助于提高直接融资比重，还能使银行通过将利息收入转化为中间业务收入，增加中间业务收入渠道，推动银行盈利模式转型。

3. 城商行发展资产证券化的实施策略

从我国城商行的现状来看，城商行资产规模相对偏小，单个城商行的可证券化资产往往不具备资产证券化的规模要求，规模效应不明显，很难操作。所以，要以资产证券化融资代替上市融资，除少数几个城商行因实力雄厚、可证券化资产规模大而能够独立完成外，其他城商行必须走联合之路。

面对国有大银行在改制上市后实力进一步增强、外资银行在中国快速发展的局面，城商行看到了自身在产品、管理、系统等方面与国有大银行、外资银行之间的差距。要改变城商行在市场竞争中的弱势地位，城商行可通过联合突破自身业务在资本约束、地域限制、网点数目等方面的束缚，从而增强竞争力。从目前来看，城商行之间的合作已成为一种趋势。2007 年 12 月，招商银行与 30 余家城商行、农商行聚首昆明，共谋“合作共赢、创新发展”大计；兴业银行也在上海成立了银行合作服务中心，与 120 多家城商行、农商行、农村信用社签约，形成全面合作关系；深圳平安银行则联合国内 22 家中外资银行，成立了跨区域中小银行银团联合会。城商行既然可以在业务上进行合作，那么在融资经营方面同样也可以进行合作，这就为城商行联合进行资产证券化融资提供了合作上的可能。

城商行联合资产证券化是将它们所拥有的、缺乏流动性但能产生预期现金流的资产如信贷资产、住房抵押贷款、信用卡应收款等符合证券化要求的资产，通过资产重组转变成为可在资本市场出售或流通的证券而融资的过程；或者城商行通过联合为客户的资产证券化提供增信、承销、托管等金融服务的过程。

几个城商行合作联合实施资产证券化，既可以解决单个城商行资产池规模小的问题，又可以发挥资产证券化的低成本优势和规模效应，使各合作城商行共享融资成果，这是未来城商行发展资产证券化的有效模式。

8.3.5 大力发展重组并购贷款及咨询顾问业务

所谓并购贷款，即商业银行向并购方企业或并购方控股子公司发放的、用于支付并购股权对价款项的本外币贷款，是针对境内优势客户在改制、改组过程中，有偿兼并、收购国内其他企事业法人、已建成项目及进行资产、债务重组中产生的融资需求而发放的贷款。并购贷款是一种特殊形式的项目贷款。普通贷款在债务还款顺序上是最优的，但如果贷款用于并购股权，则通常只能以股权分红来偿还债务。

企业兼并与收购已经成为现代投资银行除证券承销与经纪业务外最重要的业务。投资银行可以以多种方式参与企业的并购活动，如寻找兼并与收购的对象，向猎手公司和猎物公司提供有关买卖价格或非价格条款的咨询，帮助猎手公司制定并购计划或帮助猎物公司针对恶意的收购制定反收购计划，帮助安排资金融通和过桥贷款等。此外，并购中往往还包括财务顾问、债券发行、公司改组和资产结构重组等活动。商业银行可以发挥自身在融资方面的优势，积极发展并购贷款业务，并以此为切入点，深入提供企业的并购咨询、财务顾问、债券发行等相关业务。

1. 并购贷款的发展概况

从国外的经验看，银团贷款是并购业务的重要资金来源。20 世纪 80 年代中期到 90 年代末，正是以并购杠杆交易为主的并购业务推动银团贷款业务进入了一个高潮时期。2008 年以前，我国由于《贷款通则》等相关文件禁止金融机构为股权交易的并购活动提供资金，商业银行对于股权投资市场的直接参与相对比较少，但是伴随着金融创新的不断推动，商业银行在业务层面也实现了一定的突破。2002 年 11 月京东方跨国收购案例中，在全部 3.8 亿美元收购资金中，国内银行贷款达到了 9 000 万美元，占到全部收购资金的 24%。2005 年 6 月中海油对 Unocal 的 185 亿美元全现金报价中，工商银行的定期贷款高达 60 亿美元，占整个收购额的近 1/3。

2008 年 12 月 9 日，中国银监会正式发布了《商业银行并购贷款风险管理指引》。该指引仅仅从开办主体上要求具有抗风险能力的银行开办并购贷款业务，并没有过多的硬性约束。银监会规定并购贷款的基本原则是，既要最大限度满足市场需求，又要有利于商业银行控制贷款风险。其本质是将制度创新、业务创新交给了市场，给市场参与主体银行、企业更大的创新空间。2008年12月25日，上海联合产权交易所与工商银行上海分行、上海银行签订《开展商业银行并购贷款合作协议》，联合推出总金额达100亿元的企业并购贷款额度，拉开了我国并购贷款发展的序幕。随后，商业银行并购贷款迅速发展。

近两年，并购贷款渐入佳境。2010年初，全国商业银行并购贷款还在200亿元左右徘徊，并购贷款业务还只是少数银行的业务，规模不大，参与者主要集中在中国银行、农业银行等大型国有商业银行，股份制银行截至2010年3月底1年以上并购贷款余额不过15亿元且集中在个别银行（如华夏银行等）。不过，经过2010年一年多时间的培育，并购贷款市场取得了迅速的发展。截至2011年1月底，全国金融机构的并购贷款业务规模达到850亿元，比上年初增了3倍。五大国有银行的并购贷款业务余额超过500亿元，其中中国银行、农业银行两家的业务份额占到五大国有商业银行总和的40%。此外，全国股份制商业银行并购贷款总规模超过100亿元，中信、民生等银行成为个中主力。而事实上，中信、民生两家银行2010年第一季度时并购贷款业务的余额仍然为零，但到2011年1月底，两家银行并购贷款规模都达到了几十亿元，特别是中信银行规模已接近60亿元，成为全国股份制商业银行的“先行者”。除了大型国有商业银行和全国股份制商业银行，2011年一些中小城商行的并购贷款发放也在增加。在2011年850亿元的总规模中，有超过150亿元是由大型国有商业银行和股份制银行以外的中小银行贡献的，其中，城商行成为绝对主力。比如，2011年2月初，云南省的首笔1.5亿元并购贷款，就是由当地的富滇银行发放的。2011年2月复星医药产业发展公司的一项1.6亿并购贷款，也是由浙商银行上海分行发放。上海银行目前也成立专门团队来做并购贷款业务。

“十二五”时期，预计中国并购市场将会产生一系列深刻变革和发展，并购贷款业务将成为未来并购业务创新和金融创新的一个重要平台。

2. 城商行发展并购贷款及并购咨询业务的重要意义

企业重组通常采用剥离、分离、股权置换、股本分散等方式对企业生产要素进行重新组合，而企业通常采取兼并或收购的方式实现企业对产业的整合与快速扩张。商业银行并购贷款及咨询业务的作用在对于重组并购方案策划、提供融资安排等，并收取佣金与融资利息。企业并购重组是一个永恒的话题，在我国有非常广阔的空间，国内领先银行企业并购重组投行业务已有相当的积累。城商行利用资金优势、信息优势、中小企业客户群优势，发展企业并购重组投行业务具有重要意义。

（1）并购业务发展前景广阔。从国外并购业务发展情况来看，购业务一直以来都是商业银行核心的投资银行业务，也是其最主要的投资银行收入来源之一。金融危机中受伤相对较轻的高盛公司就是全球最大的并购服务机构，其为客户提供并购顾问、融资顾问、并购贷款、并购基金等多样化的并购服务。并购业务成为银行实力和品牌的重要体现，是发展客户的重要手段。从国内并购业务发展来看，我国已经成为全球收购兼并与重组业务的一个新兴市场。其一，新的国有资产管理体制确立后，为促进国有资产的战略性调整和国有企业建立现代产权制度，经营性国有资产迫切需要重组。其二，大部分民营企业面临二次创业和向现代化企业转型的任务，经济全球化和市场竞争程度的加剧使得并购成为企业快速发展壮大、提高竞争力的一种趋势。在新建与并购之间，企业选择并购作为实现产业升级的手段，有助于缩短投入产出时间，降低进入壁垒。其三，经济全球化使各国内部市场与外部市场的界限日趋模糊，跨国公司要取得竞争优势就需直接面向全球市场，而跨国并购则成为企业国际化扩展的理性选择，近年来企业资本运营的跨国界活动日益频繁。这些因素为商业银行开展企业并购重组业务提供了良好的外部条件，也为商业银行发展并购贷款及咨询业务提供了广阔的发展前景。根据著名创业投资与私募股权研究机构清科研究中心《2010 年第二季度中国企业并购市场研究报告》最新数据显示：2010 年上半年，在全球经济回暖、国内“转变经济发展方式、调整经济结构”以及政策鼓励企业海外并购等因素共同作用下，2010 年上半年中国市场共完成 238 起并购交易，披露价格的 195 起并购交易总金额达 119.37 亿美元；与 2009 年同期相比，并购案例数增长 59.7%，并购金额增长 25.1%。其中，国内并购案例有 194 起，涉及金额 48.10 亿美元；海外并购有 30 起，涉及金额 66.77 亿美元；外资并购 14 起，涉及金额 4.51 亿美元。

（2）发展并购业务是商业银行适应企业产业升级和整合的必然选择。国家主导的产业整合政策是商业银行开展并购贷款的最大保障和动力。在国家战略性产业升级和调整政策下，国家加大并购的政策支持力度，支持大企业并购中小企业，促进产业集中度，提升产业的整体竞争力。在并购贷款等政策发布后，企业间的并购重组将逐渐增多，如房地产、钢铁行业和制造业等行业的重组并购力度加大，跨国并购活动也在增加。商业银行也大力发展并购贷款业务。从目前来看，走在前面的诸多银行多结合了各地产权交易所的资源，加大并购贷款支持力度，比如，民生银行和滨海股权交易所、工商银行和天津、上海、珠海等地的产权交易所都签订了并购贷款相关合作协议，利用交易所的并购资源发放相关贷款。工商银行上海分行和上海银行就分别与上海联合产权交易所签订了50亿元的并购贷款额度。因此，随着产业的升级和产业结构调整，产业间的并购会逐渐增多，为商业银行发展产业整合下的并购贷款提供了机会。发展并购贷款业务是寻找产业整合下的盈利点，将成为商业银行利润增长点，为商业银行盈利模式转型提供了契机。

（3）并购业务有利于促进商业银行的新兴业务创新。对于商业银行来说，以并购贷款业务为支点，促进并购顾问业务发展将是未来一定阶段的重要选择。商业银行如果围绕并购贷款进行业务创新，积极创新发展新业务，将会形成并购业务的产品线。商业银行可以以并购贷款业务为起点，逐步完善并购顾问、融资策划、并购基金管理、并购的债券承销等产品线，并可通过并购顾问业务逐步积累并购业务客户，创建投资银行品牌，拓展新的利润来源。

（4）并购业务有利于商业银行培养专业投行队伍。当前，商业银行还是习惯以债权人角度看企业，擅长控制债权的风险，从事的是低风险低收益的业务品种，被戏称为“农夫文化”。商业银行还不能从股权投资人的角度看待企业，尚不具备控制股权投资风险的能力，不具备开展高风险高收益业务（“猎人文化”）品种的条件。[①] 并购贷款业务的本质是贷款用于权益性投资，这恰恰可以让商业银行利用债权风险控制优势来学习如何从股东的角度分析企业，逐步积累股权投资经验。同时，并购贷款的高风险特征也会冲击商业银行风险管理文化，使商业银行逐步建立起一套能适应高风险高收益业务的制度体系，培养一支专业化的团队。

3. 城商行发展兼并贷款和并购咨询业务的实施策略

城商行发展并购贷款及并购咨询业务，应重点解决以下几个基本问题，提高业务能力，为中小企业并购提供金融服务。

（1）加强专业人才队伍的培养，不断提升专业化服务能力和水平。与商业银行开展的传统商业贷款业务相比，并购贷款在贷款用途、牵涉主体、还贷依据、抵押方式等方面都存在显著差异。在牵涉主体方面，商业贷款仅涉及目标贷款企业，而在并购贷款中，牵涉到并购方企业、并购企业为完成并购而成立的全资或控股子公司、拟并购的目标企业，以及并购完成后新成立的企业。若是有产权交易中心介入的多边并购贷款，还牵涉产权交易中心，涉及的主体更多。即便是双边并购，企业并购的主体有可能分布在不同的行业与地区，特别

① 程斌宏：《并购业务：商业银行转型的战略方向》，载《当代金融家》，2009（1）。

是跨国并购，并购方与目标企业位于不同国家与地区，要考察被并购对象的盈利能力对商业银行而言无疑是很大挑战。因此，并购的定价、并购的策略程序、反并购策略及并购后的整合等都需要十分专业的金融财务知识和实践经验的积累，所以只有专业的商业银行才能担当起企业并购的财务顾问，对并购进行指导。商业银行只有拥有大量高素质的金融财务专家，才能够对并购进行理论和实践指导，为并购后的重组整合提供建议。因此，城商行应首先加强并购贷款业务的培训，培养专业的并购人才队伍，这是发展并购业务的基础。

（2）认识并购风险，加强风险管理。一方面，企业并购的复杂性要求商业银行识别不同类别并购的风险。企业并购按形式可划分为吸收合并式、股权收购式和资产收购式；根据并购双方企业的行业部门关系，可分为横向并购、纵向并购和混合并购；按并购企业对目标企业收购态度，可分为善意并购与恶意并购；按照并购的公开性，可分为要约收购与协议收购；按照并购是否通过中介机构，可分为直接并购与间接并购；按照是否利用目标公司资产，可分为杠杆收购和非杠杆收购。每类收购方式还可以继续分类。不同类别的企业并购使得商业银行的风险控制侧重点不同，企业并购的复杂性要求商业银行能够识别不同类别并购的风险，要求较高。另一方面，企业并购的低成功率、高风险性要求商业银行加强风险管理。商业银行开展并购贷款业务面临的最大风险源自企业并购失败，这将使并购贷款最终成为呆账、坏账。我国商务部研究显示，迄今为止，中国企业跨国并购的总成功率大概是40%，高于全球25%的平均水平，中国企业跨国并购的总成功率高于全球的水平。历史证明，每次危机萧条时期都是并购事件的高发时期，但是企业并购的失败率在50%～70%；而且企业并购宣布失败并非短期可见，只有20%左右的失败案例出现在并购的前期交易阶段，80%左右的国际并购失败案例直接或间接源于企业并购之后的整合失败。[①] 一旦企业整合不成功，公司经营的不确定使利润产生变化的可能性加大，由此危及并购贷款安全。

（3）制定企业并购贷款融资的指引，加强并购贷款的评估、管理，提高并购成功率。一是要制定并购贷款融资指引。并购贷款在企业经营状况、财务数据分析方面的审查要求都比普通贷款更高，同时对并购企业的信用等级、投融资能力、经营管理能力、盈利能力、资产负债率等门槛限制也有着更为严格的要求。城商行应制定本行并购贷款业务流程和内控制度。二是城商行应建立审

① 宋明岷：《我国商业银行并购贷款发展策略》，载《投资研究》，2011（3）。

慎的财务模型，测算并购双方未来的财务数据，以及对并购贷款风险有重要影响的关键财务杠杆和偿债能力指标，充分考虑各种不利情形对并购贷款风险的影响。三是加强项目管理和跟踪。从国外经验来看，为控制贷款风险，商业银行须对并购相关企业充分了解，深入并购全过程，担任并购财务顾问，参与交易方案设计，完成尽职调查与资产评估、分析并购协同效应，持续跟踪后期整合进程，不断提高专业化服务能力和水平。城商行应建立并购贷款尽职调查和风险评估专业团队，落实项目专人团队的管理跟踪，定期更新和评估并购实施进度，加强项目服务管理和跟踪，保证并购贷款严格按照用途支用。四是加强贷后管理，要求借款人定期报送并购双方乃至担保人的财务报表，了解企业现金流状况，监控关键账户。除此之外，商业银行还应预备并购失败的应对措施，在并购交易方案中提交并购交易失败时的风险控制措施或退出策略，进行债权影响分析，必要时要及时采取保全措施。

（4）根据国家宏观经济和产业政策调整企业并购贷款资金投向。在资金投向的企业性质上，改变当前对民企、中小企业、外资企业避而远之的做法；在资金投向的行业选择上，应制定不同行业发生并购的风险系数，适当控制贷款金额在不同行业的额度。开展并购贷款业务是贯彻中央“保增长、扩内需、调结构、上水平”的政策措施和国家产业政策调整的重要途径，因此，银行要密切跟踪和把握宏观经济走势，适时调整企业并购贷款资金投向，以配合和落实国家宏观经济政策，支持优势企业之间的强强联合和上下游产业资金链的有效整合，促进国家产业结构优化调整，发挥金融支持作用并优化资源配置功能。

（5）以并购贷款为起点，发展并购财务顾问等业务，延伸银行业务价值链条。银行拥有天然的资金优势，当并购需要资金支持时，银行自然是一种较好的选择；同时，银行具有良好的信誉和各方关系优势，银行与政府、相关企业及部门都有较好的关系，对政策把握也比较全面，而且信誉比一般财务公司要好，银行担当并购企业财务顾问成为企业正确合理的选择。所以，城商行应以并购贷款为起点，发挥自身灵活高效的优势，积极延伸并购财务顾问、企业债券发行等业务链条，提高银行的收益。

8.3.6　大力发展其他新兴业务

城商行要从“融资型”业务向“融智型”业务转型，除要大力发展财务顾问、中小企业债券发行、资产托管、资产证券化、并购贷款等投资银行业务外，还应积极拓宽信息咨询业务范围，大力发展信息咨询、企业增信和金融租赁等业务，以满足中小客户多方面的金融服务需求。

1. 信息咨询业务

城商行的优势业务领域在于中小企业客户。相对于大型企业，中小企业客户对信息的收集和把握能力较弱，对信息咨询有更多的服务需求。信息咨询是一个广义的概念，包括信用咨询、商情咨询、经纪服务、项目评估、金融咨询等多方面内容。信用咨询，即受托调查国内外企业或某负责人的资信情况、经营能力、经营范围、经营方式和作风等。商情咨询，主要为企业调查与银行贷款项目有关的国内外市场行情和商品变动情况，以及有关的国家政策等，帮助预测市场变化情况，为企业的生产决策和销售决策提供依据。经纪服务，为国内外企业介绍合作对象、贸易伙伴、合作生产及租赁等业务。项目评估，为融资项目提供经济效益核算和进行可行性研究，在必要的时候联合社会上其他有关部门，共同承担难度较大的项目咨询业务。金融咨询，为客户提供利率、汇率、有价证券市场、房地产行市、资本流动、货币政策以及金融立法方面的咨询，帮助客户选择最有利的金融资产和投资机会。

2. 企业增信业务

由于中小企业普遍存在规模较小，信用不足的问题，因此，中小企业对企业增信服务有更多需求，城商行应积极发展为中小企业的增信服务。

银行作为专门经营信用产品的金融机构，具有为社会各方所接受的市场信誉，与经营实业的企业相比，银行具有更高的信用估值能力、融资能力和社会认可度，这为银行通过承诺、担保等方式介入企业融资或企业间的商业信用提供了市场机会，例如以担保的方式为企业分期付款、融资租赁等行为提供增信。在直接融资市场上，如企业上市募集股本、资产证券化、发行债券等，由于国内企业信用评级市场尚未成熟，为增加企业发行证券的安全性和流动性，仍然需要采取银行担保或回购的增信方式。

虽然2007年11月，银监会为有效防范企业债券发行担保风险，保障银行资产安全，颁布了《中国银监会关于有效防范企业债担保风险的意见》，要求银行一律停止对以项目债为主的企业债进行担保，对其他用途的企业债券、公司债券、信托计划、保险公司收益计划、券商专项资产管理计划等融资性项目原则上不再出具银行担保，但是这一规定是在目前我国债券市场尚不发达，债券发行人信用水平不高，债券发行申请、审批、债券资金运用监督、信息披露等制度有待健全，债券到期偿付风险较高的环境下出台的政策，具有一定的时效性。将来以银行信用作为企业融资的增信手段，仍然是商业银行介入企业直接融资市场的重要方式。

3. 金融租赁业务

金融租赁是由承租人选设备，出租人（租赁公司）出资购买，并出租给承租人，租赁期内租赁物所有权归出租人，使用权归承租人，租赁期满承租人可选择留购设备；租赁期内承租人按期支付租金，折旧由承租人计提。金融租赁可分以下几种形式：（1）直接租赁。由出租人根据承租人提出的要求，直接向设备制造商购买承租人选定的设备，再租借给承租人使用。此方式的租赁期较长，一般3~5年，大型设备可达10~20年。承租人分期支付租金，负责设备维修、保养、纳税、保险等事宜，中途不得解约。租赁期满后，对租赁物可按租赁合同规定处理，一般有三种处理方式：一种是到期后将租赁物退还给租赁部门，另一种是继续租赁，第三种是以廉价卖给承租人或无偿向承租人转让租赁的所有权。在金融租赁形式中直接租赁是基本的、典型的，是主要租赁形式。（2）回租租赁，也称“返租赁”或“售后回租”。主要有两种方式：一是企业在急需某种设备而资金又暂时不足的情况下，先从制造厂商那里买进自己所需要的设备，然后转卖给租赁公司，再从租赁公司租回设备使用。二是企业进行技术改造或扩建时，因资金不足，可将本企业原有的设备或生产线先卖给租赁公司，再从租赁公司租回使用。这样可用出卖设备的现款购买急需的新设备。（3）转租赁。转租赁是指以同一物件为标的物的多次融资租赁业务。在转租赁业务中，上一租赁合同的承租人同时又是下一租赁合同的出租人，称为转租人。转租人从其他出租人处租入租赁物件，再转租给第三人。转租人以收取租金差为目的。租赁物品的所有权归第一出租人。（4）委托租赁。委托租赁是指出租人接受委托人的资金或租赁标的物，根据委托人的书面委托，向委托人指定的承租人办理融资租赁业务。在租赁期内租赁标的物的所有权归委托人，出租人只收取手续费，不承担风险。

在现实经济生活中，经常会碰到这样的矛盾：设备制造厂家急于为产品寻求出路，而设备使用厂家又暂无资金购买设备，金融租赁就解决了这一难题。设备使用厂家看中某种设备后，即可委托金融租赁公司出资购得，然后再以租赁的形式将设备交付企业使用，当企业在合同期内把租金还清后，最终还将拥有该设备的所有权。因此，金融租赁是一种以信贷、贸易、租赁于一体，以租赁物件的所有权与使用权相分离为特征的新型融资方式。通过金融租赁，企业使用少量资金取得所需的先进技术设备，可以边生产、边收益、边还租金。与贷款、直接融资等形式相比，给承租企业带来的好处是显而易见的：租赁设备每年支付的租金一般只相当于购买设备价款的10%～20%。金融租赁作为一种新兴的融资方式，有自己的特点和优势，特别是在中小企业发展壮大过程中能发挥巨大的融资作用。

我国金融租赁业经过近三十年的发展，在设备投资中所占比重仍然很小，发展缓慢。当前我国中小企业融资难题突出，急需金融租赁的支持。而坚持服务广大中小企业的城商行，通过发起设立金融租赁公司或者与融资租赁公司联合，为广大中小企业提供金融租赁服务，既可以满足广大中小企业发展过程中的租赁融资需求，又可以为城商行拓宽盈利渠道，提高城商行竞争力和市场份额，是一个多赢的方向。

8.4 小结

本章研究表明，利率市场化改革将会使城商行的存款成本增加、利差缩小、经营管理难度加大，对城商行的盈利模式将产生重要影响。城商行应加快盈利模式转型步伐，一方面，应大力发展以信用卡为主导的银行卡业务、具有城商行特色的理财业务和特色国际业务，提高代理结算业务收入；另一方面，应加大新兴业务的创新力度，大力发展财务顾问、中小企业集合债承销、私募基金托管、资产证券化、并购贷款及咨询等投资银行业务，以及大力发展信息咨询类、企业增信、金融租赁等其他新兴业务，拓宽盈利渠道来源，构建支持多元化盈利模式的业务结构，实现多元化盈利模式转型，以应对未来的市场环境变化，获得持续发展的能力。

第9章 城商行管理模式转型路径

除了专业化、特色化的竞争优势之外，灵活高效的管理机制是城商行形成竞争优势的另一个关键。因此，城商行想要实现发展转型的目标，必须运用流程银行理念，进行组织结构调整和个性化的流程改造，以支撑灵活高效的经营机制，提高精细化管理能力，从内部形成优于大型商业银行的经营管理竞争优势，提升核心竞争力，以支持战略转型、业务转型和盈利模式转型，从而获得持续发展的竞争能力。

9.1 城商行管理模式转型理论分析

9.1.1 城商行管理模式转型内涵

从城商行的管理模式现状来看，城商行大部分仍然沿用传统银行的管理模式，存在公司治理结构不完善、组织结构不合理、管理流程不清晰等问题，离现代化商业银行的管理要求还存在较大差距。流程银行的发展和应用，为城商行的管理模式转型提供了理论工具。因此，本书认为城商行管理模式转型的内涵，就是从传统的商业银行组织架构和管理流程向符合现代化商业银行的管理模式转型：一是组织结构从“总行—分行—支行”的金字塔组织结构，向事业部制、矩阵式组织结构转型，加强内部职能部门和分支机构的执行力和协调能力，以形成灵活高效的组织效率；二是运用流程银行的理念，进行个性化的决策流程、管理流程和业务流程改造，形成灵活高效的经营机制，并运用数据仓库技术加强流程的协调，提升个性化、专业化、高效率的服务客户的能力和精细化管理水平。通过组织架构和流程的再造，使城商行形成相对于大型银行更加灵活高效的竞争优势。

9.1.2 城商行管理模式转型的理论依据

1. 流程银行理论的发展与运用

（1）业务流程再造。业务流程再造（Business Process Reengineering，BPR）

作为一种有意识或无意识的企业管理活动，早在以劳动分工为基础的工业革命发生前就已广泛存在。19 世纪末 20 世纪初，泰勒将亚当·斯密在《国富论》中提出的劳动分工思想运用到对工人的管理上，通过研究人机效率问题，第一次把时间效率、作业方法与作业标准等管理思想应用于企业管理，大幅提高了劳动生产效率。20 世纪初，亨利·福特在汽车装配工序中放弃“一人一车”的做法，将生产过程进一步细化和拆分，并采取生产标准化和移动式装配法，率先设计出第一条汽车生产流水线，在大幅提高企业效率的同时，将生产成本降到最低限度。

在分工概念下，大部分企业结构组织形态如同金字塔。随着企业规模的扩大，生产经营过程日益复杂，以职能管理为基础的企业只能通过逐渐增加管理层次来保证对整个生产经营过程的有效控制，逐渐形成一种按职能部门划分的、标准化的、金字塔式的集权控制模式——科层制管理模式。为了探寻提高企业对客户和市场的快速应变能力之路，突破传统职能分工和科层制管理对企业发展的束缚，1990 年，时任美国麻省理工学院教授的迈克尔·哈默（Michael Hammer）在《哈佛商业评论》上发表了一篇题为《再造工作：彻底铲除而非自动化》的文章。在该文中，哈默教授认为，我们现在习以为常的企业流程，多是根据早年的观念发展而成的，是在现代计算机和通信技术诞生前出现的，有些甚至是20 世纪初就已存在的，其中许多流程早已没有存在的价值，但我们仍在继续沿用。要想真正利用信息技术提高企业的效率，就必须对企业的作业流程进行重新改造和设计，以清除不必要的环节或步骤。由此，他正式而系统地提出了“业务流程再造”的概念。

（2）银行流程再造。流程银行的概念，也是由麻省理工学院迈克尔·哈默教授 1990 年在《再造工作：彻底铲除而非自动化》一文中提出的。他认为，企业应该实现全面刷新“ 笨重的”和“过时的”工作流程，在再造的基础上实现“用现代化的信息技术缔造的高速公路取代乡间小径”这一目标，并给出了再造的七项原则。1992 年，美国银行管理咨询专家乔治·布朗贝克（George M. Bollenbacher）在英国《银行家》杂志发表了《再造金融流程》一文，系统阐述了银行流程再造的内涵，正式提出了银行再造的理念。1993 年，哈默教授和 CSC Index 公司首席执行官詹姆斯·钱皮（James Champy）联名出版了《企业再造：企业管理革命的宣言》一书，1996 年又发表了《不仅是再造：一个以流程为中心的企业是如何改变我们的工作和生活》的著作。这些著作对业务流程再造产生的原因，业务流程再造的内涵、实施策略、方法与技术等，做了比较系统的阐述，对已经存在的再造实践从思想上进行了精辟的总结和提炼。尽管哈默等人在论述上并未涉及银行业，甚至很少涉及金融企业，但他们所倡导的企业再造思想仍然使处于艰难跋涉中的银行业理论界和实业界跳出了转型的茫然。以保罗·阿伦（Paul H. Allen）为代表的银行经营转型先锋人士纷纷意识到，他们做过的许多工作，在精神、手法和成效等方面，形同再造。

1994年保罗·阿伦出版了《银行再造：存活和兴旺的蓝图》，正式用“reengin eering”来解释银行经营变革思想。保罗·阿伦推崇哈默对再造的诠释，对银行再造作出了一个定义，即银行为了获取在成本、质量、反应速度等方面显著性的改变，以流程为核心进行根本性的再思考和彻底的再设计。1995年约翰·沃尔法思（John H. Wolfarth）与保罗·阿伦先后在《银行家》杂志发表了《专注于流程改进》与《再造只是银行文化改革的一种催化剂》，前者指出了银行再造与其他管理变革理论的差异，后者则着重强调了银行再造要立足于流程，其他包括组织结构、员工职能、权力分配、管理制度等，均应随流程改造而相应变革，从而形成整体机能的革新。

（3）流程银行的应用与发展。流程再造提出后，许多学者对其最终目标进行了论述，比较一致的观点是：推动组织战略的实现；提高组织绩效；最终构建“流程企业”。随着流程企业的提出和在国外的实践，国内企业开始纷纷效仿，在20世纪90年代中期逐渐兴起了流程再造实践和理论研究的热潮。20世纪90年代以来发生了一场以企业业务流程再造为内容的管理革命，不仅很快风靡全球，而且对企业的经营管理方式、人们的思维方式等均产生了强烈冲击和深远影响。至20世纪中期，世界前100强的欧美银行均进行了流程银行再造。通过业务流程再造来提升商业银行的经营管理水平乃至核心竞争力，已被国内大中型商业银行实践和应用。

在国内，虽然没有形成符合国际标准的流程银行，但在20世纪90年代中期学术界开始引入流程再造的概念后，建立流程型企业的实践热潮逐渐兴起。从2005年开始，为了更好地适应市场需求的变化和应对日益激烈的市场竞争，在银监会的引导下，我国银行业启动流程银行建设，以客户为中心重塑组织架构，以提升效率、效益和加强风险控制能力。中国银监会主席刘明康于2005年10月24日在上海银行业首届合规年会上首次提出了流程银行的概念。自刘明康主席提出“流程银行”后，这一名词开始成为中国金融界的流行术语，流程银行改革成为业内竞相追逐实现的目标。毋庸置疑，近年来我国许多商业银行，有的以总行为代表，有的以分支机构为代表，均进行了不同程度流程再造的尝试与实践。以流程再造为标志的变革运动涉及商业银行运作的方方面面，包括经营业务、组织模式、管理模式、运营机制、经营理念、企业文化等。这场运动的实质，就是改变传统的以部门、职能为主的银行运行机制，打造以流程为主线，以客户为核心，以 IT 为支撑，以组织创新和流程优化、变革和再造，以全方位的资源整合为主要特征的流程银行模式，体现了现代银行组织结构扁平、责权分明、团队合作以适应市场快速变化的弹性能力和竞争能力。流程银行的建设，应以客户需求为中心，以业务流程为基础，以信息系统为支持，建立扁平化的组织结构，贯穿全面风险管理，最终达到提高客户满意度、降低成本、优化金融资源配置的目的。2006 年，交通银行明确提出推进流程银行建设，并确定“控制风险、提升服务、提高效率、降低成本”的整体建设目标，拟用 3 年时间实现流程银行建设；中国建设银行积极推进业务条线垂直管理和六西格玛管理的推进；其他股份制商业银行如兴业银行、华夏银行和上海浦东发展银行等也纷纷从不同角度提出各具特色的流程银行建设项目。但是，监管机构、银行界和理论界对于流程银行的内涵、框架和实施路径等均存在不同的认识，我国流程银行建设还处于探索阶段。

从当前国内流程银行的实践来看，大型银行的流程改造主要按照条线化、专业化的原则，着力进行管理架构的调整和内部业务流程优化，加速由传统的“部门银行”向现代“流程银行”转变。一是要大力推行战略事业部制。对于总行直接参与经营的一些重要业务板块，要在这些业务板块内部实行专业化分工，设置相应的子部门，实施战略事业部制，财务上要相对独立，全行系统内部要实行专业化垂直管理。二是推行矩阵式管理。大型银行的业务管理体制要以专业化板块、扁平化机构和垂直型管理为主，并注重横向资源共享和协同合作，实行矩阵式管理、双线汇报、双重领导。三是纷纷实施了综合柜员制、客户经理制，统一授信管理，集中处理后台业务，推进零售网点转型等。四是建设数据仓库和客户信息系统，建立网络银行，逐步完成了发展流程银行的第一步。

2. 流程银行的内涵和特征

流程银行就是以流程为核心，对银行的组织流程、业务流程、管理流程以及文化理念等进行根本性再思考和再设计，使银行运营效率、管理成本、服务客户的质量和反应速度等绩效方面获得显著性提高，以实现银行经营运作流程化管理的银行管理模式。流程银行是相对“部门银行”而提出的，它强调以“流程导向”替代原有的“职能导向”，注重银行内部主要业务条线的系统营销、管理及核算。从全球银行业的领先实践来看，流程银行的实质，是按照最有利于满足客户需求和创造客户价值的原则，对营运流程进行重新设计和组装，重建完整的业务流程，并引发组织流程和管理流程的再造，以提升银行内部运营的高效率和经营效益。它是当今国际银行业普遍采用的管理模式。

流程银行再造是一项系统工程，它是运用流程银行理念，以客户和银行核心竞争力为中心再造业务流程，以业务流程为中心再造组织流程、管理流程和决策流程，最终建立起满足客户立体化、多层次服务需要的业务和服务流程的系统过程。流程银行再造的目标是构建“以客户为中心，以市场为导向”的经营理念和行为模式，面向服务、互动响应的组织架构，实现服务差异化、流程简明化、运营集约化和随需而变、领先一步的金融创新。

从已经建立流程化运作模式的国际先进银行来看，在管理理念、组织架构、运作流程方面，流程银行具有以下八个主要特征①：

（1）以客户为中心。一是以客户为中心构建业务管理架构，确定部门职责，形成合理的业务流程基础；二是按照客户需求和为客户提供方便、快捷、优质服务的思路，建立满足客户不断变化需求的业务流程。客户既指银行的外部客户，也指内部客户，即前台部门是中后台支持保障部门的客户。

（2）以业务条线垂直运作和管理为主。国际上流程先进的商业银行几乎无一例外地采用以业务条线垂直运作和管理为主的模式，即总分行之间实行上下垂直的一体化运行和管理，业务条线具有相对独立的事权、人权和财权。原来集中于分行行长的权力相当部分被分解到了各业务条线，使委托—代理关系得到根本的改善，法人的战略意图得以较好地通过各条线细分贯彻。

（3）前中后台相互分离，相互制约，以流程落实内控。把独立完成业务的长流程，尤其是在一个或两个部门之间完成的流程，切割成前、中、后台清晰分离又相对较短的流程。以流程为主线，将整个操作体系构成“铁路警察各管一段”的相互分割、相互制约局面。同时，对各段流程的衔接点或面，采用技术手段加以控制。改变原来仅仅依赖制度和教育的较为柔性的控制体系，形成以流程制约和系统控制为主要形式的较为刚性的控制体系，以完善的业务流程切实落实内控。

（4）实施以业务单元纵向为主的矩阵考核方式。改变传统商业银行以部门和分行为主的考核方式，以业务单元和业务条线为主实施考核。对各业务单元的考核是从全行着眼的，包括从总行到分行直至网点的整个业务单元，同时对分行

① 周清、杨贵荣、顾明山：《构建流程银行，促进业务发展》，载《现代金融》，2009（3）。

和部门的横向考核作为辅助手段，将纵横考核有机地结合起来。以纵向为主的考核能更好地符合业务流程的需要，有利于不断优化业务流程。

（5）中后台集中式运作和管理。利用电子影像技术和工作流技术，集中处理中后台的相关业务，形成分支机构前台受理、专门机构后台集中处理的业务运作模式。前台受理强调简化网点终端功能，在前台业务发生过程中将部分复杂业务的受理和处理分开。业务处理中心实现业务集中复核、集中账务处理和会计档案集中管理。实现大额、重要业务的远程集中授权，实现部分业务集中审批，实现事后监督向事中监督和风险监控转变。

（6）以业务流程为主导，部门职责服从业务流程的需要。根据流程的需要，设置相应的职能部门或调整部门的职责，使之符合流程运行便利、畅通的需要。当部门职责与流程的要求发生冲突时，按流程的要求调整部门的职责，尽可能排除一切扭曲业务流程或干扰业务流程顺畅运行的因素，实现“组织为流程而定”。

（7）简化业务流程。一是将分开、重复的多道工序进行合并；二是减少不必要的流程环节；三是将串连流程改造成并行流程，即通过网络以及数据库技术，使许多需要共享资源的活动转化为同步进行。

（8）业务流程实现信息化、自动化、标准化和智能化。建立起基于信息集成的流程架构，使数据来源和输入统一、信息共享，以提高效率，避免差错。运用信息技术，大幅度提高业务运作的自动化水平，以电子化方式强化业务运作的标准化。开发出智能化的作业程序，形成自动识别、分析和决断的功能，以排除个人的主观臆断，减少操作风险。

3. 城商行管理模式转型的必要性

从城商行管理模式现状来看，城商行的组织架构和业务流程离现代化银行的要求还存在一定差距，加快管理模式转型是城商行发展模式转型的必要性。

（1）从流程银行来看，城商行尚未建立现代化银行组织架构体系和业务流程。虽然城商行近年来推进了一系列改革，部分城商行引进了国际著名金融机构作为战略投资者，成功上市等，但与国际上实施以先进组织结构、流程为主导管理模式的商业银行相比，仍然存在较大的差距。

首先，传统的管理理念与流程银行理念相距甚远。虽然随着金融体制改革的不断深化，城商行的经营管理理念已经发生了相当大的变化，新的经营管理理念正在逐步替代传统的经营管理理念，但是许多落后的传统理念依然还有很深的根基。一是“部门利益至上”，不少中高层经营管理人员习惯于用传统的以自我为中心的方法和手段管理银行，部门之间画地为牢、揽权推责的现象普遍存在。二是“官本位”思想一时难以改变，不少经营管理人员处理银行业务往往不愿认真按照流程进行，导致正常的业务流在同级之间衔接困难，往往要由上级来协调才能得以完成。三是地方分支机构负责人“唯我独尊”，习惯于独揽各项资源大权，强调只有权力高度集中才能推动业务发展，实现上级确定的利润目标。这些陈旧的理念给银行内部体制机制的改革创新带来了很大的阻碍①。

其次，尚未形成符合城商行特点的组织架构。一是以客户为中心的组织架构设置虽然已初步成形，前台业务板块总体上已按客户类型进行了安排，但在具体环节安排上仍是更多地以产品为中心；二是总分行之间的协调管理机制尚未形成。有些城商行采取总分行制组织结构，导致主要分支行作为独立的经营单元“岿然不动”，条线之间的协调不畅，执行力不强；而有些城商行实行业务条线化管理，以加强总行对分支机构业务发展的控制，但容易造成条块分割，内耗严重，并且分支机构规模相对较小，在市场竞争中并不占优势，需要依靠整合分行的资源，才能具备与大型银行相抗衡的能力。这是当前城商行面临的市场环境，是不可回避的劣势。若城商行过于强化业务条线化管理职能，不仅会削弱分行资源整合的力度，导致目标模糊、条块分割、组织内耗严重，难以发挥后发优势，同时也不利于加大分行的市场开拓力度和银行战略目标的实现。

最后，尚未形成以客户为中心的多样化、个性化业务流程。部门银行在组织结构上表现的特征是显著的行政科层制，表现形式是总分行制下的多级分行制，整体组织结构呈金字塔形。围绕着这种层次过多，信息传递链过长，内部各机构之间职能交叉重叠的组织形式而设置的价值链，势必存在重大弊端。体现在基本价值活动多头管理，环节过多，运作路径过长和不连贯性。而支持活动也由于基本活动的多处断裂而无法站在全局的角度为整个活动提供服务和监控，只能利用局部的资源提供局部的管理和监控，这进而导致银行内部交易成本高，管理效率低，服务功能发挥严重受阻，创新激励机制更是无从谈起。② 流程银行区别于部门银行的根本在于其业务活动、管理活动、支持保障活动和监督评价活动均以客户为中心来组织设计，每个活动都对客户需求的全过程负责。这样的价值链是以资源共享和协调机制的实现为前提条件的，通过银行内部人、财、物、信息在内的各种资源的互通，实现资源的共享与协调；通过彻底打破

① 连平：《中资银行组织架构和业务流程改革创新方向探索》，载《中国金融》，2010（23）。
② 李翔：《基于价值链模型的流程银行变革研究》，载《新金融》，2009（1）。

部门分割，降低了协调成本，实现管理和服务的无缝结合。而总体上说，城商行尚未形成以客户为中心，符合价值链的多样化业务流程。

（2）从跨区域角度看，城商行的组织架构和业务流程难以适应分支机构的快速扩张。自从2005年上海银行设立异地分行以来，城商行在异地开设分支机构已经成为一种主流发展模式，但是随着异地开设分支机构数量的增加以及管理半径的逐渐加大，总分行间的管理复杂性呈几何级数增长。众多城商行实行总行集权的总分行管控模式，但随着业务不断发展以及经营环境的不断变化，这一集权式的管控模式面临着如下挑战①：

首先，集权式管理使得分支机构难以形成特色化的发展模式。一是在跨区域经营中，由总行充当战略规划中心，对于分行的业务发展实施规划指导职能。而国内的经济发展呈现出区域不平衡的特点，不同区域的经济特点不尽相同，对身处其中的分支行必然产生直接影响。总行出于统一考核、计划指标和授信管理等因素，对所有的分支机构采用统一的业务发展规划、考核方式和业务流程，没有形成差异化的管理授权和业务流程，使分支机构无法充分利用分行的信息优势，削弱了分支机构开展业务的灵活适应性、积极性和主动性，不利于推动城商行特色化发展。二是总分行集权模式降低了对市场的反应和效率。分支机构提出针对当地市场特征的业务计划，难以获得总行的认同，需要寻求各种内部沟通渠道加以解决，如有些城商行的分支机构，会定期派项目负责人前往总部进行沟通，这事实上增加了银行总分行间的沟通成本；除此之外，由于实行集权式管理，当市场出现变动或机会时，分支机构需要向总行层层报批，难以及时作出反应，耽误了市场时机，使得效率下降。三是难以满足多元化的客户要求。总分行制的组织结构，主要采用的是以自我为中心的职能型架构，但不同行业客户或不同类型企业客户的需求千变万化，难以用统一的标准予以满足。客户需求的综合化和多元化要求银行为客户提供更加专业化和差异化的服务，要求城商行在跨区域中必须要转向“以客户为中心、内部分工专业化”的组织架构，以应对区域差别化带来的挑战，而城商行的总部机构虽然初步建立了市场营销管理体系，但对分行市场营销的整体规划、组织、协调和支持力量仍然比较薄弱，对市场变化反应迟钝，无法及时采取相应的措施以应对分行市场营销中出现的问题。

---

① 陈晞：《跨区域中小银行组织结构设计：新制度经济学的视角》，载《金融发展研究》，2011（2）。

其次，授信评审机构集权管理不利于中小企业业务的风险认定和业务发展。许多城商行只在总行层面设立独立的授信风险评审机构，实施项目集中评审制，异地分支机构的项目必须由这一评审机构统一处理。原本这一设计的目的在于对异地分支机构的有效风险控制，防止分支机构出现道德风险以及项目的逆向选择，但却无法保证远离企业所在地的评审机构对异地项目风险状况的准确掌握。由于信息不对称，评估机构无法准确掌握异地分支机构的贷款项目风险，最终造成分支机构的项目难以通过，业务拓展难度加大，业务领域的开拓出现逆向选择，即中小企业经营的特殊性，使得远离该企业所在地的评审部门无法把握其风险，因此城商行极力推行的中小企业业务无法顺利开展，分支机构更多地将目标锁定为大中型企业。因而，采用这一组织设计的城商行跨区域经营中，经常出现分支机构与评审机构的矛盾，增加了内部交易费用，同时也使得银行的中小企业发展战略无法推行。

（3）从信息技术的应用来看，城商行尚未建立资源集成调度的平台和系统。从银行价值链来看，流程银行的价值链模型不同于部门银行，其基本价值活动（业务活动）和支持活动（管理活动、支持保障活动和监督评价活动）均围绕集成资源配置平台来顺畅运作，高效完成客户服务。业务活动属于银行接触客户的前台系统，可以按照客户类型分为零售业务、公司业务和机构业务等。管理活动属于银行的中台系统，它主要是对业务活动进行全过程、全方位、多层面的把握和控制，包括会计处理、资金运营、资产负债管理、财务管理等。支持保障活动属于银行的后台系统，为客户服务提供人财物等资源的保障，包括人力资源、法理事务、信息技术支持等。监督评价活动被同时涵盖在银行的中台系统和后台系统，它包括风险控制、组织架构等①。城商行尚未建立资源集成调度的平台和系统。新的资源配置和协调方式需要银行的组织结构和管理方式作出相应变革来适应，新的组织和管理机制反过来又成为价值链优化的固化剂，形成了一个良性的循环体制。

（4）从精细化管理角度来看，城商行尚未达到集约化、精细化管理的要求。由于历史原因，城商行的信息技术投入较少，信息技术的应用相对落后，信息化建设和管理会计等技术条件尚跟不上业务发展的需求。城商行近年来大力推进了数据大集中工程和管理会计方法的应用，取得了一系列阶段性成果。应该看到，数据大集中为业务的标准化和规范化构建了基础的信息平台，管理会计

---

① 李翔：《基于价值链模型的流程银行变革研究》，载《新金融》，2009（1）。

为业务考核提供了科学的依据。目前，城商行数据集中主要还只是物理的集中，还未真正做到逻辑集中；与国际上先进商业银行相比，城商行业务流程的信息化、自动化和智能化水平还较低。城商行的管理信息系统尚处在较低水平，实际业务的大量需求仍未能真正得到满足，离精细化的管理要求还存在较大的差距。

4. 管理模式转型对城商行发展的重要意义

城商行运用流程银行理念，进行组织结构调整和个性化的流程改造，有利于解决城商行当前管理模式中存在如组织架构不完善、管理流程不清晰、精细化管理水平不高等问题，形成灵活高效的经营机制，提高精细化管理能力，对于通过内部管理提升形成竞争优势具有重要的意义。

（1）有利于解决城商行跨区域经营中粗放式管理模式转型。流程银行的建设本身是商业银行机制、体制改革的重要方面，涉及组织架构与运作流程的巨大变革。通过矩阵式改造，将银行从原有的“块块”、“条条”的经营管理模式，改造成为条块结合的模式，即构建以业务条线垂直运作管理和考核的业务单元制组织体系为主，总分行管理为辅的模式，有助于强化责权利相统一的激励约束机制，提升组织之间的协调效率和执行力。同时，以客户为中心构建科学的流程，必然带来业务流程、管理流程、决策流程的深刻变化，从而从根本上改变银行传统粗放的运营方式。

（2）有利于城商行实施专业化经营。商业银行的核心优势是以客户需求为中心，基于业务流程高度差异化的综合营销能力、定价议价能力以及产品服务能力等，这些恰恰是目前城商行最明显的“短板”。推动“流程银行”建设，实施彻底的流程再造，有助于推动城商行服务质量、客户营销能力和定价能力的提升，从而提高城商行市场竞争能力。

（3）有利于提升城商行的运营效率和成本控制能力。建设流程银行，建立面向市场、客户导向、集约高效的组织结构体系，将原本分割于不同部门的流程，按照最有利于满足客户需求和创造客户价值的原则重新设计和组装，重建完整的业务流程，简化相对烦琐的操作环节，实行非核心业务外包、专业化经营、中后台集中处理，可以有效提高银行内部运营的效率，大幅降低运营成本支出，体现城商行高效灵活的特征。

（4）有利于提高城商行风险管理能力。建设扁平化、集中化、专业化的“流程银行”组织模式，辅之以高效的信息管理平台和监督评价流程，通过精简管理层次、优化资源配置、集中后台处理等，能够从根本上改变城商行风险透明度低、风险管理责任不明晰、制度执行力弱等问题，极大地提升银行的风险管理能力。

（5）有利于增强城商行的金融创新能力。城商行要以客户为中心进行金融创新，就是要在充分调研市场、了解客户需求的基础上，利用完善的客户数据系统，对产品功能和处理流程进行重新组装，为客户提供高度细分化、个性化、定制化的金融创新产品和服务。这些金融产品的交易和售后服务，必须借助高效的业务流程、管理流程和决策流程来实现。

9.1.3 城商行管理模式转型的路径选择

城商行管理模式转型的目标是形成灵活高效的竞争优势，而影响效率提高的主要因素来自两方面，一是组织结构效率的提升，二是决策流程、管理流程和业务流程效率的提升。因此，城商行的管理模式转型，一是对组织结构进行调整改造，从总分行制的金字塔组织结构向事业部制、矩阵式组织结构过渡，建立扁平化的组织架构，加强总分支行的执行力和协调能力，以支撑灵活高效的经营机制。二是加强流程的再造和优化，一方面，对流程进行个性化的改造，以提高流程的专业化、集成化、高效率，提高快速反应能力，以支持差异化的发展模式；另一方面，运用数据仓库技术，进行决策流程、管理流程、支持流程进行整合和协调，促进各业务的协同发展，提高管理效率和精细化管理水平。通过上述两方面转型，从内部形成竞争优势，从而获得持续发展的能力。而流程银行理念恰好与上述目标相吻合。因此，运用流程银行理念对银行组织架构和业务流程进行流程再造，既是现代商业银行的发展趋势，也是城商行管理模式转型的必然选择。

城商行进行流程银行再造应当符合以下主要原则：①

（1）坚持以客户为中心的原则。城商行组织架构改革和业务流程再造首先应坚持以客户为中心的原则，即要按照为客户提供最方便和最优质服务的思路，重新安排组织架构与设计各项业务流程，建立能以最快的速度响应和满足客户不断变化需求的运营机制及相关的业务流程；将决策点定位于业务流程执行的地方，在业务流程中建立控制程序，从而消除各部门之间的摩擦，降低管理费用和管理成本，减少无效劳动，提高银行的市场竞争能力。客户既指银行的外

① 根据《中资银行组织架构和业务流程改革创新方向探索》［连平，载《中国金融》，2010（23）］整理。

部客户，也指银行的内部客户，如前台客户部门就是后台支持保障部门的客户，银行客户部门的工作质量由银行的客户来评价，银行支持保障部门的工作质量也应该主要由它的客户——前台客户部门来评价，而不应主要由其上级来评价，银行的财务预算、风险管理、会计核算、人力资源等管理部门不能再以管理者自居，而应以支持者和服务者的角色出现。只有建立“一线为客户服务、二线为一线服务”、“总行为分行服务”的经营理念和相应的业务流程，才能从根本上提高银行客户服务水平和市场竞争能力。

（2）矩阵式组织结构原则。坚持垂直条线经营为主、横向管理为辅的组织架构的原则。组织架构是业务流程的基础。业务流程再造需要依据一定的原理和基本框架进行设计，这一基本原理就是以客户为中心，基本框架就是前中后台相互分离，垂直经营为主、横向管理为辅的矩阵型的组织架构体系。城商行应根据组织架构的大体框架来设计顺畅的流程。

（3）坚持差异化、个性化和灵活高效原则。灵活高效的管理机制是城商行形成竞争优势关键因素。城商行的主要业务领域是中小企业，而中小企业金融需求的一个特点是需求多样化、个性化和时间的高效性。因此，城商行的流程再造，必须体现个性化和灵活高效，如同一产品在不同的区域或针对不同客户群时，采取不同的流程，以最大限度实现流程个性化，这样才能提高城商行的竞争力。

（4）坚持部门职责服从于业务流程的原则。业务流程再造强调“组织为流程而定，而不是流程为组织而定”。因此，应“先流程后部门”，即先设计好银行的各项业务流程后，再根据流程的需要设置相应的职能部门，将目前的职能部门进行归并和整合，将对流程运行不利的多余、重叠甚至起阻碍作用的部门取消。

（5）坚持充分应用先进信息技术的原则。城商行在集约化经营中对信息技术的利用多限于自动化，即把原来由人干的工作，代之以机器，但整个工序和办事的方式少有改变。这固然加快了处理速度，提高了单位时间内业务的处理量和准确性，但却只是对信息技术最低层次的开发。业务流程再造是银行利用现代信息技术彻底改造业务流程的过程，应超越目前对信息技术主要限于初步的文字、数据和图表处理的阶段，发挥其智能化和标准化的巨大潜力，创新作业程序，并运用数据仓库技术，做到各模块流程的协调和统一运用，提高数字化经营管理水平。

（6）坚持突破性再造与连续性改进相结合的原则。尽管组织架构改革和业务流程再造强调根本性和突破性，但不可能通过一项作业而一劳永逸地消除一切问题。对于商业银行来讲，外部宏观政策和经济环境会经常发生变化，内部管理上存在的问题也不是一天两天形成的，因此，在实施组织架构改革和业务流程再造中应避免好高骛远，走入过分追求完美的误区，应清醒地认识到这是一个长期的、不断渐进的过程，不可能一蹴而就。城商行在业务流程再造时，应坚持整体设计、分步推进的方法，通过不断的连续性的改进，逐步改革组织架构，优化各项业务流程。

9.2　城商行的组织结构转型路径

美国银行业的组织结构变化代表了银行业的发展轨迹，主要分为四个阶段[①]：最初银行业务相对单一，主要依靠存款推动，存款规模对于商业银行发展具有决定性作用，而规模优势的效应使得银行不断扩大经营网络，最终对业务规模的追求使得总分行制出现。20世纪70年代，美国出现金融脱媒以及不断推进利率市场化，银行的业务模式从以规模为中心转向以服务客户为中心，组织架构也由规模为导向的总分行制向以客户为中心的事业部制转变；客户金融需求的多样化引起金融需求的不断深化，从而使银行的产品开发和金融方案设计重要性凸显，因此以产品为中心的事业部制出现；进入20世纪90年代以后，全球一体化使银行业务全球化，原有的客户事业部和产品事业部下管理半径太大导致管理效率低下，因此将地区事业部和客户产品事业部有机结合，矩阵式管理架构出现。

从国际先进银行从“部门银行”向“流程银行”的转型来看，尽管各家银行的市场定位、国际化程度和流程银行改造的历史进程不同，但大多数国际商业银行进行流程银行改造，基本都是从“总分行制度”向“事业部制”或“矩阵式”组织结构转型。各行的基本架构大体一致，具有共同的基本特点，如坚持以客户为中心，在客户细分基础上划分业务条线；前中后台相互分离，按照业务性质划分内设机构；机构扁平化，业务垂直化，强化利润中心责任和风险控制；纵横交叉，资源共享，矩阵式管理以及强大的IT支持平台和管理会计支持系统。

① 陈晞：《跨区域中小银行组织结构设计：新制度经济学的视角》，载《金融发展研究》，2011(2)。

从国内商业银行的组织结构变迁来看，国内商业银行大致遵循了“总分行制→事业部制→矩阵式”的演变趋势。当前，我国商业银行普遍采用一般意义上的总分行制；部分银行采用完全意义上的事业部制架构，如民生银行；其余的商业银行只在部分新兴市场业务或产品领域，如信用卡、投资银行、私人银行等采用事业部制；真正意义上的矩阵式组织结构在国内商业银行还处于摸索阶段。

因此，城商行的流程银行再造，首先应该运用流程银行的理念，对组织结构进行扁平化再造，从总分制的组织架构向“事业部制”、“矩阵式”或“事业部制与矩阵式相结合”的组织架构转变。

9.2.1 总分行制、事业部制与矩阵式的比较分析

1. 商业银行总分行制组织结构及其优劣势

传统的总分行制模式（或称为U形集权组织结构，即科层制），曾是银行组织结构的主流模式。此种模式形成并发展于17世纪初期到20世纪30年代初期，当时商业银行组织变革的重点在于完善组织结构，以适应各项金融业务的发展和提高银行内部业务管理效率的需要。总分行制逐步取代单一银行制，成为西方商业银行组织体制的主流。我国国有商业银行传统组织结构是总分行制组织结构。这种组织管理结构的形成源于我国四大国有商业银行建立初期，为适应计划经济体制的需要，按行政区划和政府层次序列进行分支机构设置，具有明显的与行政体制融合的特性。

总分行制组织结构有利于集权控制，规范性高，组织稳定性强，曾经对我国银行各项业务的发展起到了巨大拉动作用，对于宏观国民经济计划和信贷计划的实现，具有较强的保障功能和效率。但是，随着宏观经济体制和运行模式市场化改革的不断推进以及对市场交易规则与价值规律尊重程度的提高，这种组织模式的弊端和负面效应日益显现①。其主要不足：一是机构多，管理层次多，部门分工过细，易导致信息传递失真，不利于决策层的决策。在“金字塔”式的组织结构中，等级区分严格，下级机构的信息必须层层汇集向上级传递，这不仅导致信息传递效率低，而且层层截留，导致信息失真，总行管理层无法及时、准确地取得完整的管理信息资料，及时作出正确的决策和实施有效的管理。二是加大了银行内部管理、协调、沟通成本和交易成本，降低了风险防范

① 万静芳:《扁平化管理与商业银行组织结构的创新》，载《海南金融》，2007（1）。

能力，削弱了整体竞争力和资源配置力。传统的“金字塔”形组织结构会割裂部门间及职能间的联系、交流与学习，造成结构化、互不信任和互相贬低的文化组织。层层考核的机制，使支行之间、部门之间和上下级之间为争夺尽可能多的企业资源内部无序竞争。加上商业银行中间管理层次过多、部门分工过细，导致各项资源在组织中流通不畅和传递时间过长，资源配置效率低下，同时管理缺乏针对性和决策滞后，机构分散，层层授权，缺乏对支行基本有效的内部制衡，导致风险点多面广，监管难度偏大。

2. 事业部制的组织结构及其优劣势

事业部制是分级管理、分级核算、自负盈亏的一种形式，即一个公司按地区或按产品类别分成若干个事业部，从产品的设计，原料采购，成本核算，产品制造，一直到产品销售，均由事业部及所属工厂负责，实行单独核算，独立经营，公司总部只保留人事决策、预算控制和监督大权，并通过利润等指标对事业部进行控制。事业部制较为常用的是产品事业部制和区域事业部制两种模式。产品事业部（又称产品部门化）是按照产品或产品系列组织业务活动，被经营多种产品的大型企业广泛采用。区域事业部制（又称区域部门化）是按地区划分部门，其原则是把某个地区或区域内的业务工作集中起来，委派一位经理来主管其事。按地区划分部门特别适用于规模大的公司，尤其是跨国公司。

事业部制的优势：总公司领导可以摆脱日常事务，集中精力考虑全局问题；事业部实行独立核算，更能发挥经营管理的积极性，更利于组织专业化生产和实现企业的内部协作；各事业部之间有比较，有竞争，这种比较和竞争有利于企业的发展；事业部内部的供、产、销之间容易协调，不像在直线职能制下需要高层管理部门过问；事业部经理要从事业部整体来考虑问题，这有利于培养和训练管理人才。

事业部制的缺点：公司与事业部的职能机构重叠，构成管理人员浪费；事业部实行独立核算，各事业部只考虑自身的利益，影响事业部之间的协作，一些业务联系与沟通往往也被经济关系所替代，甚至连总部的职能机构为事业部提供决策咨询服务时，也要事业部支付咨询服务费。

事业部制作为一种集权与分权相结合的组织形式，曾是国际先进银行组织架构的主流模式。它将日常经营决策权下放，各事业部在某一特定的业务领域发挥决策和执行的功能，公司总部只负责制定和执行战略决策、计划、协调、监督等职能。事业部本身是一个独立核算的半自主性经营实体，它只掌握经营管理和生产组织权，本身不具备独立法人地位。其投资决策、资金调配权等均一方面接受公司总部总体原则的控制，另一方面又相对享有很大的自主权。就银行而言，事业部一般都是按照对公（公司银行业务）、对私（零售银行业务）等业务线（按产品）进行纵向、条线管理，总行各业务线既作为管理中心，又作为盈利中心。

事业部制通过人财物等关键管理权限集中，体现“集中决策，分散经营”的经营原则，组织层次少，市场反应快，有利于满足客户多元化、个性化的需求，有利于实现业务发展与风险控制的平衡，便于对业务线进行准确的业绩评价。但事业部制的实施需要一定条件，如需要总行具有强有力的经营管理能力和统一高效的管理信息系统，需要有效解决机构重叠、管理成本上升、各事业部之间的有效协调等问题。

3. 矩阵式组织结构及其优劣势

矩阵制组织是为了改进直线职能制横向联系差、缺乏弹性的缺点而形成的一种组织形式。它的特点表现在围绕某项专门任务成立跨职能部门的专门机构，例如组成一个专门的产品（项目）小组去从事新产品开发工作，在研究、设计、试验、制造各个不同阶段，由有关部门派人参加，力图做到条块结合，以协调有关部门的活动，保证任务的完成。这种组织结构形式是固定的，人员却是变动的，需要谁，谁就来，任务完成后就可以离开。项目小组和负责人也是临时组织和委任的，任务完成后就解散，有关人员回原单位工作。因此，这种组织结构非常适用于横向协作和攻关项目。

矩阵式组织结构的优点：机动、灵活，可随项目的开发与结束进行组织或解散；由于这种结构是根据项目组织的，任务清楚，目的明确，各方面有专长的人都是有备而来，因此在新的工作小组里，能沟通、融合，能把自己的工作同整体工作联系在一起，为攻克难关，解决问题而献计献策；由于从各方面抽调来的人员有信任感、荣誉感，使他们增加了责任感，激发了工作热情，促进了项目的实现；它还加强了不同部门之间的配合和信息交流，克服了直线职能结构中各部门互相脱节的现象。

矩阵式组织结构的缺点：项目负责人的责任大于权力，因为参加项目的人员都来自不同部门，隶属关系仍在原单位，只是为“会战”而来，所以项目负责人对他们管理困难，没有足够的激励手段与惩治手段，这种人员上的双重管理是矩阵结构的先天缺陷；由于项目组成人员来自各个职能部门，当任务完成以后，仍要回原单位，因而容易产生临时观念，对工作有一定影响。

矩阵结构适用于一些重大攻关项目，企业可用来完成涉及面广的、临时性的、复杂的重大工程项目或管理改革任务，特别适用于以开发与实验为主的单位，例如科学研究，尤其是应用性研究单位等。

从银行的角度来看，在矩阵式组织架构下，总行通过业务主线对分行实施分权式管理，分行基本上实行独立核算，但在业务发展上接受业务主线总部指导。分行业务条线的发展既受分行行长的领导，同时还接受本业务线职能部门的领导，以分行为主。业务线的管理主要通过财务会计和考核展开，是直线式管理，即最高一级管理部门可以管到最基层的专业销售小组。矩阵式组织架构改善了事业部制横向联系协调能力差的问题，有利于业务部门和职能部门的有效配合，发挥个体优势；有利于各部门人员信息交流，提高员工的工作积极性，提高整体管理水平。这种模式的主要缺点是易于产生短期行为，双重领导。从银行组织结构和管理模式来看，矩阵式组织结构实际是总分行制与事业部制两种模式的结合。

9.2.2　矩阵式组织结构更适合于现代商业银行

1. 矩阵式有利助于推动实行扁平化管理模式，提高管理效率

从20世纪80年代初期至今，伴随着高科技的日益发展，特别是计算机和信息网络技术的突飞猛进，银行强调以客户为导向，对传统的组织结构和业务流程进行全新设计，孕育出了网络化和虚拟化银行的发展新趋势，组织结构扁平化在西方金融服务业得到了广泛的应用。西方商业银行普遍采用“总行—（地区性管理中心）—分行—网点”的管理模式。地区性管理中心是总行职能的延伸，帮助总行承担一部分审批和审计工作，总行一般直接管理数百家分行。矩阵式结构作为组织“扁平化”的一种重要表现形式，为越来越多的西方银行所采用。业务经营全球化、一体化和电脑化是当今西方商业银行经营的主要特征。各商业银行为了更有效地在全球范围内开展业务，同时为增强银行内部相互之间的制衡机制，在全球各主要中心城市设立分支网络的基础上，分别按客户所分布的主要经济行业，从总行到分行自上而下地设立各个具体业务发展部门（关系经理），按银行经营业务种类，在各个业务区域设立各种产品服务中心（产品经理），为客户提供各类银行服务，形成关系、产品、区域联动的运作架构，这就是通常所说的矩阵式结构。

商业银行实行扁平化——矩阵式管理结构组织模式的优点主要体现在①：一

---

① 万静芳：《基于扁平化模式的商业银行组织结构控制创新》，载《华东经济管理》，2007（6）。

是管理层次少，有利于信息迅速透明地传递，减少了信息传递的损耗和变形，使得高层决策周期缩短，决策质量提高。二是可以推动信息和观念在纵向和横向的迅速交换，解决“金字塔”式组织结构中的信息堵塞问题，增进部门间知识的交流。三是中间管理层被大量精简，人力资源得到合理配置，使用效率得到提高。四是组织内部利益冲突减少，命令统一、指挥一致，信息流的畅通使企业能灵敏、快捷地对顾客需求作出反应，增强了组织的灵活性和适应性。五是矩阵式结构打破了传统“金字塔”式等级结构，同时按多重管理目标建立管理和汇报关系，分支机构的负责人并不统管所在地的业务经营，仅以地区负责人的身份起协调和后台支持作用，克服了单一管理带来的风险。六是有助于降低经营成本，提高管理效率和市场竞争力。

矩阵式管理结构组织模式是扁平化管理新兴的组织管理模式。扁平式结构由于能较好地解决等级式结构的层次重叠、冗员多、组织机构运转效率低下等弊端，精练管理层次，加快信息传递，并能有效克服事业部制等横向沟通协调较差等问题，提高决策效率，已成为时下西方商业银行组织结构的主流模式，国内大型商业银行也纷纷进行扁平化组织再造的探索。

在城商行加快跨区域发展的情况下，采取矩阵式组织结构，恰好有利于解决由于管理链条逐渐拉长带来的管理效率下降问题，符合现代商业银行的组织结构发展趋势。

2. 矩阵式有利于综合化营销，推动公司业务与零售业务联动营销

事业部制的优势是有利于专业化经营，提高服务效率。然而，在商业银行实施事业部制，却容易导致公司业务事业部与零售业务事业部分离。银行客户的特点是公司业务客户与零售业务客户密不可分，如大中型企业对银行存在着公司业务的诸多金融需求，同时这些企业的高级管理人员和员工对银行也存在着零售业务的诸多金融需求，而且这些客户往往是银行的优质零售客户，即对于银行而言，企业客户的公司业务需求和零售业务需求是交织在一起的，是综合化、多样化的。如果实施事业部制，公司业务团队掌握大量的企业客户资源，与企业的关系密切，但公司业务团队没有相应的零售业务考核压力，往往导致缺乏联动营销动力，容易忽视企业员工存在的大量个人金融服务需求，而零售业务团队重新进行公关营销，则导致资源的重叠浪费。因此，如果公司业务和零售业务实行事业部制并条线部制到底端（最底层的支行也实行事业部制），容易导致公司业务与零售业务分离，出现资源的浪费现象。从国内一些大型商业银行实行事业部制到底端的实践效果来看，事业部制确实提高了专业化经营水

平，但也在一定程度上导致公私联动营销有所减弱。因此，采用矩阵式组织模式，即事业部制与总分行制结合的模式，有利于促进专业化经营和运营效率提高，同时发挥分支行的横向协调作用，加强考核，有利于实施综合营销，促进公私业务联动营销。也就是说，由于金融需求的综合化发展趋势和商业银行公司业务和零售业务需要联动拓展的特点，采用矩阵式组织结构模式更有利于商业银行业务的综合营销拓展。

3. 矩阵式组织架构更适合城商行的跨区域发展

当前城商行跨区域发展已经成为一种趋势，但是跨区域经营给城商行带来的一个新课题：如何既保持对异地分支机构的有效管控，同时保证其快速发展壮大，又使得总分行机构间沟通顺畅、决策效率高，需要在这二者之间取得平衡①。

一方面，在城商行跨区域经营过程中，为了克服总分行的信息不对称，需要加强总行职能部门的条线化管理，达到实现降低交易费用、提升效率的目的。以授信审批和风险管理为例，为提高对风险的控制能力，往往需要实施授信审批和风险管理的集权管理和条线管理，除了风险管理外，在资金管理、财务管理、人力资源等部门同样应实行垂直化管理，避免出现信息不对称，加强总行对分行的控制，同时又可降低银行内部的交易成本，使信息传达更加的顺畅。

另一方面，在跨区域过程当中，要保证分支机构的业务发展。我国行政体制和区域经济特点决定了以分行作为利润中心的总分行制的组织架构。事业部制模式下的分行机构仅仅成为业务条线的公共平台，在业务拓展上缺乏动力，而事业部总部远离分支机构，缺少获取当地资源的手段；同时，我国不同区域间经济差别较大，事业部制无法实现在区域内开展差异化经营，而总分行制则能有效执行“一行一策”经营策略。外部经营环境的变化，也要求城商行在跨区域经营过程中调整其组织架构。

而矩阵式组织结构恰恰能够达到以上二者的平衡。比如在跨区域过程中，城商行可以实行类矩阵式的组织架构：一方面总行的业务条线实行垂直管理，通过纵向的部门一体化降低交易费用；另一方面总行对于分行采取地区事业部制，弱化业务条线的垂直管理，总行充当业务规划与指导职能，给予分行相应的授权提高分行的自主性，在审批授权上，总行应根据客户特点给分行一定的

---

① 陈晞：《跨区域中小银行组织结构设计：新制度经济学的视角》，载《金融发展研究》，2011（2）。

信贷审批权限，提高审贷效率，同时减少总分行间的摩擦以降低交易费用；当分行已经具有相当数量的客户基础，并形成一定规模后，为进一步整合资源，可适当加强业务条线的作用，进而实现向产品事业部转化。

9.2.3 构建具有城商行特色组织结构的实施策略

虽然矩阵式组织结构更适合于现代商业银行，但城商行的发展战略、经营模式、管理模式、风险管控模式与大型国有商业银行和全国股份制银行有较大的差别，城商行的优势业务领域在于中小微企业客户，哪种组织结构更适合于城商行仍然需要结合实际进行探索。

总体而言，城商行应该根据自身的实际情况设计制定自身的组织结构，建立适合未来发展需要和符合国际化发展趋势的管理模式。本书认为，城商行的特点决定了其应该采用事业部制和矩阵式相结合的组织机构模式，构建具有城商行特色的组织结构。一方面，在总行层面，要对适合实施事业部制的总行职能部门和业务条线实施事业部制，提高专业化经营水平和运营效率，提升风险控制能力。另一方面，在分支行层面，要积极探索专业化支行和综合化支行相结合的模式，在小微业务领域和特色化较强的行业实行专业化支行模式，提高专业化经营水平；在需要进行联动营销的分支行实施综合支行管理模式，实施矩阵式组织架构模式，要发挥分支行的协调作用，并给予分支行灵活的授权，保证分支行结合区域经济特点进行特色化、差异化的发展，提高综合营销能力。

1. 加强前中后台分离，提升中、后台对前台的支持力度

城商行矩阵式组织改造，首先需要实行前、中、后台业务分离，对中、后台业务实施集中化处理和事业部制管理，提高中、后台对前台的支持力度。现代商业银行前台直接面向客户，同时前台部门又是中、后台部门的客户，中台和后台支持前台。因此，对中、后台实施事业部制，使前台和中、后台之间通过优化设计的业务处理流程相连接，实行专业化分工、模块化运作，模拟工厂流水线式的大规模生产方式，将整个银行改造成为制造金融产品、提供金融服务的生产流水线。这种运作模式有利于银行各项业务处理的专业化和标准化，从而可以最大限度地提高运作效率和资源的利用率、降低运营成本，同时也有利于风险的监督和控制。

以运营条线为例，实施后台业务集中化，成立真正意义上的总行业务处理中心，并根据需要成立若干分中心，包括结（清）算中心、单证处理中心、票据中心、信用卡账户管理中心、放款中心和托管业务处理中心等纯业务操作中

心。利用电子影像技术和工作流技术，将过去分支机构处理的后台业务包括复核、授权、审批、单证处理、财务处理和风险监控等工作集中到中心来处理，实现分行前台受理、中心后台处理的运营模式，使基层机构网点成为客户营销和服务平台，以增强客户服务能力，提高运作效率，更有效地控制操作风险。

2. 构建各业务条线垂直管理为主，分支行横向管理为辅的矩阵管理架构

城商行的组织架构改革，还需要构建业务条线垂直运作管理和考核为主、横向管理为辅的业务单元制。具体而言，一是进一步以客户为中心梳理和整合主要业务板块，前台应重点根据城商行的业务构成，建立企业与机构业务板块、零售银行业务板块和市场与资金业务板块，而在中后台形成风控、营运、IT、战略和人事等板块，使这些板块更清晰地按照以客户为中心的要求设置，顺应本外币业务一体化运作的趋势，为流程优化创造条件，打好基础。二是推进业务条线垂直运作、管理与考核，形成业务单元制。加快推进业务条线垂直运作、管理改革的进程，使事权、人权和财权逐步过渡到以业务单元为主，推行垂直管理为主、分行横向管理为辅的模式；推行全行业务单元的一体化考核，明晰业务单元的绩效；在总行层面形成相对独立的业务单元领导体制，不断加强对分支机构的垂直管理。以条线垂直管理为主、横向管理为辅的模式彻底取代“块块”模式，使组织架构与业务流程更好地相匹配。

在这种以垂直条线纵向为主、横向为辅的纵横有机结合的矩阵式经营管理模式中，银行的核算和考核是集中式的，但这种集中不再完全以传统的分支行等块块为中心或节点，而是以业务线为基础，实行业务线的垂直条线集中考核核算与分支行块块考核核算相结合。这种模式的优势在于，一是便于强化集中控制，依靠制度化手段提升执行力、提升经营战略决策的执行效应；二是通过建立相互制约的经营管理体制，有利于防范和控制各种风险；三是将原本散布于分支行等块块内的资源以业务线为核心，集中整合为相对独立的单元，有利于实现集约化、规模化经营，从而提高资源利用效率、降低经营成本，提升对于市场需求及其变化反应的灵敏度。①

3. 探索特色化事业化经营管理模式

城商行对重要行业和客户，可以结合实际情况探索总行设立专业经营中心直接经营的组织模式，来提高专业化经营水平。以包商银行为例，包商银行的经营就是调整组织架构来提高专业化经营水平，提高市场竞争力。以前包商银

① 宋方：《构建流程银行，推进银行业改革》，载《国际金融报》，2006－11－02。

行公司银行部只有4~5人，不利于对客户和行业的细分。现在，包商银行已逐步开始按流程银行要求，以客户为中心，尝试按事业部制要求，调整内部组织架构。其中公司业务调整架构，针对客户的行业、部门、类型，设立了政府、商业、机械制造、冶金等十几个业务中心，针对不同行业形成了专业化管理模式，并根据行业特点招聘高级产品设计经理，为客户贴身打造金融产品。这样，有利于提升对客户的专业化服务水平。

4. 探索综合型支行与特色化支行相结合的组织模式

在设立综合型支行模式的基础上，根据服务客户的集群和特点，设立专业化支行，探索基于市场细分或客户集群的专业化经营模式和产品创新，以有利于提高城商行在市场中的竞争力。城商行主要优势业务领域在于中小微业务领域，而小微金融要解决的最大问题就是风险。解决风险问题要靠大数定律，靠价格冲销风险，其前提就是专业化，就是对风险的释读能力①。因此，小微金融业务一定要专业化，“做家具就专门做家具，做服装就专门做服装”。以民生银行为例，该行董事长董文标表示，民生银行的目标是用3年时间在全国建立100~150家专业支行，做专业、全面的小微金融服务商。泉州辖下的晋江、石狮、南安、惠安和安溪五县连续多年入围全国经济百强县，这些县的产业集群优势就很突出，纺织服装鞋业、建材建筑业、工艺制品业、食品饮料业、机械制造业是其五大传统优势产业。这些体现在民生银行泉州分行的战略上就是采取专业支行经营模式并以行业命名专业支行，如晋江支行是专注于体育鞋服的专业支行，南安支行专注于水暖建材行业，泉港支行专注于红木家具行业，惠安支行专注于工艺石雕行业，清濛支行专注于汽贸汽配行业，丰泽支行和田安路支行专注于品牌代理商。特色专业支行的模式，有利于提高专业服务能力和风险防范能力，能在短时间内形成竞争优势和品牌优势。

9.3 城商行流程再造转型路径

9.3.1 城商行流程再造的目标

商业银行的流程再造，就是以客户为中心，以提高运营效率和服务客户的反应速度为目的，对管理流程、业务流程和决策流程等进行再设计和优化，最终

① 苏雪燕、刘诗平：《民生银行：专业支行探索特色小微金融服务》，新华网，2011-12-06。

建立起满足客户立体化、多样性、多层次服务需要的业务和服务流程。

由于城商行差异化发展战略和其优势业务在于中小微业务领域，因此，城商行不能照搬其他大型商业银行的流程模式，应根据自身特点进行业务流程改造。总体而言，城商行的流程再造，一是要利用模块化技术对业务流程进行个性化、差异化再造，以支持城商行差异化战略转型和专业化、特色化的业务发展模式转型，提高服务客户的效率。业务流程的个性化改造，是城商行差异化经营的需求。中小微客户的金融需求具有多样性的特征，即使同一类型小微企业，如果处于不同地区或不同产业集群，其企业特点差异也非常大。因此，要提高服务效率，形成竞争力，必须实现差异化授权，实施不同的流程，最大限度实现流程个性化，以支撑差异化经营的能力。二是运用数据仓库技术，加强各个流程整合协调，提高决策流程、管理流程的效率和管理精细化水平。流程整合协调是运用数据仓库技术将各业务模块流程进行统一协调和统一运用的过程。随着业务条线的垂直管理和金融产品的多样化，必须运用数据仓库技术对银行的各业务模块流程进行协调，才能形成各业务条线的联动。如某一中小企业主，公司业务条线客户经理对其进行产品营销时，可以看到其使用该行零售产品的情况和产品消费历史数据；零售条线客户经理对其进行产品营销时，可以知道其使用该行公司业务产品的情况和产品消费历史数据。这样，通过各业务条线流程模块的数据共享和协调，才能为客户提供更加有针对性的综合化金融服务，促进各业务协调发展。

9.3.2　基于模块化技术的个性化流程再造

1. 基于模块化技术流程再造的介绍

"模块化"概念最早是1997年哈佛商学院吉姆·克拉克与卡利斯·鲍德温在《哈佛商业评论》发表的《模块化时代的管理》中提出的。关于模块化的定义很多，普遍认可的是美国教授青木昌彦的定义：模块化是指半自律性的子系统，通过和其他同样的子系统按照一定规则相互联系而构成的更加复杂的系统或过程。美国哈佛大学吉姆·B. 克拉克教授与东京大学经济学教授藤本隆宏认为：企业经营是以模块化组织为基础，以整个合作生产网络为单位，不只局限于企业内部，要以整个组织协作生产网络为基础，构建企业知识流的互换和知识联结体系。企业的每个模块化组织或模块化簇群直接对市场需求的变化作出反应，而不是通过科层方式的一系列企业内部的命令对市场作出反应。

模块化的主要特点是：（1）独立性。各模块通过接口与外界发生联系。各模块设计、制造、调试等有相对独立性。(2) 抽象性。模块作为有特定功能的、相对独立的黑箱存在。系统给予模块一定输入功能，模块按功能相应获得有效输出。(3) 标准性。同一模块化体系内，各系统有专门的功能，各模块可有机组合，构成某一系统。系统如果改变，只需在原系统中增加或变化某些模块。(4) 扩展性。模块可以通过特定的组合形成功能、性能覆盖广泛的系统组合。

吴维海认为，利用模块化技术进行银行改造的大致步骤如下①：

(1) 模块簇群划分。按照流程银行建设的基本理念，根据客户需求，把银行各类业务和管理等分层级的模块化划分为一级模块和二级模块。前者是按照客户类别划分业务执行模块，相应设计资源支持、银行决策和监管反馈模块。各类一级模块按照客户需求和业务流程需要，分解为二级模块，如业务执行模块按客户类别划分为：公司业务执行模块、私人业务执行模块和零售业务执行模块三大类二级主模块簇群。各类二级主模块簇群可细分三级子模块簇群。如公司业务执行模块簇群可划分为延期支付（贷款类）模块、投资收益类模块、资金移动类模块、风险管理模块（如保险、远汇、期货、换汇交易等）、咨询服务模块（如财务顾问、投行业务）以及数字资讯模块（如网上银行、外汇买卖等）六类子模块簇群。

(2) 业务流程的模块化设计。业务流程的模块化设计可参照波士顿咨询公司的七步法：①根据业务流程和性质，运用拼组技术，采取添加、拆分、转移、退出或者融合业务板块等多种形式，构建业务模块，形成规范的模块标准化信息库，将产品“端对端”与相似产品组合。②将组合好的流程步骤，对其共同性程度进行评估。③对共同性业务进行标准化处理。④将流程步骤结合，形成流程模块。⑤评价模型间战略相关性和运作相关性。⑥深入了解银行信息系统、法律和监管的限制。⑦为每个流程模块设计特定的信息系统工具。

(3) 组织构架重建。根据以客户为中心的模块簇群，相应建立不同的组织架构，划分各级别相对独立的模块单位。同级的模块单位之间建立契约化的合作关系。不同模块间，按照竞争优势理论，建立公开市场定价的战略联盟，如果某一模块单位需要某一产品或服务，可以评估并筛选组织内外几个模块化单位，每个模块化单位根据自己的技能、交易记录、产品或服务获得难易、竞争动态提出竞价，供使用单位选择确定，从而建立业务或服务外包体制。如信用卡的信息录入和打卡外包业务，可实行模块化管理机制。与以模块化为基本理

① 吴维海：《基于模块化核心的流程银行变革研究》，载《金融理论与实践》，2008 (1)。

念的流程银行建设相适应的组织架构应包括：总行层面，建立以公司业务、零售业务和私人业务为主体的三大业务条线垂直管理的组织模块簇群，以风险监控和审计等为条线的集中监控的监管反馈模块簇群；以人力资源、结算处理、授信审批等为条线的资源支持模块簇群等。分行或区域中心层面，根据不同银行的规模、管理能力和企业文化等，建立垂直条线或交叉管理的各模块簇群。支行层面，是否设立各类模块，设立哪些模块簇群，各模块间如何定价，要根据银行的发展战略和客户的需求评估确立。对非核心和不具有竞争优势的保卫、采购、软件开发、呼叫中心等模块，实行系统内跨条线、跨地域或系统外的模块化外包，实现资源优化整合。

（4）资源匹配。流程银行模块化，能力和资源的配置是基础保障。如何进行能力要素的配置，是流程银行建设的重要一环。能力模块存在的理由和目标是客户需求，客户需求的变化引发能力模块的重组。模块化组织中各个能力模块间是相对的客户服务关系，模块间有服务需求或需要提供服务，服务价值由购买服务的客户评价，并商定支付价格。资源和能力的匹配要根据划分模块簇群和不同流程，进行有效的配置。同时，要根据战略规划要求，进行各模块授权管理，赋予各模块簇群相应的管理和利润分配权，进行模块能力要素的最优匹配。

（5）变革固化。根据流程银行建设划分的各级模块，建立了不同的模块簇群。这些模块簇群之间是什么关系，相互之间如何合作，如何进行利益分配，如何实现可持续发展，都需要完善的管理模式和组织体系、规范的岗位职责和考核制度、严谨的绩效评估办法等予以固化。模块簇群设置和流程银行的建设，要求制定并实施规范的管理制度和操作手册，满足银行管理变革的需要，相对固化各类流程和管理体系。按照模块化流程银行设计，建立管理会计核算体系，设定市场价格，全面推行利润考核，授予各模块单位选择合作单位的推荐权和剩余利润的分配权。

（6）持续改进。模块化管理的流程银行不是静态的，各类模块按照可变性，可分为相对固定和临时组合模块两大类别。目前相对固定的模块，可能随着市场的变化和客户需求的改变而调整；目前的临时性模块，也可能演变成相对固定的模块，这与流程银行的基本特征相吻合。因此，要根据银行发展战略和客户需求变化，适时进行模块优化和变革，不断完善模块化簇群的功能，提升市场竞争力。

2. 城商行利用模块化技术进行流程再造的重要意义

目前“部门银行”正是由于科层管理导致了对客户需求的反应速度慢、内部部门和岗位之间相互扯皮、工作效率低下等问题。而流程银行要求对市场作出迅速反应，提高决策效率和服务效率。模块化的流程改造，恰好能实现这一目标。因此，利用模块化进行流程改造具有诸多优势，对支持城商行最大限度差异化发展战略和专业化、特色化的经营模式具有重大的意义。

（1）不同的银行模块组合可创建不同需求的金融产品，满足不同客户差异性需求。

（2）实现功能相似性重用，既可重用已有模块或能力要素，也可重用不同产品的营销、审批、服务、监督等资源。

（3）减少产品复杂程度，提高管理质量和服务可靠性。由于实行模块化，模块内部建立了一定规范和标准，模块组合和管理比较容易实现。

（4）提高抗风险能力和竞争力。模块化组合有动态多变和适应性强的特点，可随着市场需求和客户偏好进行相应的模块组合，形成新的模块簇群，更好地适应市场发展和竞争需要。

（5）有利于实现业务流程的信息化、自动化、标准化和智能化。充分运用先进的电子技术手段，将优化了的业务流程编制成信息化的系统运作程序，使各项业务都转换成自动化、标准化和智能化的电子流，更好地实现高效运作和强化风险控制的目的。

3. 城商行利用模块化技术进行改造的实施策略

城商行利用模块化进行流程银行改造，需结合城商行的经营模式特点，循序渐进开展业务流程的再造工作：

（1）以灵活高效原则，构建多样化、差异化的业务流程。流程银行以客户需求为导向。在此种导向下，业务流程是与客户最贴近也最敏感的环节，只有从这里切入，才能真正了解客户的需要和偏好，并制作出客户满意的产品和服务。以客户为中心再造业务流程，以业务流程为中心再造组织架构和管理决策流程，最终在市场末端和决策高端架设起为客户“量体裁衣”，且“一票直达”的业务和服务流程。

要建设流程银行，其核心和首要切入点是业务流程的变革，也就是根据最有利于客户价值创造的需要，进行流程的再设计，以期在成本、质量、客户满意和对市场的反应速度等方面取得突破。一般而言，业务流程变革的主要方向体现在：一是多样化构造增值型业务流程。首先，要根据价值链分析，着眼于活动和流程对客户价值贡献的大小。对那些最能为客户创造价值并体现银行竞争优势的流程，要作为核心流程，在总体设计中进一步加以凸显。同时，任何一个提高成本而对流程输出没有贡献的活动都是不增值的活动，任何一个对内外客户没有贡献的流程都是不增值的流程，应该予以删减。其次，流程设计应基于完整的价值链甚至价值线，跨越内外部组织界限，通过整合、外包等方式加以灵活调整。例如，一些国外银行在消费信贷申请的受理上，通过开发一套精密的专家系统，将原来信用审核员、估价员等多个专业人员的活动压缩为交易员一人的工作，减少了活动的传递和重复，提高了流程效率。此外，许多银行将部分业务流程或环节外包给其他专业化公司，以谋求流程系统的每一个环节都能保持最佳运作。最后，依据价值链分析的关键路线法，流程设计应尽量采用并行而非顺序方式，以缩短银行产品和服务传导的时间。譬如，可将使许多需要共享的活动如新产品的开发和信用的评估由串联方式变为同步方式。二是创建差异化、个性化流程。由于客户需求的差异化、个性化趋势日益凸显，以标准化的流程来应对多样化的客户，越来越无法满足现实需要，因此，对业务流程进行再设计时，必须区分不同的客户群及其场合，实现业务处理的灵活性，彰显新金融时代精细生产（Lean Production）、适时制造（Timely Manufacturing）和柔性服务（Flexible Service）的风格。例如，在贷款申请的受理上，可以设计低、中、高三种风险类型的流程。经过初步信用审核后，对低风险客户交由低风险流程小组以更为简化、迅速的办法处理，对中度风险的客户按照例行的程序办理，对高风险客户则要由高风险流程小组附加特殊的处理机制。

业务流程再造，需要以业务流程的梳理、优化和再造为起点，经过翔实的流程论证，准确合理设计业务流程。对原有的业务流程进行全面的梳理，经过翔实的业务流程研究论证，对目前业务流程和管理方式作整体规划，综合考虑新流程对资源配置的最优方案，如何达到客户服务、产品及支持的模块化，各模块如何进行有效组合，从而达到实现对市场快速反应效率和风险控制的制衡。按照国际活跃大银行流程再造的做法，合理设计业务流程至少包括以下几个方面[①]：①按照既有业务开展的自然顺序，绘制作业流程图；②根据客户对产品和服务的需求，重新定位业务流程中的关键环节及排序；③根据轻重缓急，找出业务流程再造的切入点；④设计可供选择的新流程方案；⑤从成本、效益、技术条件和风险程度等方面对可供选择的方案进行评估和选择；⑥制定与业务流程改进方案相配套的组织结构框架；⑦根据组织结构再造的要求合理配置资源、人力。

（2）对决策流程、管理流程和支持流程进行优化，提高支持的效率。对管

① 王同花：《银行业务流程再造及流程银行建设的策略探讨》，载《时代经贸》，2008（1）。

理流程和支持流程优化再造，上下、前后联动，密切衔接合作。管理学上有一个水桶原理，围成水桶的所有木板中最短的那块木板决定着水桶真正的盛水容量。六西格玛管理十分重视培养员工团队合作精神。建设流程银行，更离不开员工的团队合作精神，流程再造，需要部门、岗位、柜员之间共同密切合作，从而达到最佳的效果。除了直接面对市场的客户经理和网点柜台的操作人员直接面对客户以外，其他工作人员均视同为后台人员。所谓前台与后台的衔接，就是全员成为一个整体而不会因为地域、工种、职务而分割，相互都是合作与支持的关系，无论是营销、审批和决策，上线和下线、个人与关键决策人都应实现网络化链接，一线人员可以得到最快捷的决策支持，决策层能最大限度地贴近市场，作出对客户和市场最为贴切和实用的决策。对管理流程和支持流程的优化再造就是要彻底打破原有的行政层级，建立上下互动，横向联动，互为制约，互为因果，自行调节的“自组织系统”。因此，转型从横向上看，应该是涉及全行所有业务条线、所有部门、所有人员的事情；从纵向上看，则要真正达到“形转”与“神转”的高度统一①。

（3）以流程为基础优化其他管理体系，加强内部监督和考核体系，提高有效激励。流程体系是一个复杂的系统，既包括业务流程，也包括管理流程和支持流程；既包括条线流程，也包括管理流程、操作流程。流程体系具有功能化、结构化、层次化、系统化特点。流程体系是银行各项经营管理的基础，银行的组织体系、质量体系、内控体系、合规体系都基于银行流程体系构建。流程体系的梳理和优化是改善银行各项管理体系的基础，必须以流程为基础优化其他管理体系，从而达到流程银行的要求。流程银行要求前后台密切衔接，各模块密切协作，是一个维持高效运行的机制。但是任何机制或模式都需要有效到位的监督机制，在流程银行中，内部考核、监督机制必不可少，对员工乃至管理者业务能力和绩效评价要有充分的监控和约束。同时，由于流程银行对员工工作强度要求的提高，对员工的激励措施也应紧紧跟上。对于“流程银行”来讲，提高激励是对员工高强度、高水平工作的高回报，是“流程银行”机制的重要组成部分②。因此，应通过对内部监督和考核体系的优化，对原有业务流程进行重新塑造，对相应的资源结构和人力资源结构进行调整，推动银行由以职能为中心的传统形态转变为以流程为中心的新型流程向导型银行，实现银行经营方

① 王同花：《银行业务流程再造及流程银行建设的策略探讨》，载《时代经贸》，2008（1）。

② 王同花：《银行业务流程再造及流程银行建设的策略探讨》，载《时代经贸》，2008（1）。

式和管理方式的根本转变，提高银行综合竞争力。

（4）加强信息技术和先进管理工具的应用，提高流程的规范化、标准化和智能化。信息化是实现业务流程变革的重要推动力。美国麻省理工学院教授芬卡特拉曼（Venkaraman）总结了他称为IT引导企业转型的五个层次：层次一是局部运用（Localized Explotation），层次二是内部集成（Internal Integration），层次三是业务流程再造（Business Process Reengineering），层次四是经营网络重新设计（Business Network Redesign），层次五是经营范围重新设计（Business Scope Redesign）。在这五个层次中，层次一是指信息技术单独应用于组织的不同部分且每个部分相互隔离的阶段，如利用计算机实现银行的会计处理、保存客户信息和自动转账等；层次二是指将局部应用阶段形成的“信息化孤岛”联结起来的阶段，例如通过联网共享信息、信用卡处理系统、ATM处理系统等。与这两个层次相比，层次三至层次五则是革命性的，它们不再是在原有流程上的应用信息技术，而是从利用信息技术出发重新思考和设计流程组织与工作方式。总体来说，信息技术给银行业务流程带来的最重大变化就是形成“前台前移、中台上收、后台集中”的趋势。“前台前移”主要是指信息技术的发展催生出多样化的电子分销系统，前台业务的概念从人—人界面日益扩展到人—机界面，逐步形成一个整合性的分销系统。“中台上收”主要是在信息技术系统物理集中的前提下，将风险管理、财务管理等中台业务上收、集中到一级分行和总行层面，以保持银行整体在政策制度、风险管控方面的统一化。“后台集中”主要指通过具有资源集中性特点的银行后台运作系统，以大机延伸的方式，将各分支机构的后台运作管理，集中到成本较低的后台中心来处理。

作为高风险行业，商业银行的业务流程不仅要具有一定的灵活性和柔性，还必须规范化和标准化，实行手册化管理，导入ISO9000国际标准。ISO9000标准的核心内容是以满足客户及其他受益者明确的或隐含的质量要求为目标，通过建立具有很强约束力的文件化质量体系，使各项业务及其全部因素都处于严格的受控状态，并通过不间断的质量体系审核及管理评审，力图不断改进和提高业务操作水平，确保预期的目标得以实现。信息技术，特别是软件技术的发展是业务流程再造的基础性条件，而商业银行业务软件开发的前提是要求银行的业务流程存在一定的规范性和规律性，而标准化的流程设计正好满足这一基本的系统需求。

因此，运用流程银行理念对流程银行进行再造，必须加强信息技术的应用，通过信息技术的支持，同时，利用六西格玛等先进工具确保流程银行再造中的流程设计质量，建立规范化、标准化和智能化的业务流程、决策流程和管理流程。

9.3.3 基于数据仓库技术的流程整合与协调

1. 数据仓库技术的介绍

随着20世纪90年代后期互联网的兴起与飞速发展，我们进入了一个新时代，大量的信息和数据迎面而来，用科学的方法去整理数据，从而从不同视角对企业经营各方面信息的精确分析、准确判断，比以往更为迫切，实施商业行为的有效性也比以往更受关注。因此，产生了数据仓库技术的应用和发展。

数据仓库概念创始人恩门（W. H. Inmon）在《建立数据仓库》一书中对数据仓库的定义是：数据仓库就是面向主题的、集成的、相对稳定的、随时间不断变化（不同时间）的数据集合，用以支持经营管理中的决策制定过程。数据仓库中的数据面向主题，与传统数据库面向应用相对应。数据仓库的主题性是一个在较高层次上将数据归类的标准，每一个主题对应一个宏观的分析领域。数据仓库的集成特性是指在数据进入数据仓库之前，必须经过加工和集成，这是建立数据仓库的关键步骤。首先要统一原始数据中的矛盾之处，还要将原始数据结构做一个从面向应用向面向主题的转变。数据仓库的稳定性是指数据仓库反映的是历史数据，而不是日常事务处理产生的数据，数据经加工和集成进入数据仓库后是极少或根本不修改的。数据仓库是不同时间的数据集合，它要求数据仓库中的数据保存时限能满足进行决策分析的需要，而且数据仓库中的数据都要标明该数据的历史时期。数据仓库是面向主题的、集成的、与时间相关的、不可修改的数据集合。

数据仓库技术是基于信息系统业务发展的需要和数据库系统技术上的发展而来，并逐步独立的一系列新的应用技术，使用数据仓库技术建设的信息系统我们称为数据仓库系统。随着数据仓库技术应用的不断深入，近几年数据仓库技术得到长足的发展。典型的数据仓库系统，如经营分析系统，决策支持系统，等等。各行各业的单位也随着数据仓库系统带来的良好效果，已经能很好地接受“整合数据，从数据中找知识，运用数据知识，用数据说话”等新的关系到改良生产活动各环节、提高生产效率、发展生产力的理念。

2. 城商行利用数据仓库技术支持流程再造的重要意义

流程银行的构建要依赖不断创新的计算机技术和信息技术的支持。流程银行应以强大的、完善的IT信息系统为支撑。在业务流程再造中利用IT简化业务流程，给银行业带来革命性变化。同样，数据仓库技术的运用对银行管理进行规范化、集成化的系统改造，加强各个流程整合协调，建立起基于信息集成的流程架构，对提高银行管理决策流程、管理流程效率，增强产品研发的针对性，提高精细化管理水平具有重要意义。

（1）流程银行要求数据来源同一、信息共享。任何数据，由一个部门、一位员工负责输入，任何其他部门、其他人员不再需要重复输入。由于所有管理人员都按照同一信息来源作出决策，避免了由于信息来源不同而出现相互矛盾的决定。流程银行要求实现客户管理信息的标准化。客户中心理念是流程银行架构的基础，必须加强客户信息管理，完善银行的 IT 架构。要建立统一的客户数据库，实现客户管理信息的标准化，实现银行客户管理系统的标准化和开放性，并具有良好的可扩展性。

（2）流程银行要求对客户信息集成并进行数据挖掘和分析，确定客户价值和风险度，对于不同价值和风险的客户进行等级管理。商业银行应根据具体情况设置专门机构或配备专门人才从事客户信息调研分析工作。

（3）掌握客户的消费习惯，加强产品的个性化定制和研发，支持城商行差异化的业务发展模式。银行对客户的服务具有多次性、持续性的特点。因此，客户的市场结构、客户层次和客户的消费习惯等相关数据对银行的产品研发具有重要的意义。利用先进的数据仓库技术建立集中的、包含详细交易数据的商业智能解决方案，已经成为各银行对内加强经营管理和决策支持，对外更好地了解客户需求，开发新产品或服务，利用现有渠道对客户进行交叉销售，增加盈利能力，并在特定的业务领域提供差异化服务的重要手段。要从市场和客户角度进行研究分析，加强金融产品研究开发的针对性，制定推出新的业务品种和服务。

（4）加强决策流程的协调，提高综合营销能力。随着业务条线的垂直管理和金融产品的多样化，必须运用数据仓库技术对银行的各业务模块流程进行协调，才能形成各业务条线的联动，如某一中小企业主，公司业务条线客户经理对其进行产品营销时，可以看到其使用该行零售产品的情况和产品消费历史数据；零售条线客户经理对其进行产品营销时，可以知道其使用该行公司业务产品的情况和产品消费历史数据。这样，通过各业务条线流程模块的数据共享和协调，才能促进各业务条线决策的协调，为客户提供更加有针对性的综合化金融服务。

（5）挖掘客户潜在金融需求，实施客户价值链经营。银行业务的增长来自于两方面：一是通过扩大客户数量增加业务量；二是充分挖掘同一客户的多种需求，增加业务量。从目前情况来看，国内商业银行更多的是在采取第一种做法。对于城商行来说，在注重拓展客户数量的同时，更应注重对已有客户潜在需求的挖掘，走精细化经营的道路。城商行总体客户数量少，更应重视精细化经营，实现以质取胜、以精取胜。这就要求城商行针对不同类型客户，制订清晰完整的业务拓展规划，并形成可复制的模式；加强业务部门之间的协同，提高交叉营销能力。更为重要的是，城商行要着力完善客户信息管理，建立客户关系管理系统，提高信息挖掘和使用水平。特别是城商行目前的客户大多为中低端，这就意味着这些客户有很大的成长空间，在成长过程中必然伴随多样的金融服务需求。城商行在未来发展中应积极推行针对单个客户建立在交叉营销基础上的价值链（或称为业务链）经营。

3. 利用数据仓库技术加强流程协调的实施策略

信息技术的发展已经给银行金融业带来了革命性的变化，信息技术之于现代银行金融业的重要性就如车轮之于汽车。银行经营需要有强大的、功能完善的 IT 系统支撑，构建统一的数据仓库、先进的管理系统。

当前，城商行已经对信息技术投入了大量的人力物力，基本上初步搭建起了各自的技术平台。但大多数城商行的 IT 平台应该说还是初级的，功能还不完善，技术还不成熟，尤其对历史数据的运用还没有足够的重视，没有将历史数据转化为生产力。信息技术系统是商业银行的核心机密，城商行不可能照搬照抄外资银行或其他大型商业银行的已有系统。城商行对于信息技术系统的建设必须给予高度重视，持续不断地优化系统、完善功能，充分开发和挖掘信息技术系统的巨大潜力，充分利用数据仓库技术和信息系统的强大功能，为流程创新、业务创新、产品和服务创新提供可靠的技术支持和数据支持。

（1）利用数据仓库技术，构建 CRM 管理系统，提高对客户的营销和服务能力。CRM 管理系统是客户关系管理系统（Client Relation Management）的简称。从静态层面看，可以将 CRM 概括成一种管理思想在管理软件系统中加以体现，其目标是通过信息技术销售管理、客户关怀、服务和支持等经营环节的信息有序、充分并及时地在企业内部和客户之间流动，实现客户资源的有效利用。其核心思想是将客户群体看成是企业宝贵的外部资源。从动态层面看，CRM 的生命周期又包括数据集成、客户分析和面向客户的战略决策三个阶段，其中 CRM 实施成功与否的关键是第二步，即用先进理念和精准模型对集成化数据进行模拟和分析，从而挖掘客户的潜在价值，发展潜在客户。因此，可以将客户关系管理的定义概括为客户关系管理是管理理念与信息技术相结合的产物，在管理理念方面表现为以客户为中心、通过客户关怀提升客户满意度和客户忠诚度的思想，在应用系统和企业行为方面表现为以互联网和电子商务、多媒体数据挖掘、专家系统和人工智能、呼叫中心等最新的信息技术为基础，实现企业识别、保留和挽回最具价值的客户，从而提升企业核心竞争力。

CRM 的核心内容是通过不断地改善企业销售、营销、客户服务和支持等与客户有关的业务流程，提高各个环节的自动化程度，从而缩短销售周期，降低销售成本，扩大销售量，抢占更多的市场份额，寻求新的市场机会，最终达到从根本上提升企业核心竞争力的目的。

相对于一般企业而言，由于银行对客户的服务具有连续性和不间断性，对银行客户过去发生的业务的历史数据的分析，对提高当期对客户营销的针对性具有重要的意义。因此，通过建立客户关系管理系统，通过分析数据仓库中各种数据信息以及相互之间的关联，加强各业务条线数据的共享，从多个方面衡量各类客户的忠诚度、满意度、盈利能力、潜在价值、信用度、风险度等关键性指标和需求差异性，可以为银行制定正确的市场行销策略提供科学的决策支持。实施客户关系管理，可以帮助银行各业务部门了解、分析客户，更好地进行客户细分，提高对客户的营销和服务水平，为客户提供适当的产品和服务，从而增强市场的综合竞争能力，最终实现以产品为中心的经营模式向以客户为中心的经营模式的转变。

近年来，国外银行和国内大型银行纷纷开发客户关系管理系统，加强对客户的营销和服务，取得了显著的效果，但大部分城商行由于信息技术薄弱，尚未开发自身的客户关系管理系统，因此，城商行应结合自身实际，尽快开发建立符合自身特色的客户关系管理系统。

（2）建立基于历史数据的产品研发系统，支持个性化产品研发和服务定制技术。银行业是一个极容易产生同质化的行业。所谓“同质化”是指同一大类中不同品牌的产品在性能、外观甚至营销手段上相互模仿，以致逐渐趋同的现象。在产品同质化基础上的市场竞争行为称为“同质化竞争”。银行容易发生同质化，是银行的功能和行业特性决定的。银行功能是指银行的职能与作用，其具体表现为银行向社会和客户提供的产品和服务。依照银行功能观点，经营货币和信用业务的银行，其服务功能具有同质性。同质性是银行服务功能的重要属性，同质化则是对这种特性的趋同和加强。一是从功能定义上看，银行都以货币作为经营对象，以金融工具作为提供资金活动的载体，加之商业银行竞争具有完全性，这一系列特点使得金融产品无法申请专利，竞争对手可以十分方便地加以模仿，金融业是一个最具替代性的竞争行业。二是从监管政策看，我国对银行业的监管比较严格，对金融产品的创新、业务范围、机构设置等都有严格的监管政策，是导致银行业务同质化的重要原因。三是我国大部分银行采取“跟随型”发展策略，主要以模仿跟进为主，缺乏整体创新意识和能力，使得国内商业银行之间的竞争趋于同质化。

产品和服务是商业银行的核心竞争力。城商行发展的转型就是从目前与大型银行的同质化向差异化发展目标转型。城商行服务的优势业务领域是中小微企业，而这些客户对银行产品的差异化和个性化提出了更高的需求。因此，城商行要想实现差异化的发展战略和经营目标，必须加强产品研发力度和服务的个性化水平。缺乏有效的基础数据和系统支持，将使得产品开发部门难以获得市场和客户的各种基础数据，使产品研发部门无法针对市场相关内容作出精确分析，如客户分析和成本分析，最终将使产品开发成为无米之炊。

因此，城商行应尽早建立基于数据仓库技术的产品研发系统，为产品开发提供动态、完备的数据支持，包括：①开发客户分析系统。建立客户信息数据库，及时进行客户信息的收集、处理、鉴别和利用；形成便捷的传递渠道，使一线营销人员能够迅速提供、反馈动态的市场客户信息。这样，市场分析人员得以及时获取有效的客户信息。根据客户分析结果，将客户进行科学分类，针对不同的客户设计不同的产品。②开发成本分析系统。依此可以随时动态地了解各项零售产品的成本、费用、利润等数据，通过对各项产品盈利能力的大小等因素的综合考虑，调整、制定相应的产品市场推广策略。③开发批量化个性化定制技术，实现成本领先与差异化的兼得。通过大规模定制技术和管理模式可以整合成本领先战略和差异化战略的产品特点和技术需求。成本领先战略的标准化产品是为了进行大规模生产以降低成本，差异化战略的非标准化产品则是要满足顾客的个性化需求。在工业化时期，把这两种战略的优势结合起来几乎是不可能的，但是信息网络技术的发展促成了大规模定制方式的产生。大规模定制的公司利用互联网让每一位客户按照它们各自的需要设计主页，结合企业内部高度柔性的生产制造系统，就能为每位客户“量体裁衣”，而且这种大规模定制通常与直销模式相结合，既降低了企业的渠道网络成本与库存成本，又完全可以提供差异化服务，能实现成本领先优势与差异化优势的融合。

（3）建立精细化的定价系统和成本管理系统，提高对产品的定价能力。从大的层面来看，在一个效率市场中经营的商业银行必然会面临大幅度的价格波动，这对银行的收益和资产、负债以及一些资本的价值有巨大的影响。如果严重的话，还可能会使银行面临很大的偿付风险。“资产负债管理”模块的主要任务就是帮助银行科学考核和管理自身资产、负债以及由于经营活动而产生的市场风险、外汇与流动性风险，寻找建立在合理风险回报基础上的资本分配方法，从而使银行能够很好地控制经营风险并提高利差的收益回报，在流动性、安全性、盈利性的经营原则中寻找到一个最佳的平衡点。从小的层面——贷款定价来看，银行经营的一项原则是风险与价格匹配原则，而城商行的优势业务领域——中小微企业由于其风险程度不同，对银行的定价提出了更高的要求。因此，城商行要尽快利用数据仓库技术建立先进的管理系统，提高对产品的定价能力。

一方面，要建立科学定价体系。流程银行推崇建立一个有效的定价机制，其意义在于，从银行可持续发展的角度来看，仅仅善于创造价值是不够的，如果不能从创造的价值中获取应得的利润，即使银行能为客户提供超值服务也难免招致失败。粗糙、随意的定价体系导致的最好结果是平庸的经营绩效，最坏的结果则是摧毁银行的利润。对于我国商业银行而言，在当前费率、利率、汇率等金融产品价格形成机制日益市场化的背景下，尤其要注重建设自身的价值收获能力——定价体系。这一体系应当具备全面、细致、准确的特点。全面是指各种为客户所认知的服务价值都具有进行定价收费的可能。细致是指针对各种金融服务的定价不能过于笼统，应与具体业务、人员具有较清晰的对应结构。准确是指定价要能弥补金融服务的经营成本和可能面临的违约损失，并在客户认知的价值基础上获得较高的合理利润。

另一方面，要构建新型核算体系。精细化的成本收益核算，对于我国商业银行实施流程管理、建设流程银行具有重要意义。当前，需要加快推广责任会计和全面成本管理，实行责任预算与责任考核，完善成本收益分摊和内部转移定价机制，逐步实现业务、产品、客户、渠道等多维度的精细化核算。在这一过程中，还要逐步探索作业成本管理（Activities Based Costing，ABC）理念的引入。作业成本管理将商业银行看做最终满足客户需要而设计的一系列作业的集合体，它构成了一个由此及彼、由内到外的作业链。与传统的成本系统相比，作业成本系统拓宽了成本核算范围，并以成本动因为着力点，发展出更为科学、合理的成本分摊和收益核算技术。作业成本系统能够提供与作业有关的多层次信息，更为精确地衡量作业和流程对客户价值贡献的程度，与流程管理和流程银行组织具有高度的契合性。

（4）建立资源集成和调度系统，加强决策流程的支持协调，提高综合营销能力。流程银行要求加强对业务流程、决策流程、支持流程等模块的整合协调，这样通过各流程模块的数据共享和协调，才能提高对市场的反应能力，为客户提供更加有针对性的综合化金融服务。

集成资源配置平台起着资源集成和资源调度的作用。业务活动接入客户的服务需求后，将客户的相关业务信息输入集成资源配置平台，并等待集成资源配置平台在调度相关管理活动、支持保障活动和监督评价活动等相关支持活动后将业务决策信息输出到该业务活动的前台系统。针对不同级别的业务信息，集成资源配置平台可以调用不同级别的支持活动资源。当然，各活动与集成资源配置平台在银行内部是一个协作系统，客户服务是在银行内部协作完成，如何协作对于客户来说是透明的。例如，将公司业务按照其贡献度和业务金额的大小划分为不同的层次，大型的客户作业直接调度总行的管理、支持保障和监督评价资源完成任务，中型客户的服务可以调度市级分行资源来完成，小型客户调用营销服务的网点资源或同一级别的其他网点来完成。这种模式明显缩短了以往大型客户由网点到分行再到总行，然后再一级一级返回到网点的服务路径，有助于后台资源与前台服务之间建立快速响应机制，增加服务的流畅性，使得管理和服务高度融合①；并且这种模式能够解决以往总分行结构中信息不对称导致的风险问题，杜绝了风险在层层上报中扭曲而导致的风险控制不及时和不到位，实现了风险控制和响应效率的兼顾。

9.4 小结

本章研究表明，运用流程银行理念进行组织结构和流程再造，既是现代商业银行的发展趋势，也是城商行形成灵活高效经营机制的必然选择。一方面，城商行应采用事业部制、矩阵式或事业部制与矩阵式相结合的组织模式，对组织结构进行扁平化改造，以提升组织效率。另一方面，城商行应运用模块化技术对流程进行再造，以形成灵活高效的决策流程、管理流程、支持流程和个性化、多元化的业务流程，并运用数据仓库技术加强流程之间的协调，发挥各业务之间的协同效应。最终，使城商行形成灵活高效的经营机制，提高精细化管理水平，从内部管理获得优于大型商业银行的经营管理竞争优势。

---

① 李翔:《基于价值链模型的流程银行变革研究》，载《新金融》，2009（1）。

第10章　城商行风险管理模式转型路径

当前，中国监管机构实施《巴塞尔协议Ⅱ》和《巴塞尔协议Ⅲ》的态度坚决且步伐很快，对城商行的风险管理能力构成的挑战非常明显，这些挑战包括更严格的监管要求、缺乏项目实施和管理所需要的资源、不断变化的监管要求以及缺乏重要的历史数据等。而银行业也正寻求通过《巴塞尔协议Ⅱ》和《巴塞尔协议Ⅲ》的实施实现风险管理能力的提升，以保持和提高银行的竞争力，包括组织架构的优化、风险计量和管理能力的提升，以及基于风险计量的管理应用。城商行发展时间较短，风险管理能力滞后于发展速度，风险管理薄弱成为制约城商行发展转型的重要瓶颈。目前，城商行风险管理活动仍集中于传统的信用风险和操作风险领域，对市场风险、流动性风险、利率风险、声誉风险等方面的管理还处于起步探索阶段。而向全面风险管理模式转型，既是商业银行发展的必然趋势，也是城商行持续发展的必然要求和竞争力的根本体现。从短期来看，由于成本过高等原因，全面风险管理对城商行来说尚难以实施，但从长远来看，全面风险管理是所有金融机构风险管理转型的目标。因此，城商行应该意识到并主动把握通过《巴塞尔协议Ⅱ》和《巴塞尔协议Ⅲ》的实施提升风险管理能力的机遇，通过风险管理模式的转型在竞争越来越激烈的市场中占领先机，并通过精确的风险定价取得竞争优势。本章先提出全面风险管理的转型目标、转型路径，然后结合城商行实际，论述向全面风险管理转型过渡的“关系型信贷风险管理”、“操作风险”和“市场风险管理”等转型策略，最后，为城商行风险管理转型提供了几个可供借鉴的案例分析。

10.1　城商行风险管理模式转型理论分析

10.1.1　城商行风险管理模式转型的内涵

风险与商业银行的日常经营活动、利润和企业价值密切相关。根据《新帕尔格雷夫经济学大辞典》，广义的商业银行风险是指商业银行在经营活动中，由于事前无法预料的不确定性因素的影响或是未来的实际情况变化与预期不相符，或使其实际的收益与预期收益发生背离，从而导致商业银行蒙受经济损失或不获利，丧失获取额外收益机会的可能性。狭义的商业银行风险仅指商业银行蒙受经济损失的可能性。根据巴塞尔银行监管委员会 1997 年公布的《有效银行监管的核心原则》，商业银行面临的主要风险包括信用风险、市场风险、利率风险、流动性风险、操作风险、法律风险、国家和转移风险以及声誉风险。

风险管理是对在经营过程中可能导致损失的行为进行管理和控制的措施（包含对风险的界定、识别、计量和处置），是衡量管理水平的重要指标。风险管理模式是指涉及城商行风险管理活动相关的风险战略、组织架构、内控制度、风险管理技术等方面相关的内容。目前城商行的风险管理模式还集中在传统的信贷风险和操作风险管理领域，随着金融创新和金融市场的发展和风险管理技术模型的应用，以及城商行业务发展模式、盈利模式转型，城商行向全面风险管理模式转型具备了必要性和可行性。因此，城商行风险管理模式转型内涵：一是指从只重视信用风险和操作风险的传统风险管理模式，向涵盖信用风险、操作风险、市场风险、流动性风险、利率风险、声誉风险等全面风险管理转型，建立覆盖全面风险的战略规划、组织体系和内控体系；二是指运用计量模型和信息技术系统，提高对风险识别、计量、预警和处置能力。

10.1.2　全面风险管理的内涵和特征

1. 商业银行风险管理模式变迁

银行是一种准公共企业，它既有追求利润最大化的一面，也承担着国民经济宏观调控机制的传导职能，个别银行机构的支付风险具有传导和扩散效应，对不能支付到期债务的商业银行断然采取破产还债措施可能会引发系统性或局部性的金融风险。商业银行是经营公众存款业务的机构，其业务与国民经济和人民生活直接相关，且与其相关联的法律关系更为复杂。正是由于银行的特殊地位，所以各国都对银行破产持相当谨慎的态度，对商业银行的各种风险加以控制和防范。追溯风险管理实践历程，商业银行先后经历四种风险管理模式的衍变①：

（1）资产风险管理。20 世纪中期以前，商业银行主要的风险是信贷资产损

① 孙劼：《国内银行业呼唤全面风险管理》，载《上海交通大学学报》，2007（4）增刊。

失导致银行出现流动性困难。这一阶段的商业银行极其重视资产风险管理，主要通过加强资信评估、项目调查、严格审批制度、减少信用放款等措施来防范和控制风险。

（2）负债风险管理。20世纪60～70年代，西方经济进入高速发展时期，商业银行为了满足经济发展过程中的信贷扩张，开始规避金融监管政策，变被动负债为主动负债，并大量使用大额存单、CDs等金融创新工具扩大资金来源，风险管理重点进入负债风险管理阶段。

（3）资产负债管理。20世纪70年代末，随着通货膨胀率不断上升和国际市场利率的剧烈波动，单一的资产或负债管理都无法实现银行的安全性、流动性和盈利性的均衡。特别是金融脱媒使得银行经常出现资产、负债不能匹配的风险缺口。在此背景下，突出资产和负债的利率期限结构调整成为银行风险管理的核心。

（4）全面风险管理。20世纪80年代以后，随着金融自由化、全球化和金融创新的迅猛发展，商业银行面临的风险日益多样化、复杂化和隐蔽化。特别是巴林银行和大和银行等国际著名银行的倒闭促使反思传统风险管理的问题，COSO（The Committee of Sponsoring Organization of the Tread Way Commission）公布的全面风险管理框架和《巴塞尔协议Ⅱ》的颁布标志着商业银行风险管理由单纯的信贷风险管理转向信用风险、市场风险、操作风险并举，信贷资产与非信贷资产并举，组织流程再造与技术手段创新并举的全面风险管理时代①。

2. 商业银行全面风险管理的内涵和特点

（1）全面风险管理的内涵。全面风险管理（Enterprise - Wide Risk Management，ERM）是以整个企业为管理对象的风险管理。ERM的中心理念是对整个机构内各层次业务单位、各类风险进行通盘管理。银行业全面风险管理体系的目标不仅仅是处理所面临的某一种风险，而是将信用风险、市场风险、操作风险以及流动性风险等全部综合在一起，考虑各种风险的相关性，并采用组合方法进行统一管理②。COSO在2003年7月公布的《全面风险管理框架》中将全面风险管理描述为："一个受到该实体董事会、管理层和其他个人的影响，并应用在机构总体战略设定过程；它被设计用于识别整个实体的潜在重大风险，能根据组织的具体情况提供一个风险管理框架，并为组织目标的实

① 黄宪、金鹏：《商业银行全面风险管理体系及其在我国的构建》，载《中国软科学》，2004（11）。

② 李志辉：《中国银行业风险控制和资本充足性管制研究》，北京，中国金融出版社，2007。

现提供合理保证。”其实质是一个从企业战略目标制定到目标实现的管理过程，可以用“348”框架来表述（孙劼，2007），即企业目标、全面风险管理要素和企业的各个层级3个维度，战略目标、经营目标、报告目标与合规目标4个目标以及风险管理的内部环境、目标设定、事件识别、风险评估、风险对策、控制活动、信息和交流及监控的8个要素，从而将风险管理贯彻到企业的高级管理层、各职能部门、各条业务线以及分支机构等各个层级。换句话说，全面风险管理的概念确立了“全球的风险管理体系、全面的风险管理范围、全员的风险管理文化、全程的风险管理过程、全新的风险管理方法和全额的风险计量”的大风险管理战略。

（2）商业银行全面风险管理体系。商业银行全面风险管理体系是指由银行不同部门（或客户、产品）与不同风险类别（信用风险、市场风险、操作风险）的不同组合所涵盖的各种风险。其核心理念是：对商业银行面临的所有风险作出连贯一致、准确和及时的度量；建立一种严密的程序以分析总风险在交易、资产组合和各种经营活动范围内是如何分布的，对不同类型的风险进行评价和合理配置资本。

商业银行全面风险管理主要包括以下几层含义：一是结合银行业内在运行规律，借助外部监管和市场约束的力量，综合考虑各类风险之间的相关性及整体联系；二是通过科学的模型和精确的程序，对各部门、各层级涉及的风险进行标准化度量；三是以先进的网络信息管理技术为基础，建立功能强大的风险管理系统。郭保明①认为，该风险管理模式与以往相比，更加突出全面性、连续性和整体性，其核心理念在于：

①层次性控制。全面风险管理体系中的机构设置和人员分工遵循分层设置、层级管理的原则。一方面强调最高风险管理机构的功能，基层风险管理的信息和数据要及时向上传递，决策层据此进行整体风险评估和控制；另一方面风险管理机构的设置要深入到每一个基层业务线、每一个职能部门。各类风险、各个部门与各个层级构成三维矩阵，有助于系统地识别、评估、报告、处置风险。层次性控制的另一个重要思路就是将集中管理和分散管理有机结合起来。不同的风险由相应的部门或机构进行专业化管理，以提高效率，但这些管理主体要及时将信息报告或反馈给上级或最高风险管理部门，由其进行综合考量并采取统一措施，从而使银行风险管理资源达到最优化配置。

① 郭保民：《论商业银行全面风险管理体系的构建》，载《中南财经政法大学学报》，2011（3）。

②事前管理。以往的风险管理模式过多关注已经发生的风险事件，通过分析过去来分离和测评风险因素，大大削弱了银行的风险防范和化解能力。随着诱因和后果的日趋复杂与严重，在风险事件产生负面效应之前及时识别、控制和化解风险显得尤为重要。全面风险管理既对现实事件进行分析，也对潜在的或有因素进行监测，将管理关口尽可能前置。

③实践性与前瞻性相结合。全面风险管理着眼于整体业务经营，必须随时关注银行所依存的外部现实状态的变化及由此导致银行整体经营产生的不确定性，并实施各种识别方法、度量模型和控制手段。但外界环境的不断变化赋予了商业银行风险管理持续更新的内涵，同时也扩大了它的外延，在考虑风险管理现实需求的同时，还必须具有前瞻性思维，兼顾业务发展取向，给未来发展预留足够的空间。

④全员参与。风险管理并非独立和外生的，而是渗透到银行经营管理活动各个层面、各项流程之中，需要所有相关主体服从于统一的目标，这要求全体员工参与风险管理。

（3）商业银行全面风险管理体系的特点。全面风险管理体系不同于传统的风险管理模式，在体系的建立和运行上有以下特点：

①分层管理。作为全面风险管理体系，其风险管理部门的设置。呈现出一种分层设置、分层管理的特点，同时强调最高管理层在风险管理中的作用。全面风险管理体系要求在每一个基层的业务部门单位都设立相应的部门或者岗位，专项负责该部门的风险管理工作，并将银行日常经营过程中的风险信息向上传递，一直到直接由董事会领导的风险管理委员会。

②集中与分散兼顾。负责管理不同类型风险的部门最终要将风险状况向最高的风险管理部门——风险管理委员会进行报告，由此进行统一的管理和规划。风险的分散管理有利于风险管理的专业化和有效性，风险的集中管理有利于风险的综合管理规划和银行整体风险管理能力的提高。全面风险管理将风险的分散管理和集中管理方式结合起来，以达到风险管理的最优化模式，提高银行整体的风险管理能力。

③风险管理事前化。全面风险管理体系要求风险管理的事前化，对尚未完成的经营事件要进行风险的预测分析，这可使银行对风险因素的分析更加及时，也就有更充分的时间来对其进行管理。

3. 国内银行全面风险管理的实践

（1）工商银行的全面风险管理实践。2010年，工商银行审议通过了《2010

年至 2012 年资本规划》，明确本行资本管理的基本目标和主要原则，制定三年规划期资本充足率管理目标，并提出资本充足率管理措施和资本补充机制。工商银行制定年度资本管理计划，通过经济资本限额管理，实现资本在各个风险领域、地区、产品之间的优化配置，约束风险规模扩张，以实现资本回报和资本充足目标。同时，优化经济资本计量标准，升级资本管理系统，进一步深化经济资本的管理应用。工商银行加强全面风险管理制度建设，进一步完善风险限额管理、分行风险管理评价等方面的制度和管理办法；工商银行继续推进内部资本充足评估程序（ICAAP）项目，开发完成全面风险评估模板，初步形成全面风险评估体系。

（2）农业银行的全面风险管理实践。2009 年 8 月，农业银行董事会审议通过了《中国农业银行全面风险管理体系建设纲要》（以下简称《纲要》），对农业银行未来三年全面风险管理体系的建设方向和实现路径作了总体性、方向性和框架性安排，也标志着农业银行在强化全面风险管理建设方面迈出了关键性步伐。《纲要》指出，今后三年，农业银行全面风险管理体系建设的总体目标是：围绕全行“3510”发展战略，以实施《巴塞尔协议Ⅱ》为主线，逐步加强风险管理环境建设，明确风险管理战略，完善政策制度，健全组织架构，创新管理方法，强化风险绩效考核，加强队伍建设，建立适应现代商业银行需要的全面风险管理体系，促进全行风险管理水平明显提升。为实现上述目标，《纲要》明确指出：应遵循稳健型的风险管理战略，强调承担适度风险换取适中回报；应建立健全层次清晰、科学适用、全面覆盖的风险管理政策制度体系，确保各项风险管理活动有章可循；应建立全面、独立、垂直的风险管理组织架构，为风险管理提供组织保障。全面指风险管理应涵盖表内外、本外币各项业务，渗透业务操作全过程，覆盖信用、市场、操作、流动性等各类风险。相对独立，指赋予风险管理部门独立评价、监控的职能，独立于各业务部门和交易领域。垂直，指全行风险管理系统的垂直管理。在总行设立了风险管理总监，在各级行分别组建了飞行检查队伍、神秘人队伍、整体移位检查队伍、巡视队伍和审计队伍五支队伍，“五管”齐下防控案件。农业银行结合自身经营管理实际，根据全面风险管理体系建设情况及内外部环境变化，制定更为详细、具体的风险管理规划及实施方案，不断完善适应现代商业银行要求的全面风险管理体系，促进全行风险管理水平不断提升。

为了贯彻全面风险管理，农业银行建立了七道防线。第一道防线是风险管理部，统一负责全行的风险规划、政策制定和监督、监测及评估工作。第二道防线是内部审计。农业银行在全国设立了10个审计局，组成了2 000多人的专业审计队伍，对董事会负责，不定期地进行审计，随时对风险进行监测评估。第三道防线是内控合规部门，向管理层负责，负责日常经营活动中合规风险的管理和控制。第四道防线是风险经理派驻制度，总行向省行、省行向地市行、地市行向县支行逐级派驻风险经理，独立监测和评估所在行的风险。第五道防线是整体移位检查制度，省分行临时组成一个15～20人的专业检查队伍，突击到某一个网点进行强制性换岗7天，检查可能存在的风险。第六道防线是专项检查制度，总行有专门的小组，对某项重点业务，如金库等突击检查。第七道防线是农业银行聘请中介机构对网点服务进行独立评估。

（3）建设银行的全面风险管理实践。建设银行将海外机构风险管理纳入全行统一的风险管理体系，制定海外机构授信业务底线，重点强化内控、合规、风险报告等方面的管理，促进海外机构战略转型和各项业务健康发展。进一步优化经济资本和风险限额等管理工具，提高组合风险管理水平，防范系统性风险。建立对基层机构委派会计主管、风险经理、纪检监察特派员分工协作的监督管理平台。委派会计主管加强了对柜台业务的监督检查；委派风险经理加强了对信贷业务的风险控制；纪检监察特派员加强了对基层负责人和重要岗位员工从业行为的监督和排查。

（4）光大银行的风险管理实践。光大银行致力于全面风险管理体系建设。在组织建设方面，光大银行构建了董事会领导下的职责清晰、分工明确的全面风险管理组织架构，确保了风险管理的独立性，针对不同风险类型，推行信用风险垂直化、市场风险集中化、操作风险与合规风险层次化管理的组织体系。在流程建设方面，光大银行通过优化审查审批、授信后管理、风险预警、拨备管理等关键流程，使得风险识别、评估与计量、监测与报告、风险控制等核心业务环节得以加强；实现了自我评估（RCSA）工具的常规化、电子化运用与推广；加快推进了公司业务系统、同业系统、零售业务系统、资金业务前中后台一体化系统建设，以电子化方式固化进而优化流程。在政策建设方面，光大银行构建了包括基本政策、管理制度、操作细则，涵盖信用风险、市场风险、操作风险与合规风险在内的全面风险管理政策体系，完善了分层管理、专家参与、定期重检等一系列规范化的政策管理程序，并结合业务发展、经营环境和监管要求对各项主要政策实行定期重检，不断提高政策制定的全面性和可操作性。在技术建设方面，光大银行按照全面风险管理技术体系建设的总体规划，逐步建立了涵盖信用风险、市场风险和操作风险的有效计量、分析与管理的技术支持体系。目前，已基本完成信用风险系统、市场风险系统、操作风险系统建设。此外，还建立了科技风险管理体系，并尝试运用经济资本对部分分行进行评价。在文化建设方面，光大银行积极倡导“通过有效风险管理创造价值”的风险文化观，提出风险条线与业务条线“互信、合作、融入、共担”的价值共创风险文化理念。

10.1.3　城商行进行全面风险管理转型的必要性

1. 事故频发暴露了城商行风险管理能力普遍薄弱

健全有效的内部控制是商业银行持续安全运行的基础。由城市信用社重组改制而来的城商行，由于受起点低、规模小、人员素质不高以及特殊的内部控制环境等因素的制约，整体内部控制状况较股份制银行和国有银行更为薄弱。虽然近年来在监管机构的大力推动和自身的不断努力下，城商行的内部控制状况有很大改善，但城商行总体的风险管理能力仍然相对落后。2009 年财政部发布的《会计信息质量检查公告（第十七号）》显示，城商行的内部控制状况仍不容乐观，问题较为突出，亟待完善。

而从 2010 年 12 月至今，齐鲁银行票据诈骗案、汉口银行假担保疑云、温州银行骗贷案、渤海银行贷款被卷走案等城商行一系列频发的案件，暴露了城商行在资产规模和分支机构数量的急速扩张中，存在管理、人才、风控制度建设等方面的软肋，整个城商行风险管理能力依然薄弱。

2. 城商行离全面风险管理还存在着巨大差距

（1）风险治理层面有所缺失，尚未建立全面风险管理战略规划意识。一是公司风险治理结构不完善。根据银监会有关规定，商业银行应当在董事会层面设立风险管理委员会，但是很多城商行由于缺乏相关的风险管理规划和专业人才，风险管理委员会基本没有开展工作；虽然经过重组改制后，城商行基本建立了符合现代商业银行公司治理框架，但风险治理结构还有待完善。二是全面风险管理尚未纳入发展战略规划。具体表现为：风险管理战略目标不明确；风险管理委员会缺乏权威性，风险管理职能部门独立性不够；风险管理只停留在以盈利为目的的业务决策服务层次上，没有上升到银行战略发展的高度。三是全面风险管理的意识缺失。风险管理文化是商业银行内部控制体系的重要因素，它决定了商业银行经营管理过程中的风险观念和行为模式，渗透于银行业务的各个环节。由于我国城商行风险管理起步较晚，风险管理人员在风险管理理念上相对较差，表现为不能正确处理业务发展和风险管理的关系；风险管理理念不全面，仍以信用风险管理为主，对市场风险、系统风险和操作风险重视不够，在风险管理过程中缺乏差别化的理念；同时全员风险管理意识不强，风险管理意识没有渗透到全行全员，没有形成很好的风险管理氛围。

（2）尚未建立全面风险管理架构和体系。一是虽然城商行初步建立了由决策、建设与执行、监督评价、持续改正四个环节组成的内部控制组织体系，但受公司治理不完善、人员缺乏以及整个银行组织架构不健全等因素的影响，城商行的内控组织体系仍存在较多问题。除少数城商行设立了专门的部门或委员会负责全行的内部控制建设外，绝大多数城商行没有专门的机构负责该项工作，内控建设职能分散于各相关部门，而各相关部门仅从本部门职责角度承担内控的相关职能，造成内控体系缺乏整体性，控制过度与控制不足并存。从组织架构的设计上看，城商行还未建立涵盖信用风险、市场风险和操作风险的风险管理体系，风险管理工作较为分散，各个业务部门“各自为政”、分头管理。由于管理体系、机构设置等方面的原因，风险管理部门并未能总揽全部风险管理工作，对于分散在各个部门的风险管理并未起到检查和督导作用，只能任由各部门自立门户、自成体系。二是虽然城商行设置了专门的风险管理部门，对全行风险状况，对各项业务政策和资产分类配置及调整提出建议，负责组织与实施对各类业务、各类风险的预警、监测、检查和分析，但目前大多数城商行的风险管理部门的主要职责是信用风险管理，尚未将其他各类风险纳入管理范畴，离全面风险管理的要求以及业务快速发展的需要仍有不小距离。就信用风险管理而言，量化管理水平仍有待提高，风险监控手段较为落后；部分城商行仍未实现审贷分离，授权制度不完善，贷后管理较为薄弱。在当前城商行的风险管理运作中，风险管理部门与业务部门之间没有形成垂直的报告线路，各业务部门缺乏与风险管理部门及时沟通的主动性，往往是业务部门自己订出计划，计划涉及的风险因素不多，风险管理部参与很少，或者只是在召开扩大会议时向其征求意见，即未将风险管理融入到银行的业务中。三是从风险覆盖角度看，基本上主要是强调信用风险，较少考虑市场风险，即使是已经设立市场风险管理部门的银行，也基本没有涉及资本金配置的层面，风险管理还不够全面。在信用风险管理方面，城商行发放贷款更多依赖抵押物和担保的设置，不利于信用风险的事前控制。在操作风险方面，更多依靠原有的业务操作手册进行，缺乏系统的梳理和优化。在流动性风险方面，城商行由于资产规模限制，可运用的资金管理手段相对单一，应对市场波动风险的能力不足，对流动性风险的破坏性认识不足。在市场风险方面，主要包括利率风险和汇率风险，大部分城商行尚未将其纳入风险管理范畴。多数银行缺乏全面风险管理的规划，信用风险、操作风险和市场风险的相关管理智能分散在不同部门，在此基础上，不同部门在风险管理职责分工上不够清晰，整体协调性不够。

（3）尚未建立科学的风险控制体系，缺乏规范的内控制度和风险管理流程。城商行的内控制度不完善，整体性、长期性考虑不足。健全的制度体系是商业银行内部控制的基础，决定着内部控制的完整性和有效性。城商行内部控制存在的缺陷和不足在很大程度上正是由于内控制度的不完善所造成的。具体来说，大多数城商行没有制定内控战略，内部控制的长期目标、方向以及风险战略和偏好缺乏，造成内控建设和运行的持续性不足，影响内控的有效性；除各业务条线的规章制度、管理办法等基础性内控制度外，大多数城商行没有制定旨在明确全行内部控制框架和各相关部门的内控职责定位的纲领性内控文件，导致内控建设缺乏整体性，内控职责得不到有效落实；各条线出台的规章制度和管理办法之间衔接不够，时常出现不一致甚至冲突的情况。一是缺少风险管理文化的指引。城商行在整章建制上不比同行差，缺少的是理解、支持并最终指引实践的风险管理文化。不少城商行对风险存在的原因没有进行系统分析，对风险的关键点缺乏把握；仍将防范职业道德造成的违法违规风险作为风险管理的核心内容和首要矛盾，没有从文化层面认识和理解风险管理，从而也就未能树立全员风险意识。二是制度执行不力，制度后评价机制缺乏。制度执行不力是城商行普遍面临的问题，也是导致内控失效的主要原因。从以往案例来看，制度执行不力，既有基层分支机构风险合规意识不强的原因，也有制度本身以及制度建设方面的问题。具体表现在三个方面：首先，由于人才缺乏，城商行总行业务管理部门大多缺少具有业务经验的管理人员，从而使得其制定的制度与业务本身存在差距，执行性打折扣；其次，制度培训和教育机制不完善，基层分支机构难以迅速、全面掌握制度的要求，从而出现现实操作与制度要求不相符的情况；最后，制度后评价机制缺乏，城商行大多存在“重视制度制定，忽视跟踪评价”的情形，制度出台后，没有专门的岗位和部门根据外部环境、法律法规以及银行自身情况的变化对制度的适用性进行评价，也没有对制度出台后的执行情况进行跟踪反馈，从而出现现行制度滞后于外部法律法规要求，甚至滞后于业务发展的情况。三是关键内控措施流于形式，内控效果打折扣。为防范操作风险，尤其是内部员工的道德风险，《商业银行内部控制指引》要求，商业银行应明确各岗位职责，并建立相互监督制约的机制；对于关键岗位应实行定期或不定期的人员轮换和强制休假制度。这构成商业银行内控的基本和核心控制措施。这方面城商行仍然较为薄弱，尤其是规模较小的城商行，成本约束压力较大，大多实行精减的人员策略，无论是总行部门还是分支机构，一人兼多岗现象均较为普遍，从而使得岗位之间（尤其是不相容岗位）的监督制约落空，强制休假和人员轮换更是形同虚设。此外，出于业务稳定的考虑，对分支行行长实行强制休假的情况也不容乐观，有的支行甚至从成立伊始从未更换过行长。四是内审体系不完善，内控监督评价机制薄弱。强有力的监督评价机制是确保内控缺陷被及时发现并得到持续改正的关键。内部审计则是内控监督评价机制中的核心。绝大多数城商行都设立了内部审计部门（也有的城商行称为稽核监督部），并据此建立起内控监督评价机制，但与监管要求相比仍存在较大差距。首先，有相当一部分城商行没有定期对内控体系进行评价，相应的评价程序和制度缺乏；其次，大部分城商行未能按照《商业银行内部控制评价试行办法》的要求，由董事会采取措施定期对内控状况进行管理评审，以确保内控体系得到持续、有效改进；最后，几乎所有的城商行都设立了独立的内部审计部门，负责定期或不定期对内控的健全性和有效性实施检查，但大多数城商行的审计部门未能做到直接向董事会汇报，而是向高级管理层汇报，从而影响到审计的独立性和最终效果。此外，大多数城商行的内部审计人员配备未能达到1%的监管要求，即审计人员数量与银行员工总数之比不低于1%。加之现有内审人员的专业水平和业务能力不高，从而影响到内部审计的效果。五是风险管理流程不规范。目前我国商业银行在很大程度上仍停留在依靠经验和习惯进行风险管理的层次，国外先进理念并未及时融入政策和程序，内化为指导风险管理实践的行为准则和操作流程，也没有构建起涵盖目标、政策、措施、方法等环节的完整系统；许多银行对风险管理做了机械理解，将其视为单纯的整章建制，致使事前、事中和事后风险管理的效力都受到弱化。例如，现阶段我国许多商业银行的风险信息散布于各业务部门，缺乏系统的归集路径和报告制度，高级决策层、风险管理职能部门、业务经营部门不仅难以得到及时、完整的风险信息，更无法有效发挥指导和决策职能。

（4）缺乏商业银行全面风险管理所需要的数据和度量工具。目前，城商行的风险管理信息系统建设严重滞后，主要表现在信息、数据收集滞后且不完善，银行不能掌握企业最新的生产销售情况、财务状况和市场变化情况，数据资料缺乏导致风险管理的基础薄弱，而基础数据的不统一和准确性差又导致不仅高层次的风险分析无法展开，即便是简单的分析工具也因为数据质量差而使分析结果缺乏可信度，因此银行无法运用国际上行之有效的风险管理模型。风险管理信息失真，直接影响到风险管理决策的科学性，也为风险管理方法的量化增添了困难。一是内控电子化水平不高，内控的实时性、有效性受影响。从现实情况来看，城商行内部控制的电子化系统应用水平较低，更多的是依靠传统的岗位制约、制度控制、监督检查、内部审计等实现对风险的识别和控制。就城商行内控的电子化情况来看，大多数城商行没有开发上线风险实时预警系统，尤其是操作风险预警系统，造成风险识别的实时性不足；部分城商行没有专门的信贷风险管理系统，仍处于半手工状态，工作效率低下，风险控制能力不高；大多数城商行没有管理信息系统，经营管理数据的可获得性、及时性受影响，且经常出现数据不一致的问题，在很大程度上影响管理活动的开展。此外，从整个系统来看，城商行的系统普遍存在面向业务处理和交易的功能较强，而面向管理和风险控制的功能较弱的问题。城商行的信息系统建设还普遍薄弱，内控活动在较大程度上还依赖人工控制。二是风险管理手段、风险分类及量化技术落后。大部分城商行都没有专门的风险监测和预警系统，对于早期风险的防范仍是一片空白，尤其对可能产生的欺诈行为更是无能为力，对于客户的监测仅仅停留在对财务报表的审查上。而在国内目前的信用环境下，若是以虚假的财务报表来决定贷款发放，一旦风险暴露，这种单一的监测方法便会带来灾难性的后果，这已为不少事实所证明。三是事前风险防范和预警机制尚未建立，未能充分发挥风险管理部门“气象站”作用。由于管理体系、技术条件和人员素质等方面的原因，城商行对于事前风险控制工作显得较为薄弱，很难将“贷前审查、贷中检查、贷后复查”工作真正落到实处。

（5）高素质的风险管理人才匮乏。商业银行全面风险管理涉及先进的系统、工具和方法，是一门技术性很强的管理学科，它需要具备管理学、金融学、数量经济学和计算机技术等全面的知识，因此全面风险管理要求相关人员除具备良好人品、敬业精神等职业道德素质外，还应具备较强的信贷分析技术、会计学、经济学、法律、外语和电脑等业务技能和专业素质。这就要求商业银行从事风险管理的人员必须具备很高的素质，经过严格的专业培训，否则将很难理解业务和产品的风险性质，更难以采取适当的风险防范措施。城商行恰恰在这方面存在较大的不足，主要体现在内部风险管理人员的数量较少，尤其是缺乏精通风险管理理论和风险计量技术的专业人才，人员素质无法满足要求。而目前城商行没有形成职业化的风险管理人才队伍，尤其缺少精通风险管理理论和风险计量技术的专业人才，严重制约着风险管理制度的施行和体系的建设。

3. 全面风险管理是应对监管环境和竞争环境变化的需要

（1）全面风险管理是巴塞尔协议的重要要求。COSO 认为："全面风险管理是一个受到该实体的董事会、管理层和其他个人的影响，并应用在整个机构战略设定的过程。它被设计用于识别整个实体的潜在重大风险。它能根据组织的具体情况提供一个风险管理框架，并为组织目标的实现提供合理的保证。"根据 COSO 和《巴塞尔协议Ⅱ》，本书认为全面风险管理体系是对商业银行各业务层次、各类型风险所进行的通盘管理，在对风险进行科学量化的基础上，以"风险调整后的资本收益率"这一核心理念贯穿信用风险、市场风险、操作风险及其业务流程的各个环节，从而先在内部实现对风险的通盘管理，同时借助监管部门和市场力量的约束，形成一个包括银行自身、监管者及市场的三位一体的风险管理体系，有效地覆盖商业银行所面临的各种风险。

商业银行的风险管理应该是全面风险管理，这既是巴塞尔协议的要求，也是商业银行应对未来挑战的要求。运用现代金融工程的技术，贯彻全面风险管理思想，构筑城商行内部风险控制体系，是城商行应对面临的严峻金融风险挑战的重要举措。

（2）全面风险管理是主动适应巴塞尔协议和我国金融监管政策变化的要求。目前银行业所提倡的全面风险管理，不仅被国际银行业所广泛接受，也被各国监管机构所重视，《巴塞尔协议Ⅰ》提出了针对信用风险的计量方法，为全面风险管理奠定了基础，《巴塞尔协议Ⅱ》扩大了风险计量范围，建立了在全球范围内得到普遍认可的"最低资本要求、监管部门的监督检查和市场约束"三大风险管理支柱，并将流动性风险、战略风险、声誉风险和业务风险纳入第二支柱和第三支柱进行监管。《巴塞尔协议Ⅱ》的最低资本要求中不仅包括原来的信用风险加权风险资产，还包括对市场风险、操作风险的量化；此外，在风险衡量方法上，由过去单一方法增加为标准法、内部评级法等多种风险管理模型，其中内部评级法又分为初级法、高级法。

受金融危机的影响，全球金融监管更趋审慎。巴塞尔银行监管委员会已于 2010 年 9 月通过了《巴塞尔协议Ⅲ》。《巴塞尔协议Ⅲ》进一步强化公司治理，增加了对资产证券化、交易对手信用风险、逆周期风险、动态拨备和宏观审慎风险监管要求，丰富了多角度、多层次的风险管理内容①。出于对全球金融危机的忧虑和反思，G20各国领导广泛支持《巴塞尔协议Ⅲ》的实施。尽管各国监管机构已经对银行业必要的监管改革达成共识，但很多国家在处理过程中却依然持较为谨慎的态度。与之形成鲜明对照的是，中国作为一个新加入巴塞尔银行监管委员会的成员国，对实施新的监管要求态度显得最为积极，中国银监会已于2011年5月发布了《中国银行业实施新监管标准指导意见》以及配套的一系列监管指引，在资本充足率、杠杆率、流动性风险、贷款损失准备等方面加强了银行业的宏观审慎监管与微观审慎监管。

虽然《巴塞尔协议Ⅲ》和《巴塞尔协议Ⅱ》以及《中国银行业实施新监管标准指导意见》存在一些差异，但通过其对比可以看出（见图10－1），无论是国际还是我国国内监管机构对银行业监管的总体趋势是越来越谨慎，要求越来越严格。如《中国银行业实施新监管标准指导意见》将核心一级资本充足率设定为7.5%，比《巴塞尔协议Ⅲ》的要求还要高0.5个百分点，对国内银行提出了更加严格的资本要求。

尽管《巴塞尔协议Ⅲ》与《巴塞尔协议Ⅱ》看起来没有本质的区别，但是它对银行提出了更多更严格的要求，包括大幅度提高核心一级资本的最低要求，核心一级资本从2%提高到了4.5%，并增加了储备资本要求（2.5%），理论上来说，银行在压力时期可以使用该资本储备，但实际上银行通常不会这样做，因为这会限制银行发放股利或者回购股票。《巴塞尔协议Ⅲ》强化了对内部控制和企业治理的要求。《巴塞尔协议Ⅲ》修订了对于交易账户和资产证券化业务的监管要求，尤其是场外交易的产品，以更精确地反映其各自的风险。到2011年底，对银行自营交易账户的资本要求可能提高到4倍之多。其中，对交易账户提出了更为严苛的在险价值（VaR）计算要求；对于流动性较差且信用敏感的资产也提出了更高的监管要求；试图通过对场外交易活动施加更高的监管资本要求以鼓励银行通过中央交易对手或交易所进行交易。巴塞尔银行监管委员会还修订了资本和合格资本工具的定义，推动银行更关注核心资本和高质量的资本工具，而不是那些质量可疑的债务性替代工具。其目的是确保资本工具有吸收损失的能力，尤其是当银行在非公开市场上已经无法支持自身时，这可以通过强制核销或转换为普通股等机制和方法来实现。尽管中国市场上尚无这类金融工具，但银监会如果遵循《巴塞尔协议Ⅲ》的这一规定，银行就需要依靠自

① 岳毅：《实现全面风险管理与银行战略的融合》，载《中国金融》，2011（4）。

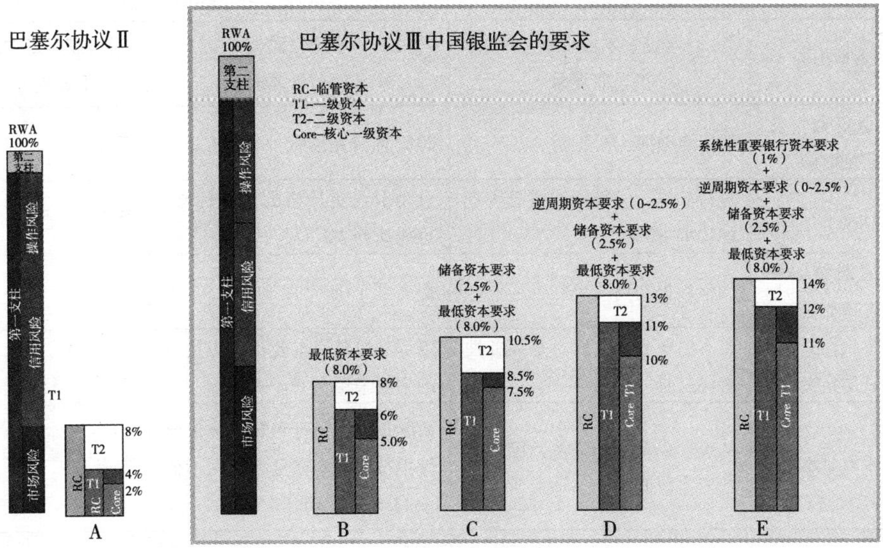

资料来源：毕马威（KPMG）2011年中国银行业调查报告。

图10－1　《巴塞尔协议Ⅱ》、《巴塞尔协议Ⅲ》及中国银监会对银行的监管要求比较

身的资本储备，并需要通过控制分红比率来满足监管要求。《巴塞尔协议Ⅲ》还引入了最高达2.5%的逆周期资本要求。监管机构将依据银行业是否出现了信贷过快增长或风险过度积累的情况酌情决定。中国银监会则引入了杠杆率监管标准，即一级资本占调整后表内外资产余额的比例不低于4%，而《巴塞尔协议Ⅲ》的标准仅为3%。最后，银行还要达到新的流动性覆盖要求，即要求持有足够的高质量流动性资产以保证可以度过30天的压力期。目前，中国的商业银行达到这个量化要求似乎问题不大，但对一些经营状况欠佳的城商行来说，与流动性有关的风险管理依然是一种挑战。

表10－1显示，中国银监会对《巴塞尔协议Ⅱ》和《巴塞尔协议Ⅲ》的合规达标给予了一定的灵活性，这个方案与巴塞尔银行监管委员会公布的方案相似，但并不完全相同。商业银行最终都必须满足巴塞尔协议的监管要求，但在落实《巴塞尔协议Ⅱ》和《巴塞尔协议Ⅲ》的方案选择上存在一定的选择空间，这种选择空间对中国不同层次的商业银行来说产生的影响亦存在较大的差异。如系统重要性银行的规定对五大行产生的影响较大，对城商行的影响可能会较小，但其他方面如资本/合格资本的定义及资本充足率等方面的规则对城商行的影响可能比五大行要更为严重。

表 10－1　《巴塞尔协议Ⅲ》与中国银监会监管要求的差异表

主要内容	《巴塞尔协议Ⅲ》的监管要求	中国银监会的监管要求	对城商行影响的重要程度
净稳定融资比例实施时间	2018 年实施	2012 年开始监管	重要
杠杆率	进行测试，一级资本占总资产的比率≥3%	计划引入更严格的监管标准，可能达到4%	严重
普通股核心一级资本充足率	调整后提高到4.5%	提高到5.0%	严重
资本/合格资本工具的定义	资本的核心要素而不是债务性替代工具	以普通股及资本公积作为资本的主要来源	严重
资本充足率	从8%提高到10.5%，包括储备资本缓冲	系统重要性银行和非系统重要性银行的资本充足率分别不低于11.5%和10.5%	重要
系统重要性银行	系统重要性银行应具有吸收和消化额外损失的能力，且接受更为严格的监管	至少有6家银行可能被指定为系统重要性银行，需要接受更严格的监管	一般
有前瞻性的贷款损失准备	更有前瞻性，且更保守	已提前行动，贷款损失准备占贷款总额的比率≥2.5%，占不良贷款的比例≥150%	重要

资料来源：毕马威（KPMG）2011 年中国银行业调查报告。

（3）全面风险管理是迎接利率市场化挑战的要求。商业银行既是经营资金的企业，也是经营风险的特殊企业。商业银行的风险管理能力是银行竞争能力的集中体现。利率市场化将给银行带来风险包括经营风险、利率风险、道德风险，这对城商行的风险管控模式带来了巨大的挑战。

一是经营风险。对于城商行等中小银行来说，利率市场化后，经营风险更是存在两难的状况。一方面，中小银行为了保持较高的利差水平，主营业务将转向有定价能力的中小企业领域，但中小企业的抵抗风险能力较小，在经济下行周期或经济调控周期，往往更容易出现破产的情况；另一方面，随着利率水平提高，中小企业为了保持一定盈利水平，将更愿意从事高风险高回报的行业，主张投机行为，宏观经济波动加剧，使中小企业违约的信用风险提高。信用风险又称违约风险，是指贷款者没有按期、足额偿还贷款，造成银行损失的风险。西方金融学理论认为，在利率市场化以后，一般情况下，市场整体的利率水平会上升，由于信息不对称，逆向选择和道德风险发生的可能性增大。利率上升时，优质的贷款客户会因为成本上升而不贷款，而潜在的违约者对利率的敏感程度较低，仍然会积极寻找贷款，这就是逆向选择。利率上升导致客户的负债成本上升，资产的净现值减少，部分贷款者会出现只有少许资产甚至资不抵债的情况。这部分贷款者就有动力从事高风险、高收益的活动，赚了归自己，赔了自身也没有任何损失，但是这种道德风险却增加了商业银行的风险。利率市场化以后，商业银行所面临的信用风险上升，可能影响商业银行的稳健经营，也需要加以重视。

二是利率风险。利率风险是指金融市场利率波动通过存款、贷款、资金交易、投资等利率敏感性业务影响商业银行的收益、净现金流现值和市场价值的可能性。在利率市场化以前，商业银行的存贷款利率由金融管理当局严格管制，利率波动幅度和频率很小。当利率市场化以后，市场利率波动的幅度和频率将会大大提高，如果利率敏感性资产和利率敏感性负债不相匹配，商业银行就有在市场利率波动中遭受损失的可能。如果，商业银行的利率敏感性资产大于利率敏感性负债，当利率上升时，商业银行会从中受益，反之，商业银行会遭受损失。如果商业银行的利率敏感性资产少于利率敏感性负债，则当利率上升时商业银行会遭受损失。所以，利率波动时，商业银行可能由于其利率敏感性资产负债的不匹配而面临利率风险。利率市场化可能给商业银行带来利率风险主要表现为：①利率敏感缺口的风险，主要来自于可重新定价的资产与负债的不匹配；②利率结构的风险，主要是存贷款利率波动的不一致造成的；③客户选择提前还款或提前取款的风险，主要是由于银行未到期的固定利率存贷款价格水平与市场利率水平存在较大差异造成的。

具体来说，如当前人民银行规定，中长期贷款和政策性金融债利率实行一年一定，也即实行按年浮动的浮动利率，而与浮动利率的中长期资产对应的资金来源——中长期存款均按存入日利率计息，也即实行固定利率，在利率下调时，中长期存款仍将保持以前的高利率直至到期兑付为止，而对应的资产则将在一年以内利率下降。显然这部分资产负债存在很大的利率风险敞口。举例来说，1996 年以一笔 5 年期存款来发放同样期限的贷款，存款利率为 13.86%，贷款利率为 15.12%，利差 1.26%，经过连续降息后，存款利率仍为 13.86%，而贷款利率则会降为 6.03%，利差倒挂 7.83%，商业银行显然面临着相当大的市场风险。另外一个例证是，1994 年以来通过商业银行系统发行的凭证式国债，由于发行办法规定可以提前兑取，而资金由银行垫付，并且这种凭证式国债的持有者在提前兑付时利益基本上不受影响，因此在利率上升时客户有可能提前兑付，如果出现大量的提前兑付不但会对银行的正常支付能力形成巨大冲击，而且将银行置入利率波动引起的选择权风险中，削弱商业银行的盈利能力。以1999年发行的5年期凭证式国债为例，持满到期利率为5.13%，提前兑取按投资者实际持有天数及相应的利率档次计付（同时按兑付本金数额扣除2‰的手续费），如持有满1年即按同期定期存款利率计息，而持有满3年即按4.77%计息，甚至高于同期存款利率0.63个百分点，因此只要在5年内利率上升高于5.13%，客户就有可能提前支取凭证式国债而转为收益更好的投资品种。

三是道德风险。利率市场化带来的道德风险体现在三个方面：其一是总行对分支行利率定价权的授权与管控。利率市场化后总行对分行的利率的管控难度加大。其二是对客户经理腐败道德风险的监督。风险管理文化决定商业银行经营管理过程的风险管理观念和行为方式，是内部控制体系中的“软因素”，在风险管理中占有十分重要的地位。国内银行缺乏“审慎”风险文化。道德风险问题不容忽视。在利率市场化下，银行不仅要决策“贷与不贷”，而且要制定贷款价格，在银行贷款合理定价能力不高的情况下，当前风险文化的道德观不利于防止“人情利率”、“关系利率”等现象，尤其是城商行的主要业务领域——中小企业贷款和微小贷款，道德风险的防范难度更加大。其三是对高风险贷款的监督。银行的日常经营活动中，银行与其管理者和股东以及存款保险机构之间都存在复杂的委托—代理关系和利益冲突，以及普遍的信息不对称问题，这些本身就隐藏着道德风险问题。当利率市场化改革赋予银行价格制定和信贷分配自主权时，银行就更容易发生道德风险行为，并且利率市场化带来的激烈竞争还会导致银行的利差缩小，利润下降；利率限制和进入壁垒的解除将导致银行特许权价值的下降，而特许权价值的下降使得银行无力清偿从而失去营业执照的成本也在下降，这意味着股东约束银行冒险行为的内在动力不断消失，将产生激励效应，诱使银行进行高风险贷款。新凯恩斯主义经济学者乔治·阿克洛夫（George Akerof）和戴维·罗默（David Romer）通过实证分析也发现，当银行经营陷入困境时，如果银行自有资本较低，经理人员可能不惜以社会利益为代价，设法破产求利，更有甚者暗中将银行“瓜分”，然后让银行破产。

10.2 城商行全面风险管理的转型路径

2004年6月正式通过的《巴塞尔协议Ⅱ》贯穿了全面风险管理的理念。

《巴塞尔协议Ⅱ》的核心是鼓励更多地改善银行风险管理系统，利用先进的风险管理技术，正规化、系统化地进行风险管理，以此达到激励商业银行不断提高风险管理水平的目标。我国作为发展中国家暂不执行《巴塞尔协议Ⅱ》，但从发展趋势看，我国商业银行转向全面风险管理已经是必然趋势。《巴塞尔协议Ⅲ》对全球系统重要性金融机构（G－SIFI）提出了更高的监管要求，如有更高的损失消化吸收能力以及实施和维持健全的风险管理体系的要求。尽管当前中国尚未明确认定哪些银行为全球系统性重要金融机构，相对于五大行来说，城商行在短期内不可能被纳入明确的视角，但城商行也应该主动着手进行相应的资本筹集计划。

10.2.1 全面风险管理的总体框架和体系构建

2003年7月，美国COSO在普华永道的协助下首次提出了《企业全面风险管理框架》报告。报告首次从体系上规范了企业全面风险管理的目标、要素和层次，将全面风险管理从理念发展到了实践操作层面。将COSO报告和《巴塞尔协议Ⅱ》相结合，就可以构建银行业的全面风险管理体系。商业银行全面风险管理是由若干风险管理要素组成的一个有机体系，这个体系可以将风险和收益、风险偏好和风险策略紧密结合起来，增强风险应对能力，尽量减小操作失误和因此造成的损失；准确判断和管理交叉风险，提高对多种风险的整体反应能力；最终，能根据风险科学分配经济资本，抓住商业机会，确保银行各项业务持续健康发展。城商行全面风险管理框架如下①：

（1）风险管理环境。风险管理环境是全面风险管理的基础，具体包括银行价值取向、管理风格、风险管理组织结构、风险管理文化等。其中，风险管理文化是全面风险管理的核心，它影响到目标设定、风险识别和评估、风险处置等各个层面的活动；风险管理组织结构是全面风险管理得以实施的组织保障和支撑，风险管理职能必须保持一定的独立性。

当前，我国社会信用体系亟待建立与完善。由于信用评级行业目前还处于起步阶段，发展中普遍不够规范，存在问题较多，整体上难以达到国际认可的技术和管理标准，而且外部评级所覆盖的企业范围较小。同时，风险评估必须建立在企业或个人所提供的真实数据基础上，然而在现有的社会信用环境下，

① 此部分参考了黄宪、金鹏：《商业银行全面风险管理体系及其在我国的构建》［载《中国软科学》，2004（11）］和李兵、朱天星、宋永辉：《我国城市商业银行全面风险管理体系构建研究》［载《经济研究导刊》，2011（35）］。

这一点恰恰是难以保证的。缺乏全面性、真实性财务和信用数据信息支撑，必然严重干扰风险评估的准确性，从而很大程度上对风险决策形成误导。

从风险管理文化来看，要营造全员风险管理文化，使风险管理目标、理念和习惯渗透于每个业务环节，内化为每位员工的自觉行为。从风险管理组织结构来看，风险管理部门应实现单纯从后台监管的角色转换，风险管理的触角应全面延伸到各项业务经营部门和过程控制。从纵向来看，风险管理部门应实现自上而下的垂直管理，上级行风险管理部门直接负责下级行风险管理部门的考核、聘用与管理；从横向来看，风险管理部门应在各业务部门设立风险管理窗口，各业务部门的风险管理窗口人员直接由同级行的风险管理部门进行考核、聘用与管理。

（2）风险管理目标与政策设定。风险管理必须能为银行管理层提供一种设定目标的科学程序，银行要将风险管理的要求贯穿于银行各项目标之中，通过选定风险偏好和风险容忍度，制定明确统一的风险管理政策，包括信用风险管理政策、市场风险管理政策、操作风险管理政策等，以实现风险管理和银行目标的紧密结合。

风险管理目标与政策的设定必须要以战略目标为依据，在最高层面风险管理目标的设置过程中确定明确的风险偏好和容忍度，并将风险容忍度贯彻到中间层面和微观层面的目标设定过程中。例如，对单一客户的风险控制目标和综合盈利目标，可根据明确的风险偏好和容忍度，确定银行可接受客户的信用风险底线和利率定价等目标。再如，根据风险偏好，对不同信用等级客户的信贷业务设定不同的经济资本分配系数。以各项经营目标为标尺，以风险报告目标为手段，建立对责任人的激励约束机制，对新增业务的预期损失进行提前计提，并以责任人的任职期间或所经办贷款的生命周期为奖惩的考核依据，逐步过渡到 RAROC 考核方式。

（3）风险监测与识别。风险监测和识别包括通过贷后管理来监测和识别客户信用风险，跟踪国家宏观政策、行业状况、金融市场以及监管法规等有关情况识别市场风险和操作风险。对风险的识别是准确度量风险的前提，银行必须通过监测系统保持对内外部事件的敏锐性，首先作出事件“是否是风险，是什么类型的风险”的判断，才能对风险程度和大小进行分析，并在此基础上进行风险预警和处置。

管理当局应当根据风险偏好、容忍度和设定的风险管理政策，制定风险识别管理要求和风险识别的工作流程，确定风险识别的精度、频度、深度和广度，设计风险识别、风险评估和风险应对管理办法，在风险识别上全面覆盖对单一与组合资产、宏观与微观以及内部与外部层面事件的有效识别和职责分工，并明确差别化的风险识别模式和反应机制。在实施步骤上，首先，以战略、流程和业务活动为出发点，以风险偏好和风险容忍度为标杆，在全辖范围内，自下而上、由内到外对各类潜在风险因素进行全方位梳理，形成事件详细目录清单；其次，进行风险事件排序，形成KRI；最后，建立风险事件分类矩阵，筛选尚未有效进行管理的风险事件。

（4）风险评估。风险评估可从定性和定量两个方面进行，但《巴塞尔协议Ⅱ》颁布之后，风险测度偏重于定量分析，要求尽量通过数据量化确定受险程度。在建立信用风险内部评级系统的基础上，银行应同样以VaR为核心度量方法建立市场风险评估系统，并努力将操作风险的内部计量包括进来，建立一体化的风险管理体系，使风险分析的结果能相互比较以利于决策，合理地在不同业务间配置经济资本。

在信用风险评估方面，通过实施“信用风险内部评级工程”，开发和改进公司业务信贷的风险评估工具，建立汽车贷款、个人住房按揭、信用卡和个人信用贷款方面的评分系统；在市场风险评估方面，开发系统化的市场风险评估工具，设置以风险价值为核心的市场风险限额体系，初步建立并逐步优化市场风险情景分析和压力测试模型；在操作风险评估方面，初期应建立操作风险评分卡，每半年进行一次评估计量，逐步创造条件建立操作风险内部衡量法。在此基础上，改进和优化债项评级技术和方法，完善信贷风险减值准备测算方法，全面提升风险拨备的准确性和科学性；提高经济资本计量的准确性，启动自上而下的经济资本配置机制研究，逐步实现自下而上的经济资本配置程序，建立并完善基于风险的资本配置体系。

（5）风险定价和处置。对于预期风险，可通过风险定价和适度的拨备来抵御，对于非预期风险银行必须通过资本管理来提供保护，对于异常风险可采取保险等手段解决。银行可以通过资产组合管理消除非系统性风险，通过兼并来吸收风险，通过辛迪加贷款来分散风险，通过贷款出售、资产证券化等手段转移风险，通过衍生交易来对冲风险。

我国商业银行要引入风险应对规划，明晰各类风险的应对政策，根据风险偏好和各类风险的特性，明确各风险应对措施的适用范围。在信用风险领域，明确客户及项目准入标准，全面梳理审批政策，制定清晰统一的信贷政策；在明确的市场风险容忍度边界下，明确各类市场工具、产品及其组合的应对策略；

引入并启动操作风险和灾难性事件风险应对管理机制和决策流程。要补充细化、提炼和归纳风险应对策略的具体措施，通过在全行范围内收集成功的风险应对方案，对既往经验进行提炼和归类，形成对管理具有指导作用的不同应对策略下的具体应对措施方法体系，并逐步建立优化风险应对决策程序，提高风险应对过程的科学性。

（6）内部控制。银行应建立健全内部控制体系以防范操作风险，通过制定和实施一系列制度、程序和方法，对风险进行事前防范、事中控制、事后监督和纠正，确保国家法律规定和商业银行内部规章制度的贯彻执行，确保操作的规范性，使操作风险得到有效监督。

通过建立内部控制的“参与约束”，对各业务层面的关键风险点实施有效过程控制。在系统清理过去的规章制度、在识别规章制度中的有效部分的基础上，运用“过程方法”和“管理的系统方法”，全面梳理业务和管理活动的过程网络，解决过去制度中矛盾、重复、交叉的内容，建立一整套系统的、透明的、包括操作要求与控制要求在内的体系化文件。逐步改变以公文为载体发布各种程序化业务和管理活动的模式，把所有的经营管理活动都纳入这种体系化、文件化内控管理。

（7）风险信息处理和报告。包括建立包括信贷信息、操作风险损失、市场风险信息等在内的数据库，通过信息处理系统保持数据库更新，及时反映内外部风险信息等内容。银行要建立科学灵敏的风险报告制度，对银行的风险现状进行汇总、分析，对各种风险管理政策的实施效果进行分析，形成定期、不定期综合及专题报告，按照一定程序报送各级风险决策机构；要针对不同类型的风险来区分不同的报告渠道和风险报告的职责分工。

通过整合信用风险、市场风险数据，实施集中化的信贷风险和市场风险数据库；建立操作事件档案，初步建立操作风险事件案例库和数据库；改进完善风险报告制度，对风险报告的频度、深度和职责进行明确，针对信用风险、市场风险和操作风险的不同特点，制定差别化的风险信息传导机制，建立纵向报送与横向报送相结合的矩阵式风险信息交流线路；出台对外信息披露管理办法，对信息披露的内容、格式、频度及职责等进行规范，建立系统化、透明度高、及时性强的信息披露机制。

（8）事后评价和持续改进。银行风险管理部门应该对全行规章制度、信贷管理流程、风险管理流程的执行情况进行事后评价，并建立相应的授权调整和问责制度，确保风险管理体系的运行。同时，风险管理部门应根据外部环境、监管当局要求以及事后评价中发现的问题，对风险管理体系中有关内容提出调整和完善意见，由银行决策层来对全面风险管理体系进行持续改进。

管理当局应当对每一项风险管理要求或模块，完善其事后评价和持续改进机制，建立相应的问责机制，形成风险管理的“激励相容约束”和执行驱动力，保障各个风险管理模块达到预期的效果，同时保障风险管理模块的优化走向规范化、定期化、制度化。逐步完善风险管理目标的差距分析和反应机制，风险管理部门和相关业务管理部门应加强对银行经营行为和风险敞口的实时监控，找出与预定目标的差距，及时采取措施作出调整，保障风险管理目标的顺利实现。

10.2.2　城商行构建全面风险管理体系的思路

国际环境的演变和市场竞争的加剧对银行业风险管理提出了更高要求，《巴塞尔协议Ⅱ》的颁布标志着商业银行实施全面风险管理已是时代发展的必然趋势，我国商业银行必须针对现存问题，从以下几方面尽快着手构建全面风险管理体系：

1. 从战略高度重视全面风险管理

制定明确的风险管理战略。董事会应制定明确的经营战略和风险管理战略。风险管理战略包括风险管理的目标、风险可承受区间、风险管理的原则；负责资本金的管理，即估算发展目标、预测经济资本与监管资本的缺口，规划资本的最佳结构并提出筹资方案，确定资本金在经济区域、业务主线及不同行业之间的配置；对银行风险管理的长期投入进行规划。

2. 建立独立的风险管理组织框架

组织架构的内部管理体制创新。主要通过建立以科学管理与文化管理相结合，有效推进操作风险管理与监督的分离，从机构设置上为操作风险管理提供组织保障。

完善公司治理结构。优良的治理结构和较高的治理效率是实现风险管理良性循环的基础。商业银行全面风险管理是一个复杂的系统性工程。任何部门、任何层级都是其中的组成部分，都不能游离于风险管理体系之外，也都必须受到管理规则的约束，而这需要通过合理的组织机构和科学的制度安排来实现。首先要明晰产权，促进产权结构多元化。其次要减少委托代理层级，尽量使管理层次扁平化。再次要科学划分董事会、监事会、风险管理委员会、审计委员会，各部门、各机构、各业务线之间的权力与责任，并在此基础上，构建科学有效的决策机制、约束机制和激励机制，抑制逆向选择与道德风险的发生。最后要自上而下传导“风险为本”的管理理念，构建“集中管理、矩阵分布”的风险管理组织架构；通过明确各层级在风险管理中的责任和分工，建立清晰、独立的报告路线，使银行的风险管理战略目标、风险事件等信息能迅速、有效地传递。

在完善的公司治理结构基础上，建立相互独立的、垂直的风险管理组织框架。董事会是银行风险管理的最高权力和决策机构，下设战略规划委员会、风险审计委员会。战略规划委员会负责起草风险管理战略；风险审计委员会通过常设的风险审计部，负责银行整体风险监测、风险管理效率评价，督促建立完善的风险管理机制和组织体系，对银行中高层管理人员、关键岗位人员的道德风险进行监测。

总行作为一级法人，总行行长是首席执行官，负责全行的风险管理。下设风险管理委员会、资产负债管理委员会、信用审查委员会以及风险管理总部、稽核部。风险管理委员会以董事会的风险管理战略为依据，制定全行的风险管理政策，是全行风险管理的最高协调及议事机构。其下设的资产负债管理委员会负责制定全行资产负债管理的目标和政策；信用审查委员会负责核定全行重大业务的授信及分行行长的授信权限；风险管理总部作为风险管理委员会下设执行机构，负责全行风险的集中管理，制定风险管理指引及组织实施。稽核部负责所有业务和风险管理的遵循（合规性）审计。

分行作为二级法人，是风险控制前站，应实行垂直的风险管理。设立信审主管、财务主管和稽核主管，主管由总行委派并对总行相应的风险管理部门负责；总行向分行派出副行长级的风险管理官，协助分行行长管理风险。支行是业务的拓展和结算服务机构。为控制营业部的会计风险和财务风险，支行的会计经理（营业部主任）由分行委派和考核。由此形成自上而下的垂直领导、横向牵制的风险管理组织框架，各风险管理部门权责明确，促使银行风险管理体系、独立高效地运行。

良好的风险管理架构包括以下几方面：一是要有好的风险管理环境，这就需要风险管理文化的培养；二是要合理设置风险管理部门，并保证主要职责分工明确；三是明确风险管理流程；四是重视风险管理信息系统的重要性，建立完善而先进的风险管理信息系统。

虽然商业银行的具体组织不同，但一般都遵循全面风险管理原则、集中管理原则、垂直管理原则、独立性原则、垂直性原则，多采取在董事会确定的操作风险管理政策指导下和高级管理层领导下的、多道防线为基础的、层次化的操作风险管理架构，如由董事会、管理层和各委员会及业务部门等组成的组织架构（见图10－2）。

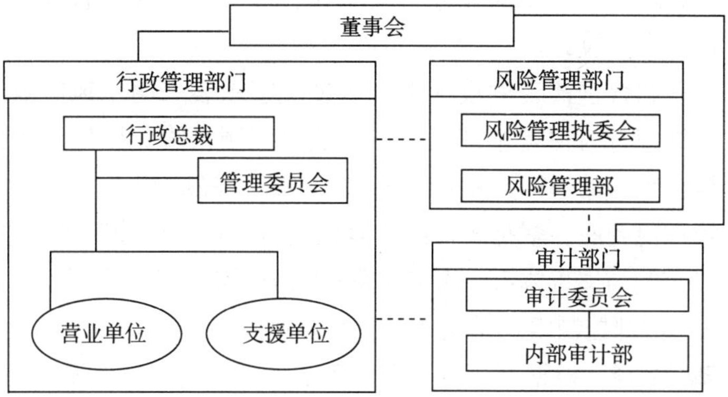

图10－2　全面风险管理的组织结构

3. 构筑符合全面风险管理要求的内控体系

一个完整的内控包括五项要素：内部控制环境、风险识别与评估、内部控制措施、信息交流与反馈、监督评价与纠正。按照以上基本要素要求设计的城商行内部控制体系的具体内容，应按如下路径展开：内部控制组织体系、内控岗责体系、内控业务流程和管理流程体系、内部控制工具体系、内部控制考评体系。在设计过程中，可以考虑按总行、分支行两个层次展开，并始终保证与巴塞尔协议和银监会的要求一致，力求体现绩效考核、内部审计和外部监管三者的一致性。

（1）业务流程、管理流程与风险点。无论是业务流程的风险控制平台，还是管理流程的风险控制平台，都必须依赖岗位责任的设置来实施银行内部风险管理的控制。其作用在于，提示管理者根据风险预警信号设计和实施风险拦截的对策。

建立并不断优化流程，目的就是在于建立一个有效控制风险的平台。按照这一思路，业务流程的建立应按照产品线来设计，并贯彻品种完全覆盖、内控操作完整独立、可计量并有预警功能的原则。目前城商行的业务流程运行体系基本上按照这一思路设计并运行，需要强化的是评价与预警功能。

管理流程建立在业务流程之上，按照管理部门层面特征、管理级次设计。城商行按照总行和基层行两个层面设计，并结合业务流程。有领导班子管理流程、人力资源管理流程、计划财务管理流程、信贷审批流程、会计与核算管理流程、法规管理流程、安全保卫管理流程、稽核监察管理流程、计算机应用管理流程、公司业务管理流程、个人银行业务管理流程、房地产金融业务管理流程、国际业务管理流程、中间业务管理流程、资产保全业务管理流程。各行可以根据具体情况合并设计。

在业务流程和管理流程的设计中，通过文字图表来明示风险点。内部控制的关键就在于管理行为覆盖全部风险点，从而控制风险。比如《中国银监会关于加强操作风险管理的通知》中提到的“13 条”，就是 13 个风险管理的关键风险点。风险管理说到底，就是要贯彻“全面覆盖、重点监控”的思想。

（2）内部控制与岗责体系。岗责体系存在于一定的组织结构下，岗责体系的设计必须服从于内部控制组织结构体系。它是风险管理信息传递和全面风险管理具体内容的实现途径。根据城商行岗责体系现状，结合银行业发展趋势，主要遵循全面风险管理原则、风险管理与业务管理平行作业原则、矩阵式报告制度原则、精简效率原则、相互牵制原则、协调配合原则、程式定位原则 7 条原则。

岗责体系分层设计。根据管理级次，分总行和分行（支行）两个或三个级次设置。与常规设置不同的是，总行层面的风险管理岗位，除了设置风险管理委员会、风险管理部之外，为了将全面风险管理思想贯彻于全部业务活动中，必须在所有业务职能部门设置风险管理科室或岗位，明确负责对部门所负责业务风险的监测、记录、报告、考核等工作。各分支行的风险管理，主张仅设立风险管理部统一实行风险控制与管理，只有业务规模较大支行才在各业务职能部门内设立风险管理岗位。

（3）明确风险管理职责。之所以考虑通过组织体系来管控风险，主要是通过组织与人力保证管理责任的落实。风险管理职责的明确，主要通过岗位职责描述和授信授权书进行，授权范围内事项分别由风险管理岗和风险管理部负责，风险管理委员会则主要是制定规则和处理例外事项。风险管理的关键，一是所有业务必须进行风险监控，绝对不能有游离于管理之外的业务；二是符合重要性要求的业务必须贯彻集体决策的原则，集体决策的规则必须科学有效。

（4）建立完善的内控机制。在内控体系设计思路上，我国商业银行应充分体现“过程方法”的原则，即不再以传统的风险分类为管理对象，而是以过程为控制对象，在业务和管理过程中控制风险。在对风险的控制上，针对绝大部分风险是由人为因素造成的情况，将控制的重点放在操作风险上，研究人事风险控制的方法与策略，并通过建立和完善人事考核激励约束机制，把操作风险和风险管理职责落实到机构、部门和个人。

（5）考核与评价。对风险内部控制的考评，是一个非常重要的环节，如果没有考评，一切风险管理制度设计的努力都将付之东流，毫无意义。对风险内控的考评，首先要设计全面的考评规则，采取定性定量方法，从道德环境、风险识别和管理、内控组织效力、内部审计效力等方面进行评价。可以采取问卷式、评分式等辅助考评。其次，对风险内控的考评要与经营管理目标的完成实现结合起来，将全面风险管理思想贯彻经营目标责任制中，进行严格考评。换言之，绩效考核评价是个指挥棒，经营目标考核项目内容设计就是风向标。

4. 塑造全面风险管理文化

风险管理文化是经过长期运行和发展而形成的，得到接受或认可的风险管理方面的价值取向和行为模式的综合。商业银行的风险无处不在，先进的风险管理文化能够将风险理念植入每位员工的思想中，能够促使风险管理部门积极地应对风险，能够保证各项制度措施充分发挥效果。商业银行应重视员工的思维方式和心理状态，将全面风险管理理念渗透于每个业务环节，内化为每个人的自觉行为，使他们意识到这并不仅仅是风险管理部门或高层管理者的事情，而是全员性的思想观念、道德标准、价值尺度和行为方式，并且主动参与到全面风险管理活动中。通过每位员工自觉的行为营造全面风险管理文化氛围，利用软环境的推动力进一步加强规章硬条件的落实，进而在潜移默化中融合各种有利条件，形成特点鲜明、利于实践、具有人力资源基础的全面风险管理文化。

过去，商业银行在风险管理过程中，通常是简单地将风险管理理解为风险管理部门的工作，没有建立有效的机制促进所有部门和员工积极参与风险管理；同时，还对各类风险进行分割管理，忽略它们之间的协同效应，既不科学，也难以实现统一有效的监控。而在全面风险管理框架下，通过经济资本，商业银行既可以建立有效的激励约束机制，实现全员参与风险管理，又可以将各种风险有机整合起来，从全局的角度统一度量和控制风险。所以需要通过风险管理文化的培养，创造好的风险管理环境来推广先进的全面风险管理理念。

在实现由风险控制向风险管理的转变过程中，除建立完善的组织框架外，还应加强全体职工的职业道德教育，强化中高级管理人员尤其是分行行长的风险管理意识和风险控制能力，端正经营理念，正确认识业务发展和风险管理的辩证关系；加强业务一线的风险意识和风险识别与控制能力，切忌忽视风险的市场拓展。风险管理人员不能单一地就风险谈管理，更要在研究市场、研究业务的过程中研究风险及风险管理，树立更好地促进风险管理发展的理念；在此基础上，培育与业务发展相协调、相促进的中国银行业的风险管理文化。

从风险管理文化来看，要营造全员风险管理文化，使风险管理目标、理念和习惯渗透于每个业务环节，内化为每位员工的自觉行为。从风险管理组织结构来看，风险管理部门应实现从单纯后台监管角色的转换，风险管理的触角应全面延伸到各项业务经营部门和过程控制。从纵向来看，风险管理部门应实现自上而下的垂直管理，上级行风险管理部门直接负责下级行风险管理部门的考核、聘用与管理；从横向来看，风险管理部门在各业务部门设立风险管理窗口，各业务部门的风险管理窗口人员直接由同级行的风险管理部门进行考核、聘用与管理。

10.2.3 全面风险管理技术和模型

1. 基于流程银行的风险精细化管理应用

国内银行应确定新的产品分类方法，在新的业务流程的基础上，完善全方位的风险管理流程，实现业务发展和风险管理的同步：逐步做到按产品、地区、业务、主线来识别风险；全面收集、筛选银行的业务和管理数据，运用当前风险管理技术，对风险进行客观度量；从管理的角度，将风险划分为可控和不可控两大类，并确定相应的产品、地区、业务、主线的风险管理授权；分支机构须在授权范围内，对信用、市场、操作等风险进行控制。对那些已经不再适用的流程，应及时修改或废除。

（1）规范全面风险管理流程。全程的风险管理过程。为改进风险管理流程，需要针对银行不同的风险管理现状，制定不同的全面风险管理战略，完善风险管理政策制度，健全风险管理组织架构，创新和学习先进管理方法和工具，强化风险管理绩效考核和评价，加强人员队伍建设和全面管理文化氛围培养，以全面实现风险管理目标。

风险管理流程大致可分为风险识别、风险计量、风险监测、风险控制四个步骤①：

①风险识别。包括感知和分析风险两个方面。前者是通过系统化的方法发现商业银行所面临的风险种类和性质，后者是深入理解各种风险内在的风险因素。最基本最常用的方法是制作风险清单。

---

① 贾妮、张亚越：《基于全面风险管理（ERM）模式的宁波市商业银行风险管理研究》，载《商场现代化》，2010（36）。

②风险计量。全面风险管理、资本监管和经济资本配置得以有效实施的基础。准确的风险计量结果是建立在卓越的风险模型基础之上的。

③风险监测。包含两个层面的具体内容：一是监测各种可量化与不可量化风险因素，并及时提交相关部门；二是报告定性和定量的评估结果。

④风险控制。一般采用三级管理模型：基层业务单位、业务领域风险管理委员会、高级管理层，相互合作，共同控制。

商业银行的经营特征决定了每项业务、每个环节都面临现实或潜在的风险，任何忽视风险管理的思想和行为都可能导致局部或全面的经营失败。郭保民认为，实施全面风险管理的首要任务是统一操作环节、规范管理流程。①

一是明确目标。商业银行的经营目标应为在履行社会责任的基础上，使股东价值最大化。全面风险管理应服从这个大目标，确保银行经营安全性、盈利性、流动性的有机统一，优化风险管理资源的配置，取得风险与收益的最佳平衡。

二是制定政策。制定政策时应结合银行业务实际，确定银行的总体风险偏好和容忍度，并将其细分到各业务、各机构；同时应将风险管理总目标贯穿于信用风险、市场风险、操作风险等具体风险的管理实践中。

三是风险监测。利用内部网络，尽可能将关口前移，进行实时在线监测。各部门、各机构都要对所属业务特别是重要和例外事件保持敏锐的反应并作出预警提示，最大程度避免因制度或人的疏漏而忽视存在或潜在的风险。

四是风险识别。根据所处环境，运用各种工具，定性判别银行特定活动所承担的风险，把握其诱发因素、发生后果以及外界环境变化对银行形成的不确定性。例如，通过关注宏观经济政策、市场竞争、监管动态来识别市场风险，通过不定期的压力测试形成特定风险的防范预案。

五是风险度量。为更准确地管理风险，在识别风险后要对每种风险的效应和险程度进行量化，并将结果与银行风险容忍度进行比较。

六是风险处置。针对不同风险的特质，以识别和度量结果为依据，形成内在一致、指导性强、具有可操作性的处置规则。对于可预测风险，通过考虑风险溢价和拨备覆盖来抵御；对于非预测风险，运用资产组合管理或其他保险手段来规避、转化、对冲和消化。各种处置措施既可以事前确定，也可以动态调整。

七是信息传递。通过自上而下与自下而上的循环过程，完善的信息传递机制和健全的信息传递体系能够使高层的决策、基层的操作更加有依据，也为各级风

① 郭保民：《论商业银行全面风险管理体系的构建》，载《中南财经政法大学学报》，2011（3）。

险管理部门了解银行风险状况提供了根本保证。信息传递的关键点在于：明确各层级传递的责任与分工，确立清晰的方向和路径，将定期与不定期、专题与常规信息传递结合起来。

八是后续改进。在风险管理制度的健全程度、执行程度、各环节的衔接性、流程的合理性、管理体系的环境适应性等方面发现的缺陷应及时改进，此外还要关注监管机构的相关提示，以保证全面风险管理体系的动态完善。

全面风险管理流程中各环节之间的关系如图 10－3 所示。

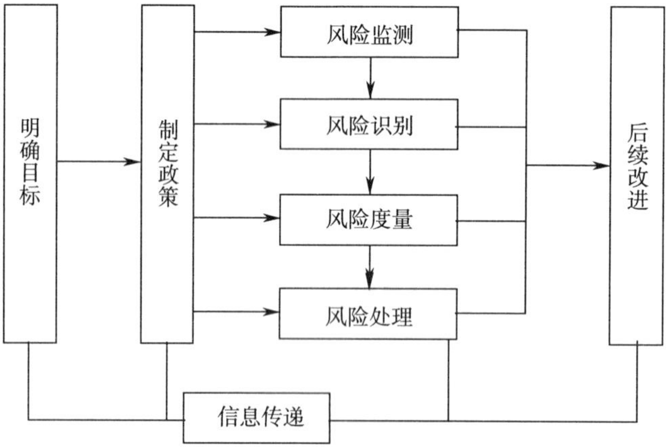

图 10－3　全面风险管理流程中各环节的关系

（2）科学的风险管理技术。经过多年的发展，西方银行已建立了大而全的数据库，在银行经营环境基本稳定的情况下，根据这些数据能准确地计算出客户的违约概率、违约损失率。随着信息技术和计量经济学的发展，国际先进银行的风险管理广泛运用了数理统计模型，如前文提到的内部评级法，大大提高了风险管理的能力和效果。

（3）建立科学的风险管理模型。近年来，国内商业银行信息技术进步得较快，都相继建立了各自的信息处理中心，为风险管理的定量分析准备了条件。当务之急是尽快收集、整理分散在各部门、各机构的历史数据，实现全行业务数据和管理信息在物理和逻辑上的同步集中，建立起综合的数据库；专业的风险管理人员以综合数据库为基础，借鉴国际先进银行在风险管理方面的经验，采用历史数据和结果对先进的风险管理模型进行检测，适时调试参数，由此形成适应我国国情的风险管理模型；运用上述模型，分析银行经营管理中的风险敞口，确定资产组合和风险管理产品以供领导决策。唯有如此，才能逐步实现风险管理模式由以往的静态、滞后控制向动态、实时管理的重大转变。采用巴塞尔银行监管委员会提出的风险价值（VaR）法，识别和度量风险，纠正管理过程中出现的偏差，有效增强识别、防范各类风险的能力，从而为商业银行发展战略和经营目标的实现奠定坚实的基础。

（4）提高风险量化技术应用程度。商业银行要结合自身战略导向、市场定位、内部资源以及风险管理现状等因素，加大投入，加快模型的研究、设计、开发和应用工作，提高风险管理中定量技术的占比。模型的应用要以暴露风险和提升风险管理能力为核心目标，通过模拟或实践获得反馈信息，用以验证模型的效果，使之得到动态校正和优化。要建立完整统一的数据库，并将数据维护工作常态化，不断提高数据的准确性和针对性，尽快建立起符合《巴塞尔协议Ⅱ》要求的，完整、严格、一致的数据标准和相应的数据处理平台，从而保证构建全面风险管理体系中所有量化管理的数据需要。

2. 基于模型的全面风险管理技术应用

（1）建立风险评级模型。在推进我国利率市场化进程中，由于企业财务欺诈现象严重、数据积累量不足、金融产品发展不充分、区域风险差别显著、道德风险异常严重等因素的影响，许多数学模型一时在我国银行业风险管理中还难以发挥其功效。如何深刻理解中国的金融风险，建立起有效的风险评级模型，重要的一点就是要在学习借鉴国外模型的理论基础、方法论和设计结构的基础上，紧密结合本国银行系统的业务特点和管理现状，研究设计自己的模型框架和参数体系，为建立风险管理预警系统奠定基础。

（2）建立全面风险管理预警系统。应在银行内部成立专业化机构，组织调配各类资源，持续和深入开展内部评级体系的研究、设计和开发工作，并对相关的业务流程和决策机制进行必要的改造和完善，使之更加适应现代化风险管理的需要。注重开发和使用市场风险管理系统。要多渠道收集和积累各项业务交易数据；引入先进的分析方法，如动态敏感度分析、蒙特卡罗模拟以及系统仿真等技术；提供风险管理的依据，如设定风险限额。加强对操作风险的识别和评估。我国商业银行应加强对高级计量法的研究，争取尽快达到符合标准法的要求，努力提高操作风险计量能力，以加快全面风险管理预警系统的建设步伐。

管控风险的前提是必须识别风险。建立风险预警机制，事前揭示、报告风险，防患于未然，是全面风险管理的关键环节。一叶落知天下秋，事物的变化由量变到质变，变坏之前必然有征兆。收集、整理、归纳这些导致变化的因素，形成系统化的预警信号，进行风险预报，可以为控制化解风险争取足够的时间与空间。如在信用风险预警上，一般包括财务因素预警和非财务因素预警两个方面。财务因素预警，通过关注借款人财务会计数据，计算其财务指标值，并与标准值对比分析指标变化，揭示指标值变化隐含的实质。非财务因素预警，通过分析借款人行业风险、经营风险、管理风险，总结归纳出影响贷款归还的早期预警信号，并建立预警模型，形成风险预警提示报告制度。

（3）全新的风险管理方法。作为区别于传统风险管理方法的全面风险管理，计算风险价值采用的技术方法除了传统的方差—协方差法（德尔塔正态法）、历史模拟法（Historical Simulation）和蒙特卡罗模拟法（Monte Carlo Simulation）三种方法之外，还引入了的新型的以风险为基础的考核盈利指标，全面风险管理的基本工具——经济资本回报率（Risk – Adjusted Return On Capital ，RAROC）。

传统经济学的观点认为企业经营的目标是利润最大化，依据这种理论，传统的资本回报衡量指标是净资产回报率（ROE）。但是这个观点没考虑风险因素，所以只能停留在不存在风险或者风险相等的理想条件下比较。其实，价值最大化并不等于利润最大化，而应该是利润最大化与风险最小化的结合和统一。对于以风险为经营对象这个问题，越来越多的商业银行使用经风险调整后的资本回报率（RAROC），即通常所说的经济资本回报率作为资本回报水平的衡量指标。

RAROC 是目前银行界最为有效和先进的风险收益衡量指标。基本原理是：以经济资本为基础对银行收益进行测度。由于经济资本将所有类型的风险用一个数值综合反映，因此它可以作为收益调整的基础。

10.3 城商行风险管理实施策略

尽管全面风险管理在理论上看来非常全面，但依然存在一些严重的缺陷而难以满足城商行风险管理的需要，这既有城商行自身的问题，也包括全面风险管理理论上的缺陷。特别是西方银行号称已经建立的全面风险管理体系本应该能发挥“识别、度量、转移和管理风险的”职能，但在 2008 年全球性金融危机面前基本丧失了作用①，这不能不让人对这一体系产生怀疑。这一“时髦”的体系对城商行的风险管理来说，存在以下一些问题：

① 刘鹏：《欧美银行全面风险管理体系的缺陷及启示》，载《新金融》，2010（4）。

（1）形式上的风险管理。表面上重要的风险管理在实践中并未能得到充分重视，危机前的风险管理只是一种橱窗装饰，银行高管并未真正认识并理解风险管理的潜在价值，更多的是用于对监管当局的应付，或被视为“最佳实践”清单中的内容，是获得监管当局认可、投资者认可提高股价等的要件。

（2）有破绽的模型工具对城商行风险管理不适用。进行全面风险管理的一个重要前提是能利用模型准确地度量风险，但现有模型工具依然存在问题。传统信用风险度量技术包括专家评定制度、信用评分方法、信用评级和贷款风险度测算。目前，城商行主要采取上述一种或多种方法组合。这些方法尽管具有简便明了、易于理解、对实践操作环境要求不高的优点。但也有以下缺点：一是以会计账面价值为基础，但会计数据并不能全面反映公司的实际状况和前景，因而难以发现借款人经营状况中更细微、更快速的变化；二是需要借助定性分析，主观随意性较大，在防范道德风险上有缺陷；三是效率较低，耗费人力时间过多。因此，国际银行业开始采取开发数学模型来度量信用风险。

《巴塞尔协议Ⅱ》提出了相应的内部评级法。目前国际金融界较流行的内部信用风险模型有KMV公司的信用监控模型、JP摩根的信用度量术模型、麦肯锡公司的信贷组合观点模型等。美国银行在2008年的年报中总结教训时就把过度依赖模型摆在首位，这表明这些模型也依然存在问题。美国商业贷款证券协会的调查显示，尽管2006年获得美国次级房贷的借款人中有61%获得了很高的信用评分，完全符合申请正常贷款的条件，但事后的研究却遗憾地发现多数美国银行的信用风险模型很难侦测诸如种族、宏观经济变化等对违约率的影响。

对我国城商行来说，由于其主要的贷款客户是信用资料很不健全的中小微企业，因此，即使城商行能建立自己的内部风险评价模型，也可能因为缺乏相应的数据而无法利用模型来测度客户的信用风险，即使勉强得出结果，置信度也非常低。

（3）全面风险管理的高成本。进行全面风险管理需要投入大量资金用于建立风险管理体系、组织结构的重建和调整、人员培训、支持系统等。对城商行来说，尽管建立全面风险管理体系前景可能很美好，但由于其业务量很小，前期高投入成本很难在短期内回收。

（4）监管制度造成的金融市场不完全。全面风险管理体系将主要的风险都纳入资产组合理论的框架下，利用资产组合技术消除非系统性风险。但当前我国对银行业特别是城商行的经营业务范围限制较多，城商行自身的能力也非常有限，监管制度造成的不完全性使城商行进行资产组合风险管理的效果大打折扣。

因此，城商行首先应建立符合自身特色的信用风险、操作风险和市场风险等管理策略，为最终向全面风险管理转型做好铺垫。

10.3.1 城商行信贷风险管理策略

所谓信贷风险是指商业银行贷款资产收益率的不确定性或波动性，既包括受利率波动影响造成的贷款资产收益率波动，也包括信贷资产损失的不确定性，主要是商业银行从事传统贷款业务和表外业务的过程中，因借款人受宏观经济影响或自身经营影响使得财务状况变差而导致贷款人不能按时、按量收回贷款本息的风险。由于我国尚未完全实施利率市场化改革，我国商业银行的信贷风险主要表现为第二种即信贷资产损失的风险。由于城商行的业务结构单一，作为其主要的盈利来源，信贷业务风险管理就成为城商行风险管理最为重要的内容。理论上，信用风险度量技术如专家评定制度、信用评分方法、信用评级和贷款风险度测算、KMV公司的信用监控模型、JP摩根的信用度量术模型、麦肯锡公司的信贷组合观点模型等均可以用于城商行在的风险管理，城商行在风险管理的实践中采取上述方法中一种或多种方法的组合。由于在我国企业财务欺诈现象严重、数据积累量不足、金融产品发展不充分、区域风险差别显著、道德风险异常严重，许多数学模型在我国银行业风险管理中的功效大大降低。特别是，区别于大银行主要的服务客户是大中型企业，中小企业是城商行的主要客户群体，基于会计账面价值、财务数据等为主的风险度量数学模型在城商行的风险管理中受到限制，而非数学模型的风险管理技术又因为定性分析的主观随意性较大，难以及时发现借款人经营状况的细微、快速但很可能导致信贷风险的变化，在防范借款人的道德风险等方面效率较低。

在国内，一些中小银行一直在努力探索信贷风险管理的方法。如中信银行完成“天计”信贷管理统计系统阶段性开发工作，加快“天计”统计分析系统的建设进度，完成了“天网风险预警系统”项目整体业务开发，并持续优化系统功能。中信银行持续优化公司信贷管理系统的集团客户电子流程功能，推出集团客户风险预警系统，为加强集团客户统一授信管理提供有力的信息保障和技术保障。兴业银行着手启动对银行内部核心系统及信贷系统升级改造，将贷款资金支付管理列入升级改造的重点。改造后的核心系统将更完善对贷款资金的支付及监控功能。华夏银行信贷系统是覆盖了信贷业务从营销、申请、审批、发放、贷后管理到资产保全整个业务的生命周期，包含了企业信贷和个人信贷的业务处理、人民币贷款和外币贷款的业务处理。该系统可以对客户相关资料进行扫描存储，可以随时查阅，并且在从审批到放款的每一个环节中都设置了风险控制点；集团客户、关联客户以及人民银行大额预警客户的管理使得客户关联风险更低。在每个级别设置了审批权限，超过权限就得上一级审批；在放款中心要检查放款的真实材料，并需要跟系统中的影印件进行核对；审批任务随机发配到专职审批人，防止通过关系通融过关；内置信用评级工具，对客户进行评级；系统对贷款即将到期的客户、已逾期的客户等问题自动生成预警任务发送给客户经理。尽管这些银行的努力值得城商行借鉴，但由于本身及所服务客户的差异，城商行很难套用这些系统或方法，亟须探索适合自身和主要客户群体的信贷风险管理模式。

为中小企业提供信贷融资是城商行的优势所在。作为城商行的主要客户群体，中小企业无论在经营规模、管理方式还是在市场空间、生命周期等方面均与大型企业有显著的差异。城商行在对中小企业的信贷融资过程中，既要遵循信贷风险管理的基本原则，同时也必须适合中小企业的经营特点，改善贷款技术、提高信用分析能力、开发信贷产品并加强信贷管理。

1. 大力发展中小微企业关系型贷款技术

席摩（Simo）和斯达芬斯（Stavins）等的研究表明，大部分家庭金融服务主要提供者是当地银行，且大部分中小企业以当地商业银行作为获取金融服务的来源。德国学者的实证研究发现，德国大部分中小企业与1~2家银行建立了长期的借贷关系，许多中小企业从一家银行所获得的贷款额占其贷款总额的2/3以上。

从贷款技术看，伯格（Berge）和尤德尔（Udell）（2002）将银行对企业的贷款技术区分为交易型贷款和关系型贷款两个大类，包括财务报表型贷款、资产保障型贷款、信用评分（Credit Scoring）三种小类，这三类贷款发放与否的决定主要是基于贷款发起时就比较容易得到的、可数量化和可查证的“硬”信息，主要适用于经营时间较长、企业财务信息较健全的大中型企业。而关系型贷款（Relationship Lending）主要是商业银行针对中小微企业经营时间不长、财务信息比较缺乏的不足，利用银行自身的信息积累优势、通过多种渠道（如企业及其所有者、企业的供货商及客户、企业所在的社区及企业所在的行业管理部门等）的接触获得企业主和与企业的相关信息，这些信息中有相当一部分通常是难以被量化、被查证和传递的“软信息”（Soft Information）（如企业家的品质、道德素养等），并借由这些关键信息决定是否向中小企业提供信贷融资的一种变通方法，实质是银行和企业为克服信息不对称导致信贷市场失灵的而共同建立的一种制度安排。

关系型贷款中的各种软信息尽管无法像财务指标一样进行精确地量化，但与企业的还贷与否及还贷能力密切相关，很大程度上可以替代财务数据等硬信息，部分弥补中小微企业因无法提供合格的财务信息和抵押品所产生的信贷缺口，改善其不利的信贷条件。国外很多学者对关系型贷款进行了理论研究，尽管方法和角度不同，但几乎都得出了中小银行相比大银行更适合发展关系型贷款的结论。从西方国家的实践来看，关系型贷款无论是在发达国家还是在发展中国家都相当盛行。因此，关系型信贷技术完全可以作为我国城商行发展中小微企业信贷融资的一种重点信贷技术来发展。

在我国，城商行在当地城市有很好的“地缘优势”，其员工大部分来自当地，有广泛的人际网络，且与当地政府、企业所在的行业协会、主管部门也有着密切的业务或非业务联系。因此，城商行在获取中小微企业的软信息上具有其他跨区域大银行、股份制银行和外资银行不可比拟的优势，这为城商行大力发展关系型信贷技术奠定了坚实的基础。

在实践中，城商行应注重与中小微企业建立长期合作关系。信贷员在关系型信贷技术中起着重要作用，城商行要注重信贷员的专业技术和业务能力的提升，通过建立、优化中小微企业信贷的约束—激励机制，将其传统的信贷员角色转换为银行家角色，促使其积极主动地从现有中小微企业中筛选并培育出资信可靠、发展前景良好的优质客户，并加强与这些客户关系的维系，鼓励信贷员进行中小微企业软信息收集、处理方式的创新。过于注重抵押品是当前中小微企业信贷突出的瓶颈问题，城商行应鼓励信贷员通过软信息的获取并在信贷决策中灵活对待中小微企业的抵押品问题。

一般认为小企业缺乏抵押或担保，加之资产规模小，因而向小企业发放贷款风险会比较高。因此，开展小额信贷业务时对风险的控制就完全倚仗银行信贷流程设计的科学性和业务人员的专业素质了。

以包商银行为例，该行在拓展小微业务时，坚决打破抵押物崇拜，轻抵押，重分析，交叉检查验证，全面掌握小微客户的“软信息”。再以泰隆商业银行为例。泰隆商业银行通过发展关系型信贷控制中小微企业信贷风险的独到之处对城商行颇有借鉴意义。泰隆商业银行考察借款人信用时遵循“到户调查”和“眼见为实”的原则：要求客户经理必须到借款人经营场所实地核查原始账簿、单据、凭证，直接到现场盘点实物，全面掌握客户的缴税情况、用电情况、经常性存货、固定资产、资产负债情况等。同时，为判断企业主个人的诚信情况，不仅了解其信用记录，还调查其生活习惯和休闲爱好。银行要求通过艰苦细致的调查，全面掌握客户的“三品”——企业主的人品、企业经营的产品和企业及企业主所有的物品，从而能够对客户的偿债意愿与偿债能力作出较准确的判断。

除了考察借款人信用状况之外，泰隆商业银行还在各个环节不断创新风险控制手段。在担保方面，针对小企业的股权特征，把贷款偿还责任与企业法定代表人、实际控制人、大股东挂钩，要求其夫妻提供共同保证，把企业的“有限责任”转变为个人的“无限责任”。此外，银行用较小额度、较短期限进行尝试，在长期重复博弈中发现借款者的真实信用水平，并根据借款人在借款后的还款过程中的表现确定后续贷款额度。短期信贷另一原则是贷款“笔笔清”，即当授信客户申请第二笔贷款时，一般都应先把第一笔贷款清偿完毕，这就要求借款人有平滑稳定的现金流入，巧妙地将借款人可能从事的长期投资项目排除在外。

2. 提高中小微企业信贷风险分析和定价能力

使用新的信贷技术发展中小微企业信贷业务，提升城商行的信贷风险分析能力和基于风险的信贷服务定价是其中最重要的环节。科学合理的定价机制，不仅能够保证贷款利率覆盖风险和运营成本，实现一定的盈利水平，还有利于最大限度地满足客户需要，支持中小微客户的发展壮大，进而实现我国中小微企业金融的可持续发展。

（1）注重中小微企业信贷风险的影响因素分析。中小微企业受生产规模小、生命周期短等条件的制约，与大中型企业相比抗周期能力较弱，单个企业信贷风险较大。因此，在“价格覆盖风险”的原则下，要为中小微企业贷款合理定价，首先必须明确影响贷款风险的主要因素。这些影响因素因所处地域、行业、宏观经济周期等不同而存在较大差异。因此，李炅宇、刘伟①认为，中小微企业信贷风险的影响因素主要有：

①经济区位因素。我国幅员辽阔，不同地区经济发展水平、信用文化习惯和法律环境等差异明显，上述因素均会对中小微企业信贷风险产生较大影响。不同地区不良贷款率具有显著差异。有研究表明，我国东北地区信用环境最差，其次是湖南、河北、山西、安徽等华北和中部地区，以江浙为代表的华东地区

---

① 李炅宇、刘伟：《商业银行小微企业贷款的风险定价策略》，载《银行家》，2011（4）。

信用环境最好。我国不同区域经济发展程度对不良贷款的回收率也会产生影响。通常，区域人均 GDP 越高，不良贷款的平均回收率也越高，银行贷款风险越小；长三角、福建、广东等经济水平较高的省份不良贷款平均回收率在 50% 左右，而欠发达地区平均回收率约在 15% ~25%，两者相差 30 个百分点以上。

②所处行业因素。产业环境直接影响企业的生产经营状况。对中小微企业来说，能否选择适合发挥自身优势的行业，决定了企业生存的质量和时限。对于银行来讲，明确中小微企业的行业分布特征和行业风险，实行正确的客户行业定位，有利于降低潜在风险。如在关系到国计民生的重要行业中，垄断企业主导性较强，中小微企业难以生存。

③经济周期因素。大量理论研究和实证分析发现，以经济周期为代表的宏观系统因素对信用风险有显著影响。与大企业相比，中小微企业经营不确定性大，受宏观经济波动影响更为明显。在经济繁荣时，企业经营状况相对良好，资金流动性相对充足，企业还款能力强；经济低迷期，小微企业违约率会迅速上升。穆迪公司的研究表明，小企业经济衰退期的债务回收率比经济繁荣期低 1/3。而对于有抵押的贷款，不良贷款回收率在一定程度上由押品的价值决定。一般情况下，当宏观经济低迷时，小微企业押品价值下降更快。我国四大资产管理公司贷款清收数据也表明，在经济增速高于 10% 的繁荣时期，不良贷款平均回收率较低迷时期高出 8 ~ 10 个百分点。当然，由于贷款风险对经济周期的反应具有一定滞后性，城商行需加强对宏观经济的研究，提高预测能力，提高中小微企业贷款定价的前瞻性。

④企业自身因素。影响中小微企业风险的自身因素主要包括企业生产经营情况、企业现金流状况、企业家个人信誉及风险偏好和企业所处的发展阶段等。对于这些因素，银行可以利用客户评分等授信审核手段筛选客户，预估客户风险。如同自然界的生物一样，中小微企业也存在生命周期。不同发展阶段的企业有着不同的融资需求，同时也存在着不同类型的信贷风险。银行应根据中小微企业的成长周期细分市场，设计不同的金融产品和风控手段。

⑤贷款设计因素。影响小微企业信贷风险的贷款设计因素主要有贷款金额、担保方式、本息还款方式、贷款期限等，此类风险同样应反映在贷款定价中。小微企业贷款抵押品往往难以变现、贬值速度快，还可能存在重复抵押的问题。因此，一旦发生违约，小微企业抵押贷款的回收率甚至低于企业间担保或保证类贷款。

好的还款方式将会显著降低贷款风险。小微企业现金流紧张、资金来源不稳定，银行应积极研发分期偿还本息的信贷产品。这样，一方面可以动态监控企业的还款能力，另一方面还可以避免贷款到期后给企业造成的集中还款压力。有研究表明，小企业贷款金额与不良贷款回收率呈现明显负相关关系。在贷款额度的确定上，应坚持“不使借款人过度负债”的原则。在确定贷款金额和还款计划时，应确保即使投资失败导致贷款资金全部损失，借款人仍有一定偿还能力。

（2）中小微企业贷款定价策略。在国内商业银行小微金融实践中，民生银行倡导依据“大数定律”和“价格覆盖风险”两项原则对小微企业信贷进行定价。这两项原则是对传统经营性贷款依据“客户评级”和“债项评级”两维风险定价模式的扬弃，为城商行发展中小微企业信贷提供了颇有参考价值的解决方案①。

中小微企业信贷定价模型的数理精算基础。传统的公司贷款定价模式实质上属于“成本加成的定价模式”，贷款定价需综合考虑银行盈利目标、风险成本、运营成本等因素。其中，风险成本的计算依赖于银行对客户的风险评级和债券评级，并需给出贷款违约概率（PD）和违约损失率（LGD）的精确估计。

基于“大数定律”对中小微企业信贷风险定价主要是借鉴保险精算原理，这种定价也属于加成定价。与传统的基于客户信用风险评级、债券评级等计算单个公司贷款违约概率和违约损失率不同，基于大数定律的中小微企业信贷风险定价是计算信贷客户整体的违约率和违约损失率，对当前城商行发展中小微企业贷款很有意义，但其价值还未得到商业银行的重视。理论上，基于大数定律的中小微企业信贷风险定价类似于保险公司的“精算公平价格”。从直觉看来，单个中小微企业信贷违约率（类似于单个被保险人发生保险事故的概率）可能高于大中型企业，但如果从全局的视角来看则未必如此。根据大数定律，给定单个中小微企业信贷违约的概率是随机的，如果将同类中小微企业信贷视为一个整体即资产池，当资产池中中小微企业数量不断增加以至于趋向于无穷大（或足够大）时，资产池的平均贷款损失（违约率）风险将趋向于预期贷款损失风险。

基于“大数定律”的中小微企业信贷定价模型在实践中的条件要求也与保险正常运转的条件类似，这些条件包括：①同类中小微资企业客户即资产池的

① 此部分参考了李炅宇、刘伟：《商业银行小微企业贷款的风险定价策略》，载《银行家》，2011（4）。

样本量要足够大；②单笔贷款金额要小，单笔贷款产生的风险对总体平均贷款风险不会产生显著影响，也即像保险活动中不能出现巨灾风险事故；③中小微企业客户信贷资产组合的各项头寸风险相关性较弱才能实现风险分散化。形象地讲，若各商户违约相关性强，如相关系数达到1时，1 000户小额贷款的损失期望值会与1户规模相当的大额贷款的损失期望值相等，这时就无法满足“大数定律”的条件。

从实践看，我国中小企业为数众多，截至2009年9月底，我国工商企业登记的中小企业数量高达4 153.1万户，占全国企业总数的99.6%。其中，中小企业1 023.1万户，个体工商户3 130万户，如此庞大的数量规模是其他国家所无法比拟的，也为利用大数定律进行中小微企业信贷产品定价提供了数量基础；我国的中小微企业分布在各行各业，为中小微企业信贷风险分散奠定了基础；此外，我国城商行已具备一定的跨区域经营基础，随着跨区域发展的进一步深化，城商行中小微企业信贷风险的地域关联性将进一步降低。

基于“大数定律”的中小微企业风险定价模型可以用下面的公式简单地表示：

$$P = R + CC \qquad (10-1)$$

其中，P 表示贷款利率，R 表示期望利润率，CC 表示银行的资金成本率或存款利率。

中小微企业信贷定价模型的“价格覆盖风险”原则。理论上在完全市场竞争的条件下，依据大数定律原理，城商行的期望利润率（超额利润率）为零，因此，城商行中小微企业信贷产品的价格刚好等于其资金成本率。

但中小微企业信贷风险完全在资产池内分散是相当理想化的，城商行可能需要承担额外的风险，包括理论上可分散但实践中未能分散的非系统性风险，也包括系统性风险，如未预期到的宏观经济波动产生的系统性风险。对于系统性的风险如行业风险，尽管可以依据信贷客户所在的经济区域、所处行业等因素实施差异化定价，但也理应在定价模型中予以反映。

城商行为中小微企业提供信贷服务，除了需要产生信贷资金成本，还需要投入其他的人力、物力成本，如持有较多额外的资本应付风险事故的发生。除此之外，城商行的商业银行垄断性质决定了其中小微产品定价中必须包含一部分特许权价值（Charter Value），如果将这些都反映到产品定价中，公式（10－1）就应该修正为公式（10－2）：

$$P = R + CC + RC + OC + CHV \qquad (10-2)$$

其中，P、R 和 CC 的意义同前，RC 为银行的风险成本率，OC 表示银行的运营成本率，CHV 表示银行的特许权价值。

因此，所谓“价格覆盖风险”原则要求银行贷款定价不仅要覆盖预期风险，同时还要覆盖非预期风险。在“大数定律”原则下，中小微企业的个体风险能够得到有效分散，银行可以通过信用评分、授信审核等客户筛选手段实现对总体预期风险的有效预测和控制。但资产池的风险是会随着经济周期、区域、行业等因素变化而变化的，这就是非预期系统性风险。解决非预期系统性风险需要降低资产的集中度，同时依据客户所在的区域、行业等宏观因素实现差异化定价，使价格覆盖系统性风险。

中小微企业经营情况复杂，对外部经济环境的变化反应敏感。单个客户风险参数难以精确测算，且需要付出巨大的研发成本。依据“大数定律”和“价格覆盖风险”原则对小微企业贷款进行定价可克服上述困难，在较低的模型研发成本下，实现较为有效的差异化产品定价，具体描述如下：

在“大数定律”成立的条件下，客户的个体风险能够得到有效对冲，资产组合的平均贷款风险趋向于预期贷款风险。因此，我们可以用小微企业业务总体的预期损失率（或者不同资产池的预期损失率）代替单笔贷款的预期损失率，这就避免了估计单笔贷款的PD和LGD，极大地降低了模型开发难度，并提高了估计结果的准确性。

对于非预期的系统性风险，我们主要考虑资产组合中无法对冲的经济周期、区域、行业等宏观系统性风险对贷款的影响。根据宏观环境的不同，给予一定的风险溢价，来覆盖非预期风险。因此，风险成本率（RC）可以进一步分解为：

风险成本率(RC) = 资产组合预期损失率(GEL)
+ 经济周期风险溢价率（MR）+ 区域风险溢价率(DR)
+ 行业风险溢价率(IR) + 基于贷款设计的定价调整率(TP)

其中，经济周期、区域、行业风险溢价是指由于宏观环境变化造成的、在资产组合中无法对冲且总体预期风险无法覆盖的非预期系统性风险的定价补偿；基于贷款设计的定价调整主要指由于贷款担保方式、单笔金额的大小、还款方式、贷款期限等方面的不同而对贷款定价进行的调整。如北京、天津、上海、江苏、浙江等地区的风险溢价相应可以调低；受益于经济结构转型、消费升级等因素，居民服务、消费品贸易等行业经营稳定性好、系统性风险低，也可以予以较低的行业风险溢价。

（3）加强中小微企业信贷产品创新。每一次危机过后均会孕育出新的发展机会，全球金融海啸过后，中小微企业必将迎来更加广阔的发展空间。各银行加大小微企业业务的推广力度，不仅是银行加快业务转型、提升盈利水平的必然之选，更是银行践行社会责任、缓解政府宏观调控压力、支持国家经济结构转型的重要金融手段。要推动中小微金融迅速发展，城商行既需要进一步探索符合自身特色的中小微企业贷款的准确定价，也要针对中小微企业的特征进行信贷产品的创新，以支持并推动中小微关系型信贷业务的可持续发展。

近年来，各商业银行、小额贷款公司，甚至担保公司都纷纷推出了自己面向小型企业的金融服务品牌。国有银行中小企业金融品牌以中国银行的“中银通达”和中国建设银行的“速贷通”为代表；中国银行还针对小企业贷款推出了“中银信贷工厂模式”。各股份制银行也推出了自己的小企业金融品牌，其中有很多品牌特色值得同行借鉴。比如整贷零偿的还款方式、根据小企业的成长周期和业务流程提供差异化的产品、关注小企业投行业务资金需求、“联贷联保”的批量贷款模式等，都值得深入研究和学习。

以浙江稠州商业银行为例。稠州银行针对商品市场的小企业（包括个体企业）进行了多种金融创新，比如“商位使用权权利质押贷款”，该产品针对义乌国际商贸城拥有商位有期有偿使用权的经营户设计，商户可将其自营的国际商贸城商位的有期有偿使用权作为质押物，以质押担保的形式获得流动资金贷款。传统的抵押贷款对质押物有明确的要求，而中小企业往往难以提供所需贷款相应要求的抵押。稠州银行的这种贷款安排突破了传统的抵押贷款形式，使得资产量小、抗风险能力低、抵押品不足，但靠诚实、辛勤劳作经营的小商户能及时获得企业发展所需资金。另外，这样的贷款业务又要求银行客户经理对贷款人的信用状况有全面切实的掌握。这就摆脱了我国传统的根据抵押品发放贷款的落后模式，优化创新了信贷流程，符合现代商业银行经营的先进理念。仅就“商位使用权权利质押贷款”一项产品而言，自2008年5月开办业务以来，截至2009年3月末，稠州银行已向1 061户经营户累计发放贷款超过6亿元，平均单户金额56万元，每月有近110户市场经营户获得该项资金支持。稠州商行亦获得丰厚的回报。价格方面，银行综合考虑贷款风险（违约风险成本）、放贷资金成本、营业及管理成本、税负及资产收益率五大成本风险要素，确定贷款保底利率，再在保底利率的基础上综合考虑客户的各方面参数，将利率细化为50个档次，为不同资质的客户提供不同利率。总而言之，银行通过不断的金融创新整合各种技术和价格要素，从而兼顾了扩大目标客户覆盖率和保障信贷资产质量的二元目标。

10.3.2　城商行市场风险管理策略

商业银行的市场风险主要包括利率风险和汇率风险。利率风险是指由于利率的变化，可能导致的资产回报率变得更低或负债变得更为巨大。这种风险针对利率敏感型资产和敏感型负债而言，它直接影响利差，从而影响盈利。汇率风险又称外汇风险，是当商业银行经营外汇业务时，汇率变化可能导致银行相关资产变低或负债变大，从而使银行形成亏损。市场风险的综合度量技术主要有风险状况图、VaR方法、压力测试法、情景分析法等。

“十二五”期间，由于我国极有可能稳步推进利率市场化改革，且面对国际、国内经济形势的变化，宏观调控会导致利率波动频繁，因此，利率风险是城商行在“十二五”时期仅次于信贷风险的第二大风险。

从汇率风险来看，城商行也会受到较大的影响。“十二五”时期，人民币对美元汇率依然处于升值通道，人民币升值对出于战略发展或资本结构的优化考虑引入国际战略投资者的城商行来说会产生汇率计价风险。随着人民币国际化进程的加快，城商行的国际业务比重会不断增加，也可能出现较大的汇率风险。

1. 城商行市场风险管理技术

在当前我国利率市场化和人民币国际化步伐不断加快的形势下，市场风险管理应成为我国商业银行资产负债管理的重要内容之一。尽管中国人民银行早在1998年就正式取消了商业银行信贷规模控制，全面推行信用风险的资产负债管理，但除了大型国有商业银行、上市股份制商业银行和外资银行外，尚有很大一部分中小银行特别是城商行并未对市场风险管理引起足够的重视。因此，城商行应该抓紧建立起一套科学有效的现代市场风险管理机制，以从容地迎接利率市场化和人民币国际化的影响，以免因初期自身准备不足仓促上阵而陷入被动地位。

城商行的市场风险管理策略与其他银行并无二致，如利率风险管理关键技术（持续期、利率敏感性缺口管理、压力测试等）、利用金融工具（如自然避险法、远期汇率套期保值、货币掉期和投资法等）进行汇率风险管理等在理论上已非常成熟，在实践中也得到了广泛应用。如建设银行资产负债管理系统二期项目的系统中就包括缺口、久期、净利息收入动态模拟和压力测试等多种计量功能，为利率风险的精细化管理提供技术支持。建设银行还根据市场变化和管理需要，进一步优化了长期项目贷款、个人贷款以及同业存款等价格授权体系和价格形成机制，在控制风险的同时提高市场竞争力，并聘请专业咨询公司完成了利率风险压力测试。工商银行也启动了银行账户利率风险并表管理，扩大银行账户利率风险监测面，实现集团层面全口径并表监测。

在汇率风险管理方面，2010 年上半年，建设银行对资产负债管理系统中汇率风险管理模块进行了持续优化，主要功能已成功上线。汇率风险敞口自动计量范围扩展到海外分行，并支持对子公司汇率风险的计量，进一步完善汇率风险敞口计量的方法，计量准度、精度大幅提高，开发了汇率风险情景模拟和压力测试等高级功能，并支持汇率类衍生品价值重估和风险价值计量。工商银行也投产人民币和外币全额资金集中管理系统，成功搭建本外币一体化、集约化的全额资金集中管理体制，为汇率风险的统一集中管理奠定基础。农业银行也将压缩外汇敞口工作提上了日程，对全行本外币利率风险进行全面压力测试，通过控制中长期外汇贷款、压降中长期外汇投资、增加外汇存款、外汇注资部分结汇、压缩外汇净敞口等方式来对其外汇资产进行管理。农业银行开展对资金营运部（含上海分部）、票据营业部和国际业务部交易业务的内控和合规风险检查，做好次贷相关资产的风险防控与处置工作，并首次对全行的投融资业务的汇率风险、本外币利率风险进行全面压力测试。

2. 城商行市场风险管理策略的重点

当前，城商行的利率风险管理策略，重点需要解决如下几个问题：

（1）增强利率风险管理意识。在我国利率管制体制下，中国人民银行长期要求商业银行必须严格遵守各项利率法规和利率政策，商业银行管理层重视的是利率合规性问题，基本上甚至是根本上没有意识到利率风险对商业银行经营业绩的重要性。意识决定行为，因此，城商行利率管理人员特别是管理层是否具有利率风险意识，将直接决定利率风险管理工作的效果。因此，要通过研讨会、培训班等形式来提高城商行各级管理层和一般工作人员的利率风险管理意识。

（2）加强利率风险管理组织机构建设。我国城商行虽然按照监管机构的要求设立了风险管理委员会，但其风险管理重点局限于信贷风险管理，基本上没有设立专职的金融产品定价部门，更不要说设立专职的利率风险管理部门。目前，我国城商行的利率风险管理职能基本上是资金财务部门来执行，主要负责中国人民银行利率政策文件的转发及解释等工作，尽管近几年开始逐步充实资金财务部门的利率管理人员，也开始逐步参与金融产品的定价工作，但从总体上来说，我国城商行利率管理部门的设置和人员的配备尚无法适应利率市场化改革和商业银行经营管理的需要。鉴于金融产品定价和利率风险管理的内在联系，我国城商行有必要将金融产品定价和利率风险管理的职能集中由同一部门——利率风险管理部管理，并加强相关职能部门的协调配合，如风险管理委员会负责制定利率风险管理政策，统计部门负责提供资产负债剩余期限等数据，研究部门负责宏观经济、金融市场利率的走势预测，等等。

（3）完善利率风险定价机制。商业银行是经营金融产品的企业，金融产品的价格将直接影响金融产品的销售和经营效益。因此，金融产品的定价问题是城商行经营管理的核心问题，这将随着我国利率市场化改革的推进越来越突出。目前，我国城商行尚未建立起完善的金融产品定价机制，基本上没有设立专职的金融产品定价部门，也没有将金融产品营销部门和定价部门分离，导致金融产品定价没有体现成本效益原则和差异化策略，也容易出现道德风险。

同时，金融产品定价主要是确定金融产品的利率水平、变动规则及违约责任，也就是确定是采用固定利率还是浮动利率，若是浮动利率则浮动周期是几个月，能否提前支取或提前还款等，相应地决定了商业银行将面临的利率风险大小及种类，但我国城商行在金融产品定价过程中基本上没有考虑到利率风险问题。因此，城商行要尽快完善利率定价机制，加强对利率风险定价问题的研究。

（4）积极准备市场风险内部模型法。市场风险的内部模型法（IMA）在商业银行的市场风险管理中得到了广泛应用，大型国有商业银行在《巴塞尔协议Ⅱ》市场风险内部模型法（IMA）下实施的IT系统正式投产上线，并建立了市场风险数据集市。国内如中国银行不断优化市场风险内部模型法，持续进行模型验证。工商银行上半年加快推进金融市场业务与风险管理自主研发项目建设，搭建基于内部模型法的市场风险管理制度框架体系。工商银行继续加强和完善交易账户风险计量和产品控制工作，采用风险价值（VaR）、敏感度分析、敞口分析等多种方法对交易账户产品进行计量管理，加强限额执行情况监测，逐步开展压力测试工作，建立基于交易组合的市场风险限额管理体系。工商银行采用历史模拟法（选取99%的置信区间、1天的持有期，250天历史数据）对总行本部交易账户的本外币债券、人民币结售汇和外汇买卖等产品计量风险价值。为全面提升市场风险管理水平，工商银行与高盛集团启动战略合作，重点开展市场风险管理领域的全面合作，充分吸收高盛在市场风险管理、交易投资管理、金融工具创新等方面的先进经验，在国内银行业中率先启动了金融市场业务与风险管理研发项目。在研发过程中，工商银行首先从标准衍生产品开始逐步构建自主定价模型，逐步打开外购的复杂结构性衍生产品定价模型“黑箱”，并通过自主开发利率、汇率、波动率等市场风险因子模型，自主构建市场风险计量方法体系，全面提升自主定价能力、市场风险量化分析水平和风险揭示能力。同时，工商银行初步搭建起全行统一的金融市场业务与风险管理数据和 IT 系统平台，将形成金融市场业务与风险管理自主研发系统的核心模块和基础架构，从根本上摆脱外购系统和模型的束缚，全面提升金融市场业务领域 IT 的自主研发能力。其他如浦发银行也加强经济金融形势研究判断，对市场“尾部风险”进行预测并实施压力测试。

（5）加强利率风险管理人员的专业技能培训。由于我国商业银行尚未或刚开始涉足利率风险管理领域，其利率管理人员基本上不具备利率风险管理的基本知识，急需进行利率风险管理基本知识的培训。一方面，近期可以由中国人民银行举办利率风险管理培训班，邀请大学教授讲解利率风险管理理论，邀请外国商业银行利率风险管理实务人员讲解利率风险管理经验。另一方面，商业银行要将利率风险管理纳入其业务培训范围，也可以委托高校举办利率风险管理短期培训班。

10.3.3 城商行操作风险管理策略

1. 操作风险的内涵及其在我国城商行中的表现

商业银行操作风险的范围非常广，且对操作风险的界定并未统一。如英国银行家协会（British Banker Association，BBA）最早对操作风险的定义中认为，“操作风险与人为失误、不完备的程序控制、欺诈和犯罪活动相联系，它是由技术缺陷和系统崩溃引起的”。经过广泛的讨论和争论，1998 年 5 月，IBM（英国）公司发起设立了第一个行业先进思想管理论坛——操作风险论坛，在这个论坛上，将操作风险定义为：操作风险是遭受潜在损失的可能，是指由于客户、设计不当的控制体系、控制系统失灵以及不可控事件导致的各类风险。损失可能来自于内部或外部事件、宏观趋势以及不能为公司决策机构和内部控制体系、信息系统、行政机构组织、道德准则或其他主要控制手段和标准所洞悉并组织的变动。它不包括已经存在的其他风险如市场风险、信贷风险及决策风险。这次会议的一些结论性定义为很多银行所接受。巴塞尔银行监管委员会关于操作风险的定义也是建立在这个基础之上，认为操作风险是指由于不完善或有问题的内部操作过程、人员、系统或外部事件而导致的直接或间接损失的风险。这一定义包含了法律风险，但是不包含策略性风险和声誉风险。如银行办理业务或内部管理出了差错，必须作出补偿或赔偿；法律文书有漏洞，被人钻了空子；内部人员监守自盗，外部人员欺诈得手；电子系统硬件软件发生故障，网络遭到黑客侵袭；通信、电力中断；地震、水灾、火灾、恐怖袭击；等等。

当前，操作风险受到国际银行业界的高度重视。其原因主要是，银行机构越来越庞大，它们的产品越来越多样化和复杂化，银行业务对以计算机为代表的IT的高度依赖，还有金融业和金融市场的全球化趋势，使得一些“操作”上的失误可能带来很大甚至是极其严重的后果。过去一二十年里，这方面已经有许多惨痛的教训，如巴林银行的倒闭就是一个令人触目惊心的例子。

在我国城商行过去发生的风险事故来看，内部欺诈、外部欺诈最为严重。尽管对20世纪出现的一些操作风险大案、要案进行整顿后，我国商业银行的操作风险案件有所减少，但在城商行中操作风险案件又有所回升，且经常表现为内外勾结的金融舞弊案，而其他几类操作风险对城商行的影响相对较轻（见表10－2）。

表10－2　巴塞尔银行监管委员会的操作风险分类及其在我国城商行中的严重程度

类型	主要表现	城商行中的严重程度
内部欺诈	有机构内部人员参与的诈骗、盗用资产、违反法律及公司规章制度的行为	严重
外部欺诈	第三方的欺诈、盗用资产、违反法律的行为	严重
雇佣合同及工作状况带来的风险事件	由于不履行合同或者不符合劳动健康、安全法规所引起的赔偿要求	一般
客户、产品及商业行为引发的事件	有意或无意造成的无法满足某一顾客的特定需求或由于产品性质、设计问题引起的失误	一般
有形资产的损失	由于灾难性事件引起的有形资产损坏或损失	较严重
经营中断或系统出错	软件或者硬件错误、通信问题及设备老化	较严重
涉及执行、交割及交易过程风险	交易失败、与合作伙伴的合作失败、交易数据输入错误、不完备的法律文件、未经批准访问客户账户以及卖方纠纷等	较严重

2. 城商行操作风险产生的原因

造成城商行操作风险的原因是多方面的，这些原因包括：

（1）公司治理结构不健全。一是所有者虚位，导致对代理人监督不够。二是内部制衡机制不完善。董事会、监事会、经营管理层之间的制衡机制还未真正建立起来。三是存在“内部人”控制现象。国有商业银行所有者虚位，很容易导致银行高管人员利用政府产权上的弱控制而形成事实上的“内部人”控制，进行违法违纪活动。四是内部控制能力逐级衰减。直线式管理架构，由于内部管理链条过长，信息交流不对称，按照“变压器”原理，总行对分支机构的控制力层层衰减，管理漏洞比较多。

（2）内控制度不完备。一是没有形成系统的内部控制制度，控制不足与控制分散并存，业务开拓与内控制度建设缺乏同步性，特别是新业务的开展缺乏必要的制度保障，风险较大。二是内控制度的整体性不够，对所属分支机构控制不力，对决策管理层缺乏有效的监督，对业务人员监督得多，而对各级管理人员监督得较少、制约力不强。三是内控制度的权威性不强，审计资源配置效率低下，稽核审计职能和权威性没有充分发挥，内部审计部门没有完全起到查错防漏、控制操作风险的作用，操作风险的管理技术方法落后，信息技术的运用严重滞后。

（3）员工队伍管理不到位。银行管理人员在日常工作中重业务开拓，轻队伍建设；与风险控制有冲突的考核激励政策容易诱导操作风险。重员工使用，轻员工管理，对员工思想动态掌握不够，加之举报机制不健全，使本来可以超前防范的操作风险不能及时发现和制止。

此外，社会转型及银行业变革也易引发操作风险。如当前社会治安形势仍然严峻，针对银行的抢劫、诈骗、盗窃等犯罪时有发生。从银行内部来看，城商行进行改革、机构撤并等也易引起各种矛盾的尖锐化从而引发操作风险。

3. 城商行操作风险管理策略

当前，城商行的操作风险管理策略可从以下几个方面着手：

（1）加大改革力度，优化公司治理制度和股权结构。我国城商行要进一步按照现代商业银行的要求完善公司治理制度，规范股东大会、董事会、监事会制度，构建股东大会—董事会—监事会—行长经营层之间的权力划分和权力制衡的有效结构，通过高级管理层权力制衡，抑制“内部人”控制、道德风险的发生。优化股权结构，减少大股东特别是地方政府对城商行运营的干预。

（2）优化管理模式。按照“机构扁平化、业务垂直化”的要求，推进管理架构和业务流程再造，从根本上解决操作风险的控制问题。

（3）改革考核考评办法。正确引导分支机构在调整结构和防范风险的基础上提高经营效益，防止重规模轻效益。要合理确定任务指标，把风险及内控管理纳入考核体系，切实加强和改善银行审慎经营和管理，严防操作风险。不能制定容易引发偏离既定经营目标或违规经营的激励机制。

（4）不断完善内部控制制度。在坚持过去行之有效的内部控制制度的同时，要把握形势，紧贴业务，不断研究新的操作风险控制点，完善内部控制制度，及时有效地评估并控制可能出现的操作风险，把各种安全隐患消除在萌芽状态。要进一步完善相应的授权体系，实行统一法人管理和法人授权；坚持必要的职责分离，以及横向与纵向相互监督制约关系的制度；明确关键岗位、特殊岗位、不相容岗位及其控制要求；对于重要活动应实施连续记录和监督检查；对于产品、组织结构、流程、计算机系统的设计过程，应建立有效的控制程序；建立信息安全管理体系，对硬件、操作系统和应用程序、数据和操作环境以及设计、采购、安全和使用实施控制；建立并保持应急预案和程序，确保业务持续开展。

（5）全面落实操作风险管理责任制。首先，要通过层层签订防范操作风险责任合同，使风险防范责任目标与员工个人利益直接挂钩，形成各级行一把手负总责，分管领导直接负责，相关部门各司其职、各负其责，一线员工积极参与的大防范工作格局。其次，要真正落实问责制。要明确各级管理者及每位操作人员在防范操作风险中的权力与责任，并进行责任公示。今后银行发生大案，既要有人及时问责，又要深入追查事件责任人。对出现大案、要案，或措施不得力的，要从严追究高管人员和直接责任人的责任，并相应追究检查部门、审计部门及人员对检查发现的问题隐瞒不报、上报虚假情况或检查监督整改不力的责任。

（6）加强人员管理。要牢固树立以人为本的经营思想，充分发动和依靠广大员工抓好操作风险管理工作。加强思想政治教育。要深入开展矛盾纠纷和不安定因素排查化解工作，多方面、多层次将矛盾纠纷和不安定因素化解在单位内部和萌芽状态。加强风险意识教育。要坚持不懈地进行安全形势教育、典型案例教育、规章制度教育，提高全行员工安全防范意识和遵纪守法观念。要及时、深入了解重要岗位人员工作、生活情况，掌握思想和行为变化动态，对行为失范的员工要及时进行教育疏导和诫勉谈话，情节严重的，要严肃处理。

此外，城商行要不断摸索，逐步完善操作风险计量方法。虽然目前对操作风险的计量还没有一个十分完善的方法，但是随着商业银行全面风险管理的深入开展，准确计量操作风险并计提准备金是一个必然的发展趋势。加强信息技术应用。在数据大集中的进程中，要加强业务系统操作平台建设，全面查找设计上的漏洞，完善系统软件。建立健全操作风险识别和评估体系。要借鉴国际先进经验并运用现代科技手段，逐步建立覆盖所有业务类别操作风险的监控、评价和预警系统，识别和评估所有当前和未来潜在的操作风险及其性质。建立和完善内部信息交流制度。针对近年来多发的管理人员带头实施违规，强迫命令下属违规操作，形成案件和资金风险的问题，银行要建立和完善员工举报制度，依靠和发动一线员工，鼓励检举违法违规问题，坚决遏制各类案件特别是大案要案高发的势头。

4. 可供城商行借鉴的操作风险管理案例

（1）工商银行。工商银行大力推进多项业务的流程优化，提升操作风险的流程制约与事中控制能力，增强业务运营风险管理的主动性和动态化，以第四代应用系统（NOVA +）建设为契机，持续开发和优化相关业务系统功能和流程，完善对业务操作流程和操作权限的系统硬控制。工商银行加快推进操作风险高级计量法（AMA）项目建设工作，大力开发 AMA 应用管理系统。

（2）建设银行。建设银行继续深入推进操作风险自评估，扩大自评估的业务覆盖范围，重点开展柜面业务制度、流程的专项自评估；持续开展关键风险点监控检查，调整监控检查范围，加强重点业务领域和重点部位操作风险防控。建设银行完善操作风险管理工具，开发上线了操作风险管理信息系统（一期），建立了全行统一的操作风险管理平台，为操作风险管理和决策提供支持。

（3）农业银行。农业银行编写基层机构关键风险点监控检查操作指引，对基层机构操作风险进行持续监控；开发应用具备风险识别、风险监控、风险计量、风险报告等多项功能的操作风险管理信息系统，并全面推广到支行层面，形成操作风险统一监控平台；制定统一的操作风险分类分级标准，搭建全行操作风险数据集市，加强操作风险损失数据收集和监管资本定量测算，为实施高级计量法奠定基础；征集梳理全行风险隐患，开展针对银行卡、电子渠道和信息科技风险的操作风险评估工作，推动流程优化、制度改进和风险控制体系的完善。

（4）招商银行。招商银行建立风险管理程序，加强过程控制。每项业务要经过发起环节、合规审核、产品组织、操作前期审核、产品开发审核小组的综合审核、产品陈述审核等六个环节，才能面向客户销售。

（5）兴业银行。信息科技风险管理成为操作风险管理的重要内容。兴业银行着手强化企业级的信息科技风险管理，通过风险识别与发现、风险计量和分析、风险控制及预估的循环过程，以风险三要素（资产、威胁、控制）为基础，构建 IT 风险管理的企业级管理框架，在框架内本着 PPT（Person，Process，Technology）的最佳实践来建设全方位、主动型信息科技风险防范体系。2008 年兴业银行着手对IT风险管理进行了三年规划，紧紧围绕该行发展战略，以“打造全方位主动型的风险防护体系”为目标，建设企业级的信息科技风险管理体系：一是在战略层上建设具有兴业特色的IT风险识别发现机制、IT风险分析监测机制、IT风险控制预估机制的管理体系；二是在战术层上根据“保障运营、提升内控、先急后缓、由简入繁”的原则，从系统健康指标监测预警平台的建设到应急灾备体系的完善，从制定网络安全防护建设标准到定期防范外部渗透的检测，从加强认证控制信息安全管理到IT服务平台的全面部署，实施短、中期IT风险管控的保障措施。目前，兴业银行在战略层规划上已基本完成了IT风险识别发现机制的建设，着手向IT风险分析监测机制的建设阶段迈进，在战术层规划上已逐步完成了短期规划的各项保障措施。首先，建立信息科技风险管理组织体系，成立了IT风险管理委员会，形成了以信息科技部、风险管理部、审计部为主的IT风险管理的“三道防线”，并将IT风险管理前沿的信息科技部生产安全处更名为信息科技部IT风险管理处，延伸了信息科技部风险管理职能，将IT风险管理纳入兴业银行的总体风险管理的框架。其次，积极开展了从信息系统风险管理规划和策略的制定，到各种风险管理制度规范的梳理、整合、修订，再到发布专业化的网络安全建设指引、信息系统安全设计指引、操作系统安全技术标准等信息科技风险管理制度合规体系建设。最后，根据银监会风险管理指引的要求，结合COBIT过程管理的理论，将兴业银行信息科技治理的过程划分为IT基础风险控制、运行维护风险控制、需求风险控制、研发风险控制等风险管理领域，通过风险识别与发现、风险计量和分析、风险控制和预估的有效循环，对兴业银行的信息科技风险实行全面管理。

10.3.4　城商行流动性风险管理策略

1. 流动性风险的内涵及其管理

流动性风险是指商业银行无力为负债的减少或资产的增加提供融资而造成损失或破产的风险。前者如无法满足存款客户按时按量的提款要求，后者如无法满足重要客户的融资需求等。流动性风险不仅影响商业银行的收益、引起商业银行破产甚至会“传染”给整个银行业引发金融恐慌造成金融危机，因此，历来为商业银行和监管机构高度重视。区别于信贷风险、市场风险和操作风险，流动性风险的成因更加复杂，除了商业银行经营不善，对客户资金需求预测的失误等引发流动性计划不完善，其他风险也易引起商业银行的流动性风险事故发生。

2. 城商行流动性风险管理的挑战

当前，城商行流动性风险管理的挑战包括以下几个方面：

（1）监管要求趋严。2011 年 10 月 12 日，中国银监会发布了《商业银行流动性风险管理办法（试行）》（征求意见稿）（以下简称《办法》）①，明确了对于银行流动性监管的四个主要指标（流动性覆盖率、净稳定融资比例、贷存比和流动性比例）。《办法》是中国银行业实施新监管标准的重要组成部分，自 2012 年 1 月 1 日起实施。

流动性覆盖率主要监控的是银行短期的流动性风险，而净稳定融资比例则关注长期流动性风险。流动性覆盖率旨在确保商业银行在设定的严重流动性压力情景下，能够保持充足的、无变现障碍的优质流动性资产，并通过变现这些资产来满足未来 30 日的流动性需求。其计算公式是“优质流动性资产储备”和“未来 30 日净现金流出量”的比值，监管当局要求，商业银行的流动性覆盖率应当不低于 100%。净稳定融资比例则旨在引导商业银行减少资金运用与资金来源的期限错配，增加长期稳定资金来源，满足各类表内外业务对稳定资金的需求。其计算公式为可用的稳定资金与所需的稳定资金之比。监管当局要求，商业银行的净稳定融资比例应当不低于 100%。

值得注意的是，为了缓冲上述两个指标对银行的冲击，中国银监会设定了宽限期，要求商业银行最迟应于 2013 年底前达到流动性覆盖率的监管标准，2016 年底前达到净稳定融资比例的监管标准。

对于贷存比和流动性比例两个指标，中国银监会延续了之前的要求，即商业银行的存贷比应当不高于 75%，流动性比例应当不低于 25%。此外，《办法》在完善现金流管理等重点环节的同时，还充实了多元化和稳定的负债和融资管理、日间流动性风险管理、优质流动性资产储备管理、并表和重要币种流动性风险管理等多项内容。

（2）利率市场化的影响。国际经验表明，利率市场化改革对中小银行利率风险会产生较大的影响。对我国城商行来说，这种影响主要是城商行在获取信贷资金（存款）上不利的市场竞争地位及资产业务上的议价能力不足。利率市场化改革造成的短期存款利率上升和贷款利率下降不仅会压缩城商行的利润空间，也可能造成资金来源紧张而产生严重的流动性风险。

① 《办法》适用于在我国境内设立的所有中外资商业银行，政策性银行、农村合作银行、村镇银行、外国银行分行、城市信用社、农村信用社等其他银行业金融机构参照执行。

3. 城商行流动性风险管理的侧重点

（1）提高风险评估能力。当前，对城商行来说，管理流动性风险既要增强商业银行的经营管理水平，也要加强流动性风险评估，评估流动性风险的主要方法通常有流动性比率或者指标，现金流分析以及其他评估方法例如缺口分析法 、久期分析法等，特别是要加强压力测试在流动性风险管理中的应用。

（2）抓住机遇增强市场竞争力。城商行要进一步优化信贷结构，把小型微型企业作为主要的服务对象和信贷支持重点。银监会等部门相继出台了一系列差别化监管和激励政策，为城商行等金融机构进一步提高服务小型微型企业的能力创造了宽松的政策环境。城商行要抓住这一机遇，立足本地、服务小微、打牢基础、形成特色、错位竞争，加快产品和服务创新，不断提高对小型微型企业金融服务的水平和能力，在与中小企业的共同发展中不断增强市场竞争力，通过与中小企业优质客户建立长期稳定关系，降低其信贷资金来源的波动性。

（3）适度跨区域经营降低流动性风险。国际经验表明，和局限在单一区域经营的银行相比，实施跨区域经营的银行能在各分支机构之间合理配置资金，其内部资金优势有利于降低流动性风险。对我国城商行来说，尽管监管机构对其跨区域经营监管从严管理，但城商行应该先做足内功，在打牢本地市场基础、提高风险控制能力的基础上适时、适度地推进跨区域经营，以进一步降低流动性风险。

10.4　可借鉴的中小企业信贷风险控制案例分析

10.4.1　招商银行中小企业信贷风险控制案例分析

招商银行早在2006年就启动了中小企业业务发展战略。其后，招商银行累计向中小企业发放贷款超过5 000亿元，累计支持中小企业信贷客户超过1万户，招商银行中小企业贷款户数、余额的增幅分别达到58%和57%，余额占比提升了6个百分点。尤为令人关注的是，在中小企业贷款规模不断扩大的同时，招商银行中小企业贷款不良率也下降了近4个百分点，实现了“质量、规模、效益”协调发展。招商银行的中小企业信贷风险控制主要有以下几个重要方面值得城商行借鉴。

1. 组织机构的创新

为进一步推动中小企业业务的持续、快速发展，2008年12月招商银行成立了小企业信贷中心，这是国内第一家准银行、准法人模式的小企业信贷专营机构。该中心的建立领先业界，为中小企业融资难问题的解决提出了一种行之有效的解决方案。小企业中心成立至今已经建成了苏州、上海、杭州、南京和宁波等9家分中心，北京、无锡、温州等9家分中心正在筹建。截至2011年9月30日，中心累计投放贷款已达40.3亿元，贷款余额33.6亿元，支持企业已达560家，业务增长之快在业界堪称领先。

破解中小企业融资难的问题需要一个突破口，而招商银行的解决方案就是建立一个新型的、专门化的小企业信贷机构———小企业信贷中心，以“专业、专门、专注”为经营理念，发展面向中小企业的信贷业务。招商银行率先建立的小企业信贷中心与传统的在总行内设立的中小企业服务机构不同，以准法人、准银行的模式专门提供小企业信贷服务，独立性和自主性得到了提高。中心拥有专业队伍、产品，在业务流程、风险管理、绩效考核等的安排上更有针对性和专业性。小企业信贷中心的建立实际上参照了信用卡中心的模式，它最突出的特点就是独立性和自主性大大提升，总行不再干预小企业信贷中心，使其独立性、自主性明确增强。此外，总行将小企业的营销、风控、合规、保障等都放在小企业信贷中心，专门搞小企业贷款，其专业化大大增强。

招商银行小企业信贷中心的建立，颠覆了原来传统经营理念和管理思维，在制度与机制设计上突破了传统的主要面向大中型企业的信贷模式，其专业化的经营，则有利于建立中小企业信贷的长效机制，推进商业银行可持续发展的经营。招商银行计划在3年内，依托现有网点在主要经济城市设立分部，采取垂直管理的模式，小企业信贷中心将通过打分卡模式进行工厂化作业，通过风险定价和高效运作实现盈利。

2. 实行细分客户区别对待

为了既规避风险，又满足中小企业的有效信贷需求，招商银行将对中小企业客户进行分类，在信贷支持上区别对待。招商银行计划在现阶段选择九类中小企业作为重点支持客户，主要包括：有一定竞争优势、以国内为主要市场的制造类企业；围绕重点行业、主体企业或重点项目配套的生产型、服务型、贸易型企业；有品牌、渠道、服务优势的物流和商贸企业；技术领先、拥有自主知识产权并已转化为生产力的科技类中小企业和销售稳定的科技加工企业；经营模式先进、经营业务突出、在区域乃至全国市场有一定影响的服务性企业；为基础设施提供建设或配套的中小企业；医药、医疗、卫生领域有现金流支持的中小企业；开展节能减排、环保工程、新能源投资和设备生产的中小企业；

未来成本优势依然突出的外向型生产企业。

3. 提供多元化产品和服务

为了向中小企业提供全方位的金融服务，招商银行还将提供一系列的多元化组合产品。为向中小企业提供现金管理服务，招商银行专门开发了网上企业银行中小企业板，为中小企业提供快速、便捷的资金结算和资金管理服务。此外，招商银行还将向中小企业提供以企业不动产、动产和应收账款为担保的融资；围绕商务链开展的供应链融资业务，包括保理、贸易融资、票据贴现、提货权融资、与商务活动相关的各类非融资性保函等，并提供电子票据、网上信用证等电子化融资工具。

招商银行还积极开拓新兴的中小企业中间业务，面向中小企业提供财务顾问、咨询和其他投资银行方面业务；为企业限制资金进行理财，提高闲置资金收益率。招商银行还积极为企业实现网上交易提供B—C、B—B网上支付手段。中间业务的创新为招商银行带来了巨大的效益。

4. 努力提升管理防范风险

中小企业融资难是一个长期存在的问题，在当前金融危机形势下，显得尤为突出。对于商业银行来讲，中小企业贷款存在风险大、成本高等现实问题。如何有效加强商业银行中小企业业务的风险管理能力，是破解中小企业融资难问题的关键之一。

在当前的复杂形势下，招商银行采取了一系列措施，致力于提升中小企业业务风险管理水平。其中包括：实施分地区差异化发展策略，即根据不同地区特点将全国30多家分行分成四类，制定不同的发展目标和发展模式；进行风险量化，引入违约率（PD）和偿债率（LGD）模型对风险进行量化管理。

在内部管理和体制方面，招商银行也采取了多种措施。对于中小企业业务发展好的分行，在贷款规模和经济资本占用上予以政策倾斜；根据中小企业特点制定特殊的授权审批体系，实施中小企业贷款双签审批，加快审批效率；实行尽职免责和中小企业不良容忍度制度，打消从业人员后顾之忧；推进专业化经营，成立中小企业专业部门和支行，专营中小企业业务。

5. 风险控制："老相识+新技术"带来可持续发展

招商银行针对小企业信贷风险相对较高的特点，设计建立了一套专门服务于小企业的信贷流程，并积极探索具备可复制性的小企业风险管理技术，"老相识+新技术"的做法就是招商银行有效控制风险的主要措施。"老相识"就是市场营销人员来自当地、熟悉市场、具备"熟人文化"；"新技术"就是借鉴国外技术并结合本行经验，推行标准化、流程化、专业化、多岗分离流程设计和信贷手段，包括一是建立“五项风险管控机制”，即风险经理前置机制、高效双签审批机制、远程集中放贷机制、快速预警反应机制、创新的后督察机制；二是实现从信贷调查到贷款发放划分五个岗位进行分离，强化岗位风险制衡，同时提高专业化水平和服务效率；三是落实抵押担保、个人无限责任担保、行业风险顾问等风险防范措施，减少贷款的损失率，在控制风险的前提下大大提高了为小企业服务的效率。

招商银行小企业信贷中心的建立，意味着对中小企业的服务更专业化；但在这个基础上，中心各区域总部还拥有一定的自主性。以浙江区域中心为例，招商银行积极与地方政府开展合作，致力于打造五大服务平台，即政府平台、行业协会和商会、担保和风投公司、专业市场、网络运营商。例如，与苏州工业园区管委会签订战略合作协议，在小企业信贷支持、信息合作平台的搭建、风险补偿基金、小企业贴息、再担保基金等方面开展合作；与南通市工商联启动商银企“伙伴工程”，与工商联签订战略合作框架协议，在南通市政府网上搭建了国内第一个小企业信贷信息平台，创新推出了风险顾问制度。

10.4.2 光大银行中小企业信贷风险控制的“阳光创值计划”案例分析

截至2009年9月底，光大银行中小企业授信余额已达到2 900多亿元，授信占比超过43%，较年初新增850多亿元，增幅超过40%，新增授信占比超过53%；与此同时，不良贷款和不良贷款率实现“双下降”。在金融危机波谲云诡，企业经营举步维艰之时，对中小企业贷款的增加本身就需要一定的勇气，而实现不良贷款与不良贷款率的“双降”则在勇气之外，还需要相应的方法与策略。光大银行“阳光创值计划中小企业金融服务方案”正是这种方法与策略的体现。这种方法就是：摆正理念，细分市场，找准定位。

1. “三个观念”摆正融资理念

在光大银行，对于中小企业融资也有一个被称做“三观”的理念：(1) 中小企业金融的系统观。中小企业金融在整个金融体系中具有承上启下的特殊功能，是大企业金融的延续和提升，是拉动个私金融发展的重要手段。发展与大企业金融、个私金融的互动，有助于更好地开展中小企业金融，控制授信风险、增加综合效益。(2) 中小企业金融的风险观。风险的大小、抗风险能力的强弱，与企业规模不存在单向关系，而是与企业经营的模式、复杂程度等因素有关。

中小企业具有自身的竞争优势，且风险评估、风险识别和风险控制相对容易。实施有效的风险管理，从而降低中小企业授信风险。（3）中小企业金融的效益观。中小企业具有良好的成长性，以及相对稳固的银企关系，由此带来可预见的远期收益。通过多重交叉销售、控制经营成本，可以体现多方面的经济收益。

明确的理念是行动的勇气和动力。早在2005年光大银行就确定了中端市场战略。2009年，成立了中小企业金融服务专营机构，推进中小企业信贷机制改革。“阳光创值计划”就是光大银行在细分市场，充分分析中小企业生存特点、国家产业政策和市场实践的基础上，以“配套型、集聚型和科技创新型”三类中小企业为目标市场，通过理念创新、模式创新、机制创新、服务创新，根据不同的中小企业融资诉求，整合社会资源、搭建合作平台、实施批量授信，为解决中小企业融资难题而专门设计的一套金融服务方案。目前，光大银行已在长三角、珠三角和京津环渤海地区搭建各类融资合作平台79个。

2. “三大领域”明晰重点市场

“阳光创值计划”将融资对象分为“配套型、集聚型和科技创新型”三类企业，各自再分为初级阶段和高级阶段，根据不同区域特点、不同分行的管理能力实行梯级管理，在这三大领域施行模式化经营。这种模式化经营的核心思想就是，通过对中小企业授信风险缓释、转移和嫁接，实现多种产品的组合销售和批量授信，形成符合不同区域、不同行业和不同客户特点的融资模式。这一切，都是以光大银行中小企业融资“三观”为基础设计成形的。

配套型中小企业是指为核心企业提供专业配套服务，位于核心企业供应链上下游的中小企业。对于这一类企业，光大银行重点评估中小企业与核心企业是否具有稳定的业务关系和良好的合作前景。针对初级阶段企业，分别推出核心企业供应商融资、核心企业经销商融资和政府采购过桥贷款等。对于高级阶段银行则着眼于中小企业本身的内在因素，以及中小企业与核心企业合作形成的稳定性、成长性特征，给出更为准确的信用评价。

集聚型中小企业，主要指产业集群或专业化市场内的中小企业。针对初级阶段的集聚型中小企业生存发展特点，光大银行通过产品或流程，实现风险转移或多种形式的信用嫁接。对于高级阶段企业，则着眼于产业集群或专业化市场的总体发展态势，结合目标客户所处地位及自身内在因素，给出更为准确的信用评价，并在此基础上给予信用或准信用贷款。

科技创新型中小企业指符合国家产业、技术政策，持续进行研究开发与技术成果转化，形成企业核心自主知识产权，并以此为基础开展经营活动的中小企业。这类企业中，对于初级阶段企业，光大银行界定为：依托各级科技主管部门、科技园区管委会、科技中小企业服务机构、风险投资公司、担保公司、银行同业等要素单位，积极搭建风险共担平台，实施集约化批量授信。而对于高级阶段企业，光大银行着眼于科技创新型中小企业持续创新能力、产品技术含量等要素，评估企业的稳定性和成长性，给出更为准确的信用评价。

3. 重点突破实现银企双赢

细分市场的结果不仅使光大银行找到了符合自身特点的中小企业融资市场定位，而且找到了符合光大特色的中小企业服务和盈利模式。对于“阳光创值计划”这种模式化经营所带来的好处，光大银行中小企业业务部总结为三个方面：找到了更合理的风险化解和控制手段，降低了中小企业金融服务的单位人力成本，延伸了中小企业的商业价值链。

在“三观”理念指导下设计而成的“阳光创值计划”因为将中小企业服务锁定在“配套型、集聚型和科技创新型”三类企业，所以更利于银行在有限人力资源条件下加强对这些中小企业的了解，在政策和内部流程上制定出更合理的风险控制方式。同时，因为搭建了中小企业融资平台，模式化经营使单一授信变成了批量授信，降低了经营的单位成本。此外，“阳光创值计划”的创值服务特点变单一产品为提供一揽子金融服务，根据客户生存和发展特点提供差异化金融服务，帮助中小企业构建市场供销网络，延伸企业商业价值链，从而提高了中小企业的忠诚度。在此基础上，光大银行也调整了信贷结构，培育了基础客户群，同时将这些企业的零售业务业务等也进一步延伸到了光大银行。

10.4.3 民生银行小商户信贷风险控制的“商贷通”案例分析

将风险控制前置，在项目规划、产品设计阶段，就考虑贷款风险管理，做好客户分级、产品对应设计和产品定价等方面工作；将风险控制后置，贷款发放后，通过商圈客户交叉信息验证、担保人监督等，构建一张密集的贷款监控网络。通过对整个贷款流程的梳理，实现全过程风险管理体系，为简化贷中管理创造条件。

1. 突破理念方式力求批量营销

虽然在很多人的意识中，小商户贷款比中小企业贷款风险还要大，但民生银行却把小商户贷款看做是客户资源取之不尽用之不竭、空间广阔的“新蓝海”。关键是要在理念和方式上有所突破。

然而，开拓这片“新蓝海”，如何控制风险和实现规模化运作至关重要，这就需要找到合适的方式。民生银行“方式上的突破”概括为“两个整合，一个原则”。两个整合，一个是外部整合，一个是内部整合。外部整合就是把政府、街道、工商、税务、行业协会整合起来，善于借助第三方信息资源，结合政府对专业市场的布局规划与管理来设计产品，在满足客户需求的同时，更要创造客户需求。内部整合是把银行的网上银行、信用卡，包括授权、授信全部整合起来。内外整合的原则就是实现规模化、规范化、流程化、标准化。

有了明确的指导思想，行动就有了方向。经过严谨的规划，民生银行在针对过去业内存在“一单一单做，始终做不大”的通病，以提高审批效率为核心，明确提出“规划先行、批量营销、标准作业”的新思路。规划先行，是在进行认真的市场调研的基础上，明确提出支持什么，鼓励什么，重点做什么样的客户。这样做，一方面可以提高对客户信息传递的效率，另一方面也有利于银行提高自己的服务能力。

批量营销是在规划的基础上，对商业区、各类商贸集中地、批发市场制定一整套标准化的产品组合和明确的贷款条件，并在商户最集中的地方进行统一营销，达到批量营销的目的。截至2009年9月底，民生银行“商贷通”业务贷款余额达到321亿元，占个贷余额比重25%，其中前三个季度累计发放“商贷通”贷款398亿元，占全部个贷发放量的53%，成为拉动全行个贷增长的最主要力量。“商贷通”客户金融资产总计66亿元，户均金融资产29万元，同时，“商贷通”客户金融资产也实现了快速增长，表现出良好的派生效应。

2. 优化审批流程突破抵押方式

小商户不同于中小企业，小商户对资金流动性的要求更高，普遍担心银行审批效率慢而影响生意。对此，民生银行明确提出，主动贴近市场，要帮助小商户打消贷款申请难的顾虑，提出“只要有需求、一切好商量”的新经营理念，开放营销渠道，全面受理这样的申请，并通过标准化的设计，帮助客户了解银行、了解银行信贷产品的流程，实现商户融资的“化繁为简”。

以民生银行苏州分行为例，苏州分行在各家支行设立了商贷中心，配备商贷专员，负责为上门客户办理贷款业务，发放已审批通过的贷款。流程中取消了纸质材料在分支行之间的传递，而是采用电脑系统申报、电子审批的方式，有效地简化了流程，大大加快了审批和放款的速度，实现了三天内审批结束，一周内放款到账的“商贷通快速审批通道”。

在抵押方式的创新上，深圳分行就针对深圳区域经济特点，以创新方式开发重点项目，在深圳水贝黄金珠宝市场做好传统抵押贷款的基础上开发了专业担保公司担保贷款业务，累计放款额已达2.6亿元，其中创新担保方式贷款2.1亿元，成为系统内放款规模最大的非抵押项目之一。

3. 运用大数法则强化风险控制

多种灵活担保方式的业务特点，使风险控制显得尤为重要。这就决定了"商贷通"业务不能仅仅依靠审批环节来控制贷款风险，打造全程风险监控是"商贷通"业务风险控制的新模式，这样的思路可以归结为"强化两头（贷前、贷后），简化中间（审批）"。

"商贷通"业务将大数法则运用到了其风险控制当中，从甄选客户环节开始就注重防范风险。大数法则的意义是：单个小商户贷款违约风险过高，但如果按照信用记录、纳税记录、有无贷款未还等指标将他们进行分类，当商户数量足够大时，整体违约率就会变得很小。具体到"商贷通"业务中，就是运用大数法则来实际测算出特定行业的风险概率，甄选"商贷通"业务进入的行业，迅速地找到有效客户群体的目的。在之后的定价机制上，通过前期的规划，测算出贷款的预期损失率。在这个前提下，用更高的产品价格来覆盖掉预期损失率，也就是所谓的价格覆盖风险原则。

"强化两头，简化中间"的具体做法是，将风险控制前置，在项目规划阶段、产品设计阶段，就开始考虑贷款的风险管理，做好客户分级、产品对应设计和产品定价等方面的工作；将风险控制后置，在贷款发放后，通过商圈客户的交叉信息验证，担保人的监督等"外部资源整合"，构建一张密集的贷款监控网络。通过对整个贷款流程的梳理，实现全过程的风险管理体系，为简化贷中管理创造条件。

在执行严格风险控制流程的基础上，民生银行南京分行还要求中后台人员直接参与调查，贷后监控如发现客户逾期或可疑情况，必须立即反馈至前中台，及时采取措施。截至2009年6月末，南京分行已收回不良贷款1 069万元，收回已核销贷款37万元，逾期本金仅为57万元，不良贷款额581万元，逾期率0.1‰，不良率仅为1‰。

10.5 小结

本章研究表明，从短期来看，由于成本过高等原因，全面风险管理对城商行来说尚难以实施，但从长远来看，向全面风险管理模式转型既是商业银行发展的必然趋势，也是城商行持续发展的必然要求和竞争力的根本体现。因此，一方面，城商行应加快全面风险管理框架和体系的建设，将市场风险、流动性风险、利率风险、声誉风险等逐步纳入风险管理的范畴，建立覆盖全面风险的战略规划、组织体系和内控体系，并运用流程银行理念加强风险的流程管理，运用计量模型和信息技术系统提高对风险识别、计量、预警和处置能力。另一方面，城商行的优势业务领域在于中小微企业业务，城商行应结合中小微企业的特点，探索基于“软信息”的信用风险控制技术，提升对中小微企业的定价能力和风险防控能力。通过风险管控模式转型，从内部获得竞争优势，提升城商行持续发展的能力。

第 11 章　总结与展望

11.1　主要结论

发展转型是商业银行长期面临的课题。本书利用比较优势理论、竞争优势理论和差异化等理论研究城商行的发展转型问题。主要的研究结论是：

1. 城商行发展转型具有长期性和紧迫性

尽管城商行已经由城信社（城市合作银行）经过初次转型成为地方性股份制商业银行，成为我国银行体系的重要组成部分，并且在“十一五”期间取得了显著的成效，资产负债规模迅速增长，抗风险能力显著提高，盈利能力显著增强，但初次转型依然留下了一些急需解决的突出问题，主要表现在：一是战略定位不清晰，城商行追求“大而全、小而全”的战略定位导致重点不突出，差异化不明显，难以形成比较优势和核心竞争力；二是业务发展模式单一，主要体现在产品结构单一、服务模式单一、盈利模式单一；三是公司治理结构不完善，内控机制不健全、管理粗放，创新能力不强；四是风险管控薄弱。这些深层次问题，需要通过转型来解决发展。

特别是“十二五”期间，城商行面临的发展环境将发生深刻变。从宏观经济形势来看，国际性金融危机后无论国际还是国内经济走势都充满了不确定性，我国经济发展方式将发生重大转变。从货币政策和监管环境来看，金融监管制度也更趋谨慎，利率、汇率将逐步实施市场化；从金融同业竞争来看，银行替代市场的加快发展和村镇银行、小额贷款公司等金融市场的放开，将使银行同业竞争更加激烈。如何紧跟经济发展方式和结构调整的转变步伐，加快经营模式转型，寻找可持续发展路径，是城商行“十二五”时期面临的重大课题。因此，城商行的发展转型具有长期性和紧迫性。

2. “十二五”是我国城商行发展转型的关键时期

虽然一个国家中小银行的发展模式受到本国银行体系、经济发展状况、监管环境、竞争环境等多方面因素的影响，但总体而言，主要与经济发展水平密切相关。随着经济水平的发展，银行业的监管政策和竞争程度会发生变化，中小银行的发展模式也必然随之进行转型，以适应经济发展带来的变化。从美国、德国、日本等国的发展历程来看，各国在经济环境、政治制度、竞争环境因素等方面存在诸多差异，其中小银行发展转型模式也各具特点，如美国的自由竞争模式、德国的合作发展模式以及日本的主银行模式。尽管各国的中小银行的发展模式、历程各不相同，但还是可以发现，中小银行发展转型都是伴随着经济发展水平的提高而不断进行的，且普遍经历了由“同质化—初步差异化—高度差异化”转型路径。从中小银行发展转型与国民经济发展水平的关系来看，人均 GDP 3 000美元以下的阶段，银行业基本上是高度同质化竞争阶段，以存贷业务为主；人均 GDP 达到3 000～10 000 美元的阶段后，居民的金融产品需求伴随其财富水平的提高而不断提高，金融产品持续创新，金融“脱媒”现象开始加剧，银行业竞争不断加剧，中小银行开始逐渐走向差异化以维持生存；当人均 GDP 达到10 000 美元以上时，银行走向高度差异化竞争（专业化、特色化）阶段。

“十二五”时期，我国人均 GDP 将在5 000～10 000 美元之间，按照上述规律我国城商行已进入发展转型的关键时期，必然由现有的同质化发展模式逐渐向差异化、专业化发展模式转变。因此，“十二五”时期是我国城商行发展转型的关键时期。

3. “十二五”时期差异化是我国城商行发展战略转型的必然选择

对“十二五”时期的国际国内宏观经济走势、监管政策和银行业市场竞争环境的分析及城商行的竞争力分析表明，我国城商行很难实施成本领先的竞争策略，差异化才是我国城商行参与金融市场竞争、获得市场竞争优势的可行竞争策略。城商行既要在战略层面采用差异化和目标聚集竞争策略来确定差异化发展战略目标，也需要在业务层面采取差异化、专业化发展模式，才能实现从传统同质化经营模式向差异化发展模式转变。

城商行差异化发展战略转型可以通过竞争地域范围差异化、业务领域差异化、目标客户特定化、产品和服务差异化、品牌战略差异化等路径来实现，并且城商行应该根据自身的条件，制定差异化的发展战略愿景。总体而言，差异化是我国城商行发展战略转型的必然选择。

4. “十二五”时期城商行需要进行业务发展模式转型

为获取竞争优势，城商行需要进行业务发展模式转型。具体来说，应该着重在市场细分的基础上加快零售业务向社区银行业务模式和财富管理业务模式转型的步伐，加快批发业务向“信贷工厂”业务发展模式、产业集群专业支行模式和供应链融资等业务模式转型，以实现差异化、专业化发展的战略目标。并且，从当前金融业发展的趋势看，城商行应把握好“虚拟银行”的发展趋势，将传统业务向金融服务电子化转型，通过向网络银行、手机银行等新电子银行业务转型，以降低物理机构的服务成本，克服经营地域范围的政策限制，实现规模经济，利用虚拟银行业务发展转型获取后发优势。

5. “十二五”时期城商行需要进行盈利模式转型

在利率市场化背景下，城商行应该加大金融创新的能力建设和金融创新力度，改变目前过度依靠利差收入、盈利渠道单一的盈利模式。一方面，应大力发展以信用卡为主导的银行卡业务，发展具有城商行特色的理财业务和特色国际业务，提高代理结算业务收入；另一方面，应加大新兴业务的创新力度，大力发展信息咨询类业务和创新类投行业务，以新兴业务拓宽盈利渠道来源，构建支持多元化的盈利模式的业务结构，实现多元化盈利模式转型，以应对未来的市场环境变化，获得持续发展的能力。

6. “十二五”时期城商行需要进行流程银行再造与管理能力提升

为支撑发展战略和业务发展模式转型，城商行应该结合自身实际情况和客户特性，进行流程银行再造，并通过流程再造支撑城商行灵活高效的经营机制，以获得竞争优势，做到“人无我有，人有我优，人有我快”。重点是要对组织架构进行矩阵式改造以提高组织运行效率，实施基于模块化的个性化流程改造以提高对重点客户群的金融服务质量和效率，通过应用数据仓库技术增强业务的流程整合协调以获取各业务发展的协同效应。

7. 全面风险管控模式转型是城商行发展转型的根本保障

风险管控能力滞后是城商行初次发展转型中尚未解决的最突出问题，也是城商行进一步发展转型成功的根本保障，是城商行获取核心竞争力、提升企业价值的重要内容。从国际发展趋势看，全面风险管理是城商行未来风险管控模式转型的方向。城商行应加快全面风险管理框架和体系的建设，既要有建立全面风险管理、全员风险管理的理念，也要有充足的资金进行风险管理体系建设，同时还要有人力资源支撑全面风险管理技术的发展。

当前，全面风险管理理论尚处在不断探索和发展的阶段，实践中出现的问题并不表明应该推迟全面风险管理体系建设。对城商行来说，由于其服务的主要客户是中小微企业，这类客户的特性决定了城商行基于模型探索全面风险管理技术的应用，要基于流程银行进行精细化的风险管理以扭转风险管理粗放的不利局面，也要充分发挥城商行在收集、处理软信息，挖掘关系型贷款的优势来加强信贷风险管理。

11.2 展望

尽管我们基于前人已有的研究，对城商行在“十二五”时期的发展战略转型、业务转型、流程转型和全面风险管理模式转型等方面做了一些探索性的研究，但由于城商行发展转型的范围如此之宽，甚至超出了我们驾驭这一主题的能力范围，因此，本书被迫暂时忽略了那些在我们看来可能相对没有那么突出的城商行发展转型问题。

按照我们开始时设定的研究思路，本书还应该加上城商行战略转型的效果检验部分才能保持结构的完整性，但在这些探索还没有得到金融实践的样本之前，我们完全无法进行这种检验。但愿在“十二五”期间能有城商行将这些构想付诸实践，我们就能检验相关结论的真伪，但这也只能留待下一步再进行研究了。

参考文献

［1］艾瑞咨询公司:《2009—2010 年中国网上银行行业发展报告》，2010。

［2］巴曙松、杨新兰:《六西格玛管理与银行流程再造》，载《中国金融》，2008（16）。

［3］白钦先、马东海、刘钢:《中国中小商业银行发展模式研究》，北京，中国金融出版社，2010。

［4］北京银联信息咨询中心:《信贷工厂——未来主流的中小企业信贷业务新模式》，2009－06。

［5］波特著，陈小悦译:《竞争优势》，北京，华夏出版社，2005。

［6］蔡键:《基于不同理论视角的归核化战略研究综述》，载《商业时代》，2011（6）。

［7］曹彤:《财富管理：商业银行零售业务发展的战略选择》，载《财经问题研究》，2009（5）。

［8］陈洪转:《我国商业银行核心竞争力评价研究》，河海大学未出版博士论文，2004。

［9］陈剑锋:《建立流程银行架构、打造核心竞争优势》，载《农村金融研究》，2009（12）。

［10］陈晞:《跨区域中小银行组织结构设计：新制度经济学的视角》，载《金融发展研究》，2011（2）。

［11］迟福林:《民富优先——二次转型与改革走向》，北京，中国经济出版社，2011。

［12］崔炳强：《比较优势与竞争优势的关系分析》，载《黑龙江对外经贸》，2007（4）。

［13］邓平飞:《中小银行融资新模式探究——联合资产证券化》，载《金融发展研究》，2008（9）。

［14］丁孜山:《金融市场细分与商业银行目标金融市场策略》，载《东莞理工学院学报》，2006（4）。

［15］杜丽虹：《破解中小银行生存难题，借鉴德国八大经验》，载《证券市场周刊》，2009－09－07。

［16］冯劲、代吉林：《战略管理理论综述：竞争理论与资源观的理论纷争与融合》，载《现代管理科学》，2007（3）。

［17］高冬民：《从国际经验看中国城市信用合作社的干预、处置》，载《金融研究》，2004（9）。

［18］高山：《商业银行业务流程再造研究》，载《河南金融管理干部学院学报》，2009（145）。

［19］苟文峰、王金凤、刘杰：《产业集群视角下的中小企业供应链融资探讨》，载《发展研究》，2009（10）。

［20］郭婷婷：《商业银行目标市场营销策略》，载《新财经》，2011（6）。

［21］国家发展改革委宏观经济研究院课题组：《“十二五”时期我国产业结构调整战略与对策研究》，载《经济研究参考》，2010（43）。

［22］赫国胜、徐洁：《我国上市商业银行非利息收入业务分析与对策》，载《财经问题研究》，2010（12）。

［23］胡豹：《流程银行——城商行信贷 BPR 的根本目标》，载《改革与战略》，2008（10）。

［24］胡晋、李楠楠：《深圳各大银行力推手机银行业务》，载《深圳商报》，2011－01－06。

［25］黄宪、金鹏：《商业银行全面风险管理体系及其在我国的构建》，载《中国软科学》，2004（11）。

［26］姜瑶英：《美国银行业批发业务发展战略——美国商业银行的业务改革与发展战略》，载《城市金融论坛》，2000（12）。

［27］黎文华：《产业集群内中小企业集群式融资问题研究》，载《中外企业家》，2009（3）。

［28］李柏洲、吕海军：《企业战略管理理论的演进及其发展方向》，载《中国科技论坛》，2003（7）。

［29］李嘉图：《政治经济学及税赋原理》，北京，商务印书馆，1976。

［30］李九献：《供应链融资对银行信贷＋业务转型的影响及发展策略》，载《时代金融》，2010（2）。

［31］李隽：《企业手机银行：传统银行业的又一次“骚动”》，载《第一财经日报》，2011－06－07。

［32］李翔：《基于价值链模型的流程银行变革研究》，载《新金融》，2009（1）。

［33］李由鑫：《后金融危机时代商业银行的流程银行建设问题》，载《经营管理者》，2010（10）。

［34］李镇西：《中小商业银行核心竞争力研究》，北京，中国金融出版社，2007。

［35］李志辉：《中国银行业风险控制和资本充足性管制研究》，北京，中国金融出版社，2007。

［36］李佐军：《“十二五”时期国内外经济形势展望》，2010。

［37］连平：《中资银行组织架构和业务流程改革创新方向探索》，载《中国金融》，2010（23）。

［38］林毅夫、李永军：《比较优势、竞争优势与发展中国家的经济发展》，载《管理世界》，2003（7）。

［39］刘鹏：《欧美银行全面风险管理体系的缺陷及启示》，载《新金融》，2010（4）。

［40］刘新华：《中小企业融资：一个产业集群的视角》，载《广东金融学院学报》，2006（6）。

［41］陆岷峰、张玉洁：《中小商业银行差异化发展思考》，载《青海金融》，2011（4）。

［42］罗纪宁：《市场细分研究综述：回顾与展望》，载《山东大学学报》，2003（6）。

［43］孟令余：《国外中小银行研究文献综述》，载《山东工商学院学报》，2010（12）。

［44］木云：《流程银行的基本逻辑》，载《农村金融研究》，2006（11）。

［45］欧明刚：《城商行问题研究——公司治理与发展战略》，北京，中国经济出版社，2010。

［46］潘新民：《财富管理与我国商业银行业务转型》，载《金融理论与实践》，2007（12）。

［47］裴浩慈：《银行、PE 合作热——银行投行业务分享股权投资收益》，载《理财一周报》，2011－12－16。

［48］齐丽梅：《中小股份制商业银行公司银行业务流程再造研究》，载《财税金融》，2010（22）。

［49］沈辉：《基于中小商业银行特性分析的流程银行变革研究》，载《金融市场》，2010（11）。

［50］孙劼：《国内银行业呼唤全面风险管理》，载《上海交通大学学报》，2007（4）增刊。

［51］田华茂：《城商行发展投资银行业务的思考》，载《西南金融》，2010（12）。

［52］汪涛、万健坚：《西方战略管理理论的发展历程、演进规律及未来趋势》，载《外国经济与管理》，2002（3）。

［53］王大威、刘世欣：《2010年城商行发展述评》，载《银行家》，2010（12）。

［54］王飞、张楚皙：《直接融资对商业银行的影响》，载《银行家》，2011（6）。

［55］王革、吴练达、张亚辉：《企业战略管理理论演进与展望》，载《科学学与科学技术管理》，2004（1）。

［56］王建平：《内地与香港银行业发展战略比较研究》，载《生产力研究》，2005（2）。

［57］王菁：《我国商业银行收入结构转型的收益评价》，载《当代财经》，2009（5）。

［58］王婧、王光明：《从巴塞尔协议Ⅲ看中国银行业的监管新规》，载《新金融》，2011（4）。

［59］王军：《"十二五"时期国内外经济形势判断》，载《中国经济报告》，2010（12）。

［60］王绍坤、刘永昌：《供应链融资对银行信贷业务转型的影响 》，载《合作经济与科技》2011（4）。

［61］王松奇：《中国商业银行竞争力报告（2010）》，北京，社会科学文献出版社，2011。

［62］王同花：《银行业务流程再造及流程银行建设的策略探讨》，载《时代经贸》，2008（1）。

［63］王欣：《我国商业银行混业经营的现状与展望》，载《河南财政税务高等专科学校学报》，2007（2）。

［64］王雍欣：《产业集群理论的应用探讨》，载《中小企业管理与科技》，2008（11）。

[65] 王岳平：《“十二五”时期我国产业结构调整战略与政策研究》，载《宏观经济研究》，2011（10）。

[66] 王志敏：《浅谈提高我国银行业盈利能力的主要措施》，载《中国金融》，2010（12）。

[67] 吴维海：《基于模块化核心的流程银行变革研究》，载《金融理论与实践》，2008（1）。

[68] 项保华、李庆华：《企业战略理论综述》，载《经济学动态》，2000（7）。

[69] 徐鑫、苗婷婷：《差异化和成本领先可以兼得吗：一个融合竞争战略的理论》，载《华中师范大学研究生学报》，2010（6）。

[70] 亚当·斯密：《国富论》，西安，陕西人民出版社，1999。

[71] 姚建军：《试论中小银行零售业务转型的社区银行模式》，载《金融时报》，2010-01-18。

[72] 岳毅：《实现全面风险管理与银行战略的融合》，载《中国金融》，2011（4）。

[73] 张朝阳：《转型中的香港银行业》，载《国际金融研究》，2004（3）。

[74] 张广君、张中良：《美国银行业非利息收入状况对我国商业银行中间业务发展的启示》，载《河北金融》，2009（11）。

[75] 张吉光：《城市商业银行战略定位模式分析》，载《银行家》，2010（8）。

[76] 张建平、李肖祎：《中国—东盟自由贸易区合作的进展情况、问题和展望》，载《经济研究参考》，2008（17）。

[77] 张琴、陈柳钦：《风险管理理论沿袭和最新研究趋势综述》，载《河南金融管理干部学院学报》，2008（5）。

[78] 张维功、何建敏、丁德臣：《企业全面风险管理研究综述》，载《软科学》，2008（12）。

[79] 张银仓：《全球金融危机背景下我国商业银行盈利模式转型问题研究》，载《金融理论与实践》，2009（6）。

[80] 张振兴：《流程银行与事业部制特点、变迁与借鉴》，载《上海金融》，2008（11）。

[81] 中国经济信息网银行业研究小组：《城商行战略定位与发展模式研究》，2009。

[82] 周清、杨荣贵、顾明山：《构建流程银行促进业务发展》，载《现代金融》，2009（3）。

[83] 朱炳忠、曹道云、王志军：《流程银行构建路径初探》，载《现代金融》，2007（3）。

[84] 朱忠福：《城商行差异化市场定位的思考》，载《金融经济》，2008（12）。

[85] 邹伟：《手机银行业务发展前景可期》，载《经济参考报》，2011－04－01。

[86] 张伟芹：《从德国格平根储蓄银行看中小银行发展》，载《北京财贸职业学院院报》，2010（6）。

[87] 辛子波、张日新：《地方政府干预地方银行行为分析》，载《财经问题研究》，2001（12）。

[88] 巴曙松、刘孝红、牛播坤：《转型时期中国金融体系中的地方治理与银行改革的互动研究》，载《金融研究》，2005（5）。

[89] 王松奇、刘煜辉、欧明刚：《2008—2009 年中国城市商业银行竞争力评价报告》，载《银行家》，2009（8）。

[90] 刘欣：《如何构建以流程为核心的全新银行模式》，载《经济技术协作信息》，2008（20）。

[91] 张吉光：《城市商业银行未来发展方向问题研究》，载《内蒙古金融研究》，2010（8）。

[92] 肖远企：《后危机时代我国中小银行的发展方向》，载《中国金融》，2010（3）。

[93] 张燕文：《浅析我国商业银行差异化竞争策略》，载《武汉金融》，2003（6）。

[94] 闫冰竹：《北京银行：开创中小银行崭新发展模式》，载《中国金融》，2008（21）。

[95] 黄飞鸣：《基于差异化视角的银行业归核化战略研究》，载《经济学家》，2010（10）。

[96] 崔丹丹、万晓萌：《社区银行发展的可行性和运作模式探究——以威海为例》，载《消费导刊》，2010（5）。

[97] 盛天翔：《商业银行开展财富管理业务的策略研究》，载《经济论坛》，2010（9）。

[98] 龙虎网:《中信银行财富管理服务走向“大综合”时代》,2011－05－16。

[99] 崔燕:《关于国内商业银行“信贷工厂”模式实践的探索》,载《东方财经》,2010 (4)。

[100] 何世红:《我国中小银行走特色化经营道路应注意的问题》,中国金融网,2010－04－09。

[101] 陈新民:《致力打造中国硅谷银行》,载《经济月刊》,2011 (3)。

[102] 汪寿阳、冯耕中、李毅学:《商业银行开展物流金融业务的战略分析》,载《现代物流报》,2008－08－23。

[103] 立铭:《深圳发展银行供应链金融创新》,载《金融时报》,2011－11－28。

[104] 金融报网站:《国外手机银行业务现状及发展趋势》,2009－12－14。

[105] 艾瑞咨询公司:《2011 年中国手机银行用户调研报告》。

[106] 刘煜辉、张榉成:《2010 年中国城市商业银行竞争力评价》,载《中国商业银行竞争力报告(2010)》,北京,社会科学文献出版社,2010。

[107] 王千红、刘晓君:《对国有商业银行创新非利息收入业务的比较分析》,载《河北科技大学学报(社会科学版)》,2009－12。

[108] 心悦向日葵:《2011 年,银行盈利模式的转变》,新浪博客,2011－02－25。

[109] 赵鹏飞:《从信用卡业务的盈利模式看风险管理》,载《中国信用卡》,2006 (12)。

[110] 李靖:《集合债券:开辟中小企业融资新途径》,载《上海证券报》,2010－03－24。

[111] 宋明岷:《我国商业银行并购贷款发展策略》,载《投资研究》,2011 (3)。

[112] 万静芳:《基于扁平化模式的商业银行组织结构控制创新》,载《华东经济管理》,2007 (6)。

[113] 宋方:《构建流程银行,推进银行业改革》,载《国际金融报》,2006－11－02。

[114] 苏雪燕、刘诗平:《民生银行:专业支行探索特色小微金融服务》,载《新华网》,2011－12－06。

[115] 李兵、朱天星、宋永辉:《我国城市商业银行全面风险管理体系构建

研究》，载《经济研究导刊》，2011（35）。

［116］贾妮、张亚越：《基于全面风险管理（ERM）模式的宁波市商业银行风险管理研究》，载《商场现代化》，2010（36）。

［117］郭保民：《论商业银行全面风险管理体系的构建》，载《中南财经政法大学学报》，2011（3）。

［118］李炅宇、刘 伟：《商业银行小微企业贷款的风险定价策略》，载《银行家》，2011（4）。

［119］杨成元：《商业银行企业财务顾问业务发展探析》，载《当代经济》，2009（2）。

［120］季学凤：《集合发债破解中小企业融资难》，载《财会月刊（理论版）》，2010（8）。

［121］董玉华：《私募股权基金的发展与商业银行经营转型中的机会》，载《投资研究》，2008（11）。

［122］万静芳：《扁平化管理与商业银行组织结构的创新》，载《海南金融》，2007（1）。

［123］王志森：《我国中小银行对中小企业融资的作用研究》，复旦大学学位论文，2008。

［124］王刚：《构筑城市商业银行全面风险管理体系的若干思考》，载《天津市工会管理干部学院学报》，2007（2）。

［125］《商业银行谋划转型与 PE 联手　合谋有哪些好处》，载《投资者报》，2011-06-07。

［126］Bein："Relation of Profit Rate to Industry Concentration：American Manufacturing：1936-1940"，*Quarterly Journal of Economics*，65（3），293-324.

［127］Berger："The Effects of Bank Mergers and Acquisitions on Small Business Lending"，*Journal of Financial Economics*，50（2），187-229.

［128］Berger，Udell："Small Business Credit Availability and Relationship Lending，The Importance of Bank Organisational Structure"，*The Economic Journal*，2002（112），32-53.

［129］Black，Strahan："Entrepreneurship and Bank Credit Availability"，*The Journal of Finance*，2002（57），2807-2833.

［130］Deng，Elyasiani："Geographic Diversification，Bank Holding Company Value，and Risk"，*Journal of Money，Credit and Banking*，2008（40），

1217 - 1238.

[131] Ferrier, Lovell: "Measuring Cost Efficiency in Banking", *Journal of Econometrics*, 1990 (46), 229 - 245.

[132] Hayaratne, Strahan: "Entry Restrictions, Industry Evolution and Dynamic Efficiency: Evidence from Commercial Banking", *Journal of Law and Economics*, 1998 (41), 239 - 273.

[133] Hughes, Mester: "A Quality and Risk - Adjusted Cost Function for Banks: Evidence on the 'Too - Big - To - Fail' Doctrine", *The Journal of Productivity Analysis*, 1993 (4), 293 - 315.

[134] Hughes, Mester: "Bank Capitalization and Cost: Evidence of Scale Economics in Risk Management and Signaling", *The Review of Economics and Statistics*, 1998 (80), 314 - 325.

[135] Kroszner: "The Effect of Removing Geographic Restrictions on Banking in the United States: Lessons for Europe", *Financial Markets, Institutions & Instruments*, 2008 (17) 5 - 18.

[136] Kroszner, Strahan: "What Drives Deregulation? Economics and Politics of the Relaxtion of Bank Branching Restrictions", *The Quarterly Journal of Economics*, 1999 (114), 1437 - 1467.

[137] Krugman: "Scale Economies, Product Differentiation, and the Pattern Trade", *The American Economic Review*, 1980 (70), 950 - 959.

[138] Ohlin: *Interregional and International Trade*, Cambridge, Mass: Harvard Univ. Press, 1933.

[139] Rime, Stiroh: "The Performance of Universal Banks: Evidence from Switzerland", *Journal of Banking and Finance*, 2003 (27), 2121 - 2150.

[140] Strahan, Weston: "Small Business Lending and the Changing Structure of Banking Industry", *Journal of Banking & Finance*, 1998 (22), 821 - 845.

[141] Tybout: "Internal Returns to Scale as a Source of Comparative Advantage: The Evidence", *The American Economic Review*, 1993 (83), 440 - 444.

[142] Yang, Borland: "A Microeconomic Mechanism for Economic Growth", *Journal of Political Economy*, 1991 (99), 460 - 482.